高等院校经济管理“十二五”

规划教材·营销系列

Contemporary Advertising

现代广告学

[第3版]

李东进 秦 勇◎著

中国发展出版社

图书在版编目（CIP）数据

现代广告学（第3版）/李东进，秦勇著. —北京：中国发展出版社，2011.8（2013.3重印）
（高等院校经济管理“十二五”规划教材·营销系列）
ISBN 978-7-80234-709-0

Ⅰ.现…　Ⅱ.①李…　②秦…　Ⅲ.广告学　Ⅳ.F713.80

中国版本图书馆CIP数据核字（2011）第162364号

书　　名：现代广告学（第3版）
著作责任者：李东进　秦　勇
出 版 发 行：中国发展出版社
（北京市西城区百万庄大街16号8层　100037）
标 准 书 号：ISBN 978-7-80234-709-0
经　销　者：各地新华书店
印　刷　者：北京广益印刷有限公司
开　　本：787×980mm　1/16
印　　张：23.5
字　　数：500千字
版　　次：2011年8月第1版
印　　次：2013年3月第2次印刷
定　　价：36.00元
咨 询 电 话：（010）68990642　68990692
购 书 热 线：（010）68990682　68990686
网　　址：http：//www.develpress.com.cn
电 子 邮 件：fazhanreader@163.com
fazhan02@drc.gov.cn

第3版前言

本书第2版于2006年1月出版，至今已逾5年。这5年间，我国广告事业蓬勃发展，取得了令人惊喜的成就，广告费的平均年增速更是超过了两位数。2008年爆发的全球金融危机，对我国实体经济也产生了巨大的冲击，大批企业经营陷入困境，一些外向型的中小企业濒临破产的边缘。在这样的严峻形势下，广告产业对促进我国经济走出低谷、提升投资者投资意愿以及恢复消费者消费信心等方面发挥了极为重要的作用。

当国际金融危机的影响逐渐消退之际，广告业又成为推动我国经济快速发展的急先锋。在经历了国际金融海啸的洗礼之后，我国广告业日趋成熟，广告实践、广告教育以及广告研究也在这次风波中接受了考验。因此，在变化了的市场环境下广告学教材也应与时俱进，不断创新。为了使本教材能够更加贴近广告学的实际发展状况，能够更加全面地总结广告实践经验，同时也为了更好地回馈那些给予我们不断支持和厚爱的广大读者，我们对原版教材框架进行了较大的调整，并对30%以上的内容进行了更新。我们希望通过对本教材内容的修改、调整、充实、完善和提高，能够赢得更多读者的支持和信赖。

本教材在充分借鉴国内外广告学最新研究成果的基础上，力求以通俗易懂的方式叙述广告的基本原理和概念。在编写过程中，我们结合我国广告业发展的新趋势，对新媒体广告、电影（电视）植入式广告以及名人广告等热点广告问题进行了较为深入的探讨。

本书在完整的理论体系下，着重讲述广告的实务和操作，以便提高读者的应用技能。在写作风格方面，我们以多年来积累的教学资料和研究成果为主线，在一些问题上大胆提出自己的鲜明观点与见解，以新的方法或思路来探索我国广告问题。

与上一版相比，第3版教材主要在以下几个方面发生了变化：

(1) 结构优化。全书共设17章，比上一版减少2章。我们将第2版第6、7、8三章有关广告信息处理方面的内容精简为2章，将原书第15章广告调查的内容删减为广告媒体调查，并作为新版教材第12章广告媒体及媒体策略中的一节。上述调整，使得全书结构得以优化，逻辑性更强。

(2) 增加新的内容。在第3版教材中，我们根据近几年广告学理论研究的最新成果及广告实践的实际情况，对全书内容进行了较大程度的调整和充实。如在广告的起源与发展（第2章）一章中，我们增加了近5年来中国广告业发展的全部关键数据及分析，这在现已出版的广告学著作中是绝无仅有的。再如，在网络广告一章中，第3版教材对于最新的网络广告形式进行了详尽的讨论与分析。

(3) 增加案例比重。在每一章伊始，我们都增加了开篇案例，以引导读者思考，并在正文中实时插入相关案例。此外，我们还对第2版教材的所有课后案例均进行了更新，这些精心挑选的新案例与广告理论的联系更加紧密。

(4) 编写风格调整。新版教材以“有利于引发读者学习兴趣，有利于读者更好地自主学习，更有利于培养和发展读者的实际应用能力”为新的编写追求。为此，在正文中我们通过大量插入知识链接、阅读材料等专栏来扩大读者的知识视野；并在新版教材中，增加了近百幅广告图片，使得本书图文并茂，可读性大大增强。

综上所述，本书充分体现了现代广告学的原理性、操作性和探索性，新的编写体例，更有利于广告学课程的教授与学习。本书既可作为高等院校经济管理类教材，也可以作为市场营销、广告学等相关专业研究生的参考阅读资料，同时对广告实际工作者来说也具有较高的参考价值。

第3版教材由李东进教授和秦勇副教授全文修订和定稿，在编写过程中，南开大学市场营销系研究生马婧和巩玺帮助收集和整理了第2章的部分参考资料，在此，对于他们的工作和辛劳表示感谢。

由于我们的能力和水平有限，加之编写时间紧迫，书中不足之处在所难免，我们敬请各位专家和广大读者批评指正。

李东进　秦　勇

2011年6月于南开园

目　录

第 *1* 章

广告导论

本章导读

人们在现实生活中接触无数的广告，也无法回避广告。翻开报纸、杂志，打开广播、电视，甚至走在大街上，映入眼帘的、充斥在耳边的总是无处不在的广告。可以毫不夸张地说，人类社会的所有时空都弥漫着浓厚的广告气息。正如大卫·奥格威所言，广告如同空气、水和阳光一样已广泛存在于我们的生活之中，与我们朝夕相伴。作为现代企业营销的重要手段，广告在现代商业社会中正日益发挥着越来越重要的作用。本章在分析广告的定义、功能、分类，以及与广告类似用语的基础上，重点介绍广告的特点及其作用，以使读者对广告概念有一个比较完整的认识。

开篇案例　　可口可乐的广告策略

1886年5月8日，药剂师彭伯顿博士在自己家后院用铜鼎调制出一种新口味的糖浆。他和朋友们考虑两个大写字母C会使广告更醒目，便为他起名Coca-Cola；不久又在《亚特兰大纪事报》上刊登了有史以来的第一则可口可乐广告，向全体市民推荐“一种全新的大众化的苏打水饮料”。

如今，可口可乐已经和自由女神像一起成了美国的象征。作为软饮料市场的巨无霸、享誉全球的世界超级名牌，可口可乐是世界上销量最大的饮料，每天被50多个国家的5.43亿人饮用。

它之所以成为典型的美式商品，是因为它具备了美国社会的三大特征：自由经营、大量消费和铺天盖地无所不在的广告。广告使可口可乐成为头号全球产品。“成功在于广告”是他们的秘诀。2001年8月美国《商业周刊》评出全球十大品牌，可口可乐稳坐头把金交椅，品牌价值高达689亿美元。

可口可乐公司在说明它巨额的广告费用时说：“今天，竞争比以往更激烈。不仅有来自其他饮料的竞争，还有来自正在增多的各种各样的产品：这些竞争的目的是赚顾客的钱。这种竞争是富有经验、带有攻击性的，需要有雄厚的经济力量。现在是这个国家有史以来广告运用的最多的时期，我们不能少花钱。”可口可乐的成功不仅在于对广告的充分重视，更在于广告战略的运用。

20 世纪 30 年代以前可口可乐采用了进攻性战略，30 年代以后面临强有力竞争对手的挑战，采用了防御性和进攻性相结合的战略。在全球营销战略上采用全球一致的广告主题策略。每一时期的广告，都有一个基本的主题思想，以微笑作为广告的诉求点。从 1886 年至今，持续不断的广告战略中使用过的广告口号已达 94 条。

“要想提精神请留步”，“喝新鲜饮料，干新鲜事儿”，“喝可口可乐只需花五美分”，“Coca-Cola，一个全球性的符号”，“真正清凉的饮料”，“可口可乐使你一帆风顺”，“挡不住的诱惑”等等不同时期的广告主题，都针对了当时青年消费者爱美、爱虚荣、好奇心强、追求欢乐等心理趋势，通过文字、构图、曲调和媒介运用上的不断创新和着力渲染，赢得消费者的信赖与肯定。

特别是在媒体运用上，可口可乐从未曾落伍。从 20 年代中期到 60 年代，广播电台是它的首要传播媒体。电视的发展又使它转移了广告的重点，1950 年感恩节，可口可乐首次资助电视直播节目。此后，许多重要庆祝活动、娱乐表演和体育比赛都曾得到过可口可乐的赞助。目前，它是世界上最大的体育赞助商。

为了适应个性化消费时代的到来，可口可乐广告在不同国家已开始以本土化的形象呈现。1999 年可口可乐在中国推出的电视广告片《年轻的成分》，一改以往的美国面孔，而以全新的本土形象展现可口可乐年轻的心态和健康活力，中式场景、最中国化的面孔和热力四射的音乐，一下子缩短了与中国年青一代消费者的心理距离。

可口可乐卓越而成功的广告形象战略——其独特的红白二色标志，已成为它的金护照。人们只要看到标志，就会很快辨认出这是可口可乐。它在全世界展示相同的品牌形象，开创了品牌形象模式化的先河。

“广告是经营的需要，是商业世界一帖美妙的强身剂。”正是这个“美妙的”能使顾客高兴，把顾客带到一个美好的世界。卓越的广告策略的成功运用，创造了可口可乐王国的丰功伟绩。可口可乐在一份报告中提出：“展望二十一世纪，我们的目标是继续赢取我们能获得的成功。”

1.1 广告的定义

广告是伴随着商品生产与商品交换而产生的，如今广告传播已成为人类社会中最常见的传播活动之一。尽管广告活动为大多数人所熟知，但是人们对它的理解与认识却不尽相同。对同一则广告，张三说好，李四却说不好。有人认为广告是标签，告诉人们“我是谁”；有人认为广告是魔手，牵引着人们“就买这个”；也有人认为广告是知己，“这个广告好像是为我做的”；还有人认为广告是恶棍，许多人为它蒙骗，对它避而远之。

那么广告到底是什么？

广告一词用英语表达为“Advertising”，“Advertising”来源于拉丁文“Adverture”，其原意是吸引人注意、诱导和披露。类似的词语还有德语的“Reklame”、法语的“Relame”和拉丁语的“Clame”等。“广告”一词在我国古汉语中并不存在，《康熙字典》和《辞源》中都查不到“广告”这个词语。事实上直到20世纪初期，“广告”一词才被引入我国。和许多外来词语一样，“广告”一词也可以认为是个舶来品。

广告现象的普遍性及其作用的广泛性，使得人们从不同的角度来探索广告的含义，并由此形成了关于广告概念的多种不同的认识与理解。

美国著名心理学家斯柯特（Scott）在1903年就对广告定义和广告理论进行了探讨。他在《广告理论》一书中写到：“任何一项重要的实际事业都需要有一个理论的基础。”他还指出：“一切知名的广告界人士都在征求有关广告的一些基本原则，以便在这个基础上建立一个‘合理的广告理论’。”1932年，美国《广告时代周刊》征求广告定义，最后确定的定义为：“个人、商品、劳务、运动，以印刷、书写、口述或图画为表现方法，由广告主出费用做公开宣传，以促成销售、使用、投票或赞成为目的。”这一定义强调了广告主的目的——信息的传递。1947年，美国学者Borden对广告做了如下定义：“广告是为让公众持有购买产品所必要的想法而提出的视角的或口述的信息内容。”这一定义强调了广告信息的内容。

1948年，美国市场营销协会（AMA）对广告做了如下定义：“广告是可确认的广告主以有偿的方式进行的有关构思、产品、服务的非个人接触的提示或促销。”这个定义从四个方面去理解：一是有偿的方式。广告是广告主以付费的方式从媒介购买时间或版面以后播出或刊登的。这一点上与宣传或公共关系不同。二是非个人接触。广告不像人员推销那样以个人接触的方式来进行促销，而通过电视、报纸等媒介进行促销。三是构思、产品、服务。广告不仅包括有形的产品广告，而且还包括构思（思想）、服务等无形产品的广告。四是可确认的广告主。在一般的宣传上，宣传者可以以歪曲的方式（如笔名）表示自己的身份，但在广告里广告主不能用歪曲的方式表示自己的身份（如广告主做广告时不可能用笔名等歪曲的方式）。在这一点与宣传完全不同。

从市场营销学的角度来看这一定义比较明确。但从广告实际来看，其范围比较狭窄，不能向广告制作者和消费者明确说明广告的特性。

Wright（1982）等从传播学的角度对广告做了如下定义：“广告是通过大众传播媒体所控制的或能识别的信息或劝说。”这一定义强调了传播的概念。首先是信息和劝说。广告就是向不确定的消费者或一般公众传递有关企业信息的一种劝说过程，所以广告并不只是传递信息的，还要反映广告主的劝说意图。其次是控制性（controlled）。广告的信息内容、时间以及方向是由广告主所控制的，并且由广告主选择广告媒体。再次是可确认性（identifiable）。广告信息的接收者可以确认广告主、广告信息内容以及广告主的目的。最后是大众传播媒体。广告一般通过大众传播媒体传递信息。

Bovee和Arens（1992）从综合的角度对广告做了如下定义：“广告是可确认的广告主通过不同的媒体传递有关产品、服务或思想信息的事实上劝说性的传播，而这一传播一般是付费的，是非个人接触的。”这一定义的特点是：强调了信息的非个人接触传播（nonpersonal communication of information)；强调了广告一般是付费的；强调了媒体的多样性。广告所利用的媒体并不局限于大众媒体，还包括其他多种媒体。

Dunn 和 Barban（1986）也从市场营销和传播学的角度对广告做了如下定义："广告是可确认的企业或非赢利机构或个人以某种方式通过各种不同的媒体向特定群体的受众提供信息或劝说的、付费的、非个人接触的传播。"在这里他们把广告的范围扩大到非赢利机构（如学校、政府机构、教堂、政党）或个人。

概括起来看，上述广告定义无非是从营销学的角度和传播学的角度去理解的。

从市场营销学的角度来看，广告具有强调产品、服务等促销或销售的特点。也就是说，广告不仅传递信息，而且广告的最终目的在于促销或销售。相反，从传播学的角度来看，广告作为一种传播手段，其主要目的在于传递信息或劝说。

尽管上述广告定义多种多样，但根据广告在市场经济活动中的地位和作用，我们认为：所谓广告，是指可确认的广告主为促进交换，主要以付费的方式，通过各种媒体所进行的单向或双向的营销传播活动。

从上述定义中，我们明确以下问题：

(1) 广告的目的是促进交换。交换（exchange）是交换双方之间的一切行为。交换不仅包括交易（transaction）行为，而且还包括向社会捐赠从而得到荣誉感等的非营利性行为。如果广告没能促进交换，就不能说广告功能得到了全部发挥。因为广告主体无论是营利机构还是非营利机构，广告主和广告受众之间最终必须形成交换行为。当然广告传递信息，具有传播的功能，但广告的最终目的还是促进交换的。

(2) 广告是可确认广告主的活动。在广告里，广告主不能用歪曲的方式表示自己的身份，广告主的身份必须是确定的。

(3) 广告一般是以付费的方式进行的，但并不是所有的广告都以付费的方式进行。例如，企业在自己的网站上发布广告并不需要支付媒体的使用费。

(4) 广告是通过各种媒体以单向或双向的方式进行的。大部分广告定义所指的广告媒体是大众媒体，广告主主要利用大众媒体单向地传递信息。但现在多媒体等新媒体也成为广告的重要媒介手段。特别是，多媒体具有双向传播的特点，不仅广告主传递信息，而且广告受众也搜寻自己所需要的广告信息，所以出现双向传播的广告现象。

(5) 广告是营销传播活动。广告作为营销传播活动，与社会学、文化人类学、心理学、统计学、传播学等学科密切相关。广告是营销的科学性和适用各种艺术表现方法的艺术性融为一体的一种有意义的活动。

1.2 与广告类似的用语

我们在前面已经对"广告"一词下了定义。但有必要区别一下与广告类似的用语，以便进一步理解广告的含义。我们在日常生活中经常有意无意地把广告和宣传或报道等词语混淆起来使用。然而，事实上广告与上述词语既有一定的联系又有很大的区别（见表 1 -1）。

表 1 -1 广告与其类似用语的区别

用 语	费 用	与受众接触的方式	目 的	传递的主体
广告（advertising）	付费/免费	媒体	促进交换	明确
企业报道（publicity）	免费	媒体	形成友好态度	明确
宣传（propaganda）	付费	媒体	形成友好态度	不明确
公共关系（public relations）	付费/免费	媒体/人的活动	改善与公众的关系	明确
人员推销（personal sales）	付费	与顾客直接接触	促进交换	明确

1. 广告和宣传（propaganda）

在许多广告定义中，都提到广告是一种宣传手段。这说明广告与宣传有着十分相似的地方。如它们有着共同的表现形式，可以通过同一媒介和途径来进行；它们都是思想意识和信息的有目的的扩散；等等。但作为不同的社会现象，两者之间还是有着一定的差异的。主要表现在：广告的主体必须是明确的，但相比之下宣传的主体是不明确的；广告是以付费的形式向消费者进行传播信息的活动，宣传则是以不付费的形式向大众传播信息；广告是随着商品生产的发展而产生的一种推销手段，而宣传则是在人类社会性生产和生活中适应精神交往的产物等。

2. 广告与企业报道（publicity）

企业报道也具有一些广告的特点，如企业报道和广告一样也利用媒体。但做广告要付媒体使用费，而做企业报道时一般不需要付媒体使用费。另外，广告主可以控制广告的内容和表现方式，但企业不能完全控制报道的内容和表现方式。

3. 广告与公共关系（public relations，PR）

所谓的公共关系，是指为得到公众理解和接受，而对公众态度进行评价，并使个人或组织的策略或程序符合公众关心而确认和实行的管理技能。也就是说，改善组织或公众关系而采取的一种手段。PR 是在各种不同的公众中树立或维持积极、肯定的形象的活动，所以包括企业报道。但通过广告不仅树立企业或产品形象，而且传递产品的信息。所以广告的内容比公关的内容更具体。

4. 广告与人员推销（personal sales）

人员推销是企业通过派出销售人员与顾客进行人际接触来推动销售的促销方法。人员推销的目的也是促进交换，这点与广告是一样的。但是人员推销或口传（word-of-mouth）是直接接触顾客、不利用媒介的沟通方式，这点与广告完全不同。

1.3 广告的功能与作用

广告有着多种功能和作用。从市场营销学角度来看，广告起着市场营销的部分功能。从传播学的角度来看，广告起着传播功能。除了这些观点以外，广告又是与目标受众相互作用的社会机制的一部分，所以可以从不同角度考察广告的功能和作用。

1.3.1 广告的功能

1. 市场营销功能

市场营销是个体和群体通过创造产品和价值，并同他人进行交换以获得所需所欲的一种社会及管理过程（菲利浦·科特勒）。市场营销的最主要的手段就是4P（product，price，promotion，place），而广告是促销（promotion）的重要手段之一。所以，广告是作为实现市场营销目标的一个手段来发挥其功能的，也就是说，企业是通过广告来达到促进交换的目的的。

2. 传播功能

广告作为一种传播工具，向目标受众传递有关产品或服务方面的信息，并说服目标受众购买产品或服务，因而广告是连接广告主与目标受众的桥梁。但是，大部分沟通是有缺陷的沟通，是单向的沟通，即广告通过传统的大众媒体，只能实现广告主对目标受众的信息传输，而反过来却不能实现。这是传统媒体广告的不足之处。但即使如此，广告在商品信息传递中的作用是不可替代的。政府可以通过这一形式宣传政法信息或社会规范；社会团体可以通过这一形式倡导健康、环保等社会观念，这常见于公益广告；工商企业通过广告传递信息，实现产品销售，维持企业的生存和发展，为社会提供就业机会。广告还促进了全社会范围内的商品流通，加强了人与人的交流，同时也促进了经济的发展和人们生活水平的提高。

3. 经济功能

广告是市场经济的产物，广告的繁荣和水平的提高得益于市场竞争。在竞争条件下，广告可以引导市场的完全竞争。在市场经济的条件下，广告主们时刻关注市场的变化和消费者购买动机的变化，并适时提出有针对性的广告信息。无论是对消费者还是对竞争企业，广告均能产生一种强有力的刺激作用。对消费者而言，广告能够刺激其购买欲望；对竞争企业来说，广告有助于企业改进产品功能和质量，改进促销策略，提高服务水平，从而促进市场经济的发展，繁荣市场，加快技术创新和产品的更新。此外，广告还可以促进企业提高管理水平，以整合营销思想来指导企业的市场运作，提高企业的竞争力。

4. 社会功能

广告的社会功能主要表现在社会公益广告对社会的影响和教育，如社会伦理道德的教育、国家及地方法律法规的教育、爱国主义教育，以及日常生活常识等方面的教育。广告在对社会公众进行教育的过程中起着越来越重要的作用。许多企业通过对社会公众进行宣传教育的公益广告形式来提高企业的知名度和改善企业形象，尤其是那些受到法律限制而不能在主要媒体上发布广告的企业，如烟草或酒类公司等。这些通俗易懂、简洁明确的广告信息，易于为社会公众所接受，因而能够使企业树立良好的社会公众形象。

5. 引导功能

广告引导着人们的消费观念和消费行为，具有很强的引导功能。随着社会经济的发展，广告数量也在不断增加。在日常生活中，人们在自觉不自觉中接触到大量的广告。广告是消费者获得有关产品或服务信息的最主要的渠道之一，消费者在现实生活中的消费行为也越来越多地依赖于广告。

广告的引导功能得益于广告创作的现代意识。由于广告信息大多是当今社会的主流消费，因而容易产生共鸣和趋同，人们在观念上逐渐给予认同，因而在行为上也就不自觉地去迎合已形成的消费观念。

1.3.2 广告的影响

1. 广告对市场经济发展的影响

在市场经济条件下，有限的社会资源是按照市场需求进行配置的。在这一过程中，只有信息的广泛流通，才能使社会资源接近最优的配置水平，而广告在信息传播的过程中起到了关键的作用。广告是伴随着生产力的发展和经济水平的提高而产生的，广告的出现不仅有力地推动了商品经济的发展，使社会资源在更大的市场范围内进行组合，在更有效率的条件下进行配置，而且也促进了市场经济向更高的阶段迈进。

2. 广告对企业生存和发展的影响

（1）广告是企业获取竞争对手信息的重要途径。在市场竞争日趋激烈的环境下，企业要想在竞争中生存、立足和发展，就必须了解和掌握大量的市场信息，而广告为企业提供了获取信息的一条重要途径。因为在广告传播过程中，任何一家企业都会在一定程度上将自己的经营战略、营销战略、产品性能、品牌定位等通过广告传播给目标受众，以此来提高企业的知名度，达到促进交换的目的。这就为竞争企业获取信息提供了资料，企业可以通过对竞争企业广告资源的分析，了解其竞争策略，从而制定和调整本企业的战略战术。

（2）广告有助于提高企业的知名度。现代企业十分重视本企业在市场中的知名度。知名度对企业的生存和发展至关重要。知名度是一个中性的概念，可以是好的知名度，也可以是坏的知名度，好的知名度也称为美誉度。一个企业在市场上的名声的建立一般经过这样一个过程，即知晓——知名——美誉，先是让公众知道你这家企业是做什么的，然后再进一步让公众了解企业的情况、企业的理念、产品结构、品牌、服务等，扩大企业的知名度。知名度的提高是一个较为漫长的过程，通过企业长时期的努力、宣传、积累而形成在知名度基础上的好感，即美誉度。这样，企业就建立起了一份无形资产，这将是企业发展的巨大财富。在此过程中，广告的作用异常显著，几乎没有哪一家企业是不经广告宣传就有很高的知名度的，且广告宣传应是长期的、有计划和有步骤的。这样，企业的形象才得以一步步地建立，同时，市场的回报也促进企业加大广告投入的力度，形成良性循环。

(3) 广告支持业务人员进行销售。业务人员是直接与客户（消费者）打交道的企业员工。业务人员的业绩好坏，取决于多种因素，如本身素质的高低，企业产品的质量和功能以及企业和产品的知名度等，而后者极为重要。因此，良好的广告活动能够帮助业务人员顺利实现销售目标。

(4) 广告能够帮助企业降低单位产品的销售费用。广告的催化功能能够使企业的产品在更大的市场上进行销售，从而扩大生产规模。现代企业实行工业化生产，在固定成本一定的情况下，商品的单位成本主要取决于生产产品的数量。随着产量的增加，企业可以通过大量采购来降低原材料的购买价格，减少单位原材料的成本；同时，大规模生产还可以降低单位产品分摊的其他费用。这样，单位产品的成本就比小批量生产时大为降低。单位产品成本的降低，可以使企业在同样的价格水平下获得更多的利润。一方面加大市场宣传进一步扩大销售，另一方面企业还可以借此优势发动价格攻势，通过降价来提高本企业的竞争力，打击竞争对手。这种战略对企业进行结构调整、优化产品结构以及提升产品档次起到了推动作用，已为许多企业所采用。

(5) 广告有助于增强企业的竞争意识。市场经济是竞争经济，企业的一切策略都归因于竞争。竞争推动着企业关注市场信息，加强技术开发，注重营销策略以及内部经营管理。改革开放30年来，人们的竞争意识已得到了初步树立。在这一过程中，广告起了巨大的作用，因为广告改变了竞争格局。一家小企业通过广告提高了知名度，产品供不应求，企业迅速发展，不断壮大，成为一家大企业；而原来规模很大的企业可能会在竞争中失去主导地位而落后，甚至惨遭淘汰。因此，广告是一个信号，是一面旗帜，企业的竞争从表面上看就是通过大众媒体进行自我宣传的竞争。谁的定位准，谁的表现好，谁的力度大，谁就可能成为赢家，而广告就成了赢家的旗帜。于是，我们在影响力最强的媒体上看到的广告，大都是那些赢家的广告。广告表现着竞争，广告推动着竞争。

3. 广告对消费者的影响

(1) 广告是消费者获取商品信息的重要渠道。在市场经济环境下，特别是在买方市场的环境下，消费者面对品种繁多的商品，几乎无所适从。在这种环境下，广告不可避免地成为消费者获取商品信息的重要渠道。随着广告媒体的飞速发展和广告创意制作水平的不断提高，广告信息的渗透力和影响力都在进一步加强，广告很自然地被消费者作为获取商品信息及知识的重要途径。

(2) 广告影响着消费者的消费观念、消费行为和消费结构。由于广告的引导功能，广告对消费者的消费观念的影响很大，广告的信息往往是具有时代感和流行性的，而崇尚流行和求美尝新是消费者共有的心理偏好。因此，广告的示范作用自然影响到人们的消费观念，从而导致消费行为发生变化以致整个消费结构发生变化。这种改变一方面是在同档次的商品条件下，选择那些品牌知名度高、质量可靠且服务好的名牌产品；另一方面是在同类产品的升级换代产品的推广使用上，由于技术的进步推动产品的更新换代。广告在引导人们向新的商品消费的同时，改善了商品的结构，从而影响了产业结构的调整，使技术创新的步伐加快，将有利于国民经济的发展和综合国力的提高。

（3）广告对消费者社会阶层归属的影响。广告的信息传播特别强调要针对目标对象，市场营销理论要求企业在确定商品的营销策略时，首先应确立商品的市场定位。如此商品的顾客是谁、他们有哪些特征、他们在哪里、企业应如何接近他们等。广告的创意表现必须围绕着广告商品的市场定位展开，通过对目标对象的利益的展现，引起他们的注意，使其产生好感，进而导致购买行为。不同的商品有其不同的目标消费群体，身处不同细分市场的消费者将十分关注与自身状况相匹配的商品，并自觉成为此类品牌的忠诚消费者。营销学将整个消费群体划分为各种不同的社会阶层，每一阶层的消费者有其大致相仿的消费习惯和特征。广告以此为创意的基础，使得受众将依照自身的条件确定自己的社会阶层归属。

（4）广告对目标受众生活态度的影响。广告的信息内容丰富多彩。有些广告主在制定广告策略时，并不以商品的特征为主要的诉求内容，而试图从商品的特征与企业的理念中找到共融之处，或者说，更多的是以企业的理念进行宣传来带动产品的宣传和产品形象的树立。这些理念虽然是对企业的，但从社会的角度来看，企业可以视为一个人。因此，这些理念的阐释对大众就会产生影响甚至警示作用。如爱多 VCD 的广告语："我们一直在努力！"其实就是一句名言，一种生活态度的写照。它的作用也许超越了广告信息的传递，而上升为对人的生活态度的影响了。

4. 广告对信息传播媒体发展的影响

广告信息必须通过媒体传播，没有媒体存在，也就无所谓广告，尤其是对于现代广告而言。媒体的存在和发展需要大量的资金支持，其来源主要是广告收入。电视、报纸、杂志等媒体能够越办越好，节目能够日益丰富多彩，其主要原因在于媒体获得了不菲的广告收入。同时，由于商品竞争的加剧，广告信息的传播要求有更加新颖及更具震撼力的媒体出现，这就进一步推动了媒体的发展。科学技术的进步，使我们能够更为方便地获取全球范围内的信息，运营这一庞大的信息系统的资金来源主要还是广告收入。因此，广告与媒体同生存，共繁荣，相互促进，相得益彰。

5. 广告对文学、艺术的影响

广告作为信息传播工具，不同于一般的信息传播，而更多的是一种艺术表现。因此，在广告表现中特别强调创意，只有好的创意才可能成为好的广告。而创意往往是对广告素材进行艺术的加工和处理，广告的艺术表现可以是文字、诗歌、歌曲、舞蹈、雕塑、音乐等，几乎无所不包。而为使广告更具感染力，往往又将几种艺术形式进行综合和处理。虽然广告时间很短或篇幅很小，但蕴涵着深厚的文学艺术功底，可以说是文学艺术水平的一种集中体现。因而在广告发展的过程中，文学艺术自然也会得到极大的推进。

6. 广告对生活环境及文化的影响

广告的形式多种多样，有些是放置在城市街道两旁或建筑物上的灯箱或霓虹灯等广告，这些被称为户外广告。户外广告对城市的亮化、美化起着重要的作用。好的户外广告的制作和设置，装点着城市的街道，增加了人性化和情感化的成分。到了夜晚，灯火齐放，亮如白昼，展示出城市的美丽和繁华，丰富了人们的文化生活，同时也带动了城市第三产业的兴起和发展。广告与人们的日常生活息息相关。

1.4 广告的分类

过去，广告主要依靠报纸或杂志等印刷媒体作为发布媒介。被誉为“现代广告之父”的阿尔伯特·莱斯克（Albert Lasker）把广告称为“印刷品上的推销人”（salesman in print），因为那时根本没有广播、电视等传播媒体，一提到广告就联想到印刷品。但随着社会经济的发展和科学技术的进步，新的媒体不断出现。现在因特网等新的广告媒体的出现，从根本上改变了原来的广告传播信息的方式。在现实生活中，不仅企业离不开广告，而且个人、政府机构、社会团体等都在利用广告。这些个人或组织利用广告的目的、方式不同，更使得广告多种多样。

广告的分类方法很多，可以从多个角度对其进行划分。掌握广告的不同类型，有利于更好地了解和把握广告的特点，正确地选择和使用广告媒介。广告的具体分类大致有以下几种。

1. 根据广告媒体进行分类

根据媒体对广告进行分类是最一般的广告分类方法，其分类如下。

（1）电波广告。电波广告是指主要通过电波手段来表现广告信息的广告形式。主要包括电视广告和广播广告，它们均属于传统的四大广告媒体。电视广告是以电视为媒介传播的广告，具有形象、直观、传播范围大、传播迅速等特点，近年来一直是广告发布的第一大媒体。广播广告是运用无线或有线广播传播的广告，是一种大众化的广告。此外，电影和幻灯播放的广告亦属于电波广告。

（2）印刷品广告。印刷品广告是指主要通过印刷品传递广告信息的广告形式。包括报纸、杂志、招贴、函件、册子、时历、产品目录、传单等广告。其中的报纸和杂志都属于四大广告媒体。

（3）户外广告。户外广告是指通过存放于开放空间的媒体而发布的广告。户外媒体主要有交通类和建筑类两种。其发布媒体具体包括户外的电子显示屏、悬挂在建筑物上的大型广告牌、霓虹灯、专门设置在公路旁及重要交通路口的路牌、流动广告车以及车体、船体内外等。近年来，户外广告的发展十分迅速。

（4）新媒体广告。新媒体广告是指利用因特网、PC 通信（个人电脑）、手机等新媒体来传播广告信息的广告形式。由于新媒体广告自身具有传统媒体所不具备的诸多优势，目前正在以令人惊讶的速度发展。新媒体广告已经对传统的广告媒体产生了巨大的冲击。以互联网广告为例，

2011年第一季度，我国互联网广告市场规模已高达85.6亿元。近年来，互联网市场保持了高速增长，新业务和新应用层出不穷，成为带动市场扩展的主要推动力。

(5) 直接邮递广告（direct mail advertising，DM）。直接邮递广告是指直接将印刷品广告、录像带、影碟甚至实物等寄送给广告对象的广告形式。在国外，直接邮寄广告是一种常见的广告形式，但在我国这种广告形式还不为大多数商家所采用。

(6) 售点广告（point of purchase advertising，POP）。售点广告是指在销售现场所做的广告，它是购物场所内外一切悬挂、设置的广告的总称。从建筑物外悬挂的巨幅旗帜，到商店内外的橱窗广告、商品陈列、商品的价目表以及展销会等，都属于售点广告的范畴。

(7) 其他广告。此外，还有许多利用其他媒体发布广告信息的广告形式。如利用飞机等飞行物悬浮标语，甚至喷洒烟雾组成特定图案的空中广告；利用包装物和手提袋传播广告信息的包装广告等。这些媒体丰富了广告的形式，也发挥出较好的广告效果。

2. 根据广告主进行分类

根据传递广告信息的主体即广告主进行分类，广告可以分为以下三种。

(1) 制造商广告（manufacturer's advertising）。直接生产或制作产品的广告主所做的广告就是制造商广告。

(2) 中间商广告（retailer's advertising）。商业批发企业或零售商所做的广告就是中间商广告。

(3) 合作广告（cooperative advertising）。虽然是分销商做广告，但由制造商来承担部分广告费的广告就是合作广告。

3. 根据广告受众对象进行分类

广告有不同的对象。不同对象所处的地位不同，购买目的、购买习惯、消费方式等也有所不同。广告对象可分为消费者和企业。

(1) 消费者广告（consumer advertising）。此类广告直接指向最终消费者，是以消费者为对象所做的广告。消费者广告一般利用大众媒体。此类广告占广告的大部分。

(2) 商务广告（business advertising）。此类广告是以企业为对象的广告。商务广告又分为以购买原材料、设备等产业用品的企业为对象做广告的产业广告、针对批发商和零售商等中间商为对象所做的商业广告、以购买农业生产资料的农民为对象所做的农业广告等。商务广告一般利用专业媒体。

4. 根据广告内容分类

按照广告传递信息的内容不同，可以将其分为产品广告和非产品广告。

(1) 产品广告（product advertising）。此类广告的目的是为了使目标受众了解产品的性能、特点，知晓产品的商标，并产生好感，进而在选购该类产品时给予特别注意的广告形式。产品广告占据广告的绝大多数，几乎所有广告主都十分重视产品广告。

（2）非产品广告（nonproduct advertising）。此类广告的目的是为了扩大企业的知名度和影响力，建立及提升企业形象。因而，在广告中一般并不直接介绍产品和宣传产品的性能、特点等方面的优点，而更多的是表现企业的精神、理念及象征等，这类广告也成为形象广告。

5. 根据广告目的分类

在不同的时期和具体的环境下，企业的广告目的会有所不同。从经济效益的角度可以将广告分为赢利性广告和非赢利性广告。

（1）赢利性广告（commercial advertising）。以获取赢利为目的的广告，也叫经济广告。企业所做的大部分广告就是赢利性广告。

（2）非赢利性广告（noncommercial advertising）。广告的目的并不是获取赢利，而是企业或社会团体表明对社会的功能和责任，表明自己追求的不仅仅是从经营中获取赢利，而是过问和参与如何解决社会问题和环境问题，向消费者阐明这一意图的广告。此类广告也叫公益广告（public advertising）。

6. 根据产品的生命周期分类

根据产品生命周期各阶段的特点，企业一般采取不同的广告策略。产品处在引入期时，企业广告的目标主要是向消费者介绍产品，让消费者理解产品，所以一般采取产品认知性广告。产品处在成长期或成熟期阶段，市场竞争日趋激烈，所以企业一般采取强调本产品优越性的竞争性广告策略。进入成熟期或衰退期以后，消费者比较了解产品，所以需要强化消费者的记忆，保持消费者对产品的认识程度，所以采取提醒性广告策略。

（1）认知性广告（awareness advertising）。认知性广告通过向消费者介绍产品的性质、性能、用途、价格等，促进消费者对产品的认知，产生初步需求。

（2）竞争性广告（competitive advertising）。竞争性广告是一种以说服为目的的广告，使消费者对某种品牌的产品加深印象，刺激选择性需求。

（3）提醒性广告（remind advertising）。提醒性广告是指消费者已有使用习惯和购买习惯的产品，提醒他们不要忘记这个产品，刺激重复购买，也叫备忘性广告。

7. 根据广告诉求分类

广告诉求是指通过广告传播来促使消费者认知和行动，也就是广告诉说有关内容，要求消费者按广告内容指示去购买。

（1）感性广告（emotional advertising）。感性广告也叫情感广告，是指广告内容的选择主要是从感性的角度出发，寻求产品特色与目标受众情感之间的一种和谐或共鸣。感性诉求可划分为两种：①愉悦感性广告。这类广告着重运用富有人情味的诉求，为获得美满感去购买广告的商品。多数消费品均用这种方式。如温暖广告、幽默广告等；②恐惧感性广告。这类广告强调不幸情景，为预防或阻止其出现而购买。药品、保险等广告会用这种方式，如严重性广告、恐惧广告等。

（2）理性广告。理性广告是指广告内容的选择主要从理性的角度出发，直接陈述商品的好处或给消费者能带来的物质利益，从而促使消费者产生理智性购买，主要有产品提示性广告、比较广告等。

8. 根据广告传播范围分类

按照广告传播的范围，广告可分为以下三种。

（1）全国性广告。选择全国性的媒体，如全国性的报纸、杂志、电视、电台等所进行的广告活动形式。这类广告是以全国市场为目标市场的，所以根据全国性市场的特点进行设计与制作。对于同质性较强的产品以及在全国范围内销售的品牌产品而言，可能会更多地采用这类广告形式。

（2）区域性广告。选择区域性的媒体所进行的广告活动形式。由于我国幅员辽阔，各地区之间经济发展不平衡，消费水平也有较大的差距，因而许多商品并不是以全国市场为目标市场的，而是在区域市场内销售。这样，大量的此类广告是针对此类市场的特点进行设计与制作的。区域性广告与全国性广告相辅相成，各具特色，从而提高总体广告效果。

（3）国际广告。选择国外的广告媒体所进行的广告活动形式。国际广告又可分为标准化（standardization）国际广告和当地化（localization）国际广告。标准化国际广告是把同样的广告信息和宣传主体传递给各国市场的广告形式，这种广告要求忽视各国的市场个性，而强调各国市场需求的一致性。当地化国际广告是指通过向不同的国家和地区传递不同的信息，强调各国市场的差异性。采取哪种国际广告形式，实际上是国际广告策略的选择问题。

1.5　广告学的研究对象及研究方法

1.5.1　广告学的研究对象

广告学是广告学科体系的核心和基础。它研究和探讨一切社会制度下所共有的、各种不同社会制度下所特有的广告活动及其发展规律。广告学作为一门独立的综合性科学，是经过人们长期实践，在经济学、市场学、心理学、社会学、美学等学科发展的基础上逐渐形成和发展起来的。随着广告学研究的日渐深入，在广告学研究的基础上发展起来诸如广告心理学、广告设计学、新闻广告学、广告管理学、广告发展史等新的分支和新的学科。由于广告学的交叉性和综合性，人们对于广告学的研究对象有着不同的看法。

一种观点强调广告的科学性，认为广告是一门科学，不是艺术，它是经济运行中传递信息不可缺少的要素。广告虽然也运用了艺术，但只是广告活动的一种表现形式，是广告活动的手段。广告学经过广大的广告科研人员与广告工作者的共同努力，总结了大量的广告活动的成功与失败的经验，运用先进的研究方法，借助现代科学的运算分析，通过对广告知识的系统整理、总结、提高，探索出广告活动的规律，形成广告原理，揭示了广告活动怎样促进商品销售的规律。因此，广告学属于经济科学。

与此相对的另一种意见认为，广告学虽然是一种经济活动，但它深受各种社会因素的影响，是一门艺术，不是科学。广告的经济效益是很难测定的，在同等条件下同时刊登不同的广告，其经济效果也是不一样的。广告经济效益的因果关系不明显，有很大程度上的偶然性。例如，一则报纸广告，究竟有多少人看，看了的人能记住多少内容，又有多少人是看了广告才去购买商品的，这些问题都难以测定。所以，广告活动缺乏规律性和科学性，广告只是通过各种艺术表现形式和造型，引起人们的注意和欣赏，从而传递经济信息，刺激人们的心理欲求。广告活动的效益是心理性和艺术性的。

还有一种看法综合了以上两种意见，认为广告学是一门边缘学科。它的核心部分是经济科学，但它又与其他学科有密切的关系，如经济学、心理学、新闻学、市场学、企业管理学、社会学等社会科学，也涉及绘画、摄影、书法、音乐、戏剧、文学等艺术，在广告制作中也要具体运用到物理学等自然科学的原理。广告学虽然是一门综合性的边缘学科，但它基本上是一门属于社会科学领域里的经济学科。它揭示了广告促进商品销售的规律，只要依据这些规律进行广告活动，就会收到最大的经济效益和心理效果。

以上三种对于广告学研究对象的陈述，都具有一定的合理性，但也存在着明显的缺陷。前两种说法强调了广告学的独立性，但忽略了广告学的交叉性和综合性；后一种说法过于强调广告学与其他相关学科的联系，把广告学的研究对象与其他学科的研究对象搅在一起，实际上是否定了广告学的相对独立性。因此，对于广告学研究对象的表述，既要从其多学科交叉的特点出发，又要注意保持广告学的相对独立性。因此，即使是边缘科学，也应有自己独立的研究对象和特定的范围体系。

广告学是在许多边缘学科的基础上发展起来的一门综合性的独立的社会科学。它研究的是人类社会中大量存在的一种现象——信息传播现象，广告的本质不是经济性的，而是一种广泛的信息传达。广告实际上在做三件事——传播一种信息、提供一种服务、倡导一种理念。从传播学理论的角度来说，传播学的具体研究对象是包括广告在内的所有大众传播手段，传播学的许多理论也就完全适用于广告学的研究。无论是市场学中的广告，还是各种广告的艺术表现形式，都是在传达一种信息，都具备了信息传播过程的五要素：谁——通过什么媒介——对谁——说了什么——取得了什么效果（Who says what to whom through which channel with what effect.）。广告的信息传播就包括：广告发布者（包括广告主、广告制作者和传播者，即信息源）、广告信息内容、广告媒介、广告受众、广告效果等要素。

也就是说，广告学要解决的实际问题不是从经济优先的观点出发，而是从传播信息的立场出发，研究各种信息传播的过程、效果及其发展运动规律，其侧重点在于经济、市场信息的传播规律。因此，广告活动和广告事业的产生与发展规律是广告学的研究对象。

现代广告学的研究视野已经从一个较为狭窄的领域，走向一个更为开阔的空间，就是在“营销”和“传播”两个层面上开始对广告的功能和作用进行重新审视。20 世纪 90 年代，舒尔兹等人提出了“整合营销传播”的新概念。在广告整体运作中，整合营销传播被广泛运用于广告实践，并被视为广告学理论体系的有机组成部分。在广告实践中，整合营销传播被描述为：企业或品牌通过发展与协调战略传播活动，使自己借助各种媒介或其他接触方式与员工、顾客、利益相关者以及普通公众建立建设性的关系，从而建立和加强与他们之间的互利关系过程。传播在这里成为营销组合中的一个驱动性力量。广告的营销特性和传播特性在广告的运作过程中实现了高度的统一，广告是一种营销传播活动。对广告的营销与传播的交互式双重理论关照，建立了广告是营销传播的认识。

以广告活动和广告事业为研究对象的广告学，根据具体研究对象的不同，可分为理论广告学、历史广告学、应用广告学三个广告学研究的分支，不同的分支有不同的研究内容。

理论广告学是运用科学方法，对广告活动中的根本性问题进行研究，如广告的概念，广告的分类，广告在社会和经济发展中的作用、地位，广告活动的基本规律、原则，广告研究的基本方法等。理论广告学的研究内容主要有广告活动与社会政治、经济、文化等的关系，广告者的关系，广告在社会和社会发展中的地位与作用等，其根本任务是揭示广告活动的最一般规律。作为广告学体系中具有指导意义的核心部分，理论广告学为广告活动和其他分支的广告学研究提供了理论基础。

历史广告学侧重研究广告产生、发展以及广告事业变迁的规律。它的研究范围很广，内容主要有广告媒介发展史、广告组织发展史、广告设计制作风格（表现技法、工具等）演变史、广告学说史等。历史广告学的研究，可以揭示广告发展的历史规律，把握广告活动的发展趋势，从而指导、调整广告实践。

应用广告学是广告学的主体，它以广告实践作为研究对象，旨在探讨和揭示广告在商品促销中的活动规律。现代广告业之所以能够得到迅速发展，就是因为它自觉地以应用广告学为指导，使广告活动日益科学化、规范化。应用广告学的研究内容是广告活动的业务规律和具体运作方式，如广告策划、广告设计、广告制作、广告管理等。作为一门应用性学科，广告学的理论研究最终要为广告实践服务，而应用广告学正体现了广告学研究的目的性，是贯穿于整个广告学的中心问题。

广告学的研究领域在不断拓宽，广告学本身也在发展和变化之中。通过了解传统广告学的研究视野和现代广告学的研究现状，就能大概认识广告学发展变化的规律和发展趋势。

1.5.2　学习和研究广告学的方法

在学习和研究广告学的过程中，可以参考以下几种方法。

1. 理论与实践结合法

广告学是一门实践性很强的学科。广告学理论产生于广告实践，又服务于广告实践，必须从我国广告事业的实际出发，重视调查研究，详细占有材料。

2. 比较借鉴法

所谓比较借鉴法，是把广告学的概念、范畴以及相关的广告理论，进行比较性研究。任何学科理论的建立，都有借鉴、继承和扬弃的过程，必须认真学习和借用一切有用的经验，包括西方发达国家在广告方面的先进技术和有益经验。通过对比分析研究，做到博采众长，融会贯通，推陈出新，在比较中丰富和发展广告学。

3. 案例分析

案例研究是战后在美国兴起的一种社会科学的研究方法，相当于我们通常所说的典型调查材料。在当代的社会科学著作中，常常附以大量的案例研究材料。通过对典型广告案例的分析研究，总结出一般的规律，给广告工作者以启发和借鉴，从而推动广告管理和广告水平的不断提高。

4. 系统动态研究方法

系统方法是近几十年发展起来的一种现代科学研究方法，是一种立足于整体，筹划全局，使整体与部分辩证统一起来的一种现代思想方法。学会系统性和动态性分析和研究广告学理论，就会培养自已对于广告学的完整性、严谨性和科学性的研究作风。

本章小结

广告无处不在，正如大卫·奥格威所言，广告如同空气、水和阳光一样已广泛存在于我们的生活之中，与我们朝夕相伴。作为现代企业营销的重要手段，广告在现代商业社会中正日益发挥着越来越重要的作用。

广告是指可确认的广告主为促进交换，主要以付费的方式，通过各种媒体所进行的单向或双向的营销传播活动。

广告在各个层面深刻地影响着我们的社会和经济的发展。从宏观层面来讲，广告的出现有力地推动了商品经济的发展，使社会资源在更大的市场范围内进行组合。从微观层面分析，广告影响着企业的生存和发展，有助于企业获得市场信息、提高知名度、支持业务人员销售、降低单位产品的销售费用和增强竞争意识。

广告对消费者的影响体现在：帮助消费者获得商品信息、树立正确的消费观念、消费行为、生活态度以及满足消费者社会归属的心理需求。同时，广告还影响着媒体、文学、艺术和生活环境的发展等。

广告有不同的分类，可根据媒体、广告主体、广告内容、广告目的、产品的生命周期以及传播范围等进行分类。

广告学是一门边缘学科，它研究广告活动和广告事业的产生与发展规律。

思考题

1. 理解广告的基本概念时应该注意哪些要点?
2. 广告与宣传、人员推销、公共关系、新闻报道有哪些不同点?
3. 广告基本功能和作用是什么?
4. 广告可以分为哪些类型?
5. 广告学的研究对象是什么?

案例讨论

一代“标王”的悲剧

1994年,一位叫谭希松的女强人出任中央电视台广告信息部负责人。谭女士使出的绝招便是,把中央电视台的黄金段位拿出来,进行全国招标,她还给投标金额最高的企业准备了一顶金光四射的桂冠:“标王”。当年11月8日,北京城里开始起风沙的日子,穿着一件式样陈旧西装的山东临朐县秦池酒厂厂长姬长孔第一次出现在中央电视台梅地亚中心。他可能还意识不到,这里将成为他的幸运和伤心地。一年之后,他成为这里最耀眼的人物;而再过3年,当他又一次企图进入那道玻璃旋转门的时候,却因为没有出入证而被拒之门外。

姬长孔的皮包里带了3000万元。这几乎是上一年秦池酒厂的所有利税之和,意味着3万吨的白酒足以把豪华的梅地亚淹到半腰。姬长孔连夜与临朐方面联系,并得到了当地政府的大力支持。经过紧急的密谋,一个新的标底终于浮出水面。

唱标结束,山东秦池酒厂以6666万元竞得“标王”,高出第二位将近300万元!

“谁是秦池?临朐县在哪里?”众人问。从当时的一张照片可以看出,在场的姬长孔还很不习惯镁光灯的聚焦及众多记者的簇拥,在拥挤的人群中,在火一样蹿升的热情中,他还笑得不太自然。但他显然知道,他终于来到了华山之巅。

1996年,根据秦池对外通报的数据,当年企业实现销售收入9.8亿元,利税2.2亿元,增长5~6倍。

1996年11月8日,早已名满天下的姬长孔再次来到梅地亚。冲动的情绪如酵母般地在梅地亚会议中心传染,让每一个与会的英雄豪杰都嗅到了一丝“血腥”。竞标从一开始就如脱缰之马,让人无从驾驭:广东爱多VCD一口气喊出8200万元,超出上一年秦池1000多万元。随后,一家名不见经传的山东白酒金贵酒厂就如同一年前的秦池一样企图一鸣惊人,一声喊出2.0099亿元——中国广告报价自此首度突破2亿元。这时,终于轮到秦池了。当主持人念到“秦池酒厂”的时候,已如沸水般狂腾的全场顿时鸦雀无声。主持人大声叫道:“秦池酒,投标金额为3.212 118亿元!”有记者问,“秦池的这个数字是怎么计算出来的?”姬长孔回答:

“这是我的手机号码。”以3.2亿元人民币的代价让一个外国记者记住一个人的电话号码。这样的回答，仿佛是一个让人哑然的黑色幽默。其实，像姬长孔这样精明的人不可能不明白，摆在他面前的事实是：秦池太需要这个“标王”了。或者说，他已经无路可走了。

如果秦池不第二次中标，那么其销售量肯定会直线下降。前任“标王”孔府宴酒便是前车之鉴。对于一个富有挑战精神的企业家来说，这不仅意味着企业的死亡，实际上也意味着企业家生命的终结，这是绝对不能接受的。

暴风雨往往突然而来。1997年初的一则关于“秦池白酒是用川酒勾兑”的系列新闻报道，把秦池推进了无法自辩的大泥潭。一年前，就在秦池蝉联中央台“标王”的同时，北京《经济参考报》的四位记者便开始了对秦池的一次暗访调查。一个县级小酒厂，怎么能生产出15亿元销售额的白酒呢？在邛崃县，记者找到当地一家叫“春泉”的白酒厂。据称，秦池的散酒主要是由这家企业在当地收购后提供的。

一个从未被公众知晓的事实终于尴尬地浮出了水面：秦池每年的原酒生产能力只有3000吨左右，他们从四川收购了大量的散酒，再加上本厂的原酒、酒精，勾兑成低度酒，然后以“秦池古酒”、“秦池特曲”等品牌销往全国市场。

《经济参考报》的报道刊出在1997年1月中上旬，它们迅速像滚雷一般传播到了全国各地，几乎是在很短的时间里，这则报道被国内无数家报刊转载。还沉浸在喜悦之中的秦池遭遇到了最猝不及防的一击。

那些在“标王”制造运动中稳收其利的人们，此时也站到了秦池的对面，扮演起反思和评判者的角色。谭希松在接受访问谈到秦池时称，一家企业发生危机，不能仅从表面现象看，就像一个人脸上长了斑一样，有可能是内分泌失调造成的。

这就是1997年的秦池，它可能是全中国最不幸的企业。在它君临巅峰的时候，身边站满了弹铗高歌的人们；而当暴风雨来临的时候，甚至找不到一个可以哭泣的肩膀。如果说经济生态圈是一个很冷酷的天地，那么，这就是一个很极端的特例了。

当年，秦池完成的销售额不是预期的15亿元，而是6.5亿元；再一年，更下滑到3亿元。从此一蹶不振，最终从传媒的视野中消失了。

? 问题讨论

1. 怎样认识广告在营造名牌中的作用？
2. 秦池酒厂的案例说明了什么？

资料来源：http：//www.100guanli.com/HP/20100312/DetailD855452.shtml。

第 2 章

广告的起源与发展

本章导读

广告产生于原始社会末期，是商品生产与商品交换的必然产物。随着人类社会的不断发展，尤其是市场经济及商品社会的出现，广告业获得了良好的发展契机。本章主要通过对中外广告发展历程的梳理及对广告业发展现状的描述，从而使读者对广告的起源及发展有较为清楚的认识。

开篇案例　　中国早期明星商业广告

曾几何时，中国的电影明星们对做商业广告还很忌讳，似乎一上广告就有损身份；然时至今日，这种观念的闸门已渐渐被改革开放的洪流冲开了，如果有人能为做过商业广告的明星排个名单，那阵容一定是颇为可观的。明星做广告在二十世纪三四十年代是屡见不鲜的。时下中央电视台几乎天天播放的娜塔莎·金斯基做的力士香皂广告，著名影星胡蝶在20世纪30年代也曾做过。1933年，英商中国肥皂有限公司为打开力士香皂在中国的销路，决定出资举行“电影明星选举”，经投票结果选出明星影片公司的胡蝶为第一名。于是，他们征得“明星”和胡蝶的同意，在各报刊上大做广告，云：“力士香皂，色白质纯，芬芳滋润。日用洗濯，可保肌肤白嫩，容貌秀丽，因此中外明星都爱用。兹将今年力士香皂主办电影明星选举第一名胡蝶女士倩影及签名式刊登于上，以志纪念。”获得其他名次的演员，如徐来、黎明晖、谈瑛、朱秋痕等，也都陆续在广告中出现，使力士香皂在中国的知名度获得了很大提高。

二十世纪三四十年代时，影星做商业广告非常普遍，其中尤以荣膺“电影皇后”之称的胡蝶最受厂家青睐，因为明星越来越红，拥有的观众也越多，具有的号召力相应也越大。正因为胡蝶拥有这样的魅力，因此，虽然胡蝶本人并不热衷于做广告，但主动找上门来的客户却也不少。如有一家沪江照相馆就曾上门找胡蝶商量，表示愿意免费为她拍摄照片，并承担所有影迷索要照片的回复寄照义务，条件是胡蝶的照片由他们制成广告明信片出售。鉴于回复众多影迷的索照信函是一件既费时又麻烦的事，而沪江的照片又拍得确实不错，因此，胡蝶答应了他们的请求。还有一次，胡蝶在一次集会上被人问及：“你最喜欢哪一家商店的服装?”胡蝶不假思索地回答："鸿翔服装商店的衣服做工很考究，我经常去那里买衣服。"这本是一句很平常的话，但出自著名影星胡蝶之口，所产生的影响当然就非同一般了。话传到鸿翔服装店老板的耳里，其喜出望外是可以想见的。据说这位老板以后曾和胡蝶达成过一种默契：胡蝶以后所需的所有服装，鸿翔愿意优惠供应，而胡蝶也应在适当的时机为鸿翔多做宣传。这大概可算是一种"口头广告"吧。

当时影星做商业广告，大致有这样两种形式：

(1) 永久性广告。即厂家用明星的姓名做商品名称。如当时不少商品以"胡蝶"的谐音冠名，并印上胡蝶的照片做号召，当然其中有一些并未征得胡蝶同意，胡蝶为此还曾花费了不少精力与这些不法商人打官司。再如20世纪30年代杭州有一家蝶来饭店，是以胡蝶和徐来的名字做店名，开业时还特地请两位明星去揭幕剪彩，以示"正宗"。

(2) 长期广告。厂家在报刊或影剧说明书等印刷品上，长期刊印某明星的照片及手迹，说明爱用某种牌子的商品。当时的一些甜食点心、高档服饰、化妆品，以及私人开业医生等，都经常用这种形式做广告。如20世纪40年代初，报上常年刊出陈燕燕、黎明晖等为上海著名的采芝斋食品店做的广告："我们顶爱吃采芝斋糖果。"陈云裳、童月娟等则在报上亲笔赞誉"亚米茄表，余等最信赖之设计式样!"。

资料来源：http：//www. 66163. com/fujian_ w/news/fzwb/991219/8_ 1. html。

2.1 中国广告的起源与发展

2.1.1 中国古代广告

中国古代广告是伴随着商品交易活动的出现而产生的，经历了漫长的发展时期。在原始社会初期，人们只能以渔猎和采集方式，利用自然界现成的动植物维持生活。人们为了共同生存，需要相互交往，原始的信息传播即社会广告在社会发展中发挥了重要的作用。我国古代传说中的燧人氏教人钻木取火，以及伏羲氏教人结网捕鱼、狩猎的故事，反映了距今一万年前母系氏族时期繁荣兴盛的情况。

在原始社会后期，生产力的发展和社会分工的出现，导致了剩余产品的产生，从而奠定了私有制的基础。随着社会分工的深化，剩余产品的数量和种类日趋增多。为了把用来交换的产品交换出去，就必须把产品陈列在市场上；同时，为吸引他人，势必需要叫卖。实物陈列和叫卖是最早的广告形式。

奴隶社会时期，出现了农业、手工业与商业的分工，行商阶层开始出现。随着商业的发展，商品交换日趋频繁和广泛，买卖中除了走街串巷以外，还有固定的交易场所，如"日中为市"（《易经·系辞下》)、"百工居肆，以成其是"（《论语·子张篇》）等描述。

封建社会以前的广告形式主要是叫卖广告和实物陈列广告，这些广告形式是我国最初的处于萌芽状态的广告。

我国封建社会从战国时期开始一直延续到清朝鸦片战争之前，经历14个朝代，长达2000多年。在这期间，封建自然经济占主导地位，商品经济仅在一定程度上缓慢发展。因此，广告的发展也是十分缓慢的。在漫长的封建社会中，主要的广告形式是口头广告、旗帜广告、招牌广告、音响广告和印刷广告。

（1）口头广告。宋孟元老的《东京梦华录》有这样的记载：“是月季春，万花烂漫，牡丹芍药，棣棠木香，种种上市，卖花者以马竹篮铺排，歌叫之声，清奇可听。”明冯梦龙的《警世通言·玉堂春落难寻夫》中也有“却说庙外街上，有一小伙子叫云：‘本京瓜子，一分一桶，高邮鸭蛋，半分一个’”的广告叫卖及叫卖词的记载。口头广告发展到后来，用工具来代替吆喝或两者配合使用，产生了声响广告，如卖布商人的拨浪鼓、货郎担子的小铜锣、卖油的油梆子等。

（2）旗帜广告。旗帜广告以酒旗最多。酒旗也称酒帘、青帘，是周围呈锯齿状的长条旗子。最初的酒旗用青白二色布制作，后来发展到五彩酒旗，并绣上图案或店名。唐宋以后诗人词家多有以酒旗作为话题，而元明清的文学作品中也多有对酒旗的描述。唐朝诗人杜牧的《江南春绝句》中就有“千里莺啼绿映红，水村山郭酒旗风”这样的诗句。

（3）招牌广告。招牌广告是从先秦的悬帜广告发展起来的，到唐五代时还只是集中于官府统一管理的市场内，至宋代却遍及城乡，都市商店几乎每家都有自己的招牌名称。招牌广告是元明清时期主要的广告形式之一。招牌形式有的用文字表示，有的是图文并茂。北宋张择端的《清明上河图》展示了当时汴京繁华的市景和众多商店招牌林立的景象。据统计，画面上仅汴州城东门外附近十字街口，就有各家商店设置的招牌、横匾、竖标、广告等30余块。元代李有在《古杭杂记》中，引用张任国的《柳梢青》词“挂起招牌，一声喝彩，旧店新开”来描绘旧店复业的情形。早期的招牌比较简单，后来发展为请名人书写，并出现了店铺中堂，如酒店的“太白遗风”、米店的“民食为天”等。同时，在招牌装饰上，也开始演变出艺术图案和描金写红等竞比华贵的景象。

图2-1 北宋时济南刘家针铺广告

（4）印刷广告。我国是印刷术的故乡。伴随着印刷术的发明和利用，具有近代广告特点的印刷广告出现了。目前，在中国历史博物馆收藏的北宋济南刘家针铺的广告铜版雕刻，是我国最早的铜版印刷广告作品。广告刻版四寸见方，绘有“兔儿”商标，是一幅兔儿捣药图，广告名称为“济南刘家功夫针铺”，上面刻着地址：“认门前白兔儿为记”。“白兔儿”就是店门面商号标志，同时写到：“收买上等钢条，造功夫细针，不偷工，民便用，若被兴贩，别有加饶，请记白（兔）。”明代中叶以后，书商十分活跃，雕版印刷相当盛行。如1498年看本《奇妙全像西厢记》的书末附有出版商金台岳家书铺的出版说明："本坊谨依经书重写绘图，参订编大字本，唱与图合。使寓于客邸，行于舟中，闲游坐客，得此一览始终，歌唱了然，爽人心意。"由此可见当时书商广告的功底。

2.1.2 近现代广告

近现代广告在这里主要指从鸦片战争到中华人民共和国成立以前这段时间的广告发展。1840年鸦片战争爆发后，中国社会进入半封建半殖民地社会。随着外国资本和商品的大量涌入，民族工商业与远洋资本之间互相争夺市场，刺激了广告的发展。从广告发展史来看，这一时期广告的发展突出地表现在报纸和广播电台的利用。

1. 广告媒介的发展

（1）报纸广告。1853年，英国传教士在香港发行并销售到广州、厦门、福州、宁波、上海等地的《遐迩贯珍》刊物，最先兼登和招揽广告。该刊在1854年曾刊出一则广告，寻求广告刊户："若行商租船者等，得借此书以表白事款，较之遍贴街衢，传闻更远，获益至多。"史学家认为，该刊是我国出现的最早的铅字印刷的中文报刊。此外，外国人还创办了一些诸如《东方广告报》、《福州广告报》、《中国广告报》之类的专业广告刊物。其广告业务主要以船期、商品价格为主，这与五口通商之后国外商船往来频繁、货物进出类多量大有很大关系。1872年3月23日，《申报》创刊。《申报》是我国现代报纸开端的标志，由英商美查创办的、以赢利为主要目的的商业报纸。它也是外国人创办的报刊中由中国人主执笔政的第一家报纸。同时创办的还有《上海新报》、《中国教会新报》等。这些报纸刊登了大量的广告，占到版面的2/3。19世纪末，华人报纸相继创刊，在1895~1898年间全国共创办了32种主要报纸。由于资本竞争激烈，报纸刊数及广告版面迅速增加。到1922年，我国的中外文报纸即达1100多种。当时影响最大的报纸是《申报》、《字林沪报》和《新闻报》。《新闻报》创办于1893年，该报1923年即以"日销15万份"作为招徕广告的号召。此外，一些主要杂志，如《生活周刊》、《东方杂志》、《妇女杂志》以及《新青年》、《每周评论》、《湘江评论》、《天津学生联合会报》等都刊登过广告。报纸广告的广泛出现，标志着我国近代广告的发展进入了一个新的历史时期。

（2）广播广告。1923年1月23日，我国第一座电台在上海开始广播，它是由美国人奥斯邦的中国无线电公司创办的。其后又出现了美商新孚洋行和开洛公司创办的广播电台。广播电台正式开播广告是在1927年，新新公司开办了一座50瓦的电台，播送行市、时事与音乐。同年，天津、北京也相继开设电台。至1936年，上海已有华资私人电台36座、外资电台4座，国民政府电台1座、交通部电台1座，它们基本依靠广告维持。

（3）霓虹灯广告。上海最早的霓虹灯广告是1926年引进的。不久，外商在上海开办霓虹灯厂，其中丽安电器公司是规模较大的一个。华资电器等公司也在其后相继出现，并为广告公司制作霓虹灯广告。如英美烟草公司为红锡包香烟做了霓虹灯广告。1926 年，在上海南京东路伊文图书公司的橱窗内首次安装了霓虹灯广告，是宣传皇家牌（Royal）打字机的。1927 年，上海出现了霓虹灯招牌与露天霓虹灯广告，安装在湖北北路中央旅社门首做横式招牌，大世界屋顶也安装了白金龙香烟霓虹灯广告。

（4）交通广告。交通广告在当时盛极一时。它主要包括电车广告、汽车广告、轮船广告、火车广告等。其性质相当于移动的路牌广告，具有制作简便、收费低廉、传递信息面广等优点。

（5）橱窗广告。新中国成立前，上海许多大型百货商店都已有橱窗广告。随着现代建筑的出现和购物环境的改善，橱窗广告发挥着越来越大的作用。

2. 广告业的发展

20 世纪 30～40 年代，我国广告业发展较快。在民族工商业反战的同时，许多大企业设立了广告部，如生产美丽牌香烟的华成烟草公司，生产三星牌牙膏的中国化学工业社以及信宜药厂、上海新亚药厂都成立了广告部。与此同时，广告公司也迅速增加。在 20 世纪 30 年代，上海有广告公司近 20 家，规模最大的是联合广告公司。此外，外国人也在我国开办广告公司，如上海克劳广告公司和美灵登广告公司。

此时，广告界出现了同业公会。1927 年，中华广告公会在上海成立，是广告行业最早的组织。后几经易名，1933 改名为“上海市广告同业公会”，1946 年改为“上海市广告商业同业会”，会员有 90 家。

3. 广告的研究和管理

广告的教学与研究也开始了。1919 年，北京大学新闻学研究会出版了徐宝璜所著的《新闻学》一书，其中对广告做了探讨。1920～1925 年，上海圣约翰大学、厦门大学、北京平民大学、燕京大学和上海南方大学都开设了广告课程。

在广告业和广告学兴起之时，广告管理和监督也逐渐得到重视。如国民党政府在当时的民法、刑法、交通法、出版法中均有涉及广告的条款，并开始征收广告税。许多报馆的广告简章规定“有关风化及损害他人名誉，或迹近欺骗者，概难照登”。当时，全国报界联合会还通过了《劝告禁载有恶影响于社会之广告案》。

尽管广告业在当时有一定的发展，但由于当时的社会性质及经济的不稳定，广告的发展也受到极大的限制。对于近现代时期的广告，可以归纳出以下几个特点。

（1）政府对广告管理不力。虽然政府及有关行业对广告采取了广告监管措施，但显然没有起到应有的作用，许多人仍把广告与欺骗，甚至谋财害命画等号。

（2）产生了一批有一定水平的专业广告公司和广告人才。在经济发达地区，特别是有“不夜城”之称的上海，广告发展是令人瞩目的。新中国成立后最早的一批广告就是在这个基础上发展起来的。这时也出现了一些广告画师，如擅长水粉画广告的胡伯翔，以专攻青工图案广告的张光宇等。

（3）广告对经济生活，特别是发达地区产生过较大影响。这也证明了广告与经济发展的联系，经济是广告发展的根本原因。

2.1.3 现代广告

我国的现代广告是指中华人民共和国成立到目前为止这一时期的广告。新中国成立后，经济逐渐恢复，广告业一度有所发展。但是在改革开放之前的计划经济体制下，广告业的发展处于停滞和萎缩状态。改革开放之后，传统广告迅速得到恢复，在市场经济发展规律的推动下，广告业的发展速度之快前所未有。

阅读材料2－1　　广告，掀起你的盖头来

有商品，则必有广告。从古代的沿街叫卖、幌子招牌到现代的媒体宣传，随着科技的不断发展，广告正在飞速地发展。

这正像法国广告评论家罗贝尔·格兰的一句至理名言那样："我们呼吸着的空气，是由氮气、氧气和广告组成的。"可见广告渐渐渗透到我们的生活之中。

中国是广告的发源地之一，但远没有西方那样盛行，广告反而成了一种洋货、舶来品。

欧美国家是一个彻头彻尾的广告世界，商品广告、公益广告、政治广告等，令人应接不暇。广告是一门艺术，需要夸张、渲染、强调和突出，是一种自我展示的最佳方式，正好接近西方人坦率直露的性格，这也许是西方广告业发达的原因之一。

比较而言，中国人性格上含蓄克制，不大喜欢张扬个人。

几千年来的文化熏陶，使自我谦虚成为一种让人尊敬的美德，更反感那种自吹自擂、金玉其外败絮其中的浅薄行为。

正因为传统思想的束缚，使得广告业在中国的发展裹足不前，国人也几乎淡忘了"广告"一词。尤其是实行计划体制之后，广告几乎从市场中销声匿迹，取而代之的是官方的宣传。

宣传变成一种丁是丁、卯是卯的报道，脱离了广告的原始轨道，加之宣传的有限性和局限性，使得商品与消费者之间隔开一条鸿沟，两者可望而不可即。

改革开放以来，广告也作为"新生事物"被国人所接受。

人们从"王婆卖瓜"之中惊奇地发现，广告远不是我们理解的那样臭名昭著，一无是处，她是一个绚丽多彩的神奇世界。

资料来源：www.ebook.com。

1. 改革开放以前的广告

1949年，中华人民共和国成立后就着手恢复经济，开始了为期三年的经济恢复时期。为了把旧社会遗留下来的广告业引上有益于经济建设的轨道，上海、北京、天津和重庆等地成立了广

告管理机构，对广告进行管理，并在全国相继成立了广告业同业公会；针对当时广告业务中存在的一些问题，对广告业进行了整顿，解散了一批经营作风不正、业务混乱、濒临破产的广告社。各地区以人民政府名义发布了一批地方性的广告管理办法，如天津市卫生局在 1949 年发布的《医药广告管理办法》；上海市人民政府公布的《广告管理规则》；重庆市在 1951 年成立广告管理所后，于年底公布了《重庆市广告管理办法》。

1953 年，我国开始执行第一个五年计划，从事大规模的经济建设，并在全国范围内开展了对农业、手工业和资本主义工商业的社会主义改造，在流通领域实行计划收购、计划供应和统购包销的政策，其指导思想是建立一个以社会主义全民全有制和集体所有制为基础的社会主义经济制度。1956 年，我国完成了社会主义改造，个体、私营经济成分基本消失，计划经济被作为社会主义的优越性越来越得到加强，商业广告的发展受到了一定的影响。这一时期，报纸广告版面减少；广播广告日益萎缩，一些城市取消了商业电台。此后，对广告不正确的认识逐渐占了上风：认为广告是资本主义的产物，是资本主义社会奢侈浪费的表现。这些认识上的偏差影响了广告事业的健康发展。

1957 年在布拉格召开了国际广告大会，包括中国在内的 13 个社会主义国家的代表参加。此次会议做出了题为“从人民利益出发，发展社会主义商业广告”的决议。1958 年，商业部和铁道部联合发出通知，为使商业广告更好地为生产和消费服务，要求利用车站、候车室、车厢及列车内使用的用具等媒介开展广告业务。从而使广告业务有了一定的恢复。

然而好景不长，1958 年开始的“大跃进”，又使广告事业的发展面临新的危机。当时的工业部门提出了“需要什么，生产什么”的口号；商业部门提出了“生产什么，收购什么，生产多少，收购多少”的口号；银行系统则提出“需要多少就贷给多少，什么时候需要就什么时候贷给”的口号。产品不论品种、质量和价格，全都由商业部门包下来。由于商业流通成为独家经营，市场缺少竞争，已很少再有做广告的企业，广告管理也一度废止，广告业面临绝境。如 1962 年上海市的广告营业额仅为 346 万元，直到 1965 年才恢复到 500 万元。

坚决响应毛主席的号召，支援内地干革命！

图 2－2 “文革”时期的招贴画

1966 年是我国开始执行发展国民经济的第三个五年计划的第一年，同年，又发起了文化大革命运动。在这个特殊的时期，由于商品制度从根本上被否定了，广告作为商品生产和商品交换的宣传工具，也被彻底否定。广告管理工作停顿了。在所谓“破四旧”（即破除旧思想、旧文化、旧风俗、旧习惯）的口号下，广告被斥为资本主义的产物，被视为资本主义社会腐朽和浪费的表现。绝大多数商标被列在“四旧”之列，许多老字号被取消；霓虹灯广告被砸烂或撤除，路牌广告被拆掉，橱窗广告被“一片红”代替；报纸杂志不再登广告，广播电台的广告也停止了。各地广告公司的业务全部陷于停顿，许多广告业人员下放、调走，专业队伍七零八落，广告事业几乎到了灭绝的地步。直到 1978 年中共中央召开十一届三中全会，广告业才迎来了新的发展时期。

2. 改革开放以后的广告

党的十一届三中全会以后，是我国广告事业开始快速发展的时期。1979 年初，广告恢复全面启动。1979 年被称为我国的“广告元年”：

1 月 4 日，《天津日报》率先恢复商业广告（天津牙膏厂产品）（见图 2 – 3）；

1 月 23 日，《文汇报》刊登了第一条外商广告（瑞士雷达手表）；

1 月 28 日，上海电视台播出了我国大陆电视广告史上的第一条商业广告（参桂补酒）；

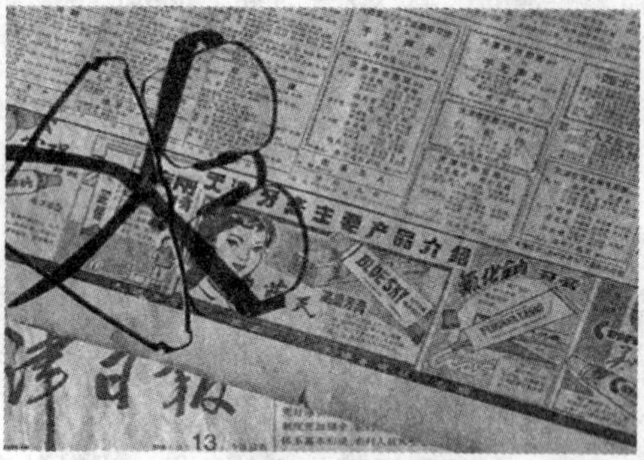

图 2 – 3　1979 年 1 月 4 日《天津日报》刊登的天津牙膏厂产品广告

图 2 – 4　参桂补酒广告

3 月 5 日，上海人民广播电台在全国广播电台中第一个恢复广告业务；

3 月 15 日，上海电视台又播出第一条外商广告（瑞士雷达表）；

4 月 17 日，《人民日报》刊登了汽车、地质仪器等商品广告。

11 月，中共中央宣传部发出《关于报刊、广播、电视台刊登和播放外国商品广告的通知》，提出“广告宣传要着重介绍四化建设中可借鉴参考的生产资料，消费品除烟酒外，也可以刊登”；并要求“调动各方面的积极因素，更好地开展外商广告业务”，从而使广告业迅速扩大。

（1）广告营业额。改革开放以后，我国的经济发展取得举世瞩目的成就。1979 ~ 1997 年，我国国内总产值的年平均增长率为 9.8%，其中，1990 ~ 1995 年的年平均增长率为 12.8%，远远高于同期世界总产值平均增长速度 2.0%。广告产业的发展与经济的增长密切相关，可以说，广告产业是经济发展的“晴雨表”。高速发展的中国经济推动了广告业务的“井喷”。1980 ~ 1997 年，我国广告营业额每年平均增长 43.93%，其中 1985 年的增速高达 65.7%。1981 年我国广告费总额为 11 800 万元，占国内总产值的比重为 0.024%；而到了 2008 年已达到了 1899.56 亿元，增长了 1609 倍，增速远远超过同期 GDP 的增长速度。

1998年后由于受亚洲金融危机以及国内一些经济阻碍因素的影响，广告产业的发展速度开始降温。1998年我国国内总产值为79 148 000万元，比1997年增长7.8%，还没有达到年初所计划的8%的增长目标。而1998年广告营业额为5 378 327万元，比上年增长16.4%，但比1997年的年增长率26%下降了9.6个百分点。1999年我国广告营业额为6 220 506万元，比上年年增长率又降低了0.7个百分点。而到了2002年我国广告营业额为9 031 000万元，年增长率为8.2%，增长趋于平缓。2006年我国广告营业额同比增长11.06%，2007年同比增长10.68%，2008年同比增长9.11%，和国民经济的增长率越来越接近。这说明近几年我国广告业的发展处于平稳增长期。我国改革开放30年来的广告营业额增长情况统计见表2-1。

表2-1　　1981~2008年我国广告营业额增长情况

年　度	广告费（万元）	营业额增长率（%）	占GDP的比重（%）
1981	11 800	—	0.024
1982	15 000	27.1	0.028
1983	23 407	56.0	0.040
1984	36 528	56.1	0.052
1985	60 523	65.7	0.070
1986	84 477	39.6	0.087
1987	111 200	31.6	0.098
1988	149 294	34.3	0.106
1989	199 900	33.9	0.125
1990	250 173	25.1	0.141
1991	350 893	40.3	0.162
1992	678 675	93.4	0.255
1993	1 340 873	97.6	0.392
1994	2 002 623	49.4	0.457
1995	2 732 690	36.5	0.474
1996	3 666 371	34.0	0.489
1997	4 619 638	26.0	0.617
1998	5 378 327	16.4	0.670
1999	6 220 506	15.7	0.758
2000	7 127 000	8.0	0.797
2001	7 944 000	11.5	0.820
2002	9 031 000	13.6	0.890

续表

年　度	广告费（万元）	营业额增长率（%）	占 GDP 的比重（%）
2003	10 786 680	19.44	0.920
2004	12 646 600	17.2	0.790
2005	14 163 350	12.00	0.780
2006	15 730 000	11.06	0.750
2007	17 409 600	10.68	0.710
2008	18 995 600	9.11	0.632
2009	20 410 300	7.45	0.610
2010	23 405 100	14.67	0.588

资料来源：作者根据《现代广告》等资料综合整理。

在2000年四大媒体的广告费中，电视广告费为168.91亿元，比1999年增长8.17%；报纸广告费为146.47亿元，比1999年增长30.39%；广播广告费为15.19亿元，比1999年增长21.33%；杂志广告费为11.34亿元，比1999年增长27.31%。在2000年我国四大媒体广告费中，电视广告费所占GDP比重为0.19%，报纸广告费所占比重为0.16%，广播广告费所占比重为0.02%，杂志广告费所占比重为0.01%。而到了2010年，电视广告费已高达679.82亿元，报纸广告费为381.51亿元，广播广告费为77.17亿元，杂志广告费为32.22亿元。这说明，四大广告媒体在近十年内均获得了一定的发展，但电视媒体的广告费所占比重已远远高于其他媒体。近年来，在新兴媒体的冲击下，广播、报纸媒体的发展增速明显放缓，从2007年至今，广播、报纸媒体的广告费增速没有一年能够超过两位数。2000～2010年四大广告媒体的具体发展情况参见表2－2。

表2－2　　2000～2010年四大媒体广告费统计

年份	媒介	广告费用（亿元）	年增长率（%）	占总额比重（%）	占 GDP 比重（%）
2000	电视	168.91	8.17	23.70	0.19
	广播	15.19	21.33	0.08	0.02
	报纸	146.47	30.39	20.55	0.16
	杂志	11.34	27.31	1.59	0.01
2001	电视	179.37	6.19	22.57	0.19
	广播	18.28	20.34	2.30	0.02
	报纸	157.70	7.67	19.84	0.17
	杂志	11.86	4.59	1.49	0.01

续表

年份	媒介	广告费用（亿元）	年增长率（%）	占总额比重（%）	占 GDP 比重（%）
2002	电视	231. 03	28. 8	25. 58	0. 23
	广播	21. 90	19. 80	2. 42	0. 02
	报纸	188. 48	19. 52	20. 87	0. 19
	杂志	15. 21	28. 25	1. 68	0. 01
2003	电视	255. 04	10. 39	23. 64	0. 22
	广播	25. 57	16. 76	2. 37	0. 02
	报纸	243. 01	28. 93	22. 53	0. 21
	杂志	24. 38	60. 29	2. 26	0. 02
2004	电视	291. 54	14. 3	23. 0	0. 18
	广播	32. 93	27. 8	2. 6	0. 02
	报纸	230. 72	-5. 0	18. 2	0. 14
	杂志	20. 37	-16. 0	1. 6	0. 01
2005	电视	355. 3	21. 9	25. 1	0. 20
	广播	38. 9	18. 0	2. 7	0. 02
	报纸	256	11. 0	18. 1	0. 14
	杂志	24. 9	22. 1	1. 8	0. 01
2006	电视	404	13. 7	25. 7	0. 20
	广播	57. 2	47. 2	3. 6	0. 03
	报纸	312. 6	22. 1	19. 9	0. 17
	杂志	24. 1	-3. 1	1. 5	0. 01
2007	电视	442. 9522	9. 6	25. 4	0. 18
	广播	62. 8202	9. 8	3. 6	0. 03
	报纸	322. 1927	3. 1	18. 5	0. 13
	杂志	26. 4648	9. 8	1. 5	0. 01
2008	电视	501. 5037	13. 22	26. 4	0. 17
	广播	68. 3409	8. 79	3. 6	0. 02
	报纸	342. 6737	6. 36	18. 0	0. 11
	杂志	31. 0246	17. 23	1. 6	0. 01
2009	电视	536. 1903	6. 92	26. 27	0. 16
	广播	71. 8703	5. 16	3. 52	0. 02
	报纸	370. 4633	-8. 11	18. 15	0. 11
	杂志	30. 3792	-2. 08	1. 49	0. 01

续表

年份	媒介	广告费用（亿元）	年增长率（%）	占总额比重（%）	占 GDP 比重（%）
2010	电视	679.8263	26.79	29.04	0.17
	广播	77.1668	7.37	3.30	0.02
	报纸	381.5059	2.98	16.3	0.10
	杂志	32.2270	6.08	1.38	0.01

资料来源：作者根据《中国广告统计年鉴》等相关统计数据综合整理。

近年来，网络媒体充分发挥自身的优势，大幅度提高了自身的影响力，不仅确立了主流媒体地位，而且在广告市场上也取得了不菲的战绩。以 2008 年为例，当年各类媒体的广告营业额增长率如下：杂志社增长 17.2%，增长速度最高；电视台增长第二，为 13.22%；广播电台增长 8.79%；报社增长率最低，为 6.36%（见表 2－3）。

表 2－3　　2008 年我国各类广告经营单位发展情况　　单位：亿元

广告经营单位	2008 年营业额	2007 年营业额	增长率（%）
广告公司	778.3289	688.4977	13.05
电视台	501.5037	442.9522	13.22
广播电台	68.3409	62.8202	8.79
报　社	342.6737	322.1927	6.36
杂志社	31.0246	26.4648	17.23
其　他	91.4933	79.1836	15.55
总　计	1899.5614	1740.9626	9.11

资料来源：作者根据相关统计数据综合整理。

而网络媒体利用北京奥运会等大事件，利用互联网络无可比拟的优势吸引了亿万网民的眼球，网络媒体广告收入因此大增。2008 年中国互联网广告规模接近 100 亿元，增长率将近 50%，是当年我国广告增长率（9.11%）的 5 倍还多。

2006～2008 年我国网络媒体的广告市场发展迅速，2008 年新浪的广告收入达 25850 万美元，折合人民币约为 17.5 亿元。其收入已经接近当年全国广告收入最多的报社《广州日报》（2008 年广告刊例价为 22.06 亿元）。腾讯的广告收入从 2005 年的 3.42 亿元，增长到 2008 年的 12.09 亿元，增长了 253.51%，其利润达到 4.12 亿元，超过一些报业集团的全部收入。

总之，改革开放之后，我国广告市场快速发展，取得了巨大成就。但近几年来广告业的发展增速变缓（新兴媒体除外）。总体上来说，我国广告产业仍处于发展初期，还有很大的发展潜力。

（2）广告公司。1979 年以前，全国经营广告业务的专业广告公司还不到 10 家，主要经营户外广告。1979 年以后，我国经济日益发展，广告公司的数量如雨后春笋般地增加。1983 年的统计数据显示，全国已有 181 家专业广告公司，年营业额达 4870. 9 万元，占当年全国广告营业额的 20. 8%。到了 1998 年，全国专业广告公司猛增到 3. 3 万多家，年广告营业额达 2 301 138 万元，占广告行业营业额的 43%。2005 年我国广告经营单位已达 125 394 家，广告营业额为 1 416. 30 亿元，较上年增加 12. 0%。

而到了 2010 年，我国广告经营单位数量激增到 24. 3 万家，营业额达到 23 405 076 万元，较上年增长 14. 67%。2000 ~ 2010 年我国广告经营单位/广告公司的发展情况见表 2 – 4。

表 2 – 4　　2000 ~ 2010 年我国广告经营单位/广告公司数和营业额增长情况

年　份	经营单位/广告公司（户）	营业额（亿元）	营业额增长情况
2000	70 747（40 497）	712. 66（317. 73）	14. 57%（14. 37%）
2001	78 339（46 935）	794. 89（370. 98）	11. 54%（16. 76%）
2002	89 552（57 434）	903. 15（395. 65）	13. 62%（6. 65%）
2003	101 786（66 353）	1078. 68（444. 84）	19. 44%（12. 43%）
2004	113 508（76 210）	1264. 60（565. 29）	17. 2%（27%）
2005	125 394（84 272）	1416. 30（615. 40）	12. 0%（8. 9%）
2006	143 129（99 368）	1573. 0（631. 3）	11. 1%（2. 6%）
2007	172 615（113 222）	1740. 9629（688. 4977）	10. 68%（9. 1%）
2008	185 765（117 274）	1899. 5614（778. 3289）	9. 11%（13. 05%）
2009	204 982（124 886）	2041. 0322（849. 4297）	7. 45%（9. 14%）
2010	243 445（143 727）	2340. 5076（940. 3495）	14. 67%（10. 70%）

资料来源：作者根据《中国广告统计年鉴》等相关统计数据综合整理。

虽然改革开放以来我国的专业广告公司得到迅速发展，但我国本土广告公司一般规模小、实力不强，不能向客户提供高质量的综合性服务，因此，与国外广告公司相比明显缺乏竞争力。从 1998 年的情况来看，专业广告公司数为 3. 3 万多家，但是平均广告营业额为 69 万元，超过 1 亿元的广告公司不到 20 家。随着广告市场的开放，外国广告公司纷纷进军我国广告市场，并逐步占据了主导地位。

我国广告市场从 1987 年公布《广告管理条例实施细则》开始对外开放。《广告管理条例施行细则》第五条和第七条规定外国广告公司在我国境内可以办中外合资、合营广告公司。由对外经济贸易合作部和国家工商行政管理局批准的第一个中外合资广告公司，为 1987 年成立的北京天鹅广告有限公司（与日本广告公司合资的公司）。截止到 2008 年，全球五大广告集团都在中国设立了分公司。合资广告公司在中国的经营额一直攀升，占据了我国广告公司营业额前十位中的大多数席位。

截至 2008 年第三季度，根据部分公司财报数据统计，在数量上占 99% 的本土广告公司，其经营额仅占专业广告公司营业额总数的 0. 4%；在数量上占 0. 4% 的外商投资广告公司，其经营额竟占我国专业广告公司总经营额的21%①。（注：2005年前后，国际广告集团在中国新成立的合资公司业务范畴发生变化。此时成立的广告公司不再是“一站式”服务的综合全案代理公司，而是专门型广告公司，集中于某一行业提供专项服务。）

外国广告公司一般比国内本土广告公司具有更强的资金基础，并且能提供较高的综合性服务，其广告制作水平也较高，所以在我国广告市场上逐步占据了主导地位。从20世纪90年代初开始，随着我国向外国广告公司放开大门，外国广告公司纷纷进军我国广告市场。2005年，位居我国广告公司营业额前五位的广告公司无一为本土广告公司。而到了2008，位居营业额前六的广告已无本土广告公司身影，并且国外广告公司的领先优势越来越明显。关于2000～2008年我国十大广告公司的具体排名，参见表2－5。

表2－5　　2000～2008年我国营业额前十名广告公司及营业额

年份	排名	广告公司	营业额（万元）	营业额增长（%）
2000	1	盛世长城国际广告公司	138 390	－24.6
	2	麦肯光明广告有限公司	137 200	8.23
	3	智威汤逊—中乔广告有限公司	121 109	8.58
	4	上海奥美广告有限公司	91 333	28.34
	5	精信广告有限公司	79 300	5.03
	6	达美高广州公司	73 694	—
	7	上海李奥贝纳广告有限公司	67 558	272.88
	8	广东省广告公司	60 833	16.99
	9	上海广告有限公司	59 400	23.33
	10	上海灵狮广告有限公司	49 500	17.22
2001	1	盛世长城国际广告有限公司	140 060	1.21
	2	麦肯光明广告有限公司	136 274	－0.68
	3	北京电通广告有限公司	109 925	56.14
	4	上海李奥贝纳广告有限公司	109 292	61.78
	5	智威汤逊—中乔广告有限公司	94 607	－21.88
	6	北京未来广告公司	90 836	—
	7	精信广告有限公司	87 200	9.96
	8	上海奥美广告有限公司	74 258	－18.70
	9	广东省广告公司	71 897	15.39
	10	上海广告有限公司	62 802	5.73

① 杨雪、刘巍，人民网－传媒频道，2009年08月07日。

续表

年份	排名	广告公司	营业额（万元）	营业额增长（%）
2002	1	盛世长城国际广告有限公司	219 588	56.8
	2	麦肯·光明广告有限公司	180 986	32.8
	3	上海李奥贝纳广告有限公司	169 305	54.9
	4	北京电通广告有限公司	154 980	41.0
	5	智威汤逊—中乔广告有限公司	121 298	28.2
	6	北京未来广告公司	108 990	20.0
	7	广东省广告有限公司	83 000	15.4
	8	上海广告有限公司	76 904	22.5
	9	上海奥美广告有限公司	64 157	–13.6
	10	北京国安广告总公司（集团）	41 000	10.8
2003	1	盛世长城国际广告有限公司	274 774	25.13
	2	麦肯·光明广告有限公司	266 199	47.08
	3	上海李奥贝纳广告有限公司	246 426	45.55
	4	北京电通广告有限公司	233 707	50.80
	5	智威汤逊—中乔广告有限公司	170 532	40.59
	6	北京未来广告公司	118 045	8.30
	7	广东省广告有限公司	108 000	30.12
	8	上海广告有限公司	90 052	17.10
	9	上海灵狮广告有限公司	67 239	90.76
	10	上海博报堂广告有限公司	42 141	18.55
2004	1	上海李奥贝纳广告有限公司	421 868	71.15
	2	盛世长城国际广告有限公司	311 079	13.21
	3	麦肯·光明广告有限公司	277 545	4.26
	4	北京电通广告有限公司	250 374	7.13
	5	北京未来广告公司	170 000	44.01
	6	广东省广告有限公司	133 800	23.89
	7	上海广告有限公司	122 316	35.83
	8	上海中润广告有限公司	59 083	43.41
	9	上海灵狮广告有限公司	58 952	–12.32
	10	TOM户外传媒集团	58 620	116.99

续表

年份	排名	广告公司	营业额（万元）	营业额增长（%）
2005	1	上海李奥贝纳广告有限公司	381 722	-9.49
	2	盛世长城国际广告有限公司	338 429	8.79
	3	麦肯－光明广告有限公司	309 930	11.67
	4	北京电通广告有限公司	250 657	0.11
	5	智威汤逊－中乔广告有限公司上海分公司	240 638	687.07
	6	北京未来广告公司	193 554	13.86
	7	广东省广告有限公司	156 000	16.59
	8	上海广告有限公司	125 200	2.36
	9	北京大禹伟业广告有限公司	75 900	—
	10	海南白马广告媒体投资有限公司	70 991	—
2006	1	上海李奥贝纳广告有限公司	393 796	3.16
	2	盛世长城国际广告有限公司	375 102	10.84
	3	麦肯·光明广告有限公司	365 432	17.91
	4	智威汤逊广告有限公司上海分公司	350 000	45.45
	5	北京电通广告有限公司	286 379	14.25
	6	上海新结构广告有限公司	273 219	—
	7	北京未来广告公司	237 000	22.45
	8	广东省广告有限公司	186 000	19.23
	9	分众传媒（中国）控股有限公司	185 000	208.34
	10	上海广告有限公司	132 300	5.67
2007	1	盛世长城国际广告有限公司	431 367	15.00
	2	上海李奥贝纳广告有限公司	429 942	9.18
	3	麦肯·光明广告有限公司	423 488	15.89
	4	智威汤逊—中乔广告有限公司	416 972	19.13
	5	分众传媒（中国）控股有限公司	370 051	100.03
	6	北京电通广告有限公司	343 520	19.95
	7	北京未来广告公司	242 817	2.45
	8	广东省广告股份有限公司	208 000	11.83
	9	北京恒美广告有限公司上海分公司	151 314	44.54
	10	广东凯洛广告有限公司上海分公司	135 097	—

续表

年份	排名	广告公司	营业额（万元）	营业额增长（%）
2008	1	分众传媒（中国）控股有限公司	539 570	45.81
	2	麦肯·光明广告有限公司	492 835	16.38
	3	上海李奥贝纳广告有限公司	475 578	11.38
	4	智威汤逊中乔广告有限公司上海分公司	471 009	12.96
	5	盛世长城国际广告有限公司	427 792	-0.83
	6	北京电通广告有限公司	356 886	3.89
	7	北京未来广告公司	346 487	42.69
	8	北京恒美广告有限公司上海分公司	203 973	34.80
	9	广东凯络广告有限公司上海分公司	184 586	36.63
	10	凯帝珂广告（上海）有限公司	157 688	—

资料来源：作者根据《现代广告》等相关统计数据综合整理。

由表 2－5 可以看出，一些合资广告公司一直是榜上有名，它们不仅有着出色的经营业绩，而且表现一直非常稳定。如在这份榜单上一直位居前列的盛世长城国际广告公司，它是一家经国家对外经济贸易部批准由 SAATCHI & SAATCHI 和中国航天工业部中国长城工业总公司合资的广告经营单位。从 1992 年 8 月成立至今，盛世长城不断发展壮大，营业额从 1998 年的 167 329 万元，增加到 2008 年的 427 792 万元，其经营业绩一直位居全国广告公司排序前五名。盛世长城国际广告公司坚持“创意就是生命，人才决定一切”的经营理念，对我们本土广告公司也具有一定的借鉴意义。

图 2－5　盛世长城的经典创意广告之一

图 2－6　盛世长城的经典创意广告之二

随着广告市场的进一步开放，我国本土广告公司的发展面临着更大的机遇和挑战。在开放的条件下，如何发展本土广告公司？这是企业界和学术界都必须思考的问题。

阅读材料 2－2　　如何发展我国本土广告公司

在开放的市场经济发展过程中，广告市场的开放问题是无论哪个国家都面临的问题。韩国也是从 20 世纪 80 年代后半期开始开放本国的广告市场的，外国一些著名的跨国广告公司纷纷进军韩国广告市场，加剧了广告市场份额的竞争。但在开放条件下，韩国本土广告公司一直占绝对优势。韩国本土广告公司能占绝对优势的原因主要有以下三个方面：①韩国本土的集团所属广告公司实力强；②在本土广告公司成熟的前提下开放广告市场；③推行独特的广告公司代理制度。

那么，为什么我国本土广告公司在开放条件下失去广告市场的主导地位？其原因在于：

（1）本土广告公司在还不成熟的情况下面临开放的广告市场。我国广告市场是从20世纪80年代末开始逐步开放的。1987年公布的《广告管理条例实施细则》中的第五条和第七条规定外国广告公司在中国境内可以办合资广告公司。到1990年在我国境内注册登记的有外资背景的广告公司17家，到1993年猛增到290家。但我国广告费占GDP的比重，1987年为0.098%，1990年为0.141%，1993年为0.392%。这说明开放广告市场的时候，我国广告产业还比较落后，还没有形成一定的规模。在开放条件下，脆弱而不成熟的本土广告公司只能把市场份额让给实力雄厚的中外合资广告公司。

（2）对广告市场开放所带来的一系列问题没有提前给予充分估计和讨论。广告市场的开放至少带来以下两方面的冲击：一是对本土广告公司的冲击，二是对我国传统文化价值观的冲击。前者是“有形”的冲击，后者是“无形”的冲击。在我国本土广告公司普遍脆弱的情况下开放广告市场，首先受到冲击的就是本土广告公司；另一方面来说，广告毕竟影响文化，所以开放广告市场就意味着外国文化的涌入。现在我们在广告里不难看出强调个人主义、物质万能主义等西方文化的广告内容。但在开放广告市场的时候，我国学术界和广告界还没有充分估计或讨论开放广告市场所带来的这一系列问题。也就是说，在理论上没有充分的准备。

（3）强媒介、弱广告公司的格局一直没有改变，在这样的情况下开放广告市场，本土广告公司发展的空间就更狭小。在我国广告界，由于媒介特殊的体制属性，以及由政府行政管制赋予广告资源的垄断性经营，造成媒介在广告市场上的强势地位。

那么，在开放条件下，如何发展我国本土广告公司？如何发展我国民族广告产业？韩国本土广告公司发展的经验至少给我国本土广告公司发展有以下两方面的启示：

其一，企业直接投入于广告业。目前我国企业也向集团化发展，所以企业的规模也不断扩大。加上企业的广告意识不断提高，大部分企业已认识到广告不仅是重要的营销手段，而且是积累企业品牌资产的传播手段。集团公司直接参与广告业，起点会比较高。因为比较充足的资金保证，能使广告公司引进先进的设备和高级的专门人才；并且至少能保证集团内的广告主，从而使广告公司稳步发展。

其二，实行广告公司资质认定制度。目前我国大部分广告公司的总体策划、创意等方面的水平还不高，技术设备落后，服务质量差，特别是规模一般都小。这样，本来有限的资源和市场更为分散。所以尽快制定广告公司资质标准，严格把关广告代理制度，从而改变目前媒介选定广告公司的比较混乱而不规范的状况。为此，应制定有关法律，建立像韩国放送广告公社那样的带有管理和社会公益性质的广告管理公司，专门管理广告代理业务，执行广告公司资质认定制度。

（3）广告媒介。1979年11月，中央宣传部发出《关于报刊、广播、电视台刊播外国商品广告的通知》后，我国媒介单位大力开办广告业务，广告兼营活动迅速增加并持续发展。1983年，电视、报纸、广播、杂志四大媒介广告兼营单位数为1110家，其广告营业额为11 842.7万元；而到1998年四大媒介广告兼营单位数为10 075家，媒介兼营的广告营业额为2 604 290万元（见表2－6）。

表2－6　　1983～1998年我国广告媒介发展情况

年份		1983	1990	1993	1995	1998
广告营业额（万元）	全国合计	23 407.4	250 172.6	1340 873.6	2 732 690	5 378 326
	专业广告公司	4870.9	47 907.9	46 145.5	1 071 245	2 301 138
	电视	1624.4	56 136.8	294 390.7	649 800	1 356 380
	广播	1806.9	8641.6	34 944.3	73 769	133 036
	报纸	7330.3	67 710.5	377 109.9	646 768	1 043 546
	杂志	1081.1	8683.0	18 447	38 229	71 328
	其他	6693.8	61 092.1	154 235.6	252 879	472 898
广告经营单位（家）	全国合计	2340	11 123	31 770	48 082	61 730
	专业广告公司	181	1076	11 044	22 691	33 290
	电视	57	747	1606	2312	2945
	广播	115	563	660	922	906
	报纸	305	1298	2054	2334	2316
	杂志	633	2197	3324	3640	3908
	其他	1049	5242	12 908	16 283	18 365

资料来源：①《1996中国广告年鉴》，新华出版社1997年版，第21～22页。
②《现代广告》，1999年第3期，第8页。

20世纪90年代后半期以来，我国大部分媒介不断扩大规模。如中央电视台目前已有十几个频道，各地方电视台也有多个频道。就天津地区来说，天津电视台有3个频道，天津有线电视台有3个频道。另外，像《人民日报》、《经济日报》、《光明日报》等中央报纸也扩大版面，目前每日有16～18个版面。地方报纸，如《北京晚报》也从每日16版扩到每日24版。

进入21世纪后，我国广告媒介经营单位数量猛增，从2000年的7047家增加到2010年的243 445家，增长率为245%。广告公司数量由2000年的40 497家增加到2010年的143 727家，增长率为255%。四大广告媒体中，电视台、广播电台及报社的数量有所下降，其中数量变化最大的为报社，由2000年的2226家减少到2010年的1823家，11年间共计减少403家，减少了近20%。杂志社的数量在近十年基本保持稳定，2000年时数量为3835家，2010年为3916家。

具体数据请参见表2－7

表 2－7　　2000～2010 年我国广告媒介数量发展状况　　单位：家

年　份	经营单位	广告公司	电视台	广播电台	报社	杂志社	其　他
2000	70 747	40 497	3067	720	2226	3835	9009
2001	78 339	46 935	3076	711	2182	3576	9864
2002	89 552	57 434	2901	710	2235	3874	10 645
2003	101 786	66 353	2924	658	2225	4009	11 793
2004	113 508	76 210	2750	714	1955	4006	14 768
2005	125 394	84 272	2800	919	1845	4056	14 342
2006	143 129	99 368	2763	938	1832	4015	15 293
2007	172 615	113 222	—	—	—	—	—
2008	185 765	117 274	2639	667	2077	4430	22 258
2009	204 982	124 886	2719	697	1894	4266	26 754
2010	243 445	143 727	2816	686	1823	3916	33 414

资料来源：作者根据相关网站统计数据综合整理。

20 世纪 90 年代中期以后，我国广告媒介出现的另一种变化趋势，是媒介通过组合和调整开始走向集团化。1998 年，广州的《南方日报》和《羊城晚报》合并建立南方日报报业集团。同年，《经济日报》和《光明日报》各自建立报业集团，上海的《新民晚报》和《文汇报》也合并成立报业集团。同时，某些报纸开始主办杂志，向杂志进军；更多的报纸向多元化横向发展，纷纷设立专刊、周刊或周末刊，使报纸本身向杂志化版式发展。

通过这些规模的扩大和行业内的重新组合，媒介之间开始形成新的竞争格局。长期以来，处于领导地位的中央媒体的强势逐步被淡化，地方媒体的势力继续上升，香港媒体的影响也逐步扩大。据调查，1998 年中央电视台一套的收视率，在北京为 60.9%，仍然保持第一。但是在上海，地方电视台的收视率远远超过中央电视台的收视率，上海东方电视台和上海电视台的收视率分别为 66.5% 和 39.9%，而中央台一套收视率为 33.0%。在广州，香港的翡翠台和本港台的收视率分别为 84.5% 和 75.8%，而中央台一套的收视率仅为 13.6%（见表 2－8）。

表 2－8　　北京、上海、广州的电视收视率比较（1998 年）

北京（n＝586）		上海（n＝579）		广州（n＝566）	
频　道	收视率（%）	频　道	收视率（%）	频　道	收视率（%）
中央台一套	60.9	东方台 20 频道	66.5	翡翠台（香港）	84.5
北京台一套	48.6	上海台 8 频道	39.9	本港台（香港）	75.8
北京有线一套	48.6	上海有线综合频道	39.2	明珠台（香港）	26.9
中央台六套	30.2	中央台一套	33.0	中央台一套	13.6

续表

北京（n=586）		上海（n=579）		广州（n=566）	
频　道	收视率（%）	频　道	收视率（%）	频　道	收视率（%）
中央台二套	17.1	上海台14频道	24.0	珠江台	13.1
北京台二套	12.1	东方台33频道	24.0	广州台	12.2
凤凰台（香港）	10.8	上海有线体育频道	24.0	广东有线台体育频道	10.2
中央台二套	10.4	上海有线音乐频道	12.8	广东卫视	9.0
北京有线台三套	8.2	教育台26频道	6.0	广东经济台	5.7
中央台三套	7.2	上海有线新闻频道	5.2	广东有线台电影频道	5.3

资料来源：《现代广告》，1998年第1期。

另外，据调查，在各城市日报平均阅读率排名前三位的报纸中，各城市排名前两位的报纸几乎都是当地报纸。全国性报纸的影响正在减弱，地方性报纸在各地的报纸市场中占主导地位。例如，在北京，订阅率前三位的报纸为《北京晚报》(54.32%)、《北京日报》(17.96%)、《北京青年报》(17.02%)；在广州，订阅率前三位的报纸为《广州日报》(52.12%)、《羊城晚报》(43.94%)、《新快报》(4.75%)；在深圳，订阅率前三位的报纸为，《深圳特区报》(40.78%)、《深圳商报》(20.24%)、《深圳晚报》(8.50%)；在上海，《新民晚报》和《解放日报》的订阅率最高。几年以前，像《人民日报》等中央报纸一般由单位或者企业订阅，而现在这些报纸大部分是由个人订阅的。在广州，《人民日报》的订阅率从1995年的21.3%下降到1998年的2.1%。地方报纸占主导地位，这种格局形成与外国特别是欧美国家的报业市场不同的特点。

总之，我国的媒介通过扩大规模和竞争，正不断从“意识形态的媒介”向“产业经营的媒介”转变。这为广告业的发展提供了更多的条件和机遇。但是，媒介在广告市场上的强势地位在短时期内是不会改变的。

(4) 广告的监督管理。1979年改革开放以后，随着广告业的恢复和发展，需要对广告进行统一监督和管理。1980年，国务院工商行政管理局下设广告管理司，开始统一监督和管理广告业。1982年2月，我国公布了第一个广告管理法规，即《广告管理暂行条例》和《广告管理暂行条例实施细则》；1987年又公布了《广告管理条例》和《广告管理条例实施细则》；1994年10月通过《广告法》，具体地明确规定有关广告监督管理方面的内容。除了《广告法》以外，有关广告监督管理方面的行政法规或条例还有《药品广告管理方法》、《食品广告管理方法》、《医疗仪器广告管理方法》等。有关我国广告监督管理的具体内容，我们将在广告管制一章中详细讲述。

2.2　外国广告的发展历程

历史研究证明，现存最早的广告是在埃及尼罗河畔的古城底比斯发现的写在羊皮纸上的广告，其内容是：“一个叫谢姆的男奴隶，从善良的织布匠哈浦家逃走，首都特贝一切善良的市民们，谁能把他领回来的话，有赏。谢姆身高5英尺2英寸，红脸，茶色眼珠，谁能提供他的下落，就赏给半个金币，如果谁能把谢姆送到技艺高超的织布匠哈浦的店铺来，就赏给他一个金币。”

公元前79年，维苏威火山爆发，古代罗马的庞贝城被埋在火山熔岩下。而经考古发现，在庞贝纵横交错的街道建筑物的墙上和柱子上，刻满了各种文字和图画；在官方规定的广告栏内，还发现有候选人的竞选广告。

在古希腊和古罗马时期，一些沿海城市的商业也较发达，已有叫卖、陈列、音响、文图、诗歌、招牌等广告形式。如古代雅典的一首化妆品的叫卖诗，可称为最早的声响广告：“为了两眸晶莹，为了两颊绯红，为了老珠不黄，也为了合理的价钱，每一个在行的女人都会——购买埃斯克里普托只制造的化妆品。”罗马商人在墙壁刷上商品广告，悬挂在全城固定地点。出租广告也多见，有一则广告写到：“在阿里奥·鲍连街区，业主克恩·阿累尼乌斯·尼基都斯·梅乌有店面和房屋出租，二楼的公寓皇帝也会合意，从7月1日起出租，可与梅乌的奴仆普城姆斯接洽。”

公元1445年，德国人谷登堡发明了金属活字印刷，从此西方活字印刷技术被广泛应用，开辟了印刷广告的时代。

1472年，英国人卡克斯顿（William Caxton）在伦敦教会前张贴了一张长12.5厘米、宽17.5厘米的招贴式广告，取名为“Siquis”。Siquis意指“如果有人（有兴趣的话）”。该广告的主要内容是告知市民如何廉价获取宗教仪式书籍。这则广告被大多数广告专家认定为最早的印刷广告。现在英国还保存着两张。

1609年，德国出现了世界上最早的报纸，叫《Aviso和Relation》。这时还出现了广告代理店。1610年英国最早出现了广告代理商，这是詹姆斯一世让两个骑士建立的。1612年法国的雷纳德创立了广告代理商，叫“高格德尔”。1622年，第一份英文报纸《每周新闻》在伦敦出版，并首次刊载了一份书籍广告。

17世纪后半期，英国报纸上出现了食品广告，如1675年7月《Public Advice》报纸上刊登的咖啡广告，它反映了当时的食品情况。

在报纸发行的同时，杂志也陆续出现，世界上最早的杂志是创刊于1737年的英国杂志《绅士》。10年后，美国的费城有两种杂志创刊。1830年，海尔夫人在费城创办《格台妇女书》杂志，成为美国妇女杂志的先驱。

1850~1911年，现今世界上有影响力的报纸相继创刊。它们是英国的《泰晤士报》和《每日邮报》，美国的《纽约时报》，日本的《读卖新闻》和《朝日新闻》，法国的《镜报》等。

1841年美国费城成立了第一家广告公司，广告业务逐步形成一个行业。

1868年，第一家具有现代意义的广告公司——艾尔父子广告公司创办。他们通过代理报纸的广告业务，为报纸承揽客户，并向报纸收取佣金。此后，不同规模的广告公司相继出现。

世界上最早开办广播电台的是美国。1902年，第一家领取营业执照的广播电台——匹兹堡西屋电器公司的商业电台开始播音。继美国之后，其他国家也相继建立了广播电台。这些电台都设有商业节目，主要播放广告。

世界上第一座电视台是1936年英国建立的。美国开始设立电视台是1939年，正式播放商业电视是在1941年。第二次世界大战期间，各国电视事业都停止了。战后，电视事业得以迅速发展，尤其是20世纪50年代美国首创彩电之后，由于电视广告集语言、音乐、画面于一体，电视成为最理想的传播媒介，在此后的广告业中独占鳌头。

世界上第一架霓虹灯广告是由法国的克劳特安装在巴黎皇宫上的。以后又逐步扩大到法属殖民地和英属殖民地，1923年进入美国。到20世纪30年代，霓虹灯广告已普及。

户外广告在17世纪就得到了发展。1870年，户外广告收入占商业广告的30%，比较大的是酒店的广告牌、彩票海报、药品广告。到了20世纪初，由于汽车的数量不断增加，户外广告的重要性进一步提高。户外广告多以图画为主，对经常来往的行人，不断重复宣传，给人印象较深。

此外，空中广告以广阔的天空为背景，书写或垂挂巨幅广告文字，能吸引众多人的注意。1913年，英国空军少校萨维奇组织了烟雾空中广告试验。1922年，在英国一个赛马场上空举行了首次表演，飞机在空中利用烟雾写下了“Daily Mail”（《每日邮报》）字样。空中投光广告最早是在美国纽约进行的，它是用9.1万个烛光投光机在50米上空放射而成的，这种空中广告给人新奇壮观的感受。

随着经济的发展与科技的进步，广告产业也迅速发展。全球用于广告的费用，1976年是595亿美元，1980年为1114亿美元，1986年为1800亿美元，而1996年达2910亿美元。近年来，全球广告费的规模已超过20年前。2008年，全球广告费用为7518亿元，2009年与2010年全球广告费用持续下降，分别为7022和6657亿美元，但仍维持在较高的水平（见表2－9）。

表2－9　　2008～2010年全球广告费统计　　单位：亿元

年　份	广告费	增长率（%）
2008	7518	—
2009	7022	－6.6
2010	6657	－5.2

资料来源：作者根据相关网站资料整理。

近年来，全球广告业发展的集中趋势越来越明显，变现为强者恒强。世界十大广告公司和十大广告集团的庞大规模能够充分说明这一现象。1999年全球最大的广告集团奥姆尼康全球营业额高达57.4亿美元，全球最大的广告公司电通的营业额达到21.08亿美元（见表2－10、2－11）。到了2000年，全球最大的广告集团和广告公司的全球营业额已高达79.71亿美元和24.32亿美元（见表2－12、2－13）。2007年，全球最大的广告公司依然为日本电通，其年营业额已达165.07亿美元（见表2－14）。

表 2－10　　1999 年世界前十大广告集团　　单位：100 万美元

排名	广告集团	总　部	全球营业总额	增长率（%）	资产总额
1	奥姆尼康	纽　约	5743.4	13.5	45 548.8
2	Interpublic 集团	纽　约	5079.3	14.6	47 152.8
3	WPP 集团	伦　敦	4819.3	16.2	37 105.5
4	哈瓦慈	Levallois-Perret 法国	2385.1	17.1	18 484.6
5	电　通	东　京	2106.8	18.0	14 929.1
6	B Com3 集团	芝加哥	1933.8	8.7	15 695.3
7	扬·罗必凯	纽　约	1870.1	7.5	16 722.3
8	葛　瑞	纽　约	1577.9	16.4	9797.1
9	正　北	芝加哥	1489.2	16.0	13 954.3
10	Public SA	巴　黎	1434.6	18.3	10 310.0

资料来源：《广告时代第 56 届年度报告》，载于《国际广告》，2000 年第 8 期，第 6 页。

表 2－11　　1999 年世界前十大广告公司　　单位：100 万美元

排名	广告公司	全球营业额	增长率（%）	全球资产额	增长率（%）
1	电通	2108.8	18.1	13 032.9	14.5
2	麦肯环球	1864.7	12.7	13 827.2	14.3
3	BBDO 环球	1414.9	8.9	10 882.0	11.5
4	智威汤逊	1270.4	9.8	7941.1	10.5
5	欧洲 RSCG 环球	1269.0	14.0	8290.3	15.5
6	葛瑞	1193.4	12.9	7053.6	12.9
7	DDB 环球传播	1078.0	6.7	7825.2	10.5
8	Publicis 环球	1009.2	18.9	6223.9	16.5
9	李奥·贝纳	957.7	10.3	6270.6	14.3
10	奥美环球	937.9	7.6	8077.1	9.4

资料来源：《广告时代第 56 届年度报告》，载于《国际广告》，2000 年第 8 期，第 7 页。

表 2－12　　2000 年世界前十大广告集团　　单位：100 万美元

排名	广告集团	总　部	全球收益	增长率（%）	资产总额
1	WPP	伦　敦	7971.0	19.9	—
2	奥姆尼康	纽　约	6986.2	11.9	—
3	Interpublic	纽　约	6595.9	16.9	—
4	电　通	东　京	3089.0	22.2	—

续表

排名	广告集团	总　部	全球收益	增长率（%）	资产总额
5	哈瓦兹	法　国	2757.3	7.8	—
6	Pubiicis	巴　黎	2479.1	7.8	—
7	Bcom3	芝加哥	2215.9	16.0	—
8	葛瑞环球	纽　约	1863.2	18.7	—
9	正北传播	芝加哥	1539.1	11.6	—
10	科带安特传播	伦　敦	1254.8	16.5	—

资料来源：作者根据《国际广告》等资料整理。

表 2－13　　2000 年世界前十大广告公司　　单位：100 万美元

排名	广告公司	总　部	全球收益	增长率（%）	全球资产额
1	电　通	东　京	2432.0	23.6	16507.0
2	麦肯环球	纽　约	1824.9	9.8	17468.5
3	BBDO 环球	纽　约	1534.0	6.7	13611.5
4	智威汤逊	纽　约	1489.1	9.7	10229.0
5	欧洲 RSCG 环球	纽　约	1430.1	5.7	10646.1
6	葛瑞环球	纽　约	1369.8	14.8	9136.6
7	DDB 环球传播	纽　约	1176.9	9.3	9781.0
8	奥美环球	纽　约	1109.4	16.6	10647.2
9	Publicis 环球	巴　黎	1040.9	7.9	7904.5
10	李奥·贝纳	芝加哥	1029.3	10.4	7757.8

资料来源：作者根据《国际广告》等资料整理。

表 2－14　　2007 年世界前十大广告公司　　单位：100 万美元

公司	电通	埃里克森	BBDO	智威汤逊	RSCG	葛瑞	DDB	奥美	帕布利希斯	李奥贝纳
排名	1	2	3	4	5	6	7	8	9	10
总部	东京	纽约	纽约	纽约	纽约	纽约	纽约	纽约	巴黎	芝加哥
收益	16507.0	17468.5	13611.5	10229.0	10646.1	9136.6	9781.0	10647.2	7904.5	7757.8

资料来源：作者根据《国际广告》等资料整理。

由 NTC 出版公司出版的《1999 年世界广告业发展趋势》一书，对全球广告投放进行了分析，1997 年在世界主要市场上的广告投放量呈持续增长态势。在所调查的全球 80 多个主要国家中，广告投放总量达到了 2700 亿美元。

在 1997 年世界广告业投放中，印刷媒体在各类广告媒体中仍居首位，赢得了将近一半的份额。尽管如此，在1988～1997年这10年里，印刷媒体在广告市场中的份额却持续而稳定地受到电视媒体的侵蚀，其所占比重已由1987年的57.7%，下降到了1997年的49.0%；而与此同时，电视媒体的份额却相应的由11年前的30.1%逐渐上升到38.2%。其他几种类型的媒体所占份额有所波动，但在这段时间内基本保持了相对稳定的发展状态（见表2－15）。

表2－15　　1987～1997年世界广告投放媒体份额

年　份	印刷（%）	电视（%）	广播（%）	影院（%）	户外（%）
1987	57.7	30.1	7.6	0.3	4.4
1988	56.2	31.1	7.6	0.3	4.6
1989	56.3	31.2	7.6	0.3	4.6
1990	55.7	31.8	7.6	0.3	4.7
1991	54.6	32.7	7.6	0.3	4.9
1992	50.6	37.5	7.1	0.3	4.6
1993	51.3	35.8	7.9	0.2	4.7
1994	50.4	36.7	8.0	0.2	4.7
1995	50.5	36.8	7.7	0.2	4.7
1996	49.0	38.2	7.9	0.2	4.6
1997	49.0	38.2	8.2	0.2	4.4

资料来源：World Advertising Trends，NTC Publications Ltd.，1999.

从区域发展来看，北美地区在1997年仍然保持着在世界广告业中的领导地位，占世界广告投放总量的40%以上；而这一份额又主要为美国所垄断，仅仅在美国一个市场上的广告投放量就占到了世界总量的39%。欧洲市场的广告投放量次于北美，位居第二，占全球总量的28%；其中德国、英国、法国是欧洲三个最大的广告市场，仅这三个市场的广告投放量就占整个欧洲的一半以上。亚太地区是世界第三大广告市场，广告投放量占全球的23%，其次是拉丁美洲7%，非洲0.7%，中东0.8%。

在1997年的世界广告市场中，东欧国家广告市场投放量的增长速度普遍最快，如马其顿以154%的年增长速度位居世界增长最快的国家首位，斯洛伐克共和国也以92%的增长速度位居第二。若从1988年至1997年这10年的时间来看，中国的增长速度是全球最快的，1997年的广告投放量比10年前增长了1078%。

从整个世界来看，广告业如今正面临着新技术的发展以及由此带来的更多媒体选择上的挑战。比如，数字电视、因特网等新的广告媒体都将对广告业，特别是广告投资的方向产生深远的影响。

本章小结

本章介绍了我国古代、近代、现代广告以及国外广告历史。通过本章的学习可以把握广告起源以及广告发展历程。特别是我国改革开放以后广告业迅速发展，举世瞩目。但是我国广告业与国外广告业相比还有很大差距。本章要求掌握的知识：一是广告发展的历史脉络；二是广告发展各个时期的经济文化背景，具有标志性的广告事件和历史人物；三是传播技术的发展和经济文化的交流在广告发展中的重要作用；四是广告发展的历史趋势。

思考题

1. 我国古代有哪些主要的广告形式？
2. 我国近代广告业是如何发展的？
3. 为什么改革开放以前我国广告业发展是曲折的？其原因何在？
4. 为什么改革开放以后我国广告业能够迅速发展？
5. 当前我国广告业发展的主要问题是什么？你对我国广告业的发展有哪些看法？
6. 为什么外国广告公司在我国广告市场上能够占据主导地位？如何发展我国本土广告公司？
7. 简述外国广告业的发展。

案例讨论

广告语变化与社会变迁

广告口号是研究社会变迁的重要素材，它随手拈来，对历史没有任何的歪曲、粉饰，是最朴素、最直观的素材，但却真实、准确地记录了人们消费观念、生活观念转变和生活水平提高、社会文明进步的过程。

我们将不同时期流行的一些广告口号罗列起来，就能生动地再现随着社会生产力的不断发展，人们生活质量步步提高的历史过程。

不少市场营销学教材都会提到一个经典的案例：福特汽车公司销售广告口号的演变。

1920 年以前，生产的发展不能满足需求的增长，多数商品都处于供不应求的状况，在这种背景下，只要有商品，质量过关、价格便宜，就不愁在市场上找不到销路，有许多商品都是顾客上门求购。企业的精力集中于扩大生产、降低成本，生产出尽可能多的产品来获取利润。这时工业企业界十分流行的口号和观念是“我们会生产什么就卖什么”。此时，美国福特汽车公司大规模生产 T 型汽车，而且十分畅销，亨利·福特这位汽车大王的口号是：“不管顾客需要什么颜色的汽车，我只有一种黑色的。”

1950年以来，由于科学技术和生产的迅速发展，使人民的文化生活水平不断提高，消费者的需要向多样化发展并且变化频繁，企业的经营哲学从以产定销转变为以销定产，企业和顾客的位置对调，市场观念发生重大革命，企业一切活动都以顾客需求为中心，企业把满足消费者的需求和欲望作为自己的责任。于是，流行口号变成了“顾客需要什么，我们就生产什么”、“顾客是上帝”等等。福特汽车公司的口号也变成了“顾客需要什么颜色的汽车，我们就生产什么颜色的汽车”。

不同时期广告口号诉求内容的转变，展示的是人们的消费观念、生活方式逐步走向理性和科学的过程。1970年开始，国外许多企业、商家在做广告时不再满足于诉说物品原来设计所要满足的需要，即物品直接的、显性的功能，而是努力传递一些现代的生活理念，并竭力触发人们内心的追求和渴盼。这种变化的社会背景是西方国家提出了“可持续发展观”，对于片面追求生产增长而不顾环境的承受能力的发展观提出了反思和批判，环境污染、资源短缺、人口爆炸、通货膨胀等一系列日益严重的社会问题引起了广泛关注。与此同时，西方国家的市场观念、营销观念悄然发生深刻变化，保护长远的社会利益成为公众的价值取向。对企业而言，它的生产既要在满足消费者需求的基础上获取经济效益，又要兼顾和符合整个社会的利益。渐渐的一些新鲜口号，如“绿色食品”、“绿色消费”、“绿色生活”、“生态生活”等等，流行于全世界，同时，人们注重生活质量、追求人与自然和谐相处的新时尚和新观念成为一种新追求。另一方面，经过广告口号对人们听觉、视觉和心理的反复冲击，也会造就一种虚实相生的流行观念和时尚风气，反过来影响人们的消费趋向和生活方式。

在今天，只要我们注意对中外企业各类广告口号和品牌口号的收集，就能及时准确地把握时尚潮流的走向和消费热点的转换。近年来国人的生活由温饱型转向小康型、富裕型，“吃得饱，穿得暖”已不成问题，现在想的是“有品味，会享受”，买产品重在买服务。这种发展趋势促使企业迅速应变，企业的竞争焦点和市场宣传点转向售后服务。一时间，服务开始摆脱原来作为产品的附加和补充地位，走上前台，成为整个经济发展的最重要因素。与此同时，和服务相关的口号风行世界。如在IT业，几乎所有著名厂商都不约而同地亮出了自己的服务口号：“金牌服务”、“全程服务”、“零距离服务”、“IBM就是服务”、“软件就是服务”、“分销就是服务”，“24小时昼夜服务”，等等，不一而足。保健类补品的广告口号则往往以“健康”为说词，以激发人类本能的生命意识，从而对所广告的产品产生不可抗拒的亲和力。“为健康每一天”、“健康是金，金施尔康”、“健康成就未来”、“新年送什么？送健康！”、“更黑更亮更健康”等，这是人们注重身体和健康，追求生活质量的一种写照。

? 问题讨论

广告语为什么会随着社会的变化而变化？

资料来源：http：//www. ectime. com. cn/Emag. aspx？titleid =3350，作者，毛园芳，有删减。

第 3 章

广告组织

本章导读

广告组织是指承担各种广告活动任务的主体机构。根据广告组织的性质、任务和设置机构的不同，可以将其划分为企业广告部门、专业广告公司、媒体广告组织、广告支持机构以及广告管制机构等。广告组织是实现广告目标的重要保证，发展和健全广告组织是顺利开展广告业务的基础。通过本章的学习，能够使我们对各种广告组织有一个较为全面的认识，这将有助于我们更好地把握广告活动的开展。

开篇案例　**4A 广告公司**

"4A"一词源于美国，意为"美国广告协会"，即英文 The American Association of Advertising Agency 的缩写。因名称里有四个单词是以 A 字母开头，故缩写为 4A。

美国广告协会是 20 世纪初由美国各大著名广告公司所协商成立的组织，成员包括：Ogilvy&Mather（奥美），J. WalterThompson（智威汤逊，JWT），McCann（麦肯），Leo Burnett（李奥贝纳），DDBO（天联）等著名广告公司。该组织的最主要协议就是关于收取客户媒体费用的约定（17.65%），以避免恶意竞争，此后各广告公司都将精力集中在非凡的创意和高超的客户服务中，从而创造出一个接一个美妙的广告创意。从而 4A 也成为众多广告公司争相希望加入的组织。从 20 世纪 70 年代末到 90 年代初，4A 成员们渐渐地进入到华人世界里，从台湾、香港地区一直来到中国内地。由于国内尚未允许外商独资广告公司的存在，所以 4A 公司往往与国内公司合资成立合资广告公司，比如盛世长城（Saatchi&Saatchi 与长城）、智威汤逊中乔（J. WalterThompson 与中乔）等。

20 世纪 80 年代末 90 年代初，随着跨国公司纷纷进入中国，国际广告公司也纷至沓来。当时，国内的广告业尚未发展，4A 公司凭借着国际客户的声誉以及大胆而精妙的创意、精彩的导演和拍摄，树立了其在国内广告界的名声，国内广告界渐渐了解了 4A 公司，4A 广告公司便成为代理国际品牌广告代理公司的代名词了。

资料来源：http：//c. chinavisual. com/2010/03/11/c65851/index. shtml。

3.1 组织的概念与职能

3.1.1 组织的概念

作为管理的一项重要职能，组织工作在经营管理活动中占据着十分重要的地位，良好的组织建设是我们有效实现各种管理目标的必要前提和保障。

组织可以从不同的角度去解释和理解，学术界对组织并没有统一的定义。归纳起来，组织包括以下两层含义：一是指两个或两个以上的个人为了实现共同的目标而组成的有机整体；二是指组织活动和组织工作。前者是组织的名词含义，后者是把组织当做动词来使用和解释的。

综上所述，组织的概念可以理解为：组织是以一定的计划任务为前提，按照某种权力责任关系原则，将所要进行的活动进行分解与合成，并把组织成员编排和组合成一个分工协作的管理工作系统或管理机构体系，以便实现组织内外部环境的优化组合，从而圆满实现既定的目标的管理过程。

3.1.2 组织的职能

组织能够完成个体独立活动所不能实现的目标，组织的职能可以概括为以下几个方面。

（1）分配工作。即通过组织工作把企业的总体目标分解落实到每位组织成员身上，转化成每位组织成员的任务。

（2）确定权力与责任关系，促进沟通与协调。权责关系是组织的核心要素，权责关系确定了组织的信息沟通渠道并使领导功能得以体现。

（3）构建分工协作体系，提高效率和工作质量。即通过组织工作，使预定目标实现的各项活动彼此得以相互配合，把不同的任务有机地协调起来。

（4）培养组织能力。组织工作的深层次功能是为了培养出一种能力，一种能够支撑企业成长的能力，这是组织的核心功能所在。

上述功能由表及里形成了功能层次体系，见图 3－1。

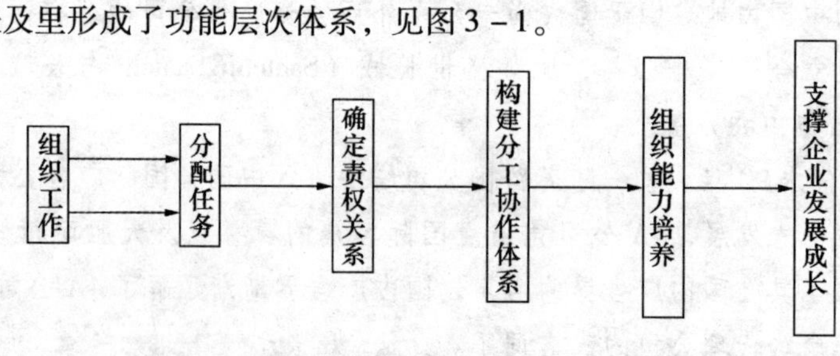

图 3－1 组织管理工作层次结构图

3.2　广告组织系统

广告组织是广告经营活动的机构，广告组织系统是由在广告传播过程中承担不同职能的专门机构所组成。根据 Aaker 等（1996）① 的研究，在广告组织系统中，除了有处于核心地位的广告主、处于支持地位的广告公司、媒体、调查公司，还有处于管理地位的政府有关部门。在广告组织系统中，由不同层次的广告组织形成了广告主协会、广告公司协会、广告调查协会等相应的团体。各团体为谋求其会员的利益和发展而努力。根据 Aaker 和 Myers（1996）的观点来看，广告组织的主要机构如图 3－2 所示。

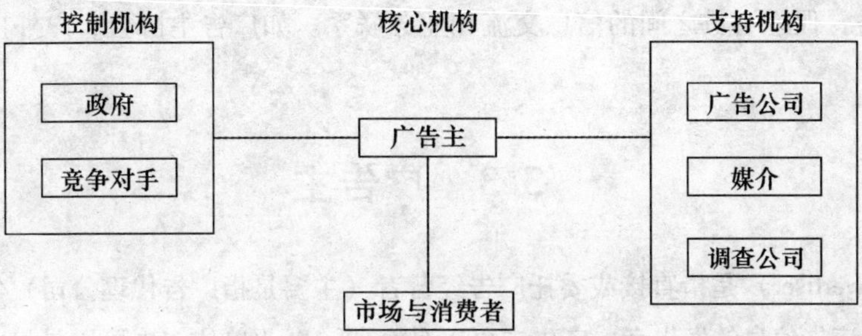

图 3－2　广告组织系统的主要机构

也有学者如 Edmund Farson 等人认为广告组织系统应该包括以下 5 个机构：广告协会、广告主、广告公司、广告制作公司和广告媒体。而 Dunn 和 Barban 则指出，广告组织系统主要由广告主、广告公司、媒体以及其他有关广告的机构，如制作服务公司、创意服务公司、调查公司等组成。

根据以上学者的观点，我们将广告组织系统归纳如下（见图 3－3）。

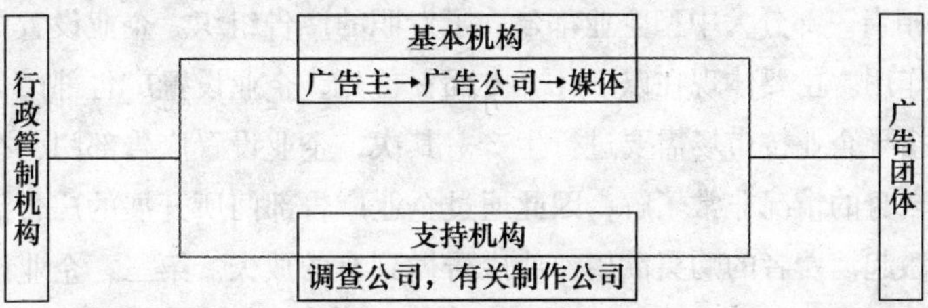

图 3－3　广告组织系统

广告活动的主体是广告主，但是广告主的大部分广告活动却是由专门的广告公司来代理的。广告公司的工作包括为广告主制定广告计划、确定广告信息内容以及通过广告媒体向消费者传递广告

① David A. Aaker，Rajeev Batra and John G. Myers，"Advertising Management"，New Jersey，Englewood Cliffs，Prentice-Hall，1996，2.

主的信息，等等。因此，广告主、广告公司、广告媒体就构成了广告组织系统最基本的机构。

在广告基本机构执行广告职能的时候，一般需要得到诸如市场调查公司、广告设计公司、广告制作公司以及专门的广告创意公司等机构的支持。规模比较大的广告主、广告公司、媒体或者自己组织调查活动，或者从外部调查公司购买调查资料，并在制作广告过程中利用印刷、制片、设计等专门部门所提供的服务。

另外，广告行政或管理机构也是广告组织系统中的一个很重要的组成部分。广告作为一种有效的促销手段，容易使广告主片面地追求经济利益而忽视广告对社会文化的影响，所以有必要对广告活动加以管制，这种管制广告的机构就是政府的行政机构。

广告团体一般由广告行业内的各系统部门或与广告业相关的部门来构成。这些广告团体保护所属会员的利益，促进会员之间的信息交流和业务联系。如广告主协会、户外广告制作协会、广告公司协会等。

3.3 广告主

广告主（advertiser）是指直接或委托广告经营者（主要是指广告代理公司）实施广告宣传活动的一个主体，是广告信息的发出者。广告主可以是企业、事业单位，也可以是机关、社会团体和自然人。广告主一般委托广告经营者通过一定的广告媒介进行广告宣传，并向广告经营者支付广告费用。但是，广告主也可以利用可能的条件和机会，不通过广告经营者，在自有的媒体上进行自我宣传，这种自我宣传也是广告。但从广告定义来看，广告主是为促进交换而付费做广告的主体。从这个意义上来说，广告主主要是指那些支付广告费通过媒体做广告的企业。所以，正如 Batra、Myers 和 Aaker（1996）所指出的那样，广告主是整个广告活动范畴的中心机构，他们的支付决定了整个广告业的规模。也就是说，绝大部分广告费是由企业支付的。

目前，我国有相当一部分大中型企业都建立了专职的广告组织。企业设置广告部门具有专业广告组织不可替代的作用。主要体现在以下几个方面：首先，企业设置广告部门，可以使企业迅速了解市场动态，从而指导企业按市场需要进行生产。其次，企业设置广告部门，有利于企业开展促销活动。由于企业对自身的情况非常了解，因此通过企业广告部门所开展的广告活动，往往能够突出企业产品的卖点，激起消费者的购买欲望，使广告做到有的放矢。第三，企业设置广告部门，有利于广告活动更好地围绕着企业的战略目标进行。最后，企业设置广告部门，还有利于保守商业秘密。如果企业所有的广告宣传都要依靠他人来进行，企业的商业秘密就很难得到保障。

阅读资料3－1 **中国广告主协会的主要职能**

中国广告主协会成立于2005年11月27日，是经国务院批准，民政部注册登记的全国性协会，业务主管部门为国务院国有资产监督管理委员会。2006年，中国广告主协会正式加入世界广告主联合会，成为中国在世界广告主联合会中唯一的合法代表。

协会以“面向广告主、为广告主服务”的宗旨，以为广告主“维权、自律、服务”为基本职能，是广告主之家，是广大广告主权益的维护和服务者。中国广告主协会自成立之日起，就以引领和推动广告主企业走向世界，构建和谐社会为己任。

协会将积极发挥政府与企业间的桥梁和纽带作用；维护企业在营销传播中的合法权益；促进广告投资的科学化、规范化；不断提升广告主的市场竞争能力。

协会致力于推动建立有利于广告投资的社会环境和相关法律法规的完善；加强行业自律，反对不正当竞争，逐步建立广告主、媒体、广告商三方合作制约机制。为会员提供相关信息法律咨询和营销策划、业务培训等服务，推动营销传播服务行业的发展，促进企业间的沟通、交流与合作，为会员走向国际市场提供服务。

从我国企业的广告管理现状来看，其广告组织大致可分为公关宣传型、销售配合型和营销管理型三类。

(1) 公关宣传型的广告管理模式是基于企业广告的宣传功能定位，将企业广告纳入企业的行政管理系统，是企业行政职能部门的一个分支机构。这种模式比较注重企业的形象推广和企业的内外信息沟通，但也存在着广告运作缺乏实效性和针对性、脱离市场等缺陷。

(2) 销售配合型的广告管理模式，是目前国内外较多采用的一种模式，企业的广告组织从属于企业的销售部门，其主要作用在于销售配合。也就是说，企业的广告组织在行销主管的管理下，与企业的其他行销部门一起，共同为企业行销服务。在实际操作中，又可以分为以市场或以产品为基础的两种组织管理类型。比如，在美国的大部分消费品行销组织实行的“品牌经理制”，就是以产品为基础的组织管理类型，它最早始于1929年的美国P&G公司。而目前国内企业较多采用的是以市场为基础的广告管理组织模式。其广告的管理与执行，表现出明显的层级性。企业的广告部门，既是企业的广告管理部门，又是企业的广告执行与行销服务机构。销售配合型的广告管理模式能更好地发挥广告的直接销售效果，但过分强调广告对销售的配合，影响企业对广告的长期规划管理，并且由于管理与执行层次繁多，也影响广告传播的整体效果。

(3) 营销管理型的广告管理模式将企业广告部门从具体的销售层次中分离出来，提升为与其他职能部门并列的独立机构，是企业营销的重要推广组织和企业实施整体发展战略的重要组成部分。它注重将企业广告的宏观决策、组织管理和具体实施结合起来，减少了企业广告的管理层次，加强了企业广告的统一管理和长远规划，有利于企业广告资源的充分开发与合理调配。

不管企业采取何种广告管理模式，其广告基本运作程序大体上是一致的，即企业广告运作一般都要经过广告决策（确立企业广告基本战略思想和总体战略目标）——广告计划（确立并制定出切实可行的具体广告计划）——广告执行（广告计划的具体实施）三个阶段。

在具体运作中，我国企业广告主要有自我执行和委托代理执行两种方式。所谓的自我执行，就是企业配置了功能齐全的广告部门组织，其广告部门承担了企业广告运作的一切工作和职责。

这与我国的广告代理制度尚未完全成熟有关。而实际情况是，企业广告运作要达到完全自我执行，难度极大，有必要实行部分代理，把企业依靠自身力量难以完成的广告运作环节如广告策划与制作等委托给广告代理公司代理，以减少不必要的损失。相应的，委托代理执行的方式能极大提高企业的广告效率，增强企业广告的投入产出比，是现代广告发展的需要，也是符合企业发展的根本利益。

3.4 广告公司

广告市场中存在着广告主、广告公司和广告媒介这三个主体。而在以广告代理制为基础的广告经营机制中，广告公司处于广告市场的主导地位，它是实施广告代理制的中心环节。

广告公司就是专门从事广告代理与广告经营的商业性服务组织。广告公司按照服务功能与经营业务的不同，可以分为广告代理公司、广告制作公司和媒介购买公司三类广告公司。而不同类型的广告公司，也就相应的具有不同的组织形式和机构设置。

3.4.1 广告代理公司

广告代理公司是为广告主提供广告代理服务的机构，一般又可根据规模大小分为综合型广告代理公司和专项服务型广告代理公司两类。

综合型的广告代理公司，为广告主提供全方位的广告代理服务，包括产品的市场调查和研究、广告战略的策划与执行、广告计划的具体设计与制作、广告媒介的选用与发布、广告效果的跟踪与反馈等一系列的活动。它还为广告主提供信息咨询、企业形象设计、大型公关活动等战略层面的服务和建议。随着信息技术的不断发展，全球市场竞争的日益加剧，综合型的广告代理公司也开始由纯粹的广告代理越来越趋向于提供综合性的信息服务，日益集广告服务与信息服务于一体。

专项服务型广告代理公司的广告经营范围较狭窄，服务项目较单一，一般不承担广告运作的整体策划和实施。但它能满足特定广告主的特殊需要，具有一定的专业优势，同时顺应了广告专业化分工的趋势，有利于广告专业水平的提高。一般来说，专项服务广告代理公司又可分为三种：提供某一特定产业的广告代理专项服务，如房地产广告代理公司；提供广告活动中某一环节的广告服务，如广告创意公司、广告调查公司；提供特定媒介的广告服务，如户外广告、交通广告等。

综合型广告代理公司的组织机构通常既可以根据不同的职能来设置部门机构，也可以依照客户需要设置小组制的组织类型。职能型的广告代理公司大致由客户服务部、市场调研部、创作部、媒介部、行政部等几大职能部门组成。其中，客户服务部是主导者和统筹者，它负有沟通、组织、推动、指引各部进行适当又有效的分工与合作的责任。而以个别客户服务为基础的小组制组织类型是将广告公司以个别客户或一组广告主为服务对象，分成若干个专户小组。每一专户小组就是一个功能齐全的、独立的服务单位，为特定的客户提供系统的广告代理服务，包括了调研、策划、创意、媒介、SP 等各类人员，由客户主管或客户监督协调工作。还可以根据具体情况，下设若干品牌经理或客户执行人，即 AE（Account Executive），来具体负责一家客户或一组客户的不同品牌产品的广告宣传。

现代社会传播事业极为发达，广告主需要广告公司提供全面服务，以满足其各方面的需要。只有具备一定规模和水准的广告公司，才有条件和能力为客户提供全面的广告策划和计划执行。广告公司的全面服务过程，一般可归纳为五个程序：研究——建议——提呈——执行——总结，按照“承揽业务——制定策略——设计制作——发布广告——效果调查”等几个环节来进行，有利于各部门围绕一个中心协同作战，形成一整套为客户提供全面服务的体制。它收集市场信息，分析消费趋势，把握流行动向，提出产品开发的意见。同时，对于企业形象建设、企业的发展战略、企业文化建设、售后信息收集与分析等提供咨询服务和建议。科技发展的日新月异，广播、电视、电影、录像、卫星通信、电子计算机等电子通信设备的发明，以及由此带来的信息技术革命，使广告作为一种行业得以成熟，广告公司也彻底摆脱了媒介掮客的角色，最终成为现代信息产业的重要组成部分。

3.4.2 广告制作公司

广告制作公司一般只提供广告设计与广告制作方面的服务。由于广告制作业务的专业性，广告制作从一开始就与广告代理相分离，成为独立的广告业务服务机构。如平面广告制作公司、影视广告制作公司及路牌、霓虹灯、喷绘等专营或兼营制作机构等都属于这一类。它可以直接为广告主提供广告设计和制作服务，也可以接受广告代理公司的委托，通过提供广告制作服务收取广告制作费用。广告制作公司最大的优势就在于它设备的精良和人员技术的专门化。随着科技和现代广告业的飞速发展，广告主对广告制作的要求越来越高，广告制作设备和人员的投入也越来越大。所以，即使是大型的广告代理公司，也日益倾向于委托专门的广告制作机构来完成其广告设计，而不再设置专门的广告制作部门。

3.4.3 媒介购买公司

媒介购买公司的主要职能是，专门从事媒介研究、媒介购买、媒介策划与实施等与媒介相关的业务服务。它是早期广告代理中媒介代理职能的一种延续，又是适应现代广告业与广告市场变化的一种新发展。媒介购买公司一般设有媒介研究、媒介策划、媒介购买与媒介执行等几大业务部门，对媒介资讯有系统的掌握，能为选择媒介提供依据，能有效实施媒介资源的合理配置和利用，并有很强的媒介购买能力和价格优势。

从全球范围来看，独立的媒介公司及媒介购买公司，呈现快速发展的趋势。而目前在我国，媒介集中购买是广告媒介业务发展的大势所趋，这一点也得到了业界的普遍认同。我国内地的第一家专业媒介购买公司，是1996年在北京由盛世长城（Sattchi&Sattchi）与达彼思广告公司合并成立的“实力媒体”（Zenith Media）。1997 年智威汤逊与奥美广告公司在上海组建了“传立媒体”。中央电视台的未来广告公司、北京的海润国际、上海的兆力媒体和广州的大网与东升媒体等，都是国内较有影响的媒介购买公司。

阅读资料3-2 媒介购买公司对中国广告业的影响

首先应该肯定，媒介购买公司对广告业确实有一定的促进作用。媒介购买公司在一定程度上架起了媒体和客户之间的桥梁，减少了媒体寻找广告客户的成本。同时，媒介购买公司也部分地承担起了媒体广告资源的营销任务，甚至可以为媒体解决了普通广告时段和垃圾广告时段的经营问题，对于媒体的发展有一定的积极作用。

在广告主广告意识逐渐成熟的环境之下，广告主日益重视对媒介成本的预算和控制，重视媒介策划能力和更加专业的媒介服务。而媒介购买公司以其较大折扣的广告价格，专业化的媒体组合策划服务能力，提高了广告主媒介投放的效果和效率。

中国的广告业发展尚不规范。相对于跨国的媒介购买公司，一些本土的广告公司及媒介购买公司与媒体本身存在着千丝万缕的联系，能够拿到比较低的折扣，掌控着特定的媒体资源。这就使得跨国的媒介购买公司在某些时候不得不从本土的广告公司和媒介购买公司手中购买媒介资源。同时，一些广告公司同投放广告的客户有极为隐秘的关系，通过这些特定的广告公司在媒体投放，企业负责广告的人员可以拿到很高的回扣，某些企业的广告投放甚至成为企业高层洗钱的手段。因此，海外的大型媒介购买机构目前尚没有形成压倒之势。

但中国大部分本土广告公司以代理起家，依附性较强，实力较弱。而在媒介环境复杂、受众分化严重、媒介支出庞大、传播效果退化的现实环境下，广告主迫切需要将媒介投放代理费降低，并提供科学、高效的媒介计划。媒介购买公司以量定价，具有较高的专业能力，这样就在很大程度上挤压蚕食了广告公司的媒介代理业务。从长远来看，当媒介购买公司凭借其资本实力和专业能力发展到一定规模，形成垄断之后，广告公司，尤其是本土广告公司将被严重边缘化，进而面临生存危机。

媒体广告市场在激烈竞争的环境下，已经逐渐由原来的卖方市场向买方市场过渡，媒体为了适应新的市场环境的变化，已逐渐改变过去经营广告时间和版面的方式，开始主动地寻求与广告主及广告代理商之间的联系和合作。而媒介购买公司由于其大宗的媒介购买量和其专业化的媒体组合策划服务能力，对客户具有较大的吸引力，也就对媒体形成了较强的议价能力。外资的广告集团利用背后的资金优势，通过兼并联合等方式，加快了规模扩张的步伐。规模的扩张导致行业集中度越来越高，客户的集中度也将越来越高。大客户往往具有巨大的广告投放能力，这种大客户的集中使得媒介购买公司在和媒体打交道的时候有更多的谈判砝码。如此，媒介购买公司便更进一步地挤压了媒体的利润空间，对媒体形成强势控制，进而影响媒体的发展。

表面上看来，在广告业的三大主体中，客户应该是最应该从媒介购买公司的发展中受益的，但事实是，媒介购买公司从根本上来说是受资本的逐利本性支配的。资本不会满足有限的利润，在扩张的过程中，必然追求利润的最大化，而这种扩张的最终结果就是形成垄断，通过对市场的垄断获得绝对利润。在这个过程中，广告公司的生存空间将不断被媒介购买公司挤压缩小，广告公司萎缩，恶性竞争加剧，广告质量难以保证；而媒体的合理利润空间也将下降，恶性竞争也将加剧，媒体的发展也将受到影响，从而难以提供高质量的沟通平台。最终的结果必然是使广告主的利益遭受巨大损失。

资料来源：陈刚，《媒介购买公司的发展、影响及对策研究》，《广告研究》，2006年第5期。

3.5 媒介广告组织

媒介在广告市场中扮演着极为重要的角色，是广告行为主体之一，其广告职能是通过媒介的广告部门来具体实现的。媒介最初的广告经营，是集承揽、发布等多种职能于一身。随着现代广告业的不断发展成熟和广告经营机制的确立，媒介广告经营的职能和角色也相应地转变为专司广告发布之职。但由于各个国家和地区的具体情况不同，广告经营运作方式也不同。媒介的广告机构也就根据媒介在广告经营中所实现的具体职能来设置。不同的国家和地区的媒介广告职能不同，决定了广告机构设置的不同。

在实行完全广告代理制的国家和地区，媒介在广告经营中一般只承担广告发布的职能，向广告代理公司和广告主出售媒介版面和时间，是媒介广告版面和时间的销售部门。如在最先实现和完成媒介广告职能和角色转换的美国，其广告业高度发达，实行着完全广告代理制，媒介以不直接与广告主接洽为原则，除分类广告外，媒介只承担广告发布的职责。由于职能和业务内容的单一，这类媒介的广告部门机构设置就较简单，称为广告局或广告部，下设营业部门、编排部门、行政财务部门等几大部门。营业部门负责对外的业务联络和接洽，编排部门负责广告的刊播，行政财务部门负责行政财务方面的管理，督促广告费的及时回收。

而在没有推行广告代理制或没有实行完全广告代理制的国家或地区，媒介不仅负责广告的发布，还兼任广告承揽与广告代理之职，其媒介广告部门的机构设置就较复杂。日本与我国媒介广告部门的机构设置大体相同。日本的广告产业结构与美英等国截然不同，媒介的广告经营职能与广告公司并没有明确划分，几乎与广告公司相同。日本的媒介不仅接受广告公司的广告代理，发布广告，也直接向广告主承揽广告，为广告主提供广告制作及市场调查等多种服务。在我国内地，广告代理制还处于逐步推行阶段，除规定外商来华做广告必须经由广告代理外，媒介的广告经营几乎与广告公司没有差别。实行严格意义上的广告代理制，即对媒介的广告经营实行广告承揽与广告发布职能的真正分离，使媒介专司广告发布，应是我国广告业今后发展的努力方向。

3.6 广告团体

广告团体主要指广告行业组织，由从事广告业务、广告研究、广告教育或与广告业有密切关系的组织和人员自愿组成，对促进广告行业的业务交流、沟通协调及增强行业自律和管理具有重要的作用。

广告行业组织按照地域范围可分为国际性广告行业组织、地区性广告行业组织和国内广告行业组织。

国际性的广告行业组织主要有国际广告协会、世界广告行销公司等。它的出现，对于协调、促进各国广告界的交流与合作，提高广告业务水平做出了重要贡献。

创建于1938年的国际广告协会，简称IAA，是目前最大和最权威的国际广告组织，总部设在美国纽约。它是由个人会员和团体会员组成的非赢利性组织，会员遍布世界近80个国家和地区。该协会每两年召开一次世界广告会议，交流广告经验并探讨有关广告理论与实务方面的问题。我国于1987年5月12日以“国际广告协会中国分会”的名义加入了国际广告协会。

世界广告行销公司，简称WAN，由世界各地著名的广告公司组成，总部设在英国伦敦。该组织主要为成员提供业务帮助，如培训人员、交流国际经济与市场动态的信息等。

地区性广告行业组织如亚洲广告协会联盟等。亚洲广告协会，简称亚广联，成立于1978年，是由亚洲地区的广告公司协会、与广告有关的贸易协会和国际广告协会在亚洲各国、各地区的分会等联合组成的洲际广告行业组织，每两年召开一次广告会议。它是一个松散型的组织。我国于1987年6月14日以“亚洲广告联盟中国国家委员会”的名义加入亚广联。

我国最早的广告行业协会组织，是1927年由上海六家广告社成立的“中华广告公会”，后几经改名，在1933年定名为“上海市广告同业公会”，新中国成立后更名为“上海市广告商业同业公会”。

1979年，我国的广告市场得以恢复和发展，广告行业组织也获得飞速发展。1981年，中国对外经济贸易广告协会成立；1983年，中国广告协会成立。随后，全国相继成立了省、市、地、县等各级广告协会，各地区的媒介也先后成立了广告协会组织。

其中，中国广告协会是我国最大的全国性广告行业组织，会员为团体会员，由国内的广告经营单位联合组成，每两年举行一次会议。其最高权力机构是会员代表大会。它对我国的广告行业具有较强的指导力和监督力。

3.7 广告代理制度

广告代理制指的是广告代理方（广告经营者）在广告被代理方（广告主）所授予的权限范围内来开展一系列的广告活动，也就是在广告主、广告公司与广告媒介三者之间，确立广告公司为核心和中介的广告运作机制。它是国际通行的广告经营与运作机制。广告业现代化的主要标志之一就是在整个产业结构中，广告代理公司处于中心地位。而对于相对滞后的我国内地的广告业而言，媒介处于中心和强势地位，有“强媒介弱公司”的说法。广告代理制的最终确立与实施，仍是我国广告业今后发展的努力方向和基本趋势。

3.7.1 广告代理制度的产生与发展

伴随着社会经济的发展需求和广告业自身发展的内在要求，广告代理制从最初的萌芽——广告代理店演变成为现代的能够为客户提供系统而又全面的综合服务，其间经历了漫长的岁月。

早期的广告代理，从属于报业。因为最早承揽并发布广告的大众传媒是报纸。此时的广告代理主要是报纸广告版面的销售代理，被称为“版面销售时代”。1841 年，美国人沃尔尼·B·帕尔默在费城建立了第一家脱离媒体的、独立的广告代办处，专门为他所代理的各家报纸兜售广告版面，充当广告主的代理人，并从报社收取 25% 的佣金。它被视为是现代广告代理的最早萌芽，也是美国和世界上最早的广告代理店。

1865 年，乔治·P·罗威尔在波士顿创办了与今天的广告代理公司更为相似的媒介掮客公司。他与百家报纸签订了版面代理合同，收取报社 25% 的佣金，再把版面分成小的单位零售给广告主，获利丰厚。1869 年，罗威尔出版了《美国报纸导读》，公开发表美国和加拿大多家报纸的估计发行数量，并向广告代理商和广告主提供各报的版面价格，为广告主选择媒介提供了参考依据。罗威尔所从事的广告版面的买卖业务虽然仍是单纯的媒介代理，但比早期的广告代理又进了一步。它正式摆脱了报社附庸的地位，减轻了媒介经营广告的风险，初步具备了真正意义的广告代理性质。

1869 年，弗朗西斯·W·艾尔在美国开设了艾尔父子广告公司。其经营重点从单纯为报纸推销广告版面，转向为客户提供专业化的服务。他站在客户的立场上，向报社讨价还价，帮助客户制定广告策略与计划，设计与撰写广告文案，建议与安排合适的广告媒介。同时，艾尔父子广告公司实行“公开合同制”，规定广告代理店为广告主和广告媒介提供服务，其代价是将真实的版面价格乘以一定的比率作为佣金，还进一步将广告代理佣金固定为 15%。这一制度于 1917 年在美国得到正式确认，并一直沿用至今成为国际惯例。广告历史学家称艾尔父子广告公司为“现代广告公司的先驱”。

这一时期独立的、服务专业化与多样化的广告代理公司的出现，广告主与广告公司的代理关系以及广告代理佣金制度的建立与确认，标志着现代意义上的广告代理制度的真正确立。

自艾尔父子广告公司奠定广告代理制度的基本形态之后，经过约半个世纪的发展，到了 20 世纪 30 年代以后，专业意义上的广告代理制在美国基本形成，并相继在广告业比较发达的日本、美国、法国等国家和地区普及，逐渐成为国际通行的广告经营机制。广告公司开始全面代理广告主的广告活动，在广告主授予的权限范围内，完成有关环节的各项工作，包括市场调查、广告策划、广告设计与制作、广告文案撰写、广告发布、广告效果测定等一系列服务项目。广告公司的广告代理方案获得广告主的认可并付诸实施后，可以从所代理广告的媒介刊播费中获得15%的媒介代理佣金，在制作过程中各项支出总额的基础上获得17.65%的加成。

广告代理制的确立与实施，确立了广告公司在广告运作中的中心地位，对广告公司的实力与水平提出了更高的要求。随着经济全球化趋势的日益加强，广告经营的国际化、规模化成为必然。同时，现代高新科技特别是信息通信技术的不断发展，也使得全球性的广告媒介和全球性的广告运作有了可能。自20世纪70年代开始至90年代，西方许多大型广告公司相继实施了规模化经营的发展战略，走上了国际化发展的道路。国际化、规模化的广告经营，大大降低了广告成本，增强了广告公司的活力与实力。

进入21世纪，整合营销传播成为广告公司的努力方向，对广告公司的全面代理能力提出了更高的要求，广告代理的业务范围又进一步扩展。广告代理活动变得更为精细的同时，又要求广告代理公司能够根据消费者的具体情况确立统一的传播目标，有效发挥各种不同的传播手段向消费者传达本质上一致的声音，为广告主提供包括广告传播、公共关系、形象策划、包装与新媒介、直销、CI等内容的综合性服务，为企业的整体市场营销战略提供全面的、专业化的服务。这与广告代理兴起之初的简单的媒介代理已有了根本的不同，对当今的广告代理公司无疑是巨大的新挑战。

3.7.2 广告代理制的内容

广告代理制主要包括广告公司的客户代理和媒介代理、代理服务的业务范围及代理佣金制等内容。客户代理和媒介代理，构成了广告公司代理业务的主要范畴。广告代理制突出了广告代理公司在广告运作中的中心地位和作用。

广告代理具有双重代理的性质：一方面它全面代理广告主的各项广告活动。在广告代理制度下，广告主必须委托有广告代理权的广告公司代理其广告业务，不得与广告媒介单位直接联系发布广告（分类广告除外），这样可以有效保证广告主的广告投入的效益。另一方面它又代理媒介的广告时间与广告版面的销售，为媒介承揽广告业务。也就是说，媒介单位不能直接面对广告主承接广告的发布、设计和制作等业务，这些活动都应该归属于广告公司的业务范畴。

广告公司在双重代理、双向服务的过程中，其劳动收入主要来自为媒介出售广告版面和广告时间而获取的佣金。按国际惯例，代理佣金的比率为：大众传播媒介的佣金比率是广告刊播费的15%，户外媒介的佣金比率为16.7%。在我国，承接国内广告业务的代理费为广告刊播费的10%，承办外商来华广告的代理费为广告刊播费的15%。

国际广告界在收取广告制作费方面也有一定的标准，即广告主除了如数提供给广告公司各项广告制作支出外，还要给广告公司17.65%的加成，这是对广告公司代理其广告制作活动的报酬。而这也正好与媒介代理佣金一致。

虽然广告公司的代理佣金主要来自媒介，其15%的媒介佣金比例是固定的，但这容易引起广告主的不满，因为对于广告公司而言，媒介传播广告的总费用越高，广告公司的代理收入就越多。为缓解双方矛盾，又出现了协商佣金制、实费制、议定收费制、效益分配制等收费制度。

（1）协商佣金制，就是广告主与广告公司经过协商确定一个小于15%的佣金比例，广告公司在得到媒介15%的佣金后，将超出协议佣金比例的部分退还给广告主。这在一定程度上保护了广告主的利益，主要适用于媒介支出费用较大的广告代理业务。

（2）实费制，就是按照广告公司实际的成本支出和劳务支出计算其广告代理费。广告公司依据各项实际支出的凭证向广告主如实报销，并根据各项业务所花费的时间获取相应的劳务报酬。同时，广告公司在获得媒介15%的代理佣金后，须向广告主如实报告，并退出超过其劳务费用的部分。但如果其所获得的媒介代理佣金低于劳务费，则由广告主补齐所缺部分。

（3）议定收费制是实费制的补充形式，就是广告主与广告公司针对具体个案，在对广告代理成本进行预估的基础上，共同商定一个包括代理酬金在内的总金额，由广告主一次性付清给广告公司。此后在实际运行过程中，广告公司自负盈亏，与广告主无关。议定收费制可以避免广告主与广告公司之间可能引发的付费纠纷。

（4）效益分配制，就是广告公司可以按一定的比例从它所代理广告的实际销售额中抽取相应的利润，但如果广告不能促进销售，则得不到利润回报。这就将广告代理的权利和责任紧紧捆绑在一起，使广告公司必须承担广告代理活动的风险。

3.7.3 实施广告代理制的条件及意义

一方面，全面实施广告代理制的必要条件是需要有与之相匹配的完善的市场经济环境和成熟的广告市场环境。没有经济的繁荣，没有发达的市场经济体制和良好的行业环境，广告代理制就不可能顺利推行；另一方面，广告公司自身的状况和能力又是能否成功实施广告代理制的决定性因素。

广告代理制的实施，牵涉到广告市场中广告主、广告公司和广告媒介这三个主体。而在以广告代理制为基础的广告经营机制中，广告公司处于广告市场的主导地位，从本质上说，广告公司是实行广告代理制的中心环节。

广告公司要从事广告代理活动，首先必须获得有关政府管理部门的认可，并取得合法的代理资格，才能在规定的范围内从事相应的广告代理活动。即广告公司代理广告业务必须得到广告主或广告媒介的认可与委托。其次，提高广告公司自身的代理能力是增强其竞争能力的唯一途径，而高水平的各类广告专业人才、精良的广告制作设备和先进有效的内部管理机制是实现这一途径的有力保障。再次，具备充足的流动资金和雄厚的经济实力是媒介代理的前提。

当前，我国正大力发展社会主义市场经济，这有利于广告业的长足发展，有利于广告代理制的全面实施。但同时，我国的市场经济体制还未发育成熟，全面推行广告代理制的市场经济环境还不完全具备，在广告业高速发展的背后，也存在着一些阻碍广告业规范发展的消极因素。其中，最大问题就是广告主、广告公司、广告媒介三者之间的关系还没有真正理顺，分工不明确、广告行为不规范、行业结构不合理等问题使得广告经营秩序混乱。

因此，广告代理制的实施，有利于促进广告行业的科学化、专业化建设，有利于提高广告业的整体水平和消除行业内的不正当竞争，明确广告主、广告公司、广告媒介各自的权利和义务。只有真正全面推行国际通行的广告经营机制——广告代理制，才能使广告市场的三个主体各司其职，各就其位，充分发挥广告业对经济发展的巨大促进作用，使我国广告业朝着健康、规范的方向发展；而本土广告公司在我国加入世界贸易组织后，在面临着跨国广告公司、国际性传播公司、营销顾问公司等业内、业界间的激烈竞争时，只有不断提高自身实力，改变服务观念和方式，从零散运作转向集约运作，从经验型服务转向专业化和科学化服务，才能在资本力量和专业化服务的新一轮洗牌中不被淘汰出局。只有这样，我国广告业才能迅速地适应并融入国际大市场中，顺利实现与国际市场的接轨，在激烈的国际竞争环境中求得生存与发展。

本章小结

广告组织是指承担各种广告活动任务的主体机构，它是实现广告目标的重要保证，也是发展和健全广告组织、顺利开展广告业务的基础。

根据广告组织的性质、任务和设置机构的不同，可以将其划分为企业广告部门、专业广告公司、媒体广告组织等机构。

广告组织系统是由在广告传播过程中承担不同职能的专门机构所组成。在广告组织系统中，除了有处于核心地位的广告主、处于主导地位的广告公司，还有媒介，以及广告团体等。

广告代理制指的是广告代理方（广告经营者）在广告被代理方（广告主）所授予的权限范围内来开展一系列的广告活动，就是在广告主、广告公司与广告媒介三者之间，确立广告公司为核心和中介的广告运作机制。它是国际通行的广告经营与运作机制。

思考题

1. 广告组织主要有哪几种类型？请简要说明其中的一种。

2. 广告公司是广告市场主体之一，分别说明广告代理公司、广告制作公司和媒介购买公司三类广告公司的不同特点与作用。

3. 什么是广告代理制？简述广告代理制的发展过程。

4. 广告代理公司如何进行双重代理？了解广告代理佣金的内容。

5. 论述在我国全面推行广告代理制的必要性及其重要意义。

案例讨论

百年麦肯广告：用坚毅缔造传奇

1. 紧跟标准石油的旗帜

1911 年的分拆并没有终结标准石油公司的传奇，恰恰相反，正是它使得标准石油变得更具有传奇色彩。不可一世的洛克菲勒没有想到，自己最终会被一部形同虚设逾 20 年的法律击倒。这年 5 月，洛克菲勒垄断了全美石油采炼、运输和销售的标准石油公司上诉失败，被美国最高法院依据《谢尔曼反托拉斯法》强行分解成 34 个独立的公司。

标准石油的传奇在 7 个子嗣的身上延续着。34 家公司中的 7 家继承了标准石油的绝大部分垄断地位，它们分别成为埃克森、美孚、阿莫科、谢夫隆等新的石油巨头，经过并购、联合后，它们又重新进占了世界十家最大企业的行列。

同样诞生于标准石油的废墟之上，麦肯广告公司却从来不被人认为是标准石油传奇的一部分，尽管它的前身就是标准石油的广告部，尽管埃克森、美孚和以生产凡士林著称的奇思伯公司等标准石油的旧部今天的广告代理权仍牢牢掌握在麦肯手里。

哈里森·麦肯还没有来得及沾染上洛克菲勒的习气与架子，因为这位标准石油公司的最后一位广告部经理在任上只干了 4 个多月。随着标准石油托拉斯的解散，托拉斯内如广告部这类供全体子公司共用的部门也需要解散。

本来是一次失业的机会，却成为哈里森·麦肯改变自己命运的关键一步。麦肯向主持分拆工作的小克雷·佛尔格提出，由他成立一家独立的广告公司，接手原标准石油广告部的资料和档案，为从标准石油分拆出来的所有子公司继续原有的广告服务，并履行原有的广告合同。由于标准石油家产太大，一时分解不完，忙得焦头烂额的佛尔格对麦肯的提议没考虑太多，便欣然应允。于是，麦肯广告公司宣告成立。

在 1915 年哈里森·麦肯本人所著的《广告启示录》这本小册子里，他在《麦肯公司》一节中写道："美国商业地理分布有一个很有意思的特点，即美国所有的制造厂商中，有 75% 都在麦肯公司人员一夜之间能够赶到的位置。我们公司的一名职员可以在傍晚时分从我们任何一个办公室出发，在第二天与任何一个地方的客户进行商谈，而第三天早上又可以回到公司。这比我们与客户隔街相对浪费不了多少时间。"

哈里森·麦肯在最后一句中也许是想让其他客户知道，所有客户都会受到麦肯公司的公平对待，尽管麦肯公司的纽约总部就与标准石油公司隔街相对。因为，标准石油对麦肯广告的成长道路的影响才刚刚开始。

1917 年，当哈里森·麦肯向员工提出要建立一家"全国性广告公司"时，没有人知道麦肯广告的四个办公室（纽约、旧金山、克里夫兰、多伦多）会变成怎样一张覆盖全美的大网。

因此可以想见，麦肯同时提出的“力争成为全球最大广告公司”的目标，即使是对他本人而言，也不过是一时兴起的想法，因为他还说过：“为了成就事业，为了赚取利润，为了建立一个真正有价值的企业，不论是广告业、石油业、钢铁业，还是军火业，关键都在于组织机构的建立。”

幸好哈里森·麦肯没有把自己说过的每一句话都当真。事实上，麦肯广告从在纽约成立到向纽约外的扩张，无一不是因标准石油公司而起。旧金山公司的成立是为了就近向标准石油加州公司提供服务，建立克里夫兰公司是因为那里有标准石油俄亥俄公司，多伦多公司的建立则同样是为了更好地接近同样从标准石油分离出来的帝国石油公司，而总部设在纽约是因为这里有两家超级“小”标准——标准石油纽约公司（美孚的前身）和标准石油公司（埃克森的前身）。

如果没有这么多“小”标准石油公司的扩张，麦肯想要平地里建立起全国性网络的理想几乎不可能实现。而到了海外市场上，这一点尤显突出。1926 年 8 月 15 日，麦肯宣布将接手标准石油公司在欧洲的分支机构的广告业务，这些分支机构包括在法国、比利时、荷兰、德国、丹麦、挪威、瑞典、瑞士、波兰、意大利等国的标准石油公司的分公司。同年夏，麦肯公司的第一个欧洲分公司在巴黎的香榭丽舍大街开业。随后，伦敦分公司、德国分公司、法国分公司分别建立。

至 1931 年，从标准石油拆分出来的 34 家公司中有 25 家都是麦肯的客户，仅这 25 家公司就为麦肯带来了 500 万美元的营业额。

但麦肯和标准石油的渊源仍未结束。1934 年，麦肯获得了标准石油在拉美的所有附属公司的广告业务。然后便是麦肯阿根廷公司、巴西公司的开业。不到十年的时间里，麦肯巴西公司既成为巴西最大的广告公司，也成为麦肯最大的海外分公司。找到当地的标准石油公司，成为其广告代理商，在当地建立分公司，然后再立足当地寻找新的客户，成为当地最有影响的广告公司。然而，在大肆扩张的风光下面，令哈里森·麦肯发愁的是，海外那么多分支却不带来赢利。

2. 领跑广告界变革

真正给麦肯带来革命的人，是 23 岁时被公司招到收发室的马里恩·哈珀。9 年后，32 岁的哈珀成为麦肯的总裁。

1939 年，从耶鲁大学心理学系毕业的哈珀进入了麦肯的邮件收发室。精力异常充沛的哈珀每天工作 16 个小时后，还要去爵士俱乐部玩到深夜。数月后，哈珀被调到调研部，在那里，他提出了用“因素分析”来研究杂志和报纸读者的兴趣，研究印刷品信息和广播信息对受众的影响。哈珀的研究得到了立竿见影的效果，公司迅速将其研究的新方法应用到了广告领域和新生业务中。1946 年，哈珀成为公司副总裁及调研部总监。一年后，年近七旬的哈里森·麦肯任命哈珀为其助手。1948 年，麦肯宣布哈珀为公司总裁及首席执行官的继任者。而事后，这位年轻总裁的表现远远超出了人们的预期。

哈珀首创了“整合营销传播”、“公司中的公司”、“相互竞争、统一管理的分公司体系”等新的理念，用各种新型的广告业务、充满胆识和活力的想法和方式，对广告代理业务进行了开拓性和革命性的调整。这些使得哈珀成为广告界让人又爱又恨的人，1958 年的printer’s Ink报纸描述哈珀时说：“争议和客户都在争相向他涌去。”在 1962 年的一期《时代》上的封面文章则说哈珀是“广告界中最固执、最有争议的人”。

在哈珀之前，麦肯的所有子公司都叫麦肯。不光广告业是这样，其他服务行业也莫不如此。所有大型服务性企业的领导人都认为，同一块牌子下面的公司就都应该叫同一个名字，子公司之间没有业务上的不同，只是所辖区域相异。然而，从 1954 年起，情况发生了变化。

1954 年 6 月，麦肯公司打算收购克里夫兰的一家名叫 Marschalk&Pratt 的小广告公司，这家公司非常小，却夺走了标准石油在当地的一大块广告资源。在财大气粗的麦肯公司面前，Marschalk&Pratt 毫无招架之力，收购进行得很成功。但就在这家小公司行将并入麦肯克里夫兰公司之前，哈珀突然觉得，让这家公司成为一个单独的子公司，让它保留自己原来的名称和客户，效果可能更好。因为，这样这家小公司可以承接比较小的客户，和麦肯公司形成互补，而且，哈珀认为，甚至可以让它承接与麦肯公司的客户之间存在竞争关系的客户。

这样一来，麦肯公司事实上既收了东家的彩礼，又拿了西家的红包，同时，还让旗下不同名牌的广告公司互相之间展开了竞争。

哈珀的新做法在业内掀起了轩然大波，因为对广告界来说，两家同主的广告公司怎么可能做到为各自彼此竞争的客户保守商业秘密。哈珀此举甚至遭到了公司内部元老的强烈反对，他们认为接下来就会发生大量客户退约。然而事情并不像人们所想的那样糟糕，6 年间，Marschalk&Pratt 的规模就翻了 5 倍。

在哈珀接管麦肯时的 1948 年，全球排名第五的麦肯总收入尚不及世界最大广告商智威汤逊的一半。而到了 1960 年，麦肯已跻身世界第二，略次于智威汤逊，当时只有这两家广告公司的总收入达到了 3.5 亿美元以上。

然而哈珀的吸纳第三方、促进竞争的策略用过了头。1964 年，哈珀成立了 Interpublic 集团，将大量资金用在收购其他广告公司和投资建设海外市场，美国本土的业务量和麦肯公司的业务量所占比例急剧下降。

哈珀卸任后，麦肯公司又遭遇了数次危机，总收入最低时只有高峰时的百分之十几。经过几代领导人的调整，Interpublic 集团慢慢走向了成熟，摆脱了最初以麦肯公司的衍生组织出现的形象，同时也不再是一个由若干庞杂的小公司松散组成的母公司。

3. 艰难求胜

2001 年元旦就任的约翰·杜纳显然是 Interpublic 集团最没有明星气质的 CEO 兼董事长。和 Interpublic 最辉煌的时候的董事长、CEO 们相同，约翰·杜纳也是从麦肯公司的领导位置上被提拔到现在的职位上来的。事实上，约翰·杜纳在领导麦肯公司时更像一个英雄史的领袖，那时候的他能够扭转局势，更有力量感，也不乏豪言妙语。

《快速公司》杂志曾经将杜纳评为年度最佳变革者。2000 年，杜纳面临可口可乐即将撇下麦肯而去的危机，但是他最后还是成功地说服了可口可乐。“可口可乐不是他的客户了，已经成了他的一部分。”麦肯纽约公司的创意总监尼娜·迪塞莎说道。

对杜纳在可口可乐一役的成功，《快速公司》做出的评价也颇高：“这是一个在困难时期如何成就领导的绝佳案例，它表明了坚毅、有计划性和头脑冷静是怎样在最艰难的环境下取得胜利的。”

现在的 Interpublic 正在稳步发展，变革和调整已经过去，他需要做的似乎只能是保持 Interpublic 集团的势头。百年麦肯，现在只是需要坚毅。

问题讨论

1. 百年麦肯成功的最核心要素是什么？
2. 与麦肯相比，我们本土广告公司的差距主要体现在哪里？
2. 麦肯公司的成功之路给我们的启发是什么？

资料来源：传媒投资网，作者黄继新、覃里雯。

第 4 章

广告计划

本章导读

广告计划是广告主或广告经营单位根据企业的营销目标、营销策略和广告任务而制定的关于未来一定时期内广告活动的整体安排。广告计划既是企业对广告活动所做的规划，也是企业检验和总结广告效益的依据。为了避免广告活动的盲目性，提高广告活动的经济效益，企业在开展广告活动之前必须制定周密的广告计划。本章主要介绍广告计划的概念、特点、作用及其内容，重点阐述了广告计划与企业营销战略的整合。

开篇案例

万宝路牌香烟广告

1924 年，美国菲利普－莫里斯公司生产的一种绰号为“万宝路”牌的香烟，专供女士享受。广告口号也尽力突出其味道“像五月的天气一样柔和”。然而，产品投放市场后，境况十分糟糕，销售业绩始终不佳。为改善产品的销售状况，菲利普－莫里斯公司曾做过多方努力，甚至为消除吸烟妇女唇膏沾上白色烟纸不雅的抱怨，而将烟嘴部分改为红色。即便如此，万宝路香烟的销售情况仍每况愈下，到 20 世纪 40 年代初，公司不得不停止这一牌号香烟的生产，从而被迫退出市场。

第二次世界大战结束后，美国经济有了新的发展，烟草销量激增，过滤嘴香烟问世。对万宝路情缘未了的菲利普－莫里斯公司抓住这一烟草生产的有利时机，将万宝路配上过滤嘴，再次投放女子香烟市场，但依然未能打开销路，挽救颓势。于是，菲利普－莫里斯公司求助于李奥·贝纳名下。

当时的美国市场，竞争异常激烈而残酷。新产品投放市场成功率往往只有 3%～5%，何况，何况要使一个倒了的牌子东山再起，再造辉煌，简直比下台总统重返白宫还要困难。

李奥·贝纳勇敢地接受了这一挑战。经过周密的市场调查和精心策划，李奥·贝纳提出了一个“颠倒阴阳”的大胆构想：去掉万宝路原有的浓厚脂粉气，为其重塑一个具有男子汉气概的全新形象。李奥·贝纳的这一构想，得到当时颇具眼光与胆识的菲利普－莫里斯公司总经理卡尔曼的认可与赞赏。于是，一个新的方案大体确立了：保持原有配方，改用菲利普－莫里斯公司首创的平开盒式包装，选用最具美国风格、在美国被公认为最具男子汉气概的西部牛仔充当万宝路广告形象。

1954年，全新的万宝路香烟广告正式推出。粗犷、剽悍、豪爽的牛仔形象在不同广告画面以不同的姿态出现，或在狂野中追逐牛犊，或在夕阳中的余晖中沉思，或在傍晚落日后悠闲畅饮。尤其是万宝路的电视广告，以其“人马纵横，尽情豪放，这里是万宝路的世界！欢迎您加入万宝路的世界”的广告语，激荡人心的音乐节奏，牛仔策马飞奔，驰骋旷原的画面，一下子征服了无数美国人的心，大家纷纷加入万宝路的世界。短短一年的时间，万宝路的销售量整整提高了3倍，一跃成为全美10种畅销香烟之一。

往后的日子里，万宝路香烟在万宝路牛仔形象的促动和万宝路世界的感召下，销量逐年攀升，到1968年，万宝路已成为美国的主要香烟品牌，占有美国香烟市场总量的13%，仅次于云丝顿位居第二。

20世纪70年代，万宝路又借着美国政府全面禁止在广播电视中插播香烟广告的良机，凭着具有鲜明个性特征的品牌形象，终于在1975年将稳坐美国烟草销售头把交椅几十年之久的云丝顿香烟赶下宝座，取而代之，占有全美卷烟总销售量的25%。也就是说，在美国市场每销售4包香烟中，就有1包是万宝路。也是从20世纪70年代开始，万宝路全面进入国际市场。如今，万宝路已成为世界最著名、销售量最大的香烟品牌，年销售量超过3000亿支，菲利普－莫里斯公司尽在这一项产品上的赢利，就超过30亿美元。

资料来源：何佳讯，《广告案例教程》，复旦大学出版社2002年版。

4.1 广告计划概述

广告计划是广告主或广告经营单位根据企业的营销目标、营销策略和广告任务而制定的关于未来一定时期内广告活动的整体安排。广告计划的作用在于通过系统地筹划未来的广告活动，把各方的努力有效地组织到广告活动中去，并按照广告主的意图使之协调起来，使从事广告活动的人员都为实现计划规定的目标而努力。

作为指导企业广告活动的规划，广告计划具有事前性和操作性两个重要的特征。事前性是指广告计划是广告活动开展的前提和依据，拟订广告计划是进行广告活动的首要环节。其操作性是指广告计划必须是一个可执行的方案，在具体的广告活动中企业将以此为指导来对广告活动进行组织和实施。

在市场经济条件下，广告计划不可能是一成不变的单一模式。企业应根据市场条件和产品的特点，制定不同的广告计划，并以此开展广告活动。广告计划的类型主要有以下几种。

1. 根据广告计划性质分类

按广告计划性质，可以将其分为战略性广告计划、战术性广告计划和单一性计划。

(1) 战略性广告计划。战略性广告计划与企业长期发展战略相适应，是企业长期广告活动的目标与发展战略。此类广告计划一般涉及范围较广，规模较大，广告实施的周期很长且广告投入巨大。战略性广告计划是企业营销战略的一个重要组成部分，只有制定出科学、完整且行之有效的战略性广告计划，企业的广告目标才会明确，广告活动才会更有针对性。

阅读资料4－1 企业战略及其特征

战略是为了实现组织或企业长远目标所选择的发展方向、所确定的行动方针，以及资源分配方针和资源分配方案的一个总纲。战略是指导全局和长远发展的方针，它不是具体地说明企业如何实现目标，而是指明方向、重点和资源分配的优先次序。对于社会中的一个组织来说，制定战略的根本目的是，使自身组织尽可能有效地比竞争对手占有更多持久的优势。

企业的战略具全局性及复杂性、未来性及复杂性、系统性及层次性、竞争性及合作性、稳定性及动态性的特征。

(2) 战术性广告计划。战术性广告计划是企业为组织某一特定广告活动或为达到某一项广告目标而制定的广告活动规划。它是在广告战略的指导下，企业所制定的具体的广告活动计划。它的内容具体，操作性强，效果明显，因而容易受到企业的青睐，大多数的广告计划均属于此类。

(3) 单一性广告计划。单一性广告计划是指企业针对某一市场、某一产品在一定的时段内进行广告活动而制定的广告执行计划。它是在较小的范围内进行的广告计划活动，是对战术性广告策划的进一步细化，单一性广告计划可以是一个广告创意方案、一个媒体计划方案或一次促销活动中广告的实施计划。单一性广告策划是组成战术性广告策划的基本单位，在广告策划中占有重要的地位。

2. 根据广告时间分类

按照广告时间长短，广告计划可以分为长期广告计划、中期广告计划和短期广告计划三类。

(1) 长期广告计划。长期广告计划一般是指期限在5年以上的广告计划。它是以企业长期发展战略为依据，按照市场营销的战略要求而制定的广告活动规划。长期广告计划主要是方向性和长远性的计划，通常是以工作纲领的形式出现。长期广告计划必须根据企业发展计划的实施程度和市场形势的变化，不断适当地进行调整和修订。

(2) 中期广告计划。中期广告计划是指计划期限在1年以上到5年以内的广告计划。中期广告计划是根据企业的长期广告计划而制定的，它比长期计划要详细具体，是在充分考虑了企业的内外部经营环境后制定的可执行计划。

(3) 短期广告计划。短期广告计划包括年度广告计划和临时性广告计划，其时间期限均不超过1年。年度广告计划是企业在一年内按季分月制定的广告活动规划。年度广告计划是依据企业年度经营目标和销售计划制定的，其主要内容包括确定本年度广告目标及广告预算在不同媒体上的分配等内容。临时性广告计划是指企业在特殊场合或遇到突发事件而制定的广告计划。短期广告计划的操作性比较强，要求其内容全面具体，指标量化，切实可行。

3. 根据广告的媒体分类

根据广告媒体，可以将广告计划分为组合媒体广告计划和单一媒体广告计划。

（1）组合媒体广告计划。组合媒体广告计划是指在广告宣传活动中，计划使用两种或两种以上的媒体作为传播媒介的广告策略，如利用广播、电视、报纸、杂志以及网络等媒体组合来宣传某一产品或服务的广告计划均属于此类。

（2）单一媒体广告计划。单一媒体广告计划是指仅利用一种媒体进行宣传的广告计划。如某一公司在整个广告活动中全部使用专业杂志进行广告宣传的计划。

4.2 广告计划的特点与作用

1. 广告计划的特点

（1）广告计划是一项行动文件。实施一项广告策划活动是非常复杂的工作，需要各方面的协调配合。广告计划以文件的形式标明了所要采取的步骤、时间安排等，用以指导和控制整个广告策划活动的运作。

（2）广告计划是对某一广告目标及完成这一目标的一种解释。广告计划解释了需要完成的广告任务和需要达到的广告目标，并解释和规划了实现广告目标的具体步骤。

（3）广告计划具有一定的强制性和约束性。广告计划一旦制定，就成为广告活动必须遵守的行动准则和努力方向。虽然计划具有一定的灵活性，但这种灵活性是受一定的条件限制的，是有限的灵活。

2. 广告计划的作用

广告计划是广告活动的首要环节，是广告策划的重要组成部分。广告计划在整个广告活动中起着举足轻重的作用，其作用主要体现在以下几个方面。

（1）广告计划的指导作用。广告计划是对整个广告活动的预先规划，是企业广告战略和广告策略的体现，它是广告活动的依据和行动指南。广告计划使无序的广告活动变为有序，为各项广告活动规定了努力的方向。广告计划对广告活动的全部过程都具有指导作用。首先，广告活动对整个广告活动具有宏观指导作用。广告计划在宏观上规划着整个广告活动的发展方向，它明确规定了广告的目标、对象、范围和具体的任务，指导着广告策划活动的进行。其次，广告计划对广告各个环节具有微观指导作用。广告计划对广告对象、广告媒体等策略都要做出说明，在微观上规定着广告策略及实施方法。

(2) 广告计划的协调作用。建立在充分调研和科学分析基础上的广告计划，可以使从事不同广告业务的人员彼此协调、有条不紊地进行各项工作，齐心协力完成广告目标。通过广告计划的协调作用，能够使广告活动的各个职能部门相互配合，统一行动。

(3) 广告计划的控制作用。广告计划规定了广告活动所要达到的各项指标，这些指标是广告活动的衡量标准。在具体的广告实施过程中，管理者应根据这些指标来检查实际活动与计划目标是否一致，如果存在偏差就必须采取控制措施来消除差距，从而保证能够按时、按质、按量地完成广告计划。

(4) 广告计划的评价作用。广告计划对广告效果具有评估作用。广告计划为评价广告活动、测定广告效果提供了相应的依据，有助于广告目标的实现。

4.3　广告计划的内容

广告计划的内容囊括了广告活动的全部领域。在广告策划活动中，企业可以根据自身营销战略的需要，选择不同的广告类型，因此其广告内容的侧重点也会有所不同。一般来讲，广告计划的内容主要分为以下几个方面。

(1) 广告的市场分析。市场分析是广告计划的首要内容，它既是广告活动的基础，也是广告活动取得成功、达到广告目标的关键。广告的市场分析包括企业与产品分析、市场与环境分析、营销分析、消费群体分析、竞争者分析和市场发展机会分析等。关于这一部分的内容我们将在下一节讲述。

(2) 广告的目标。广告目标是广告活动所要达到的目的。广告目标是企业营销目标之一，它们之间既有区别又有联系。如营销目标是为了提高企业商品的市场占有率和销售额，从而使企业赢得利润，推动企业总目标得以实现。而广告活动的目标在于提高商品的知名度，激发消费者的购买欲望，为实现营销目标服务。

广告目标不是单一的，而是多元的。对于广告本身来说，有广告的受众率、理解度、记忆率等指标；对于广告效果来说，有企业及产品的知名度、美誉度、广告宣传引起的购买率、市场占有率提高的幅度、销售利润增长的程度等指标。在制定广告目标时，应尽可能使各项指标都能够具体量化，同时，也要注意广告目标的可行性和可控性，不片面追求数字指标。

(3) 广告的对象。广告对象是广告活动诉求的目标，即广告要吸引哪些人的注意，促进哪些人的购买行为。由于每种产品都面对着众多的消费者，而任何一个广告都不可能打动所有的人，所以广告必须找准具有共同需求的消费群体。一般来说，广告对象分析主要包括以下基本内容：广告对象是谁；广告对象最关心的是什么；广告对象的消费水平如何；广告对象对产品及广告的态度等。只有找准了广告的对象，企业才能准确把握消费者的特征，制定出有的放矢的广告策略。

（4）广告的传播区域。广告传播区域是指广告对象生活的区域与范围。广告区域的划分一般有三个层次，即全国范围、国内特定区域和海外市场。这些区域的划分应根据广告战略进行周密筹划，在原则上要突出重点区域，对重点区域要加大广告的投放力度。

（5）广告的主题。广告主题是广告所要表达的重点和中心思想，如何选择主题是广告策略的重要表现。广告主题应该根据产品的市场定位和产品本身的特点来确定，而且广告主题必须要体现出产品与众不同的个性。在一个广告中不能有太多的诉求主题，否则广告难以给目标受众留下深刻的印象。

（6）广告的策略。广告策略是广告活动中所运用的具体措施与手段，主要包括广告的媒体策略、创意策略和实施策略。这一部分的内容我们将在以后的章节里重点介绍。

（7）广告的费用预算。广告预算是广告活动所需费用的计划和控制方法，它规定计划期间内从事广告活动所需经费的总额和使用范围，是企业广告活动得以顺利进行的保证。广告目标与广告预算有着密切的联系。广告目标说明广告策划者想做什么，而广告预算则限制广告策划者能做什么。编制广告预算是制定广告计划的重要内容，二者可以同时进行。

（8）广告效果的预测。广告效果预测是指对广告活动所要达到的目标和完成任务情况的预先估计。在广告计划中，广告效果预测主要包括广告传播效果和广告销售效果两项内容。广告效果的预测应该是建立在科学分析的基础上，而不能凭空臆造。

阅读资料4－2　　计划工作的基本程序

任何计划工作，其工作步骤都是基本相同的，主要包括估量机会；确定目标；确定前提条件；评价备选方案；确定备选方案；选择最优方案；拟定派生计划及编制预算。具体步骤如图4－1所示。

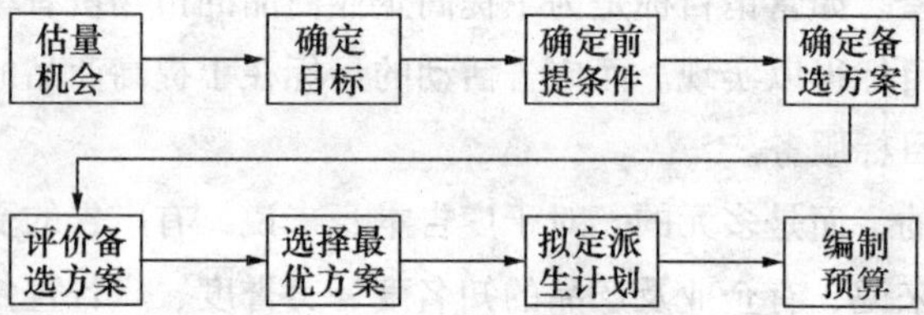

图4－1　计划工作的基本程序

4.4　广告计划与企业经营战略的整合

要制定和执行科学的广告计划，必须从战略的角度去考虑。从战略角度来看，广告并不是一副艺术作品，而是科学分析的产物。所以，我们不能只根据瞬间的灵感或艺术感觉来制作广告，而是要在科学分析的基础上发挥创造性来制作广告。从这个角度来看，广告计划并不是广告本身的独立的制作过程，而是与企业战略目标以及市场营销计划密切相关的过程。众所周知，广告是市场营销组合的一个组成部分，所以战略营销计划与广告计划是不可分的。

从这种观点出发，我们将广告实行的整个过程以图 4－2 来表示，说明在企业整个战略计划与营销计划的基础上确定广告计划的过程。

4.4.1　企业的战略计划

一般而言，战略是企业在变化莫测的环境下，为达到企业的目标而有效地配置企业内部资源的过程。也就是说，战略是在企业所处的环境下，实现企业目标的企业资源的控制机制。企业一般处在变化莫测的环境中，而企业的资源又是有限的。如果企业不能有效地利用企业所拥有的资源，就会失去竞争优势，在市场竞争中不能生存下来。所以在激烈的现代市场竞争下，企业要生存和发展，就要从战略的角度出发，制定出企业的战略计划。

战略计划是一个过程，战略计划的内容包括在环境分析的基础上发现企业的发展机会因素和威胁因素、企业的经营理念、企业目标等。

企业的经营理念是企业在成长过程中形成的基本精神和具有独特个性的企业价值体系。企业的经营理念并不是抽象的概念，而是长期的、具体的企业发展方向。企业确定经营理念时要考虑企业的历史、企业的能力、企业所处的环境等。如生产家电的企业的经营理念可以是：向人类提供最大的生活便利。

企业经营目标比经营理念更为具体，是企业所要实现的目标。所以经营目标应该是能测定的、能实现的指标。如市场占有率、生产量、利润、社会责任等具体的指标来确定企业的经营目标。

企业的经营计划包括为实现经营目标而确定的具体的措施。这些经营计划一般反映以企业或战略事业部为单位的中长期战略方向。

4.4.2　企业战略营销计划

在企业的战略计划的基础上需要制定战略营销计划。

1. 营销环境分析

战略营销计划（strategic marketing planning）是在营销环境分析的基础上制定的。如果没有科学的营销环境分析，营销战略和广告战略失败的可能性就会很大。

市场营销环境分析大体上可分为外部环境分析和内部环境分析。外部环境分析的内容包括政治、社会、法律、技术等宏观环境分析，以及把握产业特性趋势的产业吸引力分析、把握顾客需求和购买行为特征的顾客分析、把握竞争企业战略与特性的竞争企业分析等。内部环境分析包括成果分析、资源分析、战略评价因素分析等内容（见表 4－1）。

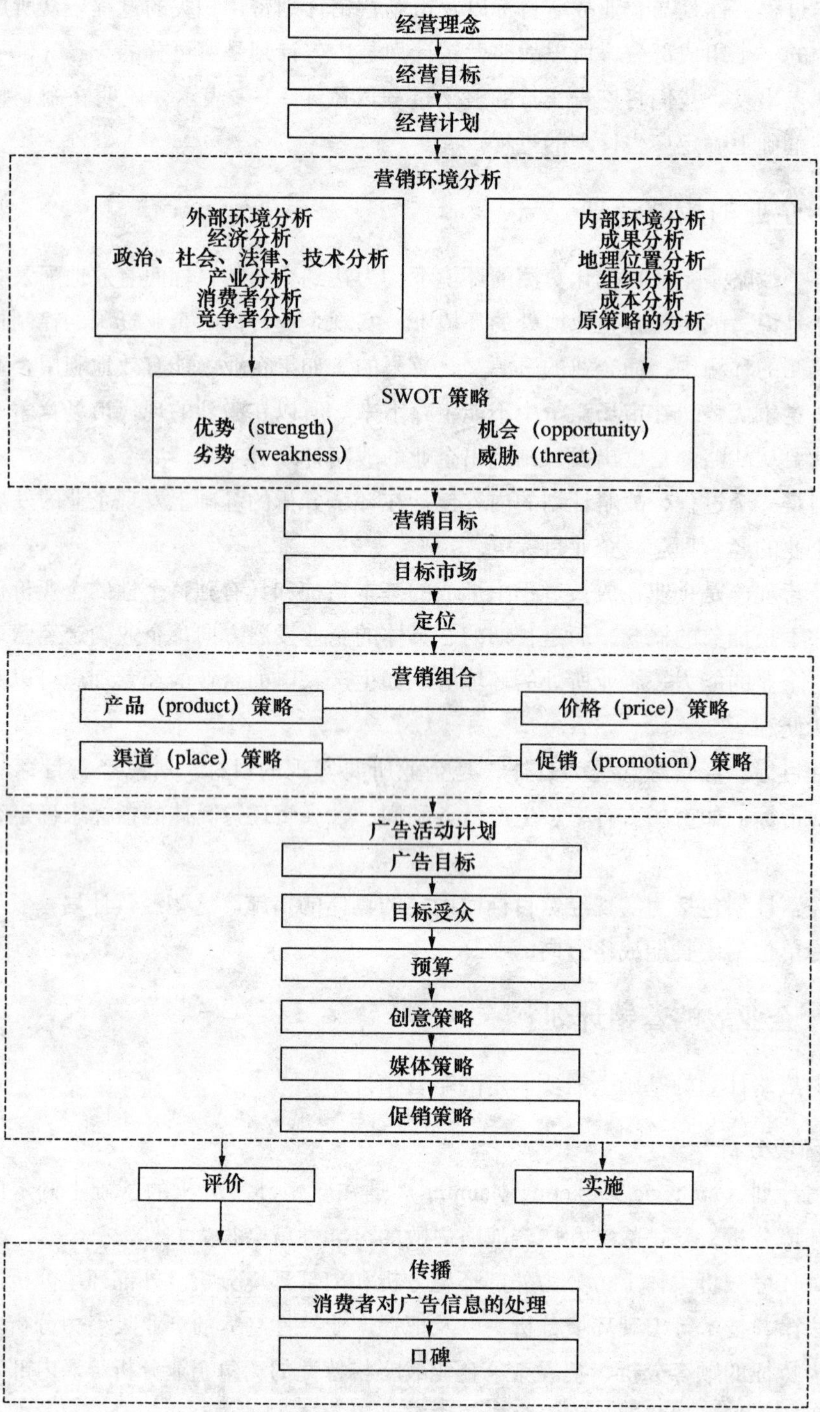
经营理念
经营目标
经营计划
营销环境分析
外部环境分析
经济分析
政治、社会、法律、技术分析
产业分析
消费者分析
竞争者分析
内部环境分析
成果分析
地理位置分析
组织分析
成本分析
原策略的分析
SWOT 策略
优势（strength）
劣势（weakness）
机会（opportunity）
威胁（threat）
营销目标
目标市场
定位
营销组合
产品（product）策略
价格（price）策略
渠道（place）策略
促销（promotion）策略
广告活动计划
广告目标
目标受众
预算
创意策略
媒体策略
促销策略
评价
实施
传播
消费者对广告信息的处理
口碑

图 4－2 广告计划过程

表 4－1　　市场营销环境分析目录

外部环境分析

1. 宏观环境因素分析

①经济 ②政治 ③社会 ④法律 ⑤技术等

2. 产业引力分析

（1）评价市场因素

①市场大小

②市场成长率

③市场周期性

④市场季节性

（2）评价产业因素

①潜在的规模

②新产品进入的可能性

③竞争企业

④供应者的力量

⑤购买者的力量

⑥替代品的威胁

评价环境因素

①社会的

②政治的

③人口统计学的

④技术的

⑤法律的

3. 对顾客的分析

（1）谁

①谁是我们的顾客

②如何分类他们

③我们和竞争企业的最重要的分类标准是什么

（2）为什么

①顾客何时、以何种方式购买、购买多少

②顾客如何介入购买决策？其购买决策持续多长

③在哪些标准下，多少人被介入

④介入于购买决策的顾客每个人的目的是什么

⑤哪种目标对顾客最重要

（3）如果……的话

①什么原因改变顾客的目标

②哪些信息有利于预测顾客的这些变化

（4）为了什么

①顾客购买行为的变化意味着什么

②这如何影响我们和竞争公司

（5）那么怎么办

这些对顾客的分析是否有助于理解全体市场、市场规模、成长率等。

4. 竞争企业的分析

（1）竞争企业分析

①如何测定竞争企业，如何评价竞争企业

②竞争企业为什么能取得那些成就，哪些因素起作用

③竞争企业的优势和弱点是什么？将如何变化

④未来竞争企业的战略是什么

（2）具体分析项目

①对过去成果的评价

②对资源的评价

新产品的设计与开发能力

生产与制造能力

市场开发能力

财务能力

管理能力

内部环境分析

1. 成果分析

（1）销售量分析因素

①销售量

②产品线的销售量、费用、利润

③谁是中间商、最终消费者、主要客户

④市场范围、产品、流通的过去和现在的成果。

⑤如何进行市场细分

（2）综合成果分析因素

①投资回收率

②市场占有率

③产品的价值和成果

④相对的因素

⑤新产品开发活动

⑥管理者的成果

⑦ 决策者的态度和成果

2. 资源分析

（1）根据下类项目评价本企业

续表

①比较企业资源和竞争企业资源 ②评价企业的机会和威胁 ③从战略角度评价企业资产 (2) 评价对象 ①开发和设计能力 ②生产能力 ③财务能力 ④管理能力	⑤成功可能性 **3. 战略评价因素分析** (1) 过去和现在的战略评价 (2) 战略问题 (3) 组织能力 (4) 资金能力 (5) 组织的优势和弱点

营销环境分析不能只停留在事实的排列，而应根据营销战略信息的价值来整理。这种系统的整理方法就是SWOT（strength，weakness，opportunity，threat）。SWOT分析是从外部环境分析中发现机会与威胁，从内部环境分析中把握企业的优势和劣势，从而发现战略方案的过程。从外部环境中发现的机会因素、威胁因素和从企业内部环境分析中找出的优势因素、劣势因素可以构成四个象限（空间）的矩阵（见表4-2）。

表4-2 SWOT分析法

环境 资源	机会因素 (Opportunity)	威胁因素 (Threat)
优势 (Strength)	Ⅰ 最大·最大	Ⅱ 最大·最小
劣势 (Weakness)	Ⅲ 最小·最大	Ⅳ 最小·最小

第一空间是今后在市场上能预测的机会因素与企业的优势一致的情况。在这种情况下，充分利用机会因素，最大限度地利用企业优势。这种战略就是最大/最大战略。

第二空间是市场的威胁因素与企业的优势一致的情况。在这种情况下，可以采取最大限度地利用企业的优势、最大限度地克服威胁因素的最大/最小战略。

第三空间是虽然在市场上有企业发展的机会，但是企业本身的条件处于劣势状态，在这种情况下，企业可以采取最小/最大战略，即克服企业的劣势条件，最大限度地利用有利因素。

第四空间是在市场上存在威胁因素，而且企业的条件也处于劣势状态。这是企业最不利的状态。这时可以采取最小/最小战略，即尽可能克服企业的劣势条件，尽可能地避免市场上的威胁因素。

2. 营销目标

分析营销环境以后，根据其分析结果制定企业的营销目标。其目标要以在营销计划内能实现的具体的内容和能测定的方法来表现。所以“销售最大化”不能成为营销目标。因为这既不具体，又不能测定销售的最大化。具体的营销目标可以由以下变量来制定：总销售额、总销售量、各产品的销售量、市场占有率、顾客满意度、顾客占有率、销售增长率和总利润率。

3. 市场营销战略

市场营销战略涉及如何达到营销目标的问题，包括市场细分、目标市场的选定、市场定位、市场营销组合等方面的决策。

4. 市场细分和目标市场的选择

市场细分（market segmentation）也叫市场细分化，是指企业根据消费者之间需求的差异性，把一个整体市场划分为若干个消费者群体，从而确定企业目标市场（target market）的活动过程。市场细分是 20 世纪 50 年代中期，由美国市场营销学家 Wendell R. Smith 在总结企业按照消费者不同需求组织生产经营的基础上，提出的一个重要的市场营销理论。

由于消费者需求的差异性，企业不能满足所有消费者的需求，并且企业面对不同需求的消费者，不能采取同一的战略。也就是说，为满足不同需求的消费者群，企业需要采取不同的营销战略。

当然，如果企业资源是无限的，那么企业也许会开发出满足市场上的所有不同消费者需求的各种产品，但是企业的资源都是有限的。所以，企业一般考虑竞争强度、竞争企业的战略、自己企业的条件或特性，选择少数细分市场作为目标市场。这样，企业根据企业的资源情况，选择全部或少数或一个市场作为目标市场，这种活动过程就是目标市场的选择（market targeting）。

有时企业选择目标市场的时候会犯错误。要进入新市场的企业，一般想进入在细分市场中规模最大的市场。例如，分析消费者需求的结果，持类似需求的消费者占这个市场的 50%，这时企业就会感到这个市场的吸引力很大。但是，市场规模大，或者没有进入壁垒，这些并不意味着在这个市场上能取胜。如果不考虑竞争强度或长期的竞争情况，就不能说市场有吸引力（魅力）。不考虑竞争因素而只评价市场规模或潜力以后错误地进入市场的情况，叫做多数的错误（majority fallacy）。

5. 市场定位

选择目标市场以后，企业要在目标市场或在消费者心目中树立企业（或产品、品牌）的形象。定位方法大体上有两种：一种是差别定位，就是树立与竞争企业有差别的形象；一种是类似定位，就是与竞争企业类似的定位。具体的定位方法如下。

（1）利用产品特性的定位方法，就是把产品特性与品牌结合起来树立形象。如海尔空调强调清新的空气。

（2）利用模特的定位方法，就是把产品的品牌与广告模特的性格或形象联系起来树立产品品牌形象（经典条件反射理论）。如步步高 VCD 与李连杰，NIKE 与乔丹。

（3）利用价格与质量相关关系的定位方法。人们一般认为“价格高，质量好；价格低，质量不好”。所以如果利用人们对价格与质量之间的关系的认识，可以树立产品质量形象。如海尔电视不降价，因为质量好。

（4）利用产品用途的定位方法。广告中提示产品的用途，树立“这个产品是在这时候使用的”，或“这个产品永在这个用途上”等。如高露洁（colgate）牙膏广告强调“口气清新，坚固洁白牙齿，防止蛀牙”。

（5）利用象征物的定位方法。象征物包括象征体（symbol）、特征物（character）、动物等。例如，在我国不少企业爱用熊猫作为企业的象征物（熊猫牌电视机与熊猫）。

（6）利用竞争者形象的定位方法。在广告中可用“我们是本行业的第二，所以我们为顾客更加努力”等比较广告。

（7）利用产品群的定位方法。即“我们的产品不属于这种产品，而属于那种产品”。如“我们的牛奶不是属于保健产品，而是属于提高孩子智商的产品”。

（8）用社会话题或非传统的表现的定位方法。

6. 市场营销组合

市场定位以后，企业需要制定具体的营销组合策略，一般叫“4P”，即产品（product）、价格（price）、渠道（place）、促销（promotion）。

广告是一种促销策略。促销活动除了广告以外还有宣传、人员推销、公共关系。所以广告策略并不是独立的策略，而是实现营销目标的一种促销手段。

4.4.3 广告活动计划与营销战略的整合

在策略营销计划的基础上要制定广告活动计划。广告活动计划应该是整合的，即广告策略应有机地结合实现广告目标的各种手段，从而有一个同一的方向。实际上，大部分广告依靠广告创意，创意是实现广告目标的很重要的手段。但创意并不是广告的全部，如果创意所提示的内容与广告策略方向不一致，就不能实现广告的原来的目标。

（1）广告目标。广告活动计划的第一阶段就是制定广告目标。广告目标是营销目标的组成部分，也可以与营销目标一致。例如，营销目标是市场占有率达到10%，那么广告目标也可以是市场占有率达到10%。但是影响产品销售量的除了广告以外还有价格、产品质量、流通、促销、宣传等因素，并且广告活动的结果是在实现广告目标的特定期限以后仍有效果的。所以，制定广告目标时就考虑品牌的回忆率、广告的回忆率等具体的因素。有关这方面内容我们将在下一章具体讲。

（2）目标受众。制定广告目标以后，要确定目标受众。当然，目标受众与营销目标受众是一致的。如果在实际操作过程中出现不一致，就必须最大限度地缩小其差异。

（3）广告预算。广告预算决策是指对广告活动要投入多少费用、怎样投入费用的问题。

（4）创意策略。创意（creative）就是如何制作出广告的问题，是在广告活动中最有创意性的部分。如广告文案、广告画面等都属于广告创意。当然，广告创意需要独特的构思，但必须与广告目标相一致。

（5）媒体策略。如何选择广告媒体也是广告活动计划中非常重要的部分。因为各媒体的特点和价格都不一样，所以效果也不同。

（6）营业推广策略。制定广告活动计划时也要考虑推销策略。如提供赠品、免费提供样品、降价处理、举办各种活动等（如健力宝60万元的大抽奖活动），必须与广告活动计划要一致。所以现在出现了整合营销沟通（Integrated Marketing Communication，IMC）。

阅读资料4-3　整合营销沟通的内涵

整合营销沟通兴起于美国，是一种实战性极强的操作性理论。它的内涵是："以消费者为核心重组企业行为和市场行为，综合协调地使用各种形式的沟通方式，以统一的目标和统一的沟通形象，传递一致的产品信息，实现与消费者的双向沟通，迅速树立产品品牌在消费者心目中的地位，建立品牌 与消费者长期密切的关系，更有效地达到广告沟通和产品营销的目的。"

本章小结

广告计划是广告主或广告经营单位根据企业的营销目标、营销策略和广告任务而制定的关于未来一定时期内广告活动的整体安排。作为指导企业广告活动的规划，广告计划具有事前性和操作性两个重要的特征。

根据划分的角度不同，广告计划可分为战略性广告计划、战术性广告计划、单一性计划、长期广告计划、中期广告计划、短期广告计划以及单一媒体计划和组合媒体计划等。

广告计划是广告活动的首要环节，是广告策划的重要组成部分。广告计划在整个广告活动中起着举足轻重的作用。广告计划与企业战略计划和营销计划既有区别又有联系，广告计划具有自身的一些特点。

广告计划的内容主要包括广告的市场分析、广告的目标、广告的策略以及广告费用的预算等八个方面。

要制定和执行科学的广告计划，必须从战略的角度去考虑。广告计划并不是广告本身的独立的制作过程，而是与企业战略目标以及市场营销计划密切相关的过程。广告策略应有机地结合实现广告目标的各种手段。

思考题

1. 广告计划的特点与作用是什么？
2. 完整的广告计划一般包括哪些内容？

3. 为什么在广告策划时必须从战略的角度出发？

4. 广告计划与企业营销计划的关系是什么？

5. 如何理解战略性广告计划与战术性广告计划的关系？

案例讨论

番仔系列方便面的广告计划

1. 广告目标

产品的市场占有率提高到14%以上。

产品的知名度达到80%以上。

消费者以“番仔”为第一品牌达到15%以上。

2. 广告时间

开始时间：2001年1月1日。

结束时间：2001年6月30日。

持续时间：半年。

3. 广告的目标市场

地域：厦门城近郊区。

目标消费群体：主要是年龄在20~45岁之间、中等收入以上、工作生活繁忙、追求生活质量的家庭和个人。

4. 广告表现

（1）广告创意

美味不再是幻想

从来没有过的感觉

（2）各媒介的广告表现

【电视广告文稿（脚本表现）】

核心创意：美味不再是幻想

镜头一

屏幕打出红底蓝字（企业标准色）——美味不再是幻想。配合震撼效果的音响。

镜头二

光线柔和、宽敞，现代办公室。镜头扫过窗户，窗外高楼林立。镜头慢慢推近伏在办公桌上的男主角。要求体现豪华的办公室内景。桌上文件一堆。

镜头三

特写：男主角做愁眉状。

（画外音女）经理，不去外面吃饭？

男主角：没时间啊！

（画外音女）那给你带份快餐？

男主角：没胃口啊！

（画外音女）要么吃点方便面？

男主角：都吃腻了，就那几种味道！

镜头四

另一间办公室——宽敞、整洁，富有文化气息。男女职员正在欢畅地吃番仔面。

（画外音女）不会啊！经理，最近上市的番仔面有独特的家常风味，同事们早就爱不释口啦！

镜头五

广告摄影特写——热气腾腾的刚开的番仔碗面，四周是古色古香的炊具和各类果蔬。要求画面绚丽多彩，表现番仔面良好的质感，让人垂涎欲滴。

（画外音女）全新工艺制造的番仔方便面，营养、方便、可口，是从来没有过的感觉，试试看！

镜头六

男主角捧着方便面在办公桌前吃着番仔面（馋的样子）：真的很好吃，您也试试看！

镜头七

打出卡通形象和番仔外包装及“番仔方便面，美味不再是幻想”字样。

【广播广告文稿（见表4-3）】

表4-3　广播广告文稿

<table>
<tr><th>人物</th><th>对白</th><th>说明</th><th>音响</th><th>音乐</th><th>时间</th></tr>
<tr><td></td><td></td><td>办公室中繁忙、紧张的模拟效果</td><td>电话声不断，人声，翻稿纸声等</td><td rowspan="2">快节奏的电子音乐（轻声）</td><td>3秒</td></tr>
<tr><td></td><td></td><td></td><td>清脆的电话声（手机），翻桌子声</td><td>2秒</td></tr>
<tr><td>男</td><td>喂，你好！</td><td>成熟、老练</td><td rowspan="2">办公室的繁忙效果</td><td rowspan="4"></td><td>1秒</td></tr>
<tr><td>女</td><td>喂，老公，中午一起吃饭吗？</td><td>清脆、温情的声音</td><td>2秒</td></tr>
<tr><td>男</td><td>不行啊，我还有一篇稿子要赶，不好意思哦！</td><td>急促、真诚的语气</td><td></td><td>4秒</td></tr>
<tr><td>女</td><td>早就知道你是工作狂啦，哎，对了，我早上在你包里放了两袋番仔面，记着拿出来吃喔！</td><td>体贴，深含关切的语气</td><td></td><td>8秒</td></tr>
</table>

续表

人物	对　白	说　明	音　响	音　乐	时间
男	是吗？太好了，昨天那四包已经被同事一扫而光，大家说番仔面味美可口，是从来没有过的感觉。	激动、兴奋		抒情柔缓富有温馨情调的背景音乐	9秒
女	当然啦，我们这几天加班，大家也都吃这种新上市的番仔方便面。	亲切、认同的语气			6秒
旁白	美味不再是幻想，番仔牛肉面、排骨面、海鲜面，试试看！	浑厚、亲切的男中音	办公室的繁忙效果		6秒

【报纸广告文稿】

悬念篇1

版面左上角置一个工艺精美的瓷碗，右下角为番仔卡通形象，竖起大拇指。中间是醒目的红色标题大字：美味不再是幻想，猜猜看，是什么？

悬念篇2

版面左上角置一碗番仔面，右下角是番仔卡通形象，手捧番仔面。中间画面主体是一西装革履男子（半身），歪着脑袋，用肩夹着一台手提电话，手捧着一碗冒着热气的番仔面，带着满意的微笑。辅以标题大字：从来没有过的感觉，试试看，真的很好吃！

【招贴广告文稿】

主体画面是番仔卡通形象，右手举着番仔面，左手竖起大拇指。标题字：美味不再是幻想。番仔方便面，真的很好吃！下方是番仔牛肉面、排骨面、海鲜面的外包装。右下方是番仔方便面的商标。整幅招贴的背景是加满佐料的煮熟的番仔面广告照片。

（3）各媒介的规格

• 电视广告：30秒。因为产品处于上市期，所以需要30秒的广告来传达比较丰富的信息，进行有说服力的诉求。

• 广播广告：40秒。

• 报纸广告：第一周做整版广告，而后以1/4版为主。

• 招贴广告：四开。

（4）各媒介的制作要求

• 电视广告：在本策划通过后，开始拍摄，在2001年10月底完成最后播出片，以供媒介人员预定电视广告时段和时间。

• 广播广告：在本策划通过后开始录制，在2001年10月底完成最后播出录音，以供媒介人员预定广播广告的时段和时间。

●报纸广告：在本策划通过后开始设计，在2001年10月底定稿并制成印刷胶片，以供预定报纸广告时间和版面。

●招贴广告：在本策划通过后开始设计，在2001年10月底定稿。在2001年11月底印刷完毕，在2001年12月交售点张贴。

5. 广告发布计划

（1）广告发布的媒介

厦门电视台1、2套；厦门广播电台经济台、音乐台；《厦门日报》、《厦门商报》。

（2）广告媒介发布排期表（见表4－4和4－5）

表4－4　　第1、2月广告媒介发布

媒介\频率	第1周	第2周	第3周	第4周
厦门电视台1	7	7	7	7
厦门电视台2	2	2	2	2
厦门广播经济台	7	7	7	7
厦门广播音乐台	7	7	7	7
厦门日报	2	2	2	2
厦门商报	1	1	1	1

具体时间（版面）分配说明：略

表4－5　　第3、4、5、6月广告媒介发布

媒介\频率	第1周	第2周	第3周	第4周
厦门电视台1	4	4	4	4
厦门电视台2	1	1	1	1
厦门广播经济台	4	4	4	4
厦门广播音乐台	7	7	7	7
厦门日报	1	1	1	1
厦门商报	1	1	1	1

具体时间（版面）分配说明：略

6. 其他活动计划（略）。

7. 广告费用预算（略）。

? 问题讨论

1. 通过对本广告计划书的分析，试指出番仔方便面的目标市场定位。

2. 试对本广告计划进行评述。

资料来源：陈培爱主编：《广告策划与策划书撰写》，厦门大学出版社2007年版。

第 5 章

广告目标与广告预算

本章导读

广告目标是广告策划的出发点和归宿，广告策划的各项工作均是围绕广告目标展开的。广告预算是广告活动所需费用的计划和控制方法，它规定计划期间内从事广告活动所需经费的总额和使用范围，是企业广告活动得以顺利进行的保证。广告目标与广告预算有着密切的联系。广告目标说明广告策划者想做什么，而广告预算则限制广告策划者能做什么。编制广告预算是制定广告计划的重要内容，二者可以同时进行。

开篇案例　南美香蕉广告

由于日本本土不产香蕉，日本国内的香蕉必须依赖进口，因此香蕉价格昂贵，所以人际关系中常以香蕉作为高级礼品馈赠。在第二次世界大战以前，日本香蕉市场统统被台湾香蕉所占领，日本水果摊上摆的都是台湾香蕉，这种情形一直延续到20世纪70年代。台湾香蕉虽然占领日本市场，但香蕉产品的形象和质量都不是很好。进入20世纪70年代后，日本经济发展迅猛，生活水平有了很大的提高。南美商人敏锐地观察到了日本经济、社会的变化，发现经济、社会变化中蕴藏的商机：社会需求已由原来普通物质需要的满足向高档物质需求和精神需求的方面倾斜。台湾香蕉大小不匀，有斑点、易腐烂、没有包装、没有清洁卫生感、没有新鲜感的香蕉已经不适应人们的需要。台湾商人当时又未注重广告及促销活动，没有为产品树立品牌形象。针对台湾香蕉的这些弱点，南美商家采取了有力的广告战略对策，一举改变了日本香蕉市场的局面。南美商家所采用的广告战略如下。

1. 广告战略目标

提高南美香蕉在日本市场的占有率，推翻台湾香蕉在市场上的垄断地位，使南美香蕉成为第一品牌。

2. 产品形象战略

把香蕉人格化。具体策略有：产品命名为“奇意达”，意为“美丽的姑娘”；给香蕉贴上商标，并标明是世界第一品牌香蕉；在香蕉上打上缎带花结，增加了美观度及高雅感，作为礼品将更受欢迎；用透明塑胶包装，显得清洁高贵；选择大小均匀、没有损伤、没有斑点的香蕉，利用冷冻船和纸箱搬运，防止损伤香蕉。

3. 广告战略

打出产品的知名度，创造南美香蕉与台湾香蕉的差别。利用人们好奇新鲜的消费心理，强调产品来自热情奔放的南美。利用电视、报纸、海报和杂志等媒介大量开展广告攻势。

结果，仅在20世纪60年代占据日本香蕉市场80%左右份额的台湾香蕉，到了20世纪70年代仅存10%的市场份额，南美香蕉终于取代了台湾香蕉的市场领导者地位。

资料来源：张金海，《世界经典广告案例评析》，武汉大学出版社2000年版。

5.1　广告目标

5.1.1　广告目标的特点

广告是实现企业经营策略的工具之一。成功的广告策略必须有明确的目标：是短时期内推销产品还是树立良好的企业形象；是扩大市场区域还是要提高市场占有率；是极力保护巩固现有市场还是向竞争对手发动进攻，进一步抢夺对手的市场。这些问题在广告策划中必须首先明确，只有这样，制定的广告策略才能有的放矢。一般来讲，广告目标就是广告主希望广告活动所能达到的预期目的。或者说，广告目标是指广告要达到的要求。确定广告目标，是制定广告策划的非常重要的内容，不论是广告底稿拟制人员、版面设计人员、摄影人员以及与媒体谈判人员、广告费用预算人员等，都应了解广告目标，并共同对此目标负责。

广告目标的确定不是随机的，而应当是建立在对当前市场营销情况透彻分析的基础上，以企业的目标市场、市场定位、市场营销组合等重要决策为依据而确立的。

促销是企业市场营销组合的重要组成部分。企业的促销策略主要有四种方式，即人员推销、广告、营业推广和公共关系。广告是促销策略的一个组成部分，广告目标、人员推销目标、营业推广目标以及公共关系目标是相辅相成的，四者共同形成了促销目标。广告目标是对其余三种目标的有效支援，而广告目标又是在各目标密切合作、协调一致的基础上实现的。

广告目标与促销目标都是为了扩大商品销售，但与促销目标相比，广告目标又有以下特点。

（1）促销数额的不确定性。促销目标可以用销售额或利润额的完成情况来确定，而广告目标很难准确确定它到底完成了多少销售额或利润。例如，一个企业的促销目标可以确定为一年内把销售额增长到20%，但广告目标却很难如此确定，因为影响企业销售额的因素除了广告之外，还受很多其他因素的影响，如企业产品的价格、包装、流通、营业推广以及消费者偏好的变化等（见图5－1）。

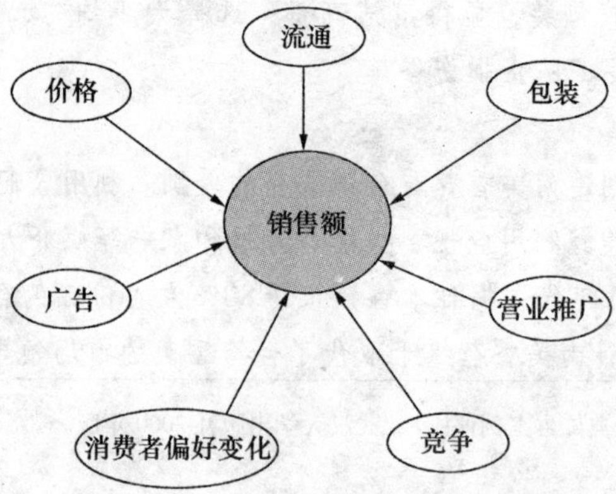

图 5-1　影响企业销售额的诸因素

（2）期间的不确定性。促销目标一般以一定的期间为衡量标准，而广告的促销目标很难以一定的期间为标准准确衡量，广告效果具有迟效性，其效果要在广告刊播以后持续一段时间才表现出来。例如，某一家化妆品公司在电视上做了化妆品广告，但消费者并不一定看了广告以后马上去购买，而要经过一系列的心理活动过程或认知过程以后再做出购买决策。

（3）广告目标的多元性。促销目标一般是单一的，就是为了扩大销售额，而广告目标除扩大销售额之外，还有如提高产品及企业的知名度、改变消费者态度等目标。

5.1.2　广告目标的类型

广告虽然以促进销售为最终的目标，但不同的企业在不同的时期、不同广告对象和不同的营销策略要求下，广告的目标是有所不同的。由于市场经济的复杂性，企业市场营销策略的多样性，使得企业的广告目标也具有多样性，我们可以从以下几个不同的角度来对其进行分类。

1. 根据市场营销策略划分

（1）创牌广告目标。此类广告的目的在于开发新产品和开拓新市场。它通过对产品的性能、特点和用途的宣传介绍，提高消费者对产品的认识程度，其中着重要求提高消费者对新产品的知名度、理解度和厂牌标记的记忆度。

（2）保牌广告目标。此类广告的目的，在于巩固已有市场阵地，并在此基础上深入开发潜在市场和刺激购买需求。它主要通过连续广告的形式，加深目标受众对已有商品的认识，使消费者养成消费习惯、潜在消费者产生兴趣和购买欲望。广告诉求的重点在于保持消费者对广告产品的好感、偏好和信心。

（3）竞争广告目标。此类广告的目的，在于加强产品的宣传竞争，提高市场竞争能力。广告诉求重点是宣传本产品比之同类其他产品优异之处，使消费者认知本产品能给他们带来什么好处，以增强偏好度并指明选购。

2. 根据广告的目的进行划分

（1）信息性广告目标。此类广告目标的作用在于某些产品开拓阶段极为突出，因为消费者对产品的性能、品质和特点有所认识，才能对产品产生基本需求。如对某种保健营养饮料，应首先把该产品的营养价值及其多种功效的信息传递给消费者。

（2）说服性广告目标。广告产品处于成长或成熟期阶段，市场上同类产品多了，代用品也不断出现，市场竞争也日趋激烈，消费者购买选择余地大。这时，企业为了某一品牌培植选择性需求，在激烈的竞争中处于不败之地，多采用说服性广告，通过说服或具体比较从而建立某一品牌的优势。因此，在竞争阶段企业对说服性广告的运用越来越重视。

（3）提醒性广告目标。当产品处于成熟期阶段，虽然产品已有一定的知名度，消费者已有一定的消费习惯，但由于新产品不断涌现，同类产品选择余地大，所以提醒性广告不仅起“提醒”作用，更重要的是起“强化”作用。其目的在于使现有的购买者确信他们做了正确的选择，从而加强重复购买与使用的信心。

以上三种广告目标的具体运用如表5－1。

表5－1　　不同广告目标的诉求目的

类　型	诉求目的
信息性广告目标	• 介绍有关新产品信息 • 推介产品的新用途 • 介绍价格变动的信息 • 宣传产品的制造过程 • 描述可提供的服务 • 改正错误的印象
信息性广告目标	• 减少消费者的顾虑 • 树立企业的形象
说服性广告目标	• 培养品牌偏好 • 鼓励顾客改用本企业的品牌 • 改变顾客对产品特性的感知 • 说服顾客现在就购买
提醒性广告目标	• 维持最高的知晓度 • 提醒人们在何处购买 • 提醒顾客近期可能需要此产品 • 淡季时保持产品在人们心目中的印象

3. 根据广告的信息处理过程进行划分

从广告信息处理模型（Advertising Information Processing model）来看，消费者接触广告以后首先知觉广告，然后认知品牌的属性，或者产生对广告的态度，其结果会引起消费者的购买意图，最后在这些购买意图的驱使下去购买产品（见图5－2）。

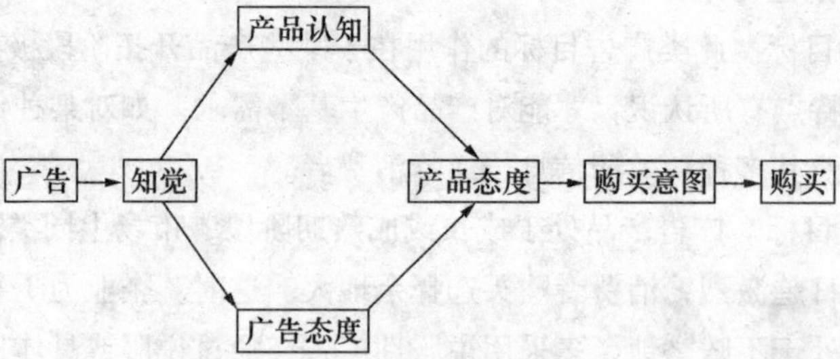

图5－2　广告信息处理模型

消费者接触广告以后，受各个中介因素的影响，对广告的反应结果也是不一样的。图5－3概括了消费者对广告反应的中介因素与行为/结果因素。

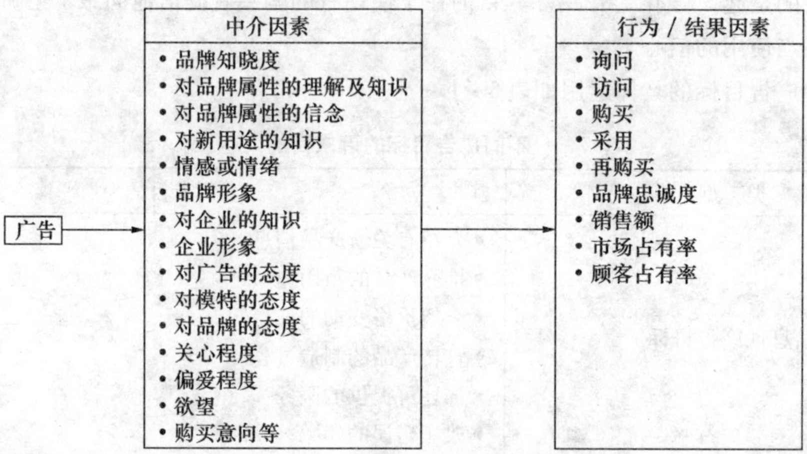

图5－3　中介因素与行为/结果因素

下面就对上述两种因素做一下具体分析。

（1）中介因素。包括以下方面：

①品牌知晓度。顾名思义，品牌知晓度是指消费者知晓品牌是否存在的程度。品牌知晓度可以由回忆度（recall）和再认度（recognition）来测定，而回忆度又可分为无辅助回忆度（unaided recall）和辅助回忆度（aided recall）。

无辅助回忆度是在不提示品牌或广告的情况下来测定的。回忆度一般以百分比来表示。例如，调查问题为“昨晚您收看了中央电视台的新闻联播了吗？如果您收看过，那么请记录在昨晚新闻联播节目前后所播出的广告中能记住的广告”。然后把消费者回答内容以百分比来表示。

辅助回忆度是在先提示品牌或广告的有关信息（如产品群）后，以开放式问卷的方式来测定的。辅助回忆度也以百分比来表示。如问卷内容为“在牛仔裤品牌中您能想起的品牌按顺序记录”。这时消费者第一个想起的品牌的百分比，叫最初辅助回忆度（top-of-mind recall）。

再认度是先提示要测定的品牌或广告，然后提问是否看过其品牌或广告，并把消费者回答的内容以百分比来表示。如调查内容为："在牛仔裤品牌中您有没有听过尼克斯这一品牌?"然后把消费者的回答用百分比来表示。

研究表明，品牌的最初辅助回忆度与销售额有密切的关系。因为消费者在一般的情况下最先回忆起自己最喜欢的品牌。所以，把回忆度作为广告目标时，以最初辅助回忆度作为广告目标比较合适。

②对产品属性的知识和信念。对产品属性的知识是指消费者对广告产品属性的掌握程度。对属性的信念是指消费者相信某一品牌具有特定属性的程度。例如，消费者知道娃娃哈雪糕不是由奶粉做的，而是由纯牛奶做的事实，这是知识。而消费者相信娃娃哈雪糕是纯牛奶做的事实，这是信念。一般来看，消费者对产品属性的知识越多，对产品属性的相信程度就越高，购买产品的可能性也就越大。

③品牌形象。品牌形象也是重要的中介因素。特别是在产品之间的质量、性能等方面没有多大差异的时候，品牌的形象对消费者的购买决策起很大的作用。所以，提高品牌形象也可以作为广告目标。

阅读资料5-1　品牌形象及其构成

品牌形象是指企业或其某个品牌在市场上、在社会公众心中所表现出的个性特征，它体现公众特别是消费者对品牌的评价与认知。品牌形象与品牌密不可分，形象是品牌表现出来的特征，反映了品牌的实力与本质。品牌形象包括品名、商标、包装、图案、广告设计等。形象是品牌的根基。

品牌形象内容由有形和无形两个方面构成。品牌形象的有形内容又称为"品牌的功能性"，即与品牌产品或服务相联系的特征。从消费者角度来讲，"品牌的功能性"就是品牌产品或服务能满足其功能性需求的能力。品牌形象的有形内容是基本的，是形成形象的基础。而品牌形象的无形内容则主要指品牌的独特魅力，是营销者赋予品牌的并为消费者感知、接受的个性特征。品牌形象的无形内容主要反映了人们的情感，显示了人们的身份、地位、心理等个性化要求。

④情感或情绪。消费者通过广告所形成的情感或情绪也会影响消费者对品牌的选择。特别是消费者要选择像宝石、时装、化妆品等带有情感色彩的产品时，就受情感方面因素的影响。所以，针对这种产品进行广告时，就需要强调温馨、趣味、喜欢、悲哀、威胁等情感因素。

⑤对品牌的态度。对品牌的态度是指消费者喜欢或不喜欢特定品牌的程度。一些研究结果表明，对品牌的态度越好，消费者购买其产品的可能性越大。所以，提高消费者对品牌的态度也可成为广告目标。

⑥购买意向。购买意向（purchase intention）是消费者对特定品牌所持有的购买意向。如果

消费者对特定品牌持有购买意向，那实际购买的可能性就很大。即使有时消费者有购买意向，但由于实际原因也许不购买，或者即使没有购买意向，但因受冲动而会购买。但在一般的情况下，购买意向与购买行为之间有较强的正（+）的关系。所以可以把购买意向确定为广告目标。

（2）行为或结果因素。有些广告能直接引起消费者的反应或行为，如广告以后消费者直接打听或询问、访问商店或企业，甚至直接购买广告产品。因此，可以把这些能引起消费者直接反应或行为的因素确定为广告目标。能引起消费者直接反应或行为的广告有以下几种。

①直接反应广告。为在广告以后直接引起消费者的行为，在广告中提示赠券（coupon），或要求电话询问、访问的广告。做直接反应广告时，可以把赠券的回收数、询问电话次数、访问者数等确定为广告目标。

②直接营销广告。通过直接邮递（direct mail）广告、网上购物广告、PC 通讯广告、产品说明书广告等进行直接营销活动的时候，消费者直接向企业打听或订货。所以可以以订货次数或打听的次数来确定广告目标。

③宣传活动广告。企业通过一些宣传产品的活动来直接推销产品或者进行广告宣传。例如，化妆品公司在百货商店门口进行宣传产品活动。这时，可以把在一定时间内所集合的人数确定为广告目标。

④销售广告。提供有关零售商店商品的信息，或告知一定期间内减价处理产品的信息广告。由于这类广告几乎不会引起时滞效果，所以可以把行为因素或结果因素，如商店的访问者数或销售额确定为广告目标。

⑤共同广告。制造企业不仅直接做产品广告，而且同时替零售企业做广告或者与零售企业共同做广告，或者与原材料供应企业共同做广告。这些广告叫共同广告（cooperative advertising）。共同广告具体地提供有关零售企业或商品的信息，其直接的目的是在短期内提高销售额。因此，共同广告可以把短期销售额等结果因素确定为广告目标。

⑥提醒广告。针对消费者经常购买的成熟期产品做提醒广告，从而直接引起消费者的购买行为。例如，在炎热的夏天，看雪糕广告的小孩会马上去购买雪糕。这是一则典型的提醒广告。由于提醒广告直接引起消费者的购买行为，所以可以把销售额确定为广告目标。一般来看，提醒广告的播放频次较多，但多是15秒以内的超短广告。

⑦社会营销广告。政府、社会团体或公民所开展的社会活动和公益广告活动是一种社会营销活动。如普法活动、禁烟活动、环保活动、夏季的节电节水活动等。这些活动的结果会马上引起一些人的行为，所以以行为因素，如参加活动的人数，来确定这些社会营销的广告目标。

5.1.3 确定广告目标时应遵循的原则

广告目标的确定是否得当，关系到广告计划的制定和实施，关系到广告效果的好坏，也直接影响到企业的经济效益。因此，广告目标的确定要遵循科学的原则，要注意以下几方面。

（1）广告目标要符合企业的营销目标。广告是企业营销活动中的一种促销手段，广告目标是企业营销目标在广告活动中的具体化。广告目标必须服从、服务于企业的营销目标。

(2) 广告目标要切实可行。在确定广告目标时，要考虑到目标实现的可行性，要从实际出发，全面分析，研究企业内外条件的影响和制约因素，既不要降低标准，也不要脱离实际盲目求高，力求使目标恰当合理，切实可行。

(3) 广告目标要明确具体。广告目标不能含含糊糊，模棱两可，不能笼统地确定为开拓市场、扩大市场份额、促进商品销售等，广告目标应当尽可能地量化。

(4) 广告目标应单一。在某一次具体的广告活动中，切忌追求多目标，多目标实际上是主次不分，力量也容易分散，中心不突出，难以收到应有的广告效果。

(5) 广告目标要有一定的弹性。广告在实施过程中，企业内外环境可能发生较大的变化，广告活动为了适应这种变化，配合企业整体营销的进行，需要做适当的调整。

(6) 广告目标要有协调性。广告活动是企业整体营销中的一个组成部分，在确定广告目标时，既要考虑到它与企业的其他促销手段的协调，又要考虑到广告部门与企业其他部门活动的协调，以有利于实现企业的营销目标。

(7) 广告目标要考虑公益性。尽量将企业利益同社会利益结合起来，使两者相互促进，建立起符合社会利益的企业形象，这也是企业广告目标的最终目标。

阅读资料5－2 《寡妇村》电影与少儿不宜

1989年初，香港和“珠影”合拍的影片《寡妇村》奇怪地成了我国第一部“少儿不宜”的影片。事情的原委是：片子拍好后，先在香港上映，海报按当地规定打上“少儿不宜”字样。待到内地上映时，因无先例，“珠影”要求将海报底样上的“少儿不宜”挖去，不料此事被美术编辑遗忘。由“少儿不宜”四字引出的轰动效应出人意料，人们产生一种逆反心理，观片者如潮，据统计该片发行拷贝182个，票房收入在4000万元。这一戏剧性局面引起电影节的注目，“少儿不宜”日渐增多。

令人遗憾的是，我们国家的“少儿不宜”这个标准，不但没有起到保护未成年人的作用，相反还起到了“欲擒故纵”的效果。一方面，大家都滥用“少儿不宜”作为招揽观众的牌子，“少儿不宜”不再是内容的标尺，倒成了广告招牌。另一方面，一批人单纯地追求‘少儿不宜’，在影片中生硬地穿插一些情欲场景。

5.2 广告预算

5.2.1 广告预算的概念

广告预算是广告主根据广告计划对开展广告活动费用的匡算，是广告主进行广告宣传活动投入资金的使用计划。它规定了广告计划期内开展广告活动所需的费用总额、使用范围和使用方法。

广告预算是广告计划的重要组成部分，是确保广告活动有计划顺利展开的基础。广告预算编制额度过大，就会造成资金的浪费；编制额度过小，则无法实现广告宣传的预期效果。广告预算支撑着广告计划，它关系着广告计划能否落实和广告活动效果的大小。

广告预算不同于企业的其他财务预算。一般财务预算包括收入与支出两部分内容，而广告预算只是广告费支出的匡算。这是因为广告投入的收益具有较强的不确定性，而且收益表现在多个方面。如它或许反映在良好社会观念的倡导上，或许反映在媒体受众的心理反映上，也有可能体现在商品的销售额指标上。

有许多广告主错误地认为，广告投入越大，所取得的效果也就越好。而实际上，当广告投入达到一定规模时，其边际收益呈递减趋势。美国广告学家肯尼斯·朗曼（Kenneth Longman）经过长期的潜心研究，在利润分析的基础上，创立了一个广告投资模式，如图 5－4 所示。他认为任何品牌产品的广告效果都只能在临限（Threshold，即不进行广告宣传时的销售额）和最大销售额之间取值。

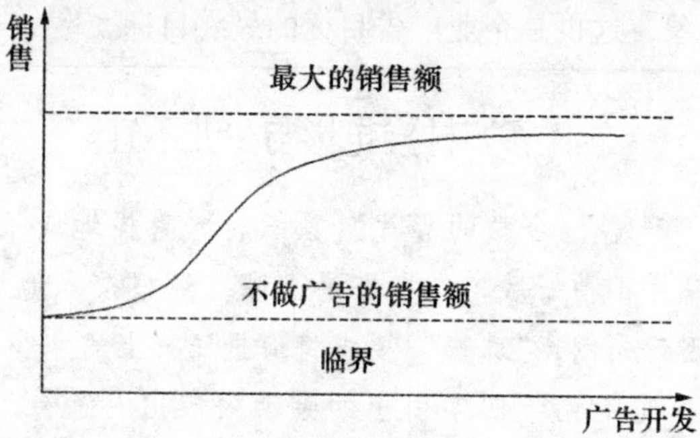

图 5－4 广告效果与广告投入之间的关系

肯尼斯·朗曼认为，任何品牌的产品即使不做广告也有一个最低销售额，即临界线。广告的效果不会超过产品的最大销售额，产品的最大销售额是由广告主的经营规模、生产能力、销售网络以及其他因素综合决定的。朗曼认为，理想的广告宣传活动应该是以最小的广告投入取得最大的广告效果。当广告效果达到一定规模时，广告投入就是一种资源的浪费。

5.2.2 广告费的内容

广告费一般是指开展广告活动所需的广告调研费、广告设计费、广告制作费、广告媒体费、广告机构办公费与人员工资等项目。有的企业把公共关系与其他促销活动费也记入广告费之内是不合理的。如馈赠销售的馈赠品开支，有奖销售的奖品或奖金开支，推销员的名片、公司内部刊物等的开支费用，均不应列入广告费。美国《Printer's Ink》杂志，将广告费分为白、灰、黑三色，白色单为可支出的广告费，灰色单为考虑是否支出的广告费，黑色单为不得支出的广告费，详见表5-2。

表5-2 广告费用分类表

分类		主要费用	
白色单	必须列入的广告预算项目	广告媒体	报纸、杂志、电视、电台、电影、户外、POP、宣传品、DM、幻灯、招贴、展示等
		制作费	美术、印刷、制版、照相、电台与电视设计、与广告有关的制作费
		管理费	广告部门薪金、广告部门事务费、顾问费、推销员费、房租费以及广告部门人员的工作旅费
		杂费	广告材料运费、邮费、橱窗展示安装费、其他
灰色单	选择列入的广告预算项目	样本费、示范费、客户访问费、宣传卡用纸费、赠品、办公室报刊费、研究调查费	
黑色单	不得列入的广告预算项目	社会慈善费、旅游费、赠品费、包装费、广告部门以外消耗品费、潜在顾客招待费、从业人员福利费等	

依据广告费的用途，可以划分为直接广告费与间接广告费、自营广告费与他营广告费、固定广告费与变动广告费。

（1）直接广告费与间接广告费。直接广告费是指直接用于广告的设计制作费用、广告媒体费用；间接广告费是指企业广告部门的行政费用。应当尽量缩减间接广告费，使同样数目的广告预算能用在直接广告费用上。

（2）自营广告费与他营广告费。自营广告费是指广告主本身所用的广告费，包括本企业的直接与间接广告费；他营广告费是指广告主委托其他广告专业部门代理广告活动的一切费用。一般来说，他营广告比自营广告更为节约，效果更好。

（3）固定广告费与变动广告费。固定广告费是指自营广告的组织人员费及其他管理费，这些费用开支在一定时期内是相对固定的；变动广告费是因广告实施量的大小而起变化的费用，如受数量、距离、面积、时间等各种因素影响而变化的费用。变动广告费又因广告媒体的不同，可分为比例变动广告费、递增变动广告费、递减变动广告费。比例广告费是随广告实施量大小全部呈比例变化的；递增广告费是随同广告实施量的增加而递增的；递减广告费则相反，广告费用随广告实施量的增加而递减。

5.2.3 广告预算的编制程序

广告预算由一系列预测、规划、计算、协调等工作组成。广告预算的基本程序大体如下。

（1）确定广告投资的额度。通过分析企业的整体营销计划和企业的产品市场环境，提出广告投资的计算方法的理由，以书面报告的形式上报主管人员，由主管人员进行决策。

（2）分析上一年度的销售额。广告预算一般一年进行一次。在对下一年度的广告活动进行预算时，应该先对上一年的销售额进行分析，了解上一年度的实际销售额、销售额是否符合上一年度的预测销售单位和预测销售额。由此分析，可以预测下一年度的实际销售情况，以便合理安排广告费用。

（3）分析广告产品的销售周期。大部分产品在一年的销售中，都会呈现出一定的周期变化，即在某月上升，某月下降，某月维持不变等。通过对销售周期的分析，可以为广告总预算提供依据，以确定不同生命周期的广告预算分配。

（4）编制广告预算的时间分配表。根据前三项工作得出的结论，确定年度内广告经费总的分配方法，按季度、月份将广告费用的固定开支予以分配。

（5）对广告的进行分类预算。在广告总预算的指导下，根据企业的实际情况，再将由时间分配上大致确定的广告费用分配到不同的产品、不同的地区、不同的媒体上。这是广告预算的具体展开环节。

（6）制定控制与评价标准。在完成上述广告费用的分配后，应立刻确定各项广告开支所要达到的效果，以及对每个时期每一项广告开支的记录方法。通过这些标准的制定，再结合广告效果评价工作，就可以对广告费用开支进行控制和评价了。

（7）确定机动经费的投入条件、时机、效果的评价方法。广告预算中除去绝大部分的固定开支外，还需要对一定比例的变动开支做出预算，如在什么情况下方可投入变动开支，变动开支如何与固定开支协调，怎样评价变动开支带来的效果等。

5.2.4 影响广告预算的主要因素

编制广告预算时，除了确定广告费用的范围外，还必须了解有哪些主要因素影响广告预算。一般说来，影响广告预算编制的主要因素有产品的生命周期、行业市场的竞争状况、产品品牌的市场基础（或市场占有率）、广告频次等。

1. 产品的生命周期

产品生命周期是指产品从上市到衰退的整个过程。大多数产品在市场上都要经过引入期、成长期、成熟期和衰退期四个阶段。产品的生命周期是由市场需求的变化趋势所决定的。在产品生命周期的不同阶段，企业经营者应采取不同的经营策略，以取得最佳的收益。

（1）引入期。引入期是产品进入市场的第一个阶段。在这一阶段，目标市场上的消费者还不了解产品的功能，产品的品牌还没有给大家留下任何印象。产品的销售量增长缓慢，由于前期投入较大（例如，产品的研制费用、开发费用、材料成本以及销售网络的建设费用等），企业基本上是无利经营，市场上还没有出现竞争对手。

企业经营者为了提高产品品牌的知名度，树立品牌形象，必须投入大量的广告费用，充分利用各种媒体进行广告宣传，以增加产品的暴露度。只有当产品的暴露度达到一定程度，媒体受众才能对产品产生初步的印象。引入期的广告宣传是一种典型的信息型广告。它主要是针对产品的基本情况向目标市场“广而告之”，如将产品的价格、功能、品牌、产地、售后承诺等情况告诉媒体受众。

（2）成长期。在这一阶段，产品在目标市场上已有一定的知名度，一些消费者对产品已建立了初步的品牌认知。产品的销售网络已基本建成，销售利润逐步增加，市场上出现了竞争对手，一部分顾客由于产品的质量而成了企业的回头客，他们已形成了一定的品牌忠诚感。

企业在这一阶段的广告宣传，已由信息型转向个性诉求型。广告规模较引入期有所缩小，广告内容侧重于突出产品的特征，增加了广告的艺术含量，以求通过良好的视听形式来促使媒体受众产生固定的品牌联想。

（3）成熟期。在这一阶段，市场上观望类消费者也已购买了产品，企业的利润达到最大化。由于利润的诱惑，市场上涌现出大量替代产品或类似产品，竞争达到白热化的程度。由于竞争的加剧，企业的广告费用又开始增加，企业利用多种媒体进行广告宣传，以突出“人无我有，人有我新，人新我全，人全我精”的特征。

在这一阶段，企业进行广告宣传的目的，一是维持市场份额。通过各种形式的促销活动诱使媒体受众购买本品牌产品；二是扩大产品的市场占有率。主要通过两种方法：一是开发产品的新用途。例如，杜邦公司的尼龙每一新用途的出现，都为公司开拓了一个新市场。二是增加产品的使用量。消费者使用产品的次数增加了，产品的销售量也就扩大了。同样，每次使用产品的数量增加了，也会扩大产品的销售规模。

（4）衰退期。这一阶段的特征是产品销售额大幅度呈下降趋势，企业利润大幅度减少。许多竞争对手纷纷转产，即使增加产品的广告投入，市场也不会得到明显改善。如果企业的产品线比较单一，那么企业将会处于困境。

针对以上情况，企业应该开发新产品，或者进行品牌延伸，将成功的品牌引用到新产品上。它可以将媒体受众对原有品牌的认知自然过渡到新产品上，从而为新产品打开市场奠定基础。可口可乐就是利用这种策略，成功地开发了健怡可口可乐、樱桃可口可乐等新产品，确保了企业的市场地位。

在衰退期，企业如果进行广告宣传，其规模也一定非常小，属于提醒性广告。企业只是提醒媒体受众注意该产品的存在，某品牌产品依然是消费者忠实的朋友。提醒性广告主要突出产品的品牌，以唤起媒体受众对产品的回忆，同时也使对本品牌产品持有忠诚感的顾客感到欣慰。

产品生命周期与广告费支出的关系可用图5－5表示。

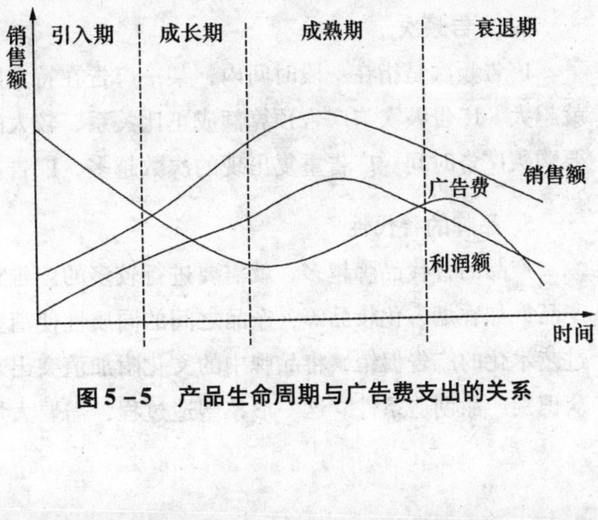

图5－5 产品生命周期与广告费支出的关系

2. 市场竞争状况

市场竞争状况也是影响广告费用开支的一个主要因素。同类产品竞争者的数量与实力也影响企业的广告预算。如果竞争对手进行大规模的广告宣传，本企业必然要扩大广告宣传的规模，广告预算也随之增加。否则，本企业的广告活动就收效甚微，达不到预期的目标。

目标市场上的“广告拥挤度”的大小也影响企业的广告预算规模。广告拥挤度是指单位时间内，某一特定媒体刊播的广告数量。如果广告拥挤度非常大，较小的广告预算无法与竞争企业抗衡。只有企业的广告是众多广告中最响亮的一支的情况下，才有可能引起媒体受众的注意，诱使他们产生购买欲望。比如在一间有30多位同学和1位老师的教室里，每一个人都向老师诉说，在这种吵闹的无秩序的环境里，作为学生的你如果想让老师听清你的话，你的声音只有比其他人的响亮，才能达到你的目的。而“响亮的声音”需要花费更多精力。这个道理在“广告爆炸”的年代里，同样适用。

3. 品牌的市场地位

产品品牌的市场地位也影响企业的广告预算。一般而言，保持现有的市场占有率的广告费用，远远低于扩大市场占有率的广告费用。如果品牌属于领导型品牌，由于它有成熟的销售网络，有较高的品牌知名度和美誉度，老顾客对产品品牌的忠诚是领导型产品独具的一份经营优势，其广告宣传活动的目的只是为了维持老顾客的重复购买，这就决定企业没有必要进行大规模的广告推广。

如果品牌处于挑战型的市场地位，不太高的知名度与不太成熟的销售网络都迫使企业进行大规模的广告宣传，以提高目标市场上媒体受众对产品品牌的认同意识。据研究，如果维持一名老顾客需要花费1元钱，那么吸引一名新顾客则需要花费6元钱。对挑战型品牌的经营者来说，进行广告宣传是企业将挑战型品牌发展成为领导型品牌的主要手段之一。在这一发展过程中，较大规模的广告预算是不可避免的。

4. 广告频次

广告频次是指在一段时间内，某一广告在特定媒体上出现的次数。次数越多，其广告支出也就越大。广告频次与广告预算额成正比关系，较大的广告频次需要较多的广告费用，因为广告需要购买广告时间。广告重复出现的次数越多，广告占用的时间也就越多，就需要花费较多费用。

5. 品牌的替代性

产品的替代品牌越多，就需要进行较多的广告宣传来突出产品的个性，树立品牌形象。有些产品，如香烟、化妆品等，产品之间的同质性使消费者很难将它们区分开来，广告策划者必须通过艺术化的广告促销，将品牌中的文化附加值突出来，使该品牌显得与其他品牌不同，为媒体受众识别产品创造条件。这一形象塑造过程，需要大量的广告投入，否则，产品品牌的个性不足以成为媒体受众辨别不同品牌产品的标志。

5.2.5　广告预算的编制方法

编制广告预算不仅要分析影响因素，按一定步骤操作，还必须采取正确的方法，以保证广告预算编制的科学性。目前，常用的编制广告预算的方法主要有以下几种。

1. 销售额百分比法

它是广告主以一定时期内产品销售额的一定比例，匡算出广告费用总额的一种方法。这种方法是最常用的一种广告预算编制方法，根据形式、内容的不同，又可将它分为两种。

（1）上年销售额百分比法。根据企业上一年度产品的销售额情况来确定本年度广告费用的一种方法。这种方法的优点是确定的基准实际、客观，广告预算的总额与分配情况都有据可依，不会出现大的失误。

广告策划者在运用这种方法时，可以根据广告主近几年的销售趋势，按一定比例来调整下一年度的广告预算，以适应企业发展的需要。

（2）下年销售额百分比法。该法与上年销售额百分比法基本相同，都是根据产品销售的情况按一定比例来提取广告费用总额。它们的区别在于下年销售额百分比法有一定的预测性，经营者在预测下一年度销售额情况的基础上来确定企业的广告费用。它以上一年度产品销售情况为基础，按照发展趋势预测出下年度的销售额，再以一定比例计算出广告费用总额。

这种方法适合企业的发展要求，但也有一定的风险。在市场上，有许多因素都是未知的，这些因素对企业经营活动的影响有可能是突发性的。预测本质上是对事物发展趋势的一种合理推断，而突发性因素常常具有破坏性，它们改变事物的发展规律，使市场处于无序状态。例如，当经济不景气时，再多的广告宣传也无法阻止产品销售额下降的趋势，在这种情况下，执行预测计划就是一种“非理性”经营行为。

2. 销售单位法

销售单位法是以每单位产品的广告费用来确定计划期的广告预算的一种方法。这种方法以产品销售数量为基数来计算，操作起来非常简便，适用于那些薄利产品确定广告费用。通过这种方法也可以随时掌握企业广告活动的效果。它的计算公式为：

$$\text{广告费用总额}=\frac{\text{上年度广告费用}}{\text{上年度产品销售数量}}\times\text{本年度计划产品销售量}$$

$$\text{或}=\text{单位产品分摊的广告费用}\times\text{本年度计划产品销售量}$$

销售单位法对于经营产品比较单一，或者专业化程度比较高的企业来说，非常简便易行。相反，对于经营多种产品的企业，这种方法比较繁琐，不实用，并且灵活性较差，没有考虑市场上的变化因素。

3. 目标任务法

目标任务法是指根据广告主的营销目标，确定企业的广告目标，根据广告目标编制广告计划，再根据广告计划具体确定广告主的广告费用总额。它的操作过程如图 5－6 所示。

企业的营销目标 → 企业广告目标 → 编制广告计划 → 确定广告费用总额

图 5－6 目标任务法的操作过程

美国市场营销专家阿尔伯特·费雷（Albert Fery）将目标任务法的操作程序归纳为 7 个步骤，具体情况如下。

（1）确定广告主在特定时间内所要达到的营销目标。

（2）确定企业的潜在市场并勾画出市场的基本特征，包括：值得企业去争取的消费者对广告产品的知晓程度，以及他们对产品所持有的态度；现有消费者购买产品的情况。

（3）计算潜在消费者对广告产品的知晓程度和态度变化情况，以及广告产品销售增长状况。

（4）选择恰当形式的广告媒体，以提高产品的知名度，改变消费者对产品所持有的不利于产品销售的态度。

（5）确定广告暴露频次，制定恰当的广告媒体策略。

（6）计算为达到既定广告目标所需的广告暴露频次。

（7）计算实现上述暴露频次所需的最低的广告费用，这一费用就是广告主的广告预算总额。

目标任务法是在调查研究的基础上，确定广告主的广告预算总额，它的科学性较强，但比较繁琐，在计算过程中，如果有一步计算不准确，最后得出的广告预算总额就会有较大的偏差。

4. 竞争对比法

竞争对比法是指广告主根据竞争对手的广告费开支来确定自己的广告预算的一种方法。在市场经济下，企业面临的是开放的信息系统，企业必须与竞争对手开展竞争，以赢得竞争优势。企业开展广告宣传在一定意义上为了赢得一定的市场占有率，因此企业在编制广告预算时，必须要考虑竞争对手的广告规模。

运用竞争对比法的关键是要了解主要竞争对手的市场地位与广告费用额，计算出竞争对手每个市场占有率的广告投入，再依此来确定企业的广告预算。如果企业想保持与竞争对手相同的市场地位，则可以根据竞争对手的广告费率来确定自己的广告规模；如果企业想扩大市场地位，则可根据比竞争对手高的广告费率来匡算自己的广告费用总额。这种方法的计算公式为：

$$\text{广告费用总额}=\frac{\text{主要竞争对手的广告费用额}}{\text{主要竞争对手的市场占有率}}\times\text{本企业的市场占有率}$$

$$\text{或}=\frac{\text{主要竞争对手的广告费用额}}{\text{主要竞争对手的市场占有率}}\times\text{本企业预期的市场占有率}$$

这种方法最大的优点是编制的广告预算具有针对性，适合市场竞争的需要，有利于企业在竞争中赢得主动权。最大的缺点是竞争对手的广告预算的具体资料不容易取得。广告预算总额属于企业的经营秘密，大多数企业都不愿将它公布于众，这就给本企业编制广告预算造成了困难。更有甚者，有些企业会故意散布一些假情报，诱使竞争企业进行错误的决策。

5. 量力而行法

量力而行法是指企业根据自己的经济实力，即财务承受能力来确定广告费用总额。这种方法也称为“量体裁衣法”，许多中小型企业都采用这种方法。

“量力而行”是指企业将所有不可避免的投资和开支除去之后，再根据剩余来确定了广告费用总额。以下例子就可以充分说明量力而行法的具体运用。某企业在N年的经营情况见表5-3。

表5-3　　某企业N年的经营状况损益表

项　目	金额（元）	项　目	金额（元）
销售总额	2 000 000	销售费用（管理费用）	400 000
销售成本	1 200 000	广告费用	200 000
销售毛利	800 000	纯利润	200 000

假如该企业（$N+1$）年的销售额预测为2 500 000元，并且企业的销售成本按比例同步增加，那么（$N+1$）年的销售成本为：

$$2\ 000\ 000/1200\ 000=2\ 500\ 000/X$$

$$X=1\ 500\ 000\text{（元）}$$

6. 通信订货法

通信订货法是广告主在以邮购广告形式进行广告宣传时常用的一种编制广告预算的方法。这种方法主要根据某一邮购广告所带来的订货数量来测算广告费用。它的计算公式如下：

$$\text{单位产品的广告费}=\frac{\text{产品目录印刷费邮购}+\text{产品印刷费}+\text{信件邮寄费}}{\text{已销售产品的数量}}$$

根据单位产品的广告费用，就可以得出销售一定数量的商品需要支付多少广告费用。这种方法的优点是广告费用与广告活动的效果直接联系起来，既有利于确保广告预算的动态平衡，同时也有利于对广告活动进行监控。缺点是计算不够准确。邮寄广告的反馈需要一段时间，这就为计算邮寄广告的效果带来了一定的困难。

7. 武断法（arbitrary method）

武断法是指企业决策者根据经验或其他方面的知识来确定广告费用总额的一种方法。运用这种方法编制广告预算时，不考虑广告活动所要达到的目标，而是完全根据决策者的判断力来确定企业的广告规模。

武断法是一种非科学的决策方法，它常被用于一些中小型企业。在这些企业里，独断式的经营管理代替了科学的经营决策。这种方法具有较大的冒险性，广告投入与广告效果不成因果关系。

5.2.6 广告预算的分配

企业在确定了广告费用总额之后，就要按照广告计划的具体安排将广告费用分摊到各个广告活动项目上，使广告策划工作有序地展开，以实现扩大产品品牌的知名度、提高品牌资产、树立企业形象、增加商品销售的目的。

广告策划者在分配企业的广告费用时，可以按时间、地理区域、商品或广告媒体分配。

1. 按时间分配

按时间分配是指广告策划者根据广告刊播的不同时段，来具体分配广告费用。根据时间来分配广告费用是为了取得理想的广告效果，因为在不同时间里，媒体受众的人数以及生活习惯是不同的。广告费用的时间分配策略包含两层含义。

（1）广告费用的季节性分配。在不同的季节里，由于市场需求情况的变化，要求广告活动的规模有所侧重。以店面广告为例，在我国每年的10月到次年的2月是零售业的销售旺季，这时的店面广告可以营造一种节日的气氛，调动媒体受众的购买欲望，其广告效果非常好，一份广告投入可能取得数倍的广告收益，这一段时间内广告策划者应该扩大店面广告的规模，提高店面广告的艺术品味，要多投入；6～8月份是销售淡季，再多的广告投入也难以改变商品销售不旺的规律，这一段时间内，广告策划者应理智地缩小广告规模，否则就是一种非理性的经营行为。

（2）广告费用在一天内的时段性安排。在一天的时间内，大多数消费者都表现出一个明显的生活规律：白天工作，晚上休息。广告策划者在选用电视媒体进行广告宣传时，应该侧重于18：00～23：00这一时段，因为大多数媒体受众在入睡以前，常常对电视流连忘返，这一时段的电视广告具有较高的注目率，因此广告主的广告费用安排也应侧重于这一时段。

2. 按地理区域分配

地理分配策略是指广告策划者根据消费者的某一特征，将目标市场分割成若干个地理区域，然后再将广告费用在各个区域市场上进行分配。广告策划者可以根据不同区域市场上的销售额指标，来制定有效的视听众暴露度，最终确定所要投入的广告费用额。假如N企业在全国销售M品牌产品，根据产品销售情况可以将全国市场划分为A、B、C三个区域市场，N企业计划投入电视广告费为1750万元，其根据区域市场分配如表5－4所示。

表5－4　N企业电视广告费用的区域分配情况

市场名称	占销售总额的比例（%）	视听众暴露度（1000次）	每千人成本（元）	广告费用（万元）	费用比例（%）
A区域	50	32 000	250	800	45.7
B区域	30	28 000	250	700	40
C区域	20	10 000	250	250	14.3
总　计	100	70 000	7500	1750	100

可见，N企业根据产品在不同区域市场上的销售比例，制定了有效的视听众暴露次数标准，再据此分配不同数额的广告费用。A市场的产品销售份额为50%，其广告投入为800万元，占总投入的45.7%；在B市场上，M品牌产品的销售份额为30%，计划投入广告费用为700万元，占广告预算总额的40%；C市场上M品牌产品的销售占总销售额的比例最小，所以计划只投入250万元的资金进行广告宣传。

按地理区域分配看起来简便易行，但操作起来很难兼顾各个市场的实际情况，通常的做法是：广告主将几个区域市场的广告费用拨付给某个选定的广告代理商，再由广告代理商根据各个市场的特点进行重新分配，以确保广告投资的效果。

3. 按产品（品牌）分配

按产品分配与按区域市场分配在本质上是相同的，它是指广告策划者根据不同产品在企业经营中的地位，有所侧重地分配广告费用。这种分配策略使产品的广告与销售额密切联系在一起，贯彻了重点产品投入的经营方针。分配广告费用的依据可以是产品的销售比例，如产品处在不同的生命周期的阶段，产品的潜在购买力等。

广告费的品牌分配法也属于产品分配法。广告策划者根据经营品牌的某些特征将广告费用进行具体分配。以美国宝洁公司为例，该公司的洗涤类产品有众多的品牌，其中一些成熟品牌广告投入可以相应少一点；而一些初创品牌，则需要大量的广告推广，以提高品牌的知名度，其广告费用就需要多一些。一般说来，当产品或品牌处于上市期时，需要较多的广告投入。当产品或品牌处于成熟期和衰退期时，其广告费用应该少一些。如果企业使用的是统一品牌策略，如海尔电器公司，它的所有产品都只有海尔（Haier）一个品牌，公司在编制广告预算时，就应该采取产品分配法。

4. 按媒体分配

按媒体分配是指根据目标市场的媒体习惯，将广告预算有所侧重地分配在不同媒体上的一种分配方法。在运用这种方法时，首先要考虑产品品牌的特性，其次要考虑目标市场的媒体习惯，使所选用的媒体能够充分展现广告产品的个性。

5.2.7 广告预算的管理

从某种意义上讲，广告预算实际上就是一个行动方案。而这个行动方案一旦得以制定、确定，那么各个环节均应照此办理。在企业中，每一个管理层次都应在广告预算的有效期限之内，严格按照广告预算的各个项目、数额负责具体实施。但是，由于各种不可预测性因素的制约，也许在将广告预算付诸实施进程中出现一些偏差。

为什么要允许出现一些偏差呢？主要是因为在将广告预算方案付诸实施的过程中，难免会遇到各种不可预测性问题而使原定广告计划有所更改。

例如，目标市场出现了一些始料不及的变化，如经济状况突然进入萧条期或繁荣期等不可预测性问题，都会迫使广告主调整原来所制定的广告计划，而广告计划的调整又不可避免地会对广告预算施以影响。因此，在各种不可预测性因素的影响制约下，就应允许在实施广告预算过程中出现一些偏差（这种偏差实际上也是对广告预算进行修正或调整），同时也要求在拟定广告预算时要留有一些伸缩性。

在正常情况下，各个环节应严格按照广告预算计划的内容开展工作，而且要经常性地对广告预算实施进行检查。有关部门在具体确定的时间段（无论是以周、月或其他形式出现的时间段）结束之后，都要将广告预算实施情况进行整理，并将各项实施情况与广告预算中各项具体要求加以对比。同广告预算的实施相类似，各个时间段的具体实施情况也允许出现一些差异。那么，多大的差异在允许范围之内呢？一般来说，差异幅度在5%之内即属正常，但这要视具体情况而定。

广告预算的职能作用在于起草计划与管理的宏观作用。为了使广告活动能取得预定的成效，广告预算就要充分发挥其应有的计划管理职能作用，许多广告主（特别是小企业）在拟定广告预算之后便以为完事大吉、放任自流，缺乏为保证广告预算顺利实施而进行的必要跟踪调查。实际上，这样的广告预算就没有能够发挥出其管理的职能作用。如此一来，对广告活动进行科学化管理就会成为一纸空谈。广告预算的管理作用，不仅仅是要在本广告预算有效期限内，对广告活动开展提供必要的资助和管理。如此循环往复的评估，广告主可以不断丰富经验并在此基础上日臻完善。但不管是什么样的广告预算，都必须充分发挥出其计划与管理职能的作用。

本章小结

广告目标就是广告主希望广告活动所能达到的预期目的。确定广告目标，是制定广告策划的第一步，不论是广告底稿拟制人员、版面设计人员、摄影人员，以及与媒体谈判人员、广告费用预算人员等，都应了解广告目标，并共同对此目标负责。

广告目标与促销目标都是为了扩大商品销售，但与促销目标相比，广告目标具有促销数额的不确定性、期间的不确定性以及效果的多元性等特点。

广告目标可以从市场营销策略、广告的目的和广告的信息处理过程这三个不同的角度进行划分，大致可以分为创牌广告目标、保牌广告目标、竞争广告目标、信息性广告目标、说服性广告目标和提醒性广告目标。

广告预算是企业和广告部门对广告所需费用的计划和匡算，是广告主进行广告宣传活动投入资金的使用计划。广告产品的生命周期、市场竞争状况、品牌的市场定位、广告频次和品牌的替代性等因素，影响着广告预算的编制。

编制广告预算的一般方法包括销售额百分法、销售单位法、目标任务法、竞争对比法、量力而行法、通信订货法和武断法等。企业决定了广告预算后，还要按广告的时间、地理区域、产品（品牌）、传播媒体，对广告费用进行合理分配，并且按照一定的要求加强对广告预算对控制和管理。

思考题

1. 什么是广告目标？广告目标有哪些特点？
2. 广告目标有哪些类型？
3. 确定广告目标时应注意哪些原则？
4. 什么是广告预算？广告费包括哪些内容？
5. 影响广告预算的因素有哪些？如何编制广告预算？

案例讨论

Lee牛仔品牌何以征服全球女性

"最贴身的牛仔"，是Lee's的经典广告文案。一个"贴"字，将Lee's与众不同的利益点表达得淋漓尽致。

在美国牛仔服装市场上，第一大品牌Levis的目标市场是男性消费者。问世百年以来，牛仔服也一直被公认为男人的服装。女性市场被大大忽略了。晚它近40年的Lee's牌牛仔能够迅速成长为第二品牌，制胜的法宝之一，就是正确的定位。Lee's抓住的是长久以来一直被忽略的一个市场——女性市场。对这一市场的主体——25～44岁的女性消费者的定性研究表明，牛仔是她们青春的见证，而"贴身"是她们最关心的利益。大多数女性都需要一件在腰部和臀部都很合身而且活动自如的牛仔服，她们平均要试穿16件牛仔裤才能找到一件称心如意的。于是，Lee's聪明地定位于此。在产品设计上一改传统的直线裁剪，突出女性的身材和线条，并专为这些女性开发出一种五兜夹克服，其代表产品是公司的"休闲骑士"牌（Relaxed Rider）。曲线的牛仔迎合了女性的审美心理，突出了女性的身材和线条，增加了女性的美感和魅力。这一创新可以说是服装业的一次革命，这一巧夺天工的产品创意为Lee's的成功奠定了基础。

为了打开女性市场，公司决定寻找一家新的广告公司，帮助设计最优秀的广告去宣传其产品，经过竞争性筛选，Lee's公司在1986年指定弗仑（Fallon）广告公司作为其广告代理商。

美国著名广告大师R·雷斯在20世纪50年代提出了一个具有广泛影响的USP广告创意策略理论，即独特的销售主张。弗仑广告公司为Lee's所做的广告就是建立在USP的理论基础上。

"最贴身的牛仔"（The Brand that Fits），就是其经典广告文案，寥寥几字却是一个独具匠心的力作。尤其是"贴"（Fit）字，将Lee的创意焦点淋漓尽致地表现了出来。在牛仔服市场上，其他厂商大多采用说服性广告，要么宣传自己的品牌"领导潮流"，要么说自己的产品"最漂亮"等等，辞藻华丽，内容空洞。而Lee's的广告抓住"贴身"这一诉求点，充分体现Lee's恰到好处的贴身和穿脱自如，表现了Lee's与众不同的利益所在。以"最贴身的牛仔"为主题，弗仑广告公司利用女性关心自己的体形和服装是否贴身等特点，制作了第一个电视广告片。在广告片中描述一些妇女们因穿不合适的牛仔服而很费力的情景，然后表现了Lee's牛仔恰到好处的贴身，穿脱自如。印刷媒体广告也宣传了这一主题。

问题讨论

1. Lee 牛仔品牌的广告目标是什么?

2. 根据市场营销策略来划分，Lee 牛仔品牌的广告目标属于哪种类型？其优点是什么?

资料来源：http：//www. lee. hk. cn/lee/post/65. html。

第 6 章

广告信息处理过程

本章导读

消费者接触广告时会在心理上引起各种不同的反应，对于同一则广告诉求，消费者或是接受认同，或是否认拒绝，也可能是毫无反应。对传递广告信息的广告主或广告代理公司来说，有必要详细地了解消费者究竟通过哪些心理过程来处理广告信息，以便在有限的资源投入下获得最大的广告收益。

开篇案例

王先生与街头小广告

王先生每天在上班途中会看到许多电线杆广告，“祖传秘方”、“TOFEL 冲刺”、“房屋招租”等琳琅满目。尽管“爱委会”（爱国卫生委员会）三令五申，但仍然是长江后浪推前浪。在这些广告中，尤其是搬家、房屋出租和清洗厨房等家政服务广告最多。

王先生每天早上经过这些电线杆广告时，只是有意无意地扫上两眼，从没有特别留心这些广告。虽然如此，他还是对这些广告总有些隐隐约约、模模糊糊的印象。一天，王先生家的抽水马桶开始漏水，王先生突然想起电线杆上曾有修厕具的广告，就打电话给那家修理店，解决了抽水马桶的问题。

通过王先生的行为，我们不难发现，电线杆广告透过潜意识的媒介，引导他去寻找厕具修理店的服务，这就是潜意识的作用。

生活中，这样的例子不胜枚举。当我们随便翻开一本杂志，看见其中一个广告；打开电视机看见一个广告片段，我们在潜意识中已接受了广告的刺激，并留存一定的记忆。如果我们将来某一天有这种欲求时，潜意识就会支配我们的行动。

并非所有的广告刺激都能给人以明确的意识，把“根”深深地扎于潜意识中，“立竿见影”式的广告效果并不多见，厂家希望今天播广告，明天见效果的梦想是不现实的天方夜谭。

从广告对潜意识的影响来看，广告即使未见效益（短时间内），广告费没有浪费，植于消费者心里的“根”，总有一天会发芽、开花、结果。

资料来源：陶应虎主编，《广告理论与策划》，清华大学出版社 2007 年版，第 169 页。

6.1 广告信息处理过程概述

广告信息处理过程是消费者从接触广告以后开始处理广告信息的所有过程。接触广告的消费者首先注意广告这一刺激物，并通过自己的感觉器官来接受或解释其刺激，这一过程是知觉过程（Perception）。消费者在知觉广告信息的基础上，认知品牌（Cognition of brand，Cb），就是说，获得有关品牌的知识；或者通过情感反应产生对广告的态度（Attitude toward advertising，Aad）。通过这两个过程（对品牌的认知过程和对广告的态度过程）产生对品牌的态度（Attitude toward brand，Ab），如果对品牌的态度是友好的、肯定的，消费者就产生购买意向（PI，Purchase Intention），并在适当的时候购买（Purchase，P）其品牌。这一过程就是消费者的广告信息处理过程（见图6-1）。

例如，消费者在报纸上看到化妆品广告时，先经过"有关化妆品的广告"这样的知觉过程，然后以被知觉的广告信息为基础认知性地评价广告所传递的有关此化妆品的属性，得到有关化妆品的知识，并对该品牌化妆品产生好感等情感反应，通过这些情感反应形成对这幅广告的态度。

"广告→品牌的认知→态度的形成→购买行为"是广告信息处理的传统模型。根据此模型，消费者首先处理广告所提示的有关品牌属性方面的信息，然后产生对品牌的态度，而这一态度会引起购买行为。这是从认知的角度说明消费者信息处理过程的模型。认知是消费者获得有关品牌知识的过程，所以，这时的信息主要以理性来处理。

与这种传统模型不同的观点，就是从情感角度解释消费者的广告信息处理过程。情感信息处理过程是指消费者不经过认知过程，而经过对广告的情感迁移过程来形成对品牌的友好态度。这种观点就是针对传统的信息处理观点忽视消费者情绪或情感而提出来的。

后来，研究者又发现对广告的态度与对品牌的态度之间有正（+）的关系，这样理解消费者广告信息处理过程就有了新的体系。在广告态度影响品牌态度的观点的基础上，有些研究者进一步提出，广告态度能强化品牌信息的认知反应，从而间接影响品牌态度的二重中介假设（Dual Mediation Hypothesis）。

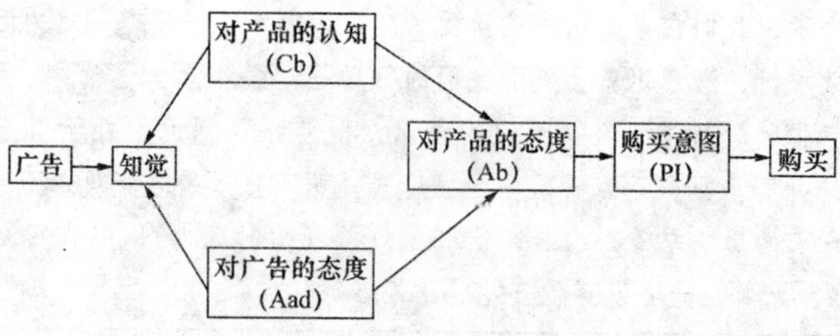

图6-1 广告信息处理模型

现在，我们利用这一假设以化妆品广告为例说明一下。如果这则化妆品广告使用外国女性模特并且消费者对广告中的外国模特产生好感，通过这些情感反应，广告受众对广告的肯定态度（Aad）会发展为对品牌的肯定的态度（Ab）。这些广告态度（Aad）促使消费者接受广告中的主张或有关产品属性，从而使消费者肯定地认知该品牌化妆品的属性（Cb），这又间接影响对品牌的态度（Ab）。

总之，消费者在广告信息处理过程中，通过认知过程和情感迁移这两个处理途径来产生对品牌的态度。这一观点有很多理论支持。Petty 和 Cacioppo 的精细处理可能性模型（Elaboration Likelihood Model，ELM），Krugman 的低介入模型（Low Involvement Model），Chaiken 的系统处理（Systematic Processing）和启发式处理（Heuristic Processing）理论都为广告信息处理模型提供了理论依据。

6.2　信息处理过程的理论模型

纵观20世纪60年代至今50多年来关于广告信息处理的研究，大致可分为三个阶段。每个阶段研究者所倡导的理论模式的侧重点都有所不同。

第一阶段，1960～1970年，关于广告信息处理的各种理论均强调情感迁移以及其他非认知因素的作用，而忽视了消费者的信息处理对他们接受广告信息的作用。所以，这一阶段的理论模式称为低认知卷入理论模式。

第二阶段，即1970～1980年。在这期间，由于认知心理学的迅速发展及其对其他领域的冲击，研究者们非常重视信息处理或认知卷入对消费者接受广告信息的影响，有些研究者甚至直接将认知心理学理论引入广告说服领域。而与此同时，又忽视了非认知性因素。因此，这一阶段的理论模式称为高卷入理论模式。

第三阶段，即20世纪70年代末和80年代初以来，有些广告理论家、心理学家开始认识到，单纯地强调非认知因素的作用，或单纯地强调信息处理、认知卷入的影响都不能有效而全面地解释各种广告现象。因此，他们综合前人的研究（先行研究），提出了较为全面的精细处理可能性模式。下面我们将对这些理论模式加以介绍和分析。

6.2.1　卷入理论

1. 卷入的概念

为什么消费者购买房子、汽车等产品的时候相当投入，但购买泡泡糖、圆珠笔等产品的时候就不太注意？消费者购买同样的产品时，为什么有时（如为送礼购买）对品牌相当重视，但有时（如为自己购买）不太注意品牌的选择？为什么有些消费者积极搜寻有关产品信息，但有些消费者不太积极搜寻信息？这些问题都与消费者的“卷入程度”有关。

卷入（involvement）是消费者行为学和社会心理学的一个很重要的概念。Antil（1984）① 指出，卷入是指在特定状况下由某刺激引发的、被认知的关联性以及个人的重要性程度。例如，有一位消费者需要选购网球杆，网球杆是其平时喜欢或关心（认知的关联性）的产品，并且认为对像他这样的职业网球运动员来说，网球杆是非常重要的（个人的重要性）。那么，对这个消费者来说网球杆是高卷入产品。

另外，Celsi 和 Olson（1988）② 也指出，卷入的根本特点在于知觉个人关联性（perceived personal relevance）。他们认为，对某产品的个人关联性就是个人的欲望、目标、价值等与个人所具有的产品知识之间形成的知觉的结合（linkage）。

这些卷入是中介消费者行为的内部状态变量，具有强度和方向。

2. 个人的关联性与重要性

个人的关联性/重要性是在特定的状况下反映消费者精神状态的内部变量。也就是说，卷入对象符合消费者自我、自身价值标准或目的的程度。例如，消费者把奥迪牌高级轿车理解为成功企业家的象征物或实现自己的重要的价值标准即社会地位的手段，那么这些消费者对奥迪牌轿车的卷入程度就相当高。

经研究发现，个人重要性/关联性由以下四个方面来表现：

（1）自我表现的重要性，即帮助自我表现的程度。

（2）快乐的重要性，即喜欢、兴奋、魅力的程度。

（3）实用的关联性，即对实际利益的需要程度。

（4）购买不安，即对选择的不确定性。

消费者卷入又与动机密切相关。消费者卷入根据动机的特性又可以分为认知性的卷入和情感性的卷入。认知性（cognitive）卷入是由个人关联性的利益动机引发的。而情感性（affective）卷入是由价值表现动机（或自我形象的表现）引发的。例如，对为获得有关品牌的信息而看电视广告的消费者来说形成认知性的卷入，对那些以浓厚的兴趣来看电视广告的消费者来说形成情感性卷入。

3. 卷入的强度

消费者卷入的强度是指在特定状况下由刺激引起的心理能量的程度。卷入的强度一般有高卷入和低卷入之分。

---

① Antil, John "Conceptualization and Operalionalization of Involvement," In Thomas Kinnear, ed., Advances In *Consumer Research* II, Provo, UT: Association for Consumer Research, 1984, 204.

② Celsi, Richard L., and Jerry C. Olson, "The Role of Involvement in Attention and Comprehension Processes," *Journal of Consumer Research*, Vol. 15 (September), 1988.

在这方面，Vaughn（1980，1986）和 Berger（1981）① 根据卷入理论和头脑专门化理论提出了有名的 FCB 矩阵。在消费者行为理论中的卷入是指在特定状况下由某刺激引发的、被知觉的个人的重要性或关心程度，或者个人对信息的关联（relevance）程度或注意（attention）程度。而根据头脑专门化理论，左脑具有分析、语言、思考的功能，右脑具有直观、综合、感性的功能。FCB 矩阵从高卷入/低卷入、思考/情感两方面分类产品，并按产品类型的特点提出了消费者购买决策模型和相应的广告战略（见表 6－1）。

表 6－1　　FCB 矩阵

	思　考	情　感
高卷入	第一空间 信息性 产品：汽车、家具、住房 模型：学习→感觉→购买	第二空间 情感性 产品：化妆品、时装、宝石 模型：感觉→学习→购买
低卷入	第三空间 习惯性 产品：食品、日用品 模型：购买→学习→感觉	第四空间 自我满足 产品：香烟、饮料、酒 模型：购买→感觉→学习

第一空间是高卷入/思考领域。属于这一领域的产品主要有汽车、家具、住房、保险等。由于这类产品价格贵，购买风险大，消费者购买时一般做出理性判断，所以做广告时需要强调产品的信息。其购买决策模型为“学习→感觉→购买”。

第二空间是高卷入/情感领域。属于这一领域的产品主要有化妆品、时装、宝石、摩托车等。虽然这类产品价格较贵，也有购买风险，但消费者购买时其情感起很大的作用。所以做广告时需要强调形象、情感。其购买决策模型为“感觉→学习→购买”。

第三空间是低卷入/思考领域。属于这一领域的产品主要有食品、日用品、洗涤剂、妇女用品等。这类产品价格较低，购买风险不大，消费者购买时一般根据自已的习惯去购买，所以做广告时强调产品的差别，从而形成消费者对产品的偏好。其购买决策模型为“购买→学习→感觉”。

第四空间是低卷入/感情领域。属于这一领域的产品主要有香烟、饮料、各种酒类、糖等产品。这类产品价格也较低，购买风险不大，但消费者购买时根据自已的趣味和爱好、特性去购买或受某些刺激、冲动时购买。所以做广告时强调满足个人特性。其购买决策模型为“购买→感觉→学习”。

---

① Vaughn, Richard, “How Advertising Works: A Planning Model”, *Journal of Advertising Research*, Vol. 20, No. 5 (October), 1980, pp. 27－33., “How Advertising Works: A Planning Model Revisited”, *Journal of Advertising Research*, Vol. 26, 1986, 57～66.

4. 卷入的方向

消费者卷入的方向是指心理能量所指向的卷入刺激（满足欲望的产品或活动）。消费者与卷入刺激（如产品、品牌、购物处、广告等）、情境以及与自己相关的活动或行为之间产生卷入关系。这些卷入关系可由卷入程度来表现。对产品的卷入程度可分为对产品类的卷入程度和对具体品牌的卷入程度。例如，有些人卷入于汽车，所以掌握有关汽车方面的知识，谈话时也多谈有关汽车方面的内容；但有些人卷入于奥迪、桑塔纳等具体的汽车品牌上，只主张这些品牌。Cushing等（1985）利用对产品的卷入程度和对品牌的卷入（commitment）程度，提出了四种购买方式（见表6－2）。

表6－2　　卷入方向与购买方式

<table>
<tr><th colspan="2" rowspan="2">卷入程度</th><th colspan="2">对产品类</th></tr>
<tr><th>高 卷 入</th><th>低 卷 入</th></tr>
<tr><td rowspan="2">对
品
牌</td><td>高卷入</td><td>品牌忠诚型
●注意品牌
●追求最佳
●有喜欢的品牌
●不使用其他品牌</td><td>日常品牌购买型
●不太注意产品类
●不追求最佳
●有喜欢的品牌
●不使用其他品牌</td></tr>
<tr><td>低卷入</td><td>信息型
●注意产品类
●追求最佳
●使用多种品牌
●搜寻信息</td><td>品牌转换型
●不注意产品类/品牌
●不追求最佳
●使用多种品牌
●对价格敏感</td></tr>
</table>

资料来源：Cushing，Peter，Melody Douglas-Tate & Lel Burnett，U. S. A.，“The Effect of People/Product Relationshinps on Advertising Processing，” in Linda F. Alwitt & Andrew A. Mitchell，ed.，*Psychological Processing and Advertisng Effects.* Lawrence Erlbaum，Hillsdale，New Jersey，1985，241～259.

5. 消费者卷入模型

从消费者自我与产品之间知觉的联结关系来看，消费者卷入模型如下（见图6－2）。

（1）主观性的卷入（felt involvement）。消费者在主观上知觉的对卷入刺激的整个个人关联性。主观性卷入包括认知提醒和情感提醒。

（2）持续的关联性和情境的关联性。

持续的关联性（enduring relevance）：以消费者自我与产品之间联结关系为基础的、长期而一般的被知觉的关心，也叫内在卷入。如音乐爱好者对音像设备特别感兴趣或表示极大的关心。

情境的关联性（situational relevance）：为达到购买或使用上派生出来的次要目的而形成的、以欲望为基础的、一时性的关心，也叫一时性的卷入。例如，泡泡糖对大部分消费者来说并不是

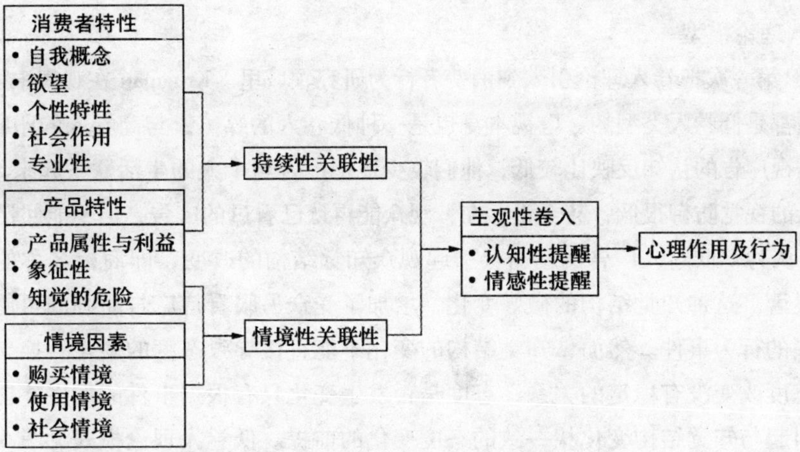

图 6－2　消费者卷入的一般模型

重要的产品，但吃晚饭以后为消除口味就关心泡泡糖。又如，平时对电脑并不关心的学生家长，在给自己的孩子买电脑时，就关心电脑了。

（3）决定因素。影响消费者主观性卷入的持续关联性和情境关联性是由消费者特性、产品特性以及情境特性等因素决定的。

①消费者特性。每个人对产品的关心程度都是不同的。影响产品关联性的个人特性主要有自我观念、个性、欲望、个人对社会起作用的程度、专业性。

②产品特性。消费者非常关心（卷入）满足持续性需求的产品，并且消费者对带来快乐、愉快感的产品也表示关心。产品的快乐价值与消费者主观上的象征性是密切相关的。消费者在产品的知觉危险（perceived risk）高的时候也对产品表示关心。知觉危险是消费者在购买或使用产品的过程中所感觉到的对不确定结果的不安。知觉危险有以下几种：

- 财务危险（financial risk），怕在资金上受损失的不安心理。
- 性能危险（performance risk），对产品的性能的忧虑。
- 身体危险（physical risk），对像药品等产品的副作用的不安心理。
- 心理危险（phychological risk），对影响和损坏自我形象的忧虑。
- 社会危险（social risk），对不适合参照群体标准的忧虑。消费者购买或使用可视性产品（如汽车）、带有社会魅力的产品（如化妆品、装饰品等）的时候也会感到社会危险感。

③情境因素。购买情境、使用情境、社会环境等情境因素直接影响消费者对产品的关联性，特别是消费者对情境的关联性。搜寻信息的时间、单独购物还是和其他人一起购物等购买情境、自己使用还是送礼等使用情境，个人使用还是共同使用等社会环境，这些因素都是情境关联性的主要决定因素。

6. 低卷入理论模型

Krugman[1] 第一次把卷入理论引入到消费者行为研究领域里。Krugman 在观察中发现，大多数电视广告的产品都是低卷入类型的。电视本身也是一种低卷入的媒体，与高卷入的印刷媒体广告相比较，受众对电视广告的认知反映比较低，他们较少地把广告与个人的生活联系起来。在极端低卷入的情况下，人的视觉防御很低，甚至不存在，观众能再认已看过的广告，但不能回忆其内容。

Krugman 认为，低卷入广告的暴露会引起观众知觉结构的改变，即商标名称的优势增加或产品特征愈加显著。这种知觉结构的微妙变化，增加了受众另眼看待广告品牌的可能性，并能触发诸如品牌购买的行为事件。然而，知觉结构的变化不能直接导致态度的变化。换句话说，知觉结构的变化与态度改变没有稳定的关系，态度是否发生变化只有根据事件的发生才能确定。购买行为的发生是引起与知觉结构变化相一致的态度变化的前提。低卷入理论模式见图 6-3。

低卷入广告 → 知觉结构变化 → 购买行为 → 态度改变

图 6-3 低卷入理论模式

由上述可以看出，低卷入模式把购买行为看做是广告影响消费者对品牌的态度的必不可少的因素。很显然，这就把经验的作用扩大化了。不过它也有一定的道理。比如，南方人喜欢吃大米，北方人喜欢吃面食。无论你怎么说面食如何更有利于身体健康，但要改变南方人吃大米的习惯是很困难的。但是当南方人到了北方，不得不吃面食一段时间以后，他或她对面食就会逐渐产生好感。这也就是行为对态度的影响。

这一理论说明，在广告活动中，配合一些促销活动如赠送样品、免费品尝、产品试用，让消费者先产生行为变化，会大大地促进广告的宣传效果。

6.2.2 精细处理可能性模型

20 世纪 70 年代末和 80 年代初，社会心理学家 Petty、Cacioppo 和 Schumann（1983）[2] 在对广告的信息处理进行研究的基础上提出精细处理可能性模型（Elaboration Likelihood Model，ELM）。根据精细处理可能性模型来看，消费者信息处理由两条线路进行，一是中枢线路，一是边缘线路（见图 6-4）。

（1）中枢线路（central route）。通过中枢线路处理信息时，消费者首先具备处理信息的动机和能力。消费者是否具备处理信息的动机，一方面取决于消费者本身，即消费者是否为潜在的产品用户，是否正在做购买决策，是否对产品感兴趣，是否想了解产品信息。另一方面取决于信息是否与

---

① Krugman, Herbert E., "The Impact of Television Advertising: Learning Without Involvement," *Public Opinion Quarterly*, Vol. 29 (Fall), 1965

② Petty, Richard E., John T. Cacioppo and David Schumann, "Central and Peripheral Routes to Advertising Effectiveness: The Moderating Role of Involvement," *Journal of Consumer Research*, Vol. 10 (September), 1983.

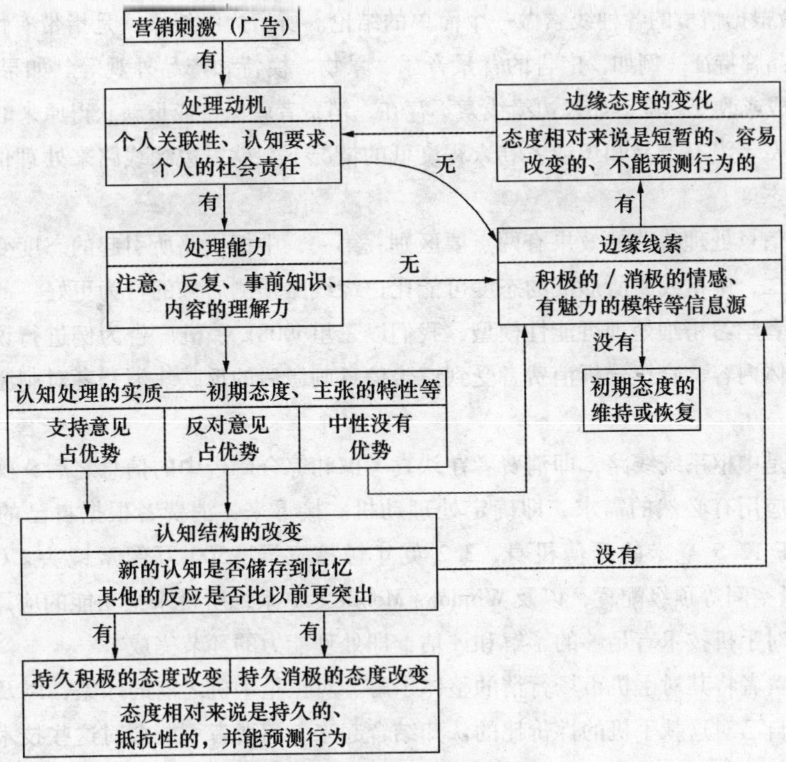

图6-4　精细处理可能性模型

消费者有关系，对他们是否重要，信息能否唤起消费者的认知需求等。如果消费者产生了处理信息的动机，那么就有进行中枢线路处理的可能。消费者是否具备信息处理的能力，要看他们是否具备有关的知识经验。很显然，一个不懂韩文的人要阅读用韩文写的广告语是不可能的，一个文盲要阅读广告文案也是不可能的。消费者如果不具备信息处理的能力，精细处理就无法进行。

在精细处理过程中，消费者会产生一些认知反应，包括支持意见和反对意见。消费者产生何种认知反应取决于他们原来的态度以及企业宣传（或广告）的说服力。在所有的认知反应中，只要支持意见或反对意见有一方都不占优势（就是中性意见），那么信息处理就由中枢线路转移到边缘线索进行。

消费者经过认知处理产生了一些认知反应，即对信息的论点有了新的认识被接受，并储存于记忆之中。换言之，如果消费者的认知结构发生了变化，那么积极的、支持性的认识会导致持久的、积极的态度，消极的、反对性的认识则导致持久的、消极的态度。相反，如果消费者的认知结构没有发生变化，信息处理途径就转移到边缘线路上。

（2）边缘线路（peripheral route）。如果消费者不具备信息处理的动机和能力，而且存在着边缘线索，那么消费者就会进行边缘线路处理。所谓的边缘线路处理，是指消费者拒绝或接受信息诉求并不是基于他们对信息的仔细思考，而是将品牌直接与积极或消极的线索联系起来（这种联系是非理性的）；或者根据情境的各种线索做一个简单的结论。所谓边缘线索，是指带有情感性的情境以及一些次要的品牌特征。例如，广告的背景音乐、景物、模特和产品外观等。如果边缘线索存在，消费者就会形成或改变态度；如果边缘线索不存在，消费者就保持或重新获得原来的态度。

总之，消费者没有产品知识或者卷入程度低的情况下，就以边缘线路来处理信息，这时情感过程影响品牌态度。

上述两条信息处理线路的效果有两点要区别：第一，中枢线路所引起的态度变化比边缘线路的要持久；第二，中枢线路所形成的态度可能比边缘线路预测后来的行为更好。

为便于读者学习精细处理可能性模型，我们以三星 i908E 手机广告为例进行说明。这里我们略去广告的具体内容，直接分析消费者受到广告信息刺激后的反映。消费者对刺激的反映有两条可能的线路①：

一种可能是中枢系统线路，即消费者在认真考虑和综合广告中的信息之后，确定自己确实对手机及其商务应用有必然的需求，即确定处理动机。接下来，消费者根据自己的认知和理解能力，对于 i908E 12.5 毫米的纤薄机身、3.2 英寸触控宽屏、500 万像素镜头、GPS 导航系统、16GB 容量海量空间等顶级配置，以及 Windows Mobile 6.1 系统所带来全功能的应用等具体功能有清晰的概念，对手机技术有足够的了解和评估，即处理能力的环节完成。

之后，消费者将其对手机市场行情的整体了解、对三星手机之前的印象，以及对广告中提出的先进功能与自己对这款手机的性价比的认知结合起来，消费者可能会对这些技术很有信心，认为这款手机提供的各种配置能使自己的需求得到更大程度的满足，不论是机身的纤巧带来的携带方便，还是宽触屏的人性化设计，抑或 windows 系统提供的全方位数字化服务，都让消费者对这款手机的印象大大加分。从而得出结论：支持广告中的宣传。也有可能是消费者认为这些功能并非这款手机独有，而且这些功能的效果并不一定像广告中宣传的那么完美无缺，甚至可能认为高智能手机会因为更易感染病毒而带来不必要的麻烦，因而对这款 i908E 抱以否定的态度，认为其性价比不高，不够划算。至此，消费者完成了认知处理的实质这一阶段。

接下来，消费者会进入认知结构的改变阶段，即将以上的认知结果存储到记忆中，对三星手机的这一款 i908E 产生好感或产生抵触，同时对这款三星手机的反应会比以前更突出，包括关注手机在各大卖场的售价，询问朋友当中是否有人购买，或者向大家宣传对这款手机的印象，等等。这种认知结构的改变最终会形成持久积极的态度改变或持久消极的态度改变，消费者会由此做出是否购买 i908E 的最终决定。

另一条可能的路线是边缘路线，这条路线包含了中枢路线信息处理过程中可能出现的四种意外情形：

第一种可能出现在处理动机环节，消费者对购买新手机没有迫切、必然的要求，此时的消费者不会对广告中给出的信息进行精加工，而是会转向边缘线索，即开始关注令人向往的画面场

① 苑虹君等，http://wenku.baidu.com/view/8ac12b3467ec102de2bd899b.html。

景，成功的商界精英，拥有着洒脱而高品质的生活方式，跑车、游艇、飞机、热气球等元素，老友相聚的生活，以及在休闲当中利用 i908E 完成导航、娱乐乃至办公等各种应用，这款三星手机 i908E 虽然并不是广告画面的绝对主角，却毫无疑问是这种成功、洒脱的"杰仕人生"不可或缺的组成部分，是一种高品质的生活的态度和生活方式的体现。

第二种可能出现在处理能力环节，消费者由于自身对手机技术知识的局限，不能很好的领会广告中所传达的各种高新技术的价值，因此也会转入边缘线索，转而关注情感、模特等方面的信息因素，融入这款手机的广告为我们勾勒出"杰仕"的生活之中，并受其影响形成持久态度和购买决策。

第三种可能出现在认知处理的实质这一环节，对三星手机的初期态度，对广告传达出的高技术、高质量没有形成绝对的支持或反对意见，而是站在了中立的立场上，此时的消费者会和前一种情况一样开始进入边缘线索。

最后一种可能出现在认知结构环节，新的印象有可能只是在脑海中一闪而过，就像这款手机的广告中提到的各种技术给消费者留下的印象可能并没有被长期储存，消费者的行为也没有突出改变，此时消费者对信息的处理仍然会转入边缘线索。

在边缘路线中，消费者会将对客体的态度与诸多情感线索联系起来，形成边缘线索。这线索可能是肯定的，也可能是否定的。例如，如果广告中的情感信息可能引起消费者的共鸣，即得到肯定的线索；或者引起消费者反感，得到否定的线索。肯定的线索会带来边缘态度的变化，但这种态度的变化是短暂易变的，不能用来预测行为，这种变化可以导致处理动机的变化，从而再次进入中枢系统；与之相反，否定的边缘线索会是消费者的态度依然保持与初期态度一致。

ELM 综合了社会心理学和现代认知心理学的思想观点，是当今较有影响的广告说服理论，对于广告实践有着重要的指导意义。从这一理论模式中，我们可以得到一个重要的启示：在广告中，我们最好提供强有力的论据，对受众进行理性的说服，促使产生持久积极的态度改变。如果做不到这一点，那么至少也必须提供一些重要的边缘线索，促使消费者发生暂时的态度改变。

本章小结

本章主要介绍了消费者如何处理广告信息的问题。接触广告的消费者首先注意广告这一刺激物，并通过自己的感觉器官来接受或解释其刺激，这一过程是知觉过程。消费者在知觉广告信息基础上认知品牌，或者通过情感反应产生对广告的态度。通过这两个过程（对品牌的认知过程和对广告的态度过程）产生对品牌的态度，如果对品牌的态度是友好的、肯定的，消费者就产生购买意向，并在适当的时候购买其品牌。这一过程就是消费者的广告信息处理过程。

支持这一模型的理论有卷入度理论和精细化可能性模型，本章对此均有详尽的论述。

思考题

1. 举例说明消费者广告信息处理模型。
2. 简述卷入理论。
3. 举例说明精细处理可能性模型。

案例讨论

低卷入学习模式理论在广告中的应用

低卷入学习模式是由克鲁格曼（Krugman）于1965年提出来的。克鲁格曼在观察中发现，大多数电视广告的产品都是低卷入类型的。电视本身也是一种低卷入的媒体，与高卷入的印刷媒体广告相比较，受众对电视广告的认知反应比较少，他们很少把广告与人的生活联系起来。在极端低卷入的情况下，人的知觉防御很低，甚至不存在，观众能再认已看过的广告，但不能回忆其内容。

克鲁格曼认为，低卷入广告的呈现会引起观众知觉结构的改变，即商标名称的优势增加或产品特征愈加显著。这种知觉结构的微妙变化，增加了观众另眼看待广告品牌的可能性，并能触发诸如品牌购买的行为事件。然而知觉结构的变化不能直接导致态度的变化。换句话说，知觉结构的变化与态度改变没有稳定的关系，态度是否发生变化只有根据事件的发生才能确定。购买行为的发生是引起与知觉结构变化相一致的态度变化的前提。罗斯（Ross，1982）的研究结果为低卷入学习模式提供了支持。该研究利用2241个被试者完成了共142条广告的测验，为了比较购买水平，两周后又对他们进行电话访问。结果表明，品牌偏好的改变与购买一个品牌的增加水平有关，而购买水平又是广告暴露导致的。回忆作为一种测量指标，未能显著地区别购买与否。

由上述可以看出，低卷入学习模式把购买行为看做是广告影响消费者对品牌的态度的必不可少的因素。很显然，这就把经验的作用扩大化了。不过它也有一定的道理。比如说，南方人喜欢吃大米，北方人喜欢吃面食。无论你怎么说面食如何有利于身体健康，要改变南方人吃大米的习惯都是很困难的。但是当南方人到了北方，不得不吃面食一段时间以后，他或她对面食就会逐渐产生好感，这也就是行为对态度的影响。

这一理论说明，在广告活动中，配合一些促销活动如赠送样品、免费品尝、产品试用，让消费者先产生行为变化，会大大地促进广告的宣传效果。

问题讨论

1. 广告说服的低认知卷入理论模式有哪些？
2. 为什么说在广告活动中，配合一些促销活动会大大促进广告效果？

资料来源：http：//www. china001. com/show_ hdr. php？ xname = PPDDMV0&dname = QFG1551&xpos = 45。

第 7 章

广告信息的认知与情感反应

本章导读

对广告信息的认知处理过程（cognitive processing）是消费者通过理解和推论认知品牌或对品牌形成态度的过程。广告信息的认知处理过程可以由两个方面即认知反应（cognitive response）和认知结构（cognitive structure）来说明。20 世纪 80 年代初之前，广告反应的研究主要侧重于消费者对广告的认知反应方面。但是到了 20 世纪 80 年代中期，研究者逐步发现仅对认知方面的研究不能充分说明消费者的广告信息处理过程，于是开始研究消费者如何对广告做出情感反应的问题。广告信息的认知理论和情感反应过程是本章学习的主要内容。

开篇案例

乡愁诉求广告

乡愁诉求广告是指以过去话题为中心强调人的情感的广告。乡愁的英文词 nostalgia 来自于希腊语的家庭（home）和痛苦（pain）。乡愁是怀念家乡的忧伤的心情（或者对家乡的怀念之情）。但现在，乡愁的空间含义远远超过了对家乡的怀念之情。乡愁不仅仅是对家乡的怀念之情，而且还包括对过去美好的时光、情景的怀念之情。这些怀念过去的感情是被美化而抽象化了的幻想的感情。

乡愁诉求广告能引起以下沟通效果：

- 乡愁诉求广告能有效地引起消费者的注意。
- 消费者比较容易理解广告内容。
- 乡愁诉求广告能有效地引起消费者的情感反应。
- 乡愁诉求广告能提高消费者对广告的置信度。
- 在广告中所包含的乡愁因素有助于消费者记忆广告内容。

目前，在我国也有不少乡愁诉求广告出现在报纸、杂志、电视等广告媒体上。例如，在药品广告中常用“常回家看看”等广告标语，但还不是太多。如果，我们的企业或广告公司采取乡愁诉求广告创意策略，效果会很好。因为，在我国广告主或广告公司采取乡愁诉求广告方式有其客观基础。

(1) 我国农村人口占多数，但随着改革开放和经济的发展，大批农村人口离土、离乡，涌入城市，城乡人口结构发生很大的变化，有不少中青年都对家乡持有怀念之情。

(2) 从我国传统文化来看，尊重老人、供养父母等是中华民族的传统美德，并且人和人之间的关系中也非常重视地缘关系。

(3) 随着广告行业的发展，各广告主和广告公司为引起消费者的注意或说服消费者采取一系列的广告创意策略，但由于其创意水平有限，出现创意雷同的现象，没有取得相应的广告效果。所以，为摆脱这种现象，可以采取乡愁诉求广告方式。

(4) 城市的迅速发展，更激发人们的怀念家乡之情。

(5) 人们一般都有回忆过去的本能意识。

7.1 认知反应理论概述

认知反应理论最早是由认知心理学家 A. G. 格林瓦尔德于 1968 年提出来的，后来经过 P. L. 怀特、R. E. 佩蒂和 J. T. 卡西澳波加以发展完善。该理论的提倡者认为，在与广告的接触过程中，消费者积极主动地卷入信息处理过程之中，他们根据已有的知识和态度对广告信息加以分析、评价。认知反应就是发生于传播活动过程之中或之后的积极思考过程或活动。一般说来，认知反应会影响最终的态度改变，甚至成为态度改变的基础。认知反应理论的基本思路概括起来，即广告接触（或者广告暴露）导致认知反应，而认知反应可分为两大类，即肯定的反应和否定的反应。这些认知反应又影响态度的形成或改变，如图7－1所示。

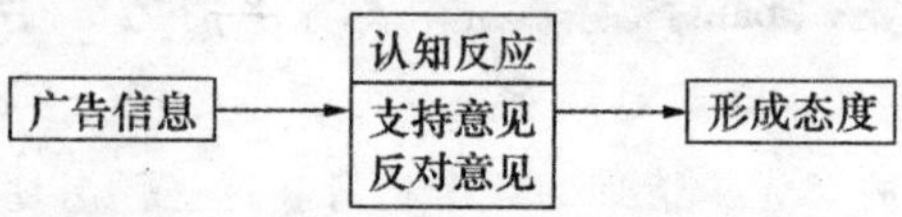

图 7－1　认知反应理论模式

7.1.1 认知反应的种类

消费者对广告信息的认知反应大致分为肯定的反应和否定的反应。肯定的反应表现为支持意见（support argument），否定的反应表现为反对意见（counter argument）。比如，韩国地奖水在广告中传达这样的信息："东海地奖水具有与众不同的品质，她是从 5 亿 7 千万年前形成的黄土岩板层里提取的，它不仅含有一般矿泉水都有的矿物质，还含有纳米大小的、肉眼看不见的、丰富的黄土成分矿物质，在防止老化、促进新陈代谢及治疗过敏皮肤炎方面有着卓越效能，属多功能天然矿泉水。"根据广告传递的信息，一些消费者认为："由于是从 5 亿 7 千万年前形成的黄土岩板层里提取的水，所以这种矿泉水一定很神奇。"或认为："含有纳米大小的、肉眼看不见的、丰富的黄土成分矿物质水，一定有益于身体健康。"这种看法就是对广告信息的支持意见。但也可能有些消费者认为："5 亿 7 千万年前形成的黄土岩板层里能提取出水吗?"或认为："商家就是喜欢炒作，这恐怕又是在忽悠我们吧?"这种看法属于反对意见。

如果消费者对广告信息持支持意见，那就意味着消费者认定了广告所主张的内容、论据、结论以及信息来源等。这些支持意见越多，消费者就越朝着广告内容形成态度。

反对意见是消费者接触广告时对广告信息所产生的不同或相反的意见。那么，消费者为什么会对广告信息持相反的意见呢？消费者接触广告的过程中不能相信其内容，或者广告信息与消费者原有的态度相反的时候，消费者就会对广告信息表示反对意见。所以，做广告时要注意尽量抑制消费者反对意见的形成，而使消费者更多地形成支持意见。为达到这些目的，广告制作者应从理论上理解认知反应过程。

7.1.2　认知反应的测定

包括支持意见和反对意见的认知反应可以用消费者的口头报告和文字报告来测量。口头报告测量方法能测量消费者的即期反应，而文字报告的方法有利于问卷内容的整理和分类。测量认知反应的主要内容包括以下方面：

（1）同意或不同意广告的逻辑推理或内容。例如，消费者可能会认为"××咖啡不可能是100%的纯咖啡豆精制而成的"。

（2）赞同或怀疑广告的结论。如对当今许多营养保健饮料广告主张其产品能提高儿童的智商，对此消费者也许表示赞同，也可能表示怀疑。

（3）相信或怀疑广告的结论。如有的消费者看了三维动画广告之后，可能认为"现实生活中不可能出现这种情况"。

（4）相信或怀疑广告信息来源。如对名人推荐的产品，有人会认为"一定是企业给他（她）很多钱让他（她）说这些话的"，有人则深信不疑。

虽然我们按意见的方向（支持或反对）把消费者的认知反应分为支持意见和反对意见，但消费者的认知反应的内容是多方面的。如，与意见方向无关的由广告信息本身引起的想法、与广告信息有关的话题以及消费者的其他一些意见等。

7.1.3　影响认知反应的因素

认知反应受消费者的特性、广告内容的特性以及各不相同的环境特性等方面的因素的影响。

（1）由于消费者的动机与信息处理能力不同，其认知反应也不同。例如，对广告信息的卷入程度高或者认知欲望（消费者认知性地处理信息的欲望）高而又有处理广告信息的动机的消费者，比缺乏这些动机的消费者产生更多的认知反应。另外，在性格上认真处理每件事情的消费者，对每个广告信息也都仔细地观察和注意，连对非常单纯或简单的信息也表现出认知反应。

（2）由于消费者的知识程度不同，认知反应也不同。消费者掌握有关广告信息方面的知识越多，认知反应的量也越多。如果广告信息与消费者个人所掌握的知识是一致的，那么消费者就会表示支持主张；如果不一致，就会表示反对意见。

(3) 根据广告内容的反复程度，出现不同的认知反应。有些研究表明，对反对意见来说，广告信息反复地暴露以后，一开始可能引起消费者的反对意见，但随着反复的暴露，其反对意见逐步减退。如果广告信息反复的次数过多，其支持意见也逐步减退，而反对意见则逐步增加。所以，当广告信息暴露次数最佳，即信息的反复次数最合理时，消费者的认知是最客观的，这就是所谓的纯粹的积极权衡（net positive balance）。

(4) 广告信息来源的可靠性也影响消费者的认知反应。虽然接触广告信息的消费者持有与信息内容相反的意见，但如果广告信息来源可靠，那么反对意见可能被减退。

根据认知反应理论来看，认知反应对态度改变的影响取决于认知反应的实质。支持意见的数量与态度和行为意向的改变有积极的关系；而反对意见的数量与态度改变之间有消极的关系。所以，一些研究者则指出，要改变消费者的态度，应该设法增加支持意见，减少反对意见。

从认知反应理论所强调的认知反应来分析，在广告实践中，如果你希望加强广告的说服力，那么一定要注意三个方面：一是广告信息来源一定要可靠、可信，如要选择用信誉高的媒体；广告的产品介绍人不管是名人，还是普通人物，最好是产品的真正使用者。二是广告情境要让人有真实感。三是广告中说明产品优点的论据一定要有力，广告中的推理论证逻辑性要强。

7.2 认知反应理论的主要模型

接触广告信息的消费者往往从不同角度评价广告信息内容。例如，奇瑞 QQ 汽车广告强调经济性、便利性这两个属性。汽车的价格当然便宜，而且由于车身小，停车时所占的面积也小，并且能行使于狭窄的道路上。接触这些信息的时候，消费者如何评价 QQ 汽车的这些属性呢？首先消费者评价的是 QQ 汽车是否具有这些属性。如果有这些属性，那么这些属性的程度如何，消费者就是把这些评价综合起来对奇瑞 QQ 汽车进行评价。人们对广告形成一种态度之前，总是先通过对产品的各个方面（如性能、质量、价格等）进行一定的评价之后，再把这些评价综合起来形成对产品的总态度。

在上述例子中，虽然奇瑞 QQ 汽车具有经济性和便利性，但消费者不会因此而判断 QQ 是好车。因为，消费者不一定只把经济性和便利性当做购买汽车的最重要的依据，还有其他的因素影响着消费者购买汽车。消费者对广告信息进行各种评价，而只有把这些评价综合起来，才能构成对产品的总态度。

下面介绍一下认知理论的主要模型。

7.2.1 Fishibein 的态度模型

Fishibein 的态度模型（Attitude Model）是消费者的态度取决于对产品属性的信念（评价）和这些属性的重要性。就是说，接触广告信息的消费者首先对广告所主张的品牌的各种属性形成信念，然后评价对属性的信念的重要程度，通过这些过程，消费者形成对品牌的态度。该模式可用以下函数来表示：

$$A_o = \sum_{i=1}^{n} bi\ ei$$

其中：A_o 是对产品（object）的消费者态度；bi 是对产品属性 i 的信念强度；ei 是产品属性 i 的重要程度。

表7－1列出了消费者对QQ汽车的态度。在表中，先假定消费者购买汽车时，主要考虑经济性、安全性、品位（质量）、便利性等属性。如果各属性的最高信念分数为10分，那么消费者对四个属性的信念打的分数为，经济性9分、安全性2分、品位3分、便利性8分，而消费者所评价的各属性的重要程度为，经济性20%、安全性40%、品位30%、便利性10%，这样综合起来计算的消费者的态度分数为4.3（见表7－1）。

表7－1　对奇瑞QQ汽车的消费者态度的计算表

属性（i）	信念的强度（bi）	属性的重要程度（ei）	态度分数（$bi\ ei$）
经济性	9	0.2	1.8
安全性	2	0.4	0.8
品位（质量）	3	0.3	0.9
便利性	8	0.1	0.8
合　计			4.3

在上述例子中，消费者对奇瑞QQ汽车的态度总分数中，虽然对安全性和品位的信念强度较低，但经济性和便利性的信念强度较高，这样态度分数高的属性补偿态度分数低的属性，所以Fishibein的行为模型也叫补偿模型（compensatory model）。

阅读资料7－1　Fishbein模型对广告的意义

Fishbein的态度模型对广告的意义有如下三点。

首先，向消费者提示新的属性（i）。向消费者提示原来不太重要的新的属性，从而使消费者对新属性提供的利益（benefit）产生友好态度。例如，海尔空调的广告强调“健康性空调”，使消费者把“空调”与“健康”联系起来。

其次，改变与属性有关的对产品的信念（bi）。在对消费者重要的属性中，自己企业的产品占有竞争优势时，强调其优势，强化与属性有关的信念，从而可以改变消费者对自己企业品牌的态度。特别是，要强化消费者对肯定评价的属性的信念，要减少消费者对否定评价的属性的信念。例如，一个牛奶广告传递有关头脑营养因素DHA含量的信息，那就可以强化与DHA属性有关的消费者信念。又如，一则方便面广告强调不使用防腐剂，那就可以减少消费者对防腐剂的否定的信念。

最后，改变对属性的评价（*ei*）。如改变与信念有关的评价的强度，就可以改变消费者对品牌的态度。并且，企业减少对自己产品的劣势属性的评价，强调对竞争优势的属性的重要性，从而引起消费者的友好的态度。例如，奇瑞 QQ 是车身小、价格相对便宜的汽车，但消费者对汽车的认知结构中的信念一般是车身大的汽车品位高。对此，QQ 汽车可以强调城市空间的狭小而引起的停车难的问题和我国大部分消费者的购买水平有限的情况，那就有利于提高消费者对 QQ 汽车的积极的评价。

7.2.2 Fishbein 的扩张行为模型

Fishbein 的态度模型先假设，消费者对产品产生的友好态度直接联系到购买行为。但实际上态度和行为往往是不一致的。为更明确地说明人们的行为，Fishbein 提出了有理由的行为模型（Fishibein's theory of reasoned action model）。在这个模型里，Fishbein 为预测行为考虑了态度以外的因素，即能预测行为的因素，如规范（norm）和对规范的个人顺应程度。并且指出，能预测消费者行为的一个变量之一——主观性的规范包括参照群体的规范信念（normative belief）和个人对这一规范信念的顺从动机（motivation to comply）。

Fishbein 的扩张行为模型如下：

$$B \sim BI = W_1\ (Aact)\ + W_2\ (SN)$$

其中：*BI* 为行为意图（behavioral intention）；*B* 为消费者的实际行为；*Aact* 为对特定行为的消费者态度；*SN* 为对行为的主观规范；W_1、W_2 为影响行为意图 *Aact* 和 *SN* 的加权。

$$SN \overset{m}{\underset{j=1}{=}} NBj\ MCj$$

其中：*SN* 为主观规范（subjective norm）；*NBj* 为规范信念（normative belief）；*MCj* 为顺应动机（motivation comply）；*m* 为影响个人行为的主要参照群体或个人数。

阅读资料7-2　　Fishbein 扩张行为模型的意义

第一，改变对特定行为的消费者态度（Aact）。这里的态度是消费者对行为的态度。例如，强调人们不能使用固定电话来联系时可以通过移动电话联系，这可以改变年轻消费者对手机的态度。

第二，改变消费者的规范信念（NB）。Fishbein 的扩张模型与原来模型的一个差别就是决定行为的第二个因素，即主观规范（subjective norm）。主观规范由两个因素来构成。一是规范信念，一是顺从动机（motivation to comply）。规范信念是指消费者对其他人如何期待自己行为的信任程度。也就是说，对家属或亲朋好友等如何支持或批评的消费者个人的意见。如日本非法扣留我国在钓鱼岛附近正常捕鱼的渔船，引发中日两国关于钓鱼岛主权的争端。有些消费者本打算购买日本汽车，但担心周围人会反对自己的购买行为，所以就放弃购买。

第三，改变顺从动机（MC）。所谓顺从动机，是指消费者如何顺从其他人对自己行为的期待的程度。例如，一个家庭妇女在市场上购买蔬菜时并不购买自己喜欢吃的蔬菜，而购买的是全家都喜欢的蔬菜。所以，改变顺从参照群体期待的消费者个人顺从动机，就可以引起消费者的购买行为。

7.2.3 Heider 的均衡理论模型

根据均衡理论，如果态度之间发生不均衡的话，为恢复均衡就改变原来的态度。Heider 认为每个个体都具有各自的认知结构，注意在各个体的关系中态度如何变化或形成问题。下面看一看 Heider 的范式。Heider 在他的均衡理论中首先假定“自已”（P）、别人（O）和对象（X）之间形成三元关系。Herder 利用这三元关系说明自己或他人的态度是如何形成的问题。并且假设在 P—O、P—X、O—X 之间关系中人们尽量回避不均衡状态，而努力维持均衡状态。在 Herder 的这三元关系中，三元都具有肯定的关系（+），或二元是否定的关系（-）、一元是肯定的关系的状态叫均衡状态，否则是不均衡的状态（见图7-2）。

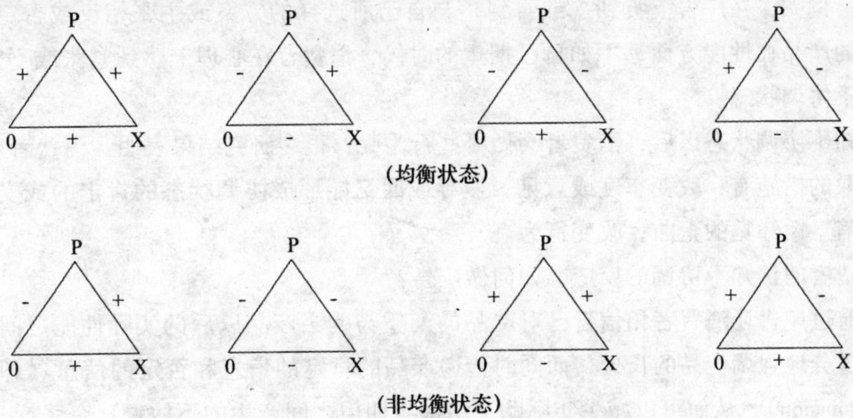

图7-2　Heider 的均衡理论中的均衡状态和不均衡状态

如果，P 喜欢 O，而 P 和 O 都喜欢 X，那么三元之间的关系是肯定的关系，从而形成均衡状态。如果 P 喜欢 O，而 P 不喜欢 X，O 喜欢 X，那么形成两个肯定的关系和一个否定的关系，从而形成非均衡状态。例如，大明星巩俐出现在美的空调广告中，由于巩俐代言了这则广告，那么巩俐与美的空调之间形成肯定的关系（O—X：+），如果消费者喜欢巩俐（P—O：+），但不喜欢美的空调（P—X:），就会形成不均衡状态。此时，消费者也许由于喜欢巩俐，也就喜欢上了美的空调；也许由于不喜欢美的空调，就认为巩俐是只知道金钱的明星，因而不喜欢巩俐。处在不均衡状态的消费者通过沟通，尽量把一个否定的关系变成肯定的关系，或者将两个肯定关系中的一个变成否定的关系，从而消除心理上的紧张感。

7.2.4 认知不协调理论

认知不协调理论（cognitive dissonance theory）是由著名社会心理学家 Leon Festinger 提出的。他在《认知心理学》一书中开始就说，每个人都希望自己的内心世界不发生矛盾，同样，也努力使自己信念或态度与自己的行为不产生冲突，然而，在实际生活中，种种不协调总会出现，任何人都无法一直处于毫无矛盾的状态。

根据认知不协调理论，如果认知的两个对象不一致，这两个不协调的认知对象就处于不协调的关系上。如果消费者所认知的对象处于不协调关系，就会在心理上感到不安。这时消费者减轻或消除认知不协调状态的一个可取的手段就是选择性地暴露，即接受所支持的主张，回避反对的或否定的主张。

认知就是对对象的个体的知识、信念、意见。在个体的认知结构中，各认知要素之间存在三个关系，即一个认知因素与其他认知因素之间毫无意义的无关系（irrelevant)、相互一致的协调关系（consonant）和相互间不一致的不协调关系（dissonant)。

消费者在广告信息的基础上评价和选择方案，如果消费者所认知的两个对象不一致时，就会产生不协调。例如，在广告上听到（或看到）与自己所选择的方案或主张相反或否定的信息时，或者购买后的产品在性能方面远不如自己期望的时候，消费者在心理上感到紧张或不安，从而处于认知上的不协调状态。

出现认知不协调状态以后，消费者会做哪些行为呢？很多研究结果表明，消费者感到认知不协调时可采取的措施有：改变态度或意见；搜寻或回忆能形成协调状态的肯定的或支持的信息；回避矛盾的信息；知觉的歪曲；改变行为。

针对消费者的认知不协调的反应，如何做广告？

首先，通过广告让消费者相信自己对产品的期望与购买产品以后的实际性能之间的一致性。例如，不要过分地强调产品的长处，而同时传递产品的肯定的信息和否定的信息（即两面劝说，two sided persuasion)，从而可以减少实际购买结果与期望之间产生的不协调。夸张广告引起消费者认知不协调的可能性很大，所以尽量不要做夸张广告。

其次，在广告中强调消费者自己选择的正确性，从而预防认知不协调的产生。即在消费者购买产品以后，继续向消费者传递有关“消费者的选择非常正确”的信息，从而不给消费者感到认知不协调的时间余地。

7.2.5 归因理论

所谓归因，就是寻找能够解释自己或他人行为的原因的过程，像“我为什么要这样做”或“他为什么劝我买这种商品”，即属于归因问题。这种推断自己或他人行为的原因的过程，也是态度形成和转变的一个主要因素，或者说，归因理论将消费者态度的形成和转变看成是他们解释自己的行为和经验的结果。

行为的原因可以分成若干种类，最常见的是分为内因和外因。内因即内在原因，是指导致行为或事件的行为者本身的特征，比如，品质、人格、情绪、心境、能力、动机、努力等；外因即外在原因，是指导致行为或事件的行为者之外的因素，比如，任务难易程度、机遇、工作环境、他人影响等。

归因的对象包括自我、他人和物体。

（1）对于自我的归因。对于自我的归因也就是推断袭击行为的原因，通常在所谓的“自我知觉理论”中讨论。大量的证据表明，个体在对自己的行为进行归因时，容易出现动机性的归因偏差，即由于某种特殊的动机或需要（比如为了维护自尊心）而在处理信息资料时出现的误差。具体表现有二：把自己的成功归结于内因，如自己的品质、自己的能力、自己的努力等；把自己的失败归结于外因，如运气不好、环境恶劣、障碍太大等。

这种防御性归因，可给予个体一种积极的感受，把成功归因于内因，使人感到胜任、满意、自信和自豪，把失败归因于外因，可以保全面子，避免产生内疚感和无能感（但可能导致气愤和敌意）。

另一方面，把行为归结于内因，即归结于人格、能力、动机、努力时，可以增加这种行为在类似情况下再次出现的可能性；反之，如果把行为归结于外因，即归结于各种外部环境、机遇时，则难以断定在类似情况下这种行为是否再度出现。

所以，营销者应当一贯地提供保质量的产品或服务，让消费者获得成功感，并把这种成功归结于自己明智的抉择，这样可使消费者一再地重复这种购买行为。此外，在广告中也最好向消费者（特别是那些没有经验的消费者）保证，选择这种产品不会让他们失望，而只会使他们显得更有判断力。

（2）对于他人的归因。对于他人的归因，尤其是对于推销人员的言行的归因，会极大地影响到消费者的购买意向。通常，消费者会考虑推销人员的动机、有关的专门知识或技能和自己的最佳利益之间的关系。如果三者之间被认为是一致的，则消费者可能做出积极的反应；反之，则可能置之不理，另觅他物。

（3）对于物体的归因。对于物体的归因也可以看成是对产品或服务的归因。在判断产品的性能时，消费者最有可能形成对于产品的归因，而且，他们最热衷于找出产品符合或不符合他们的期望的原因。

显然，他们可以把产品的成功（或失败）归结于他们自己，或者归结于产品本身，或者归结于他人，或者归结于情境，或者归结于这些原因中的几个或全部。不同的归因，对于态度改变有着不同的影响，至于究竟如何影响，借助于我们前面的分析思路，便可迎刃而解。

7.3 消费者对广告的情感反应

7.3.1 情感的概念与种类

情感（affect）是人的需要得到满足时所产生的一种对客观事物的态度和内心体验。人们在与现实世界的各种人和事发生关系时，由于现实事物对人具有一定意义，人也会对这些事物产生某种态度。人对客观事物的态度与人对事物的认识不同，它总是以带有某些特殊色彩的体验的形式表现出来。如完成工作或取得成绩会使人兴奋和愉快；亲人故去会使人痛苦和悲伤；遇到不讲理的人和事物会使人激动和愤慨；遭遇危机会引起人的震惊和恐惧。所有这些喜、怒、哀、乐、悲、惊、恐，都是人具有的独特色彩体验。而人的不同体验，又是以人的不同的态度为转移的。因此，情感就是人对客观事物的态度的一种反映。

与情感类似的概念有情绪（emotion）和感觉（feeling）。从严格的角度来说，情感与情绪、感觉是不同的，但实际上一般混用。

情感的种类很多，心理学家把情感的种类列出40多种，如挑战性的、冒险性的、热情的、善良的、不幸的、为难的、害羞的、高兴的、绝望的、害怕的、惊慌的、悲伤的，等等。广告能引起的情感的种类也比较多。Abeele 和 Maclachlan（1994）① 认为，情感反应中特别是相当于情绪的温馨（warmth）是对广告的迅速而敏感、具体的反应。并且他们又指出与温馨区别的其他七个情绪，如快乐（joy）、惊奇（surprise）、期待（anticipation）、愤怒（anger）、容忍（acceptance）、厌恶（disgust）、关注（attention）。

7.3.2 情感反应的影响

广告不仅传递信息，而且给人以温馨、幸福、威胁等感觉。通过广告所给予的感觉而形成的消费者的情感反应从以下四个方面影响对品牌的态度或行为。

（1）情感可以影响到思考反应（认知反应）的数量和性质。积极的情感可以促进积极的思考，导致由广告唤起的支持与争议比率上升。这部分是因为处于良好情绪下的人们希望停留在良好的情绪中，因此，他们对品牌品质的中立或积极的评价会比他们平时的评价更为积极。还有一部分是因为当广告将人们引入良好情绪时，人们会自发想起贮存在记忆中的其他积极的情感，因此，对广告的评价再次添加了积极的倾向。

但是，处于良好情绪下的人们除了具有更多的积极想法外，有时也比平时更少地进行总体考虑，因为思考是费脑子的，会减少他们的良好情绪。当支持率相对增加，帮助他们提升对品牌的偏好时，总体思考数量的减少能够帮助他们更多地依赖于广告的边缘暗示（提示）和对广告的

① Abeele, Piet Vanden and Douglas L. Maclachlan, "Process Tracing of Emotional Responses to TV Ads: Revisiting the Warmth Monitor," *Journal of Consumer Research* Vol. 20 (March), 1994.

偏好而形成的品牌偏好，而不是依赖中枢信息的争论。

（2）连接消费者过去经验与广告的迁移广告（transformational advertising）也影响对品牌的态度和行为。下面的例子可以说明其理由：麦当劳的广播电视（电波）广告多次播放，表现了一个幸福家庭场景后，看过广告的一家人会因此感觉到，在麦当劳的经历与众不同。广告使得他们来到麦当劳后感到比平常更温馨、更快乐。他们在麦当劳的经历迁移到（转换为）与广告更为贴近。在对麦当劳的评价中，这种迁移具有增加"温馨与快乐"品质的效果，因此产生了一种对麦当劳的"新信念"。这提高了消费者对麦当劳的品牌偏好。不仅如此，这种迁移还为消费者心里的品牌形象加入具有丰富内涵的铺垫。

（3）通过广告而形成的消费者情感，以对广告的态度为媒介发展为对品牌的态度。这是因为消费者的情感反应关系到品牌，从而影响品牌的态度和行为。广告不仅传递对消费者有用的信息，而且由于广告本身有趣或有意思，从而可以引起消费者的兴趣或喜欢。例如，在广告中经常利用的温馨情景本身就导致了对这些广告的一种喜爱。

（4）在经典的条件作用下，由广告引起的情感与对广告的态度转入到对产品的态度。对这一部分将在下一部分具体说明。

7.3.3　广告态度与品牌态度

消费者接触广告时所产生的情感形成对广告的态度。对广告的态度就是指对具体广告的喜欢或不喜欢的程度。这样形成的广告态度与品牌有关系，影响品牌态度的形成。也就是说，消费者接触广告以后，不仅产生对广告的认知反应，还表现出情感反应，而这些对广告的情感反应就影响品牌态度的形成。

这些由广告引起的消费者反应就引起对广告的态度或对品牌的态度，引起一定程度的安全的心理准备状态。而这样的心理准备状态保存到记忆中，在消费者决定购买时就会发挥作用。

7.3.4　经典条件反应作用下的情感的迁移

根据经典条件作用理论来看，刺激和反应各分为两种，刺激分为无条件刺激（Unconditioned Stimulus，US）和条件刺激（Conditioned Stimulus，CS），反应分为无条件反应（Unconditioned Response，UR）和条件反应（Conditioned Response，CR）。其中US和UR的关系是本能的、与生俱来的，狗看食物（US）就分泌唾液（UR），人听轻快的音乐（US）就产生轻松愉快的气氛（UR）。经典性条件作用下，先使用与US（食物）无关的中性刺激（铃声），然后给US（食物），并使两者共同作用一定时间，这样多次结合后，中性刺激（铃声）即CS单独作用，就会引起与UR形同的反应（分泌唾液），这时条件反射就形成了。经典性条件作用的过程是把无条件刺激（US）引起的无条件反应变成由条件刺激引起的条件反应的过程（见图7－3）。

经典性条件反射作用的结果是UR＝CR。

例如，在条件反应作用之前，消费者听到自己所喜爱的音乐（US）的时候，就产生良好的

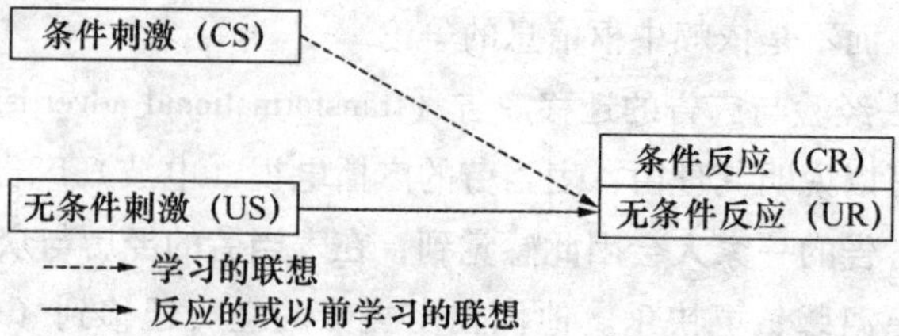

图 7－3　经典条件反应作用过程

感情。但接触特定品牌广告（CS）时，消费者也许表现出无关的反应，甚至没有反应。但在条件反应作用的过程中先给消费者看消费者熟悉的电影明星或听消费者熟悉的音乐，然后展示品牌（就是 US 和 CS 的匹配），这样联系电影明星或音乐与品牌反复持续地做广告，那么就会产生条件反应（CR）。就是说，一展示品牌，消费者就会产生像看电影明星或听音乐那样的肯定的情感反应。

在这里，肯定的情感反应就是条件反应（CR）。这些对模特或音乐等象征物的情感反应迁移到对广告的情感反应的过程就是情感迁移过程。在经典条件反应作用下的情感迁移过程如表 7－2。

表 7－2　经典条件反应作用下情感的迁移

〈经典条件反应〉	〈在广告中的经典条件作用〉
无条件刺激 → 无条件反应	喜欢的模特 → 好的感觉
条件刺激 ＋ 无条件刺激 → 无条件反应	新品牌 ＋ 喜欢的模特 → 好的感觉
条件刺激 ＋ 无条件刺激 → 无条件反应	新品牌 ＋ 喜欢的模特 → 好的感觉
M　　M	M　　M
M　　M	M　　M
条件刺激 → 条件反应	新品牌 → 好的感觉

阅读资料7－3　Gorn 经典条件反应作用下的情感迁移实验

Gorn 利用经典条件反应理论研究了背景音乐对产品偏好的影响。实验的研究内容是，在最低限度地展示产品信息时，广告背景音乐如何影响被试者的产品偏好。

在实验中，通过投影仪向被试者展示不同颜色的圆珠笔（条件刺激），同时给被试者听不同的音乐（无条件刺激）。条件刺激来自圆珠笔的两种颜色，一种是浅蓝色，一种是米黄色。以无条件刺激来利用的音乐也是两种，一是喜欢的电影 Grease 音乐（肯定的无条件刺激），一是不喜欢的印度古典音乐（否定的无条件刺激）。

被试者分为四个小组。给第一小组听喜欢的音乐，同时展示浅蓝色圆珠笔；给第二小组听喜欢的音乐，同时展示米黄色圆珠笔；给第三小组听不喜欢的音乐，同时展示浅蓝色圆珠笔；给第四小组听不喜欢的音乐，同时展示米黄色圆珠笔。

然后，为感谢被试者的协助，让被试者在浅蓝色圆珠笔和米黄色圆珠笔中选择一个。结果，79%（74 名）的被试者选择与喜欢音乐同时展示的圆珠笔（广告的圆珠笔），而只有 21%（20 名）的被试者选择在提示喜欢音乐时没有展示的圆珠笔（没有广告的圆珠笔）。另外，30%（30 名）被试者选择在提示不喜欢音乐时展示的圆珠笔（广告的圆珠笔），而 70%（71 名）被试者选择在提示不喜欢音乐时没有展示的圆珠笔（没有广告的圆珠笔）。如表 7－3 所示。

表 7－3　　情感迁移实验中音乐与圆珠笔的选择

	广告的圆珠笔	没有广告的圆珠笔
喜欢的音乐	74 名（79%）	20 名（21%）
不喜欢的音乐	30 名（30%）	71 名（70%）

资料来源：Gorn, Gerald J., "The Effects of Music In Advertising on Choice Behavior: A Classical Conditioning Approach," Journal of Marketing, Vol. 16 (Dec.), 1982.

7.4　影响品牌态度的情感反应

前面已经指出，接触广告的消费者对广告产生情感反应。这些情感反应又影响品牌态度的产生。从这种观点出发，Burke 和 Edell 研究了电视广告所引起的感觉（feeling）对广告态度和品牌态度的直接或间接的影响。但影响品牌态度的这些情感反应是多种多样的。其中，我们主要解释广告能引发的幽默、温暖、恐惧等情感反应。这些情感反应决定广告态度，对品牌态度的产生起很大的作用。

7.4.1　幽默（humor）

幽默是广告中常见的一种诉求手法。广告中的幽默可以用画面来表现，也可以用语言来表达。例如，在“步步高电话机”电视广告中，其幽默就是用人物的滑稽表情与动作来表现的。

关于幽默诉求广告的效果，传统的看法认为，幽默能降低受众的认知防御，从而可对产品引发出愉悦的、易于记忆的联想。然而，一些著名的广告人对幽默的看法则甚为不同。大卫·奥格威坚持认为广告不宜太引人发笑，而应该多一些信息，并指出“人们可被小丑所逗笑——他们却不敢取其行径”。而美国波恩巴奇公司的一位撰稿人罗伯特·怀恩从广告与受众互惠的角度强调幽默的作用时指出：“我们知道广告等于一种侵扰，读者并不一定喜欢广告，并且可能尽量避开广告，因此做好广告便是广告人的责任……为了赔偿你在他买的杂志上耗去他的时间阅读，因此广告人必须带给消费者乐趣，这是他们的一种报酬。”

阅读材料7－4　　　　幽默广告语欣赏

眼镜店："眼睛是心灵的窗户，为了保护您的心灵，请为您的窗户安上玻璃。"

香水公司："我们的新产品极其吸引异性，因此随瓶奉送自卫教材一份。"

公共场所禁烟："为了使地毯没有洞，也为了使您肺部没有洞，请不要吸烟。"

新书："本书作者是百万富翁，未婚，他所希望的对象，就是本小说中描写的女主人公！"

交通安全："请记住，上帝并不是十全十美的，它给汽车准备了备件，而人没有。"

鲜花店："今日本店的玫瑰售价最为低廉，甚至可以买几朵送给太太。"

美容院：请不要同刚刚走出本院的女人调情，她或许就是你的外祖母。

在幽默效果的研究领域，市场学家、心理学家做了不少的研究，但研究结果不一。邓肯（1980）研究发现，幽默广告因分心而影响对信息性广告的理解。在1985年的研究中，他认为幽默增加受众对广告的注意，积极影响人们对广告、产品和品牌的态度。佩蒂·威尔斯和鲁克（1976）以及马登（1983）的研究表明，幽默分散受众的注意力，因而减少反对意见的产生。

总之，在有关幽默效果的实验研究领域里，对幽默效应认识的倾向是：幽默引起受众对广告的注意，提高受众的广告接触率，促进受众对广告、品牌形象的良好态度，但减少受众对信息的理解和记忆效果。

在实验研究中，记忆测验大多在接触广告后的短时间（几分钟、几十分钟或几天）内进行，所以效果较差。在测验时间延迟至更长时间之后，情形就有所不同。幽默的语言、表演容易给人留下难忘的记忆，这些信息的记忆对信息的回忆具有提示作用。有一项关于500则电视广告的调查发现，在一系列广告的效果测验中，幽默广告更便于记忆，也更有说服力。该项调查还表明，金钱、财产、生命和死亡都不是取笑的对象，应当避免。

幽默表现手法有利于达到较好的宣传效果，但要注意使用的场合。著名广告人D·丹尼尔为幽默广告创作提出下列四条原则，值得读者参考。

（1）在大多数情况下，幽默性广告只适用于推销低档商品，不适用于推销高档商品；

（2）幽默笔法应能使老生常谈的话题获得新生，以加强读者的记忆力；

（3）利用幽默的笔法应能有效地把一个简单的内容讲得生动，便于记忆；

（4）幽默创作应能突出强调一个过时做法的愚昧可笑，从而使新产品或新方法扫清思想障碍。

另外，利用幽默的广告也会遇到以下问题，做幽默性广告时应该要注意。

（1）有些人喜欢幽默性广告，但另外一些人并不喜欢幽默，甚至厌倦，认为幽默是庸俗的。所以对做幽默性广告的企业来说，明确目标受众（target audience）是非常重要的。

（2）利用幽默的频率越多，引起受众厌倦的可能性越大。虽然一开始幽默非常逗笑有趣，但过于反复，就容易引起受众的厌倦。

(3) 虽然幽默能引起受众的注意，引起受众对广告的好感，但过于强调幽默，就会妨碍受众对广告信息内容的理解。

在幽默性广告中还要注意的是，由于各国的文化不同，消费者能接受的幽默的表现方法也不同。例如，法国的 Kronenbourg 啤酒进入美国市场的时候，就利用英国式的幽默表现方法来做广告。一开始，法国本部的管理人员都不太喜欢英国式的幽默表现方法。如果 Kronebourg 啤酒在美国市场上不能成功的话，他们马上就收回此次广告活动。但实际结果是非常成功的。因为英美幽默的文化基础类似，所以英国式的幽默表现方式在美国很容易被广大消费者所接受。这样，在美国市场进口啤酒的销售增长率为 14% 的情况下，法国 Kronenbourg 啤酒的销售额增长率高达 22.5%。

7.4.2 温馨（warmth）

广告可以使消费者产生温馨的感觉。Aaker 和 Bruzzone（1981）[①] 主张，广告利用感情脆弱的（sentimental）、家庭、儿童、友情、好的感觉等时，就容易引起消费者的温馨的感情。Schlinger（1996）[②] 指出，温馨是与包括好夫妻、温馨的关系、母亲与孩子的相互作用、有魅力的产品、休假计划等内容的广告相关的概念。

学术界对温馨概念看法有所不同。Aaker 等（1996）[③] 认为，温馨是包括生理性唤起（arousal）在内的肯定、温和而不易消失的情绪，是直接或间接地感受爱、家庭、友情关系等所激发的情绪。

但是 Abeele 和 Maclachlan（1994）[④] 认为，在情感反应中的属于情绪（emotion）的温馨（warmth）是对广告的迅速而敏感、具体的反应。他们通过实验分析温馨与其他七个情绪，如快乐（joy）、惊奇（surprise）、期待（anticipation）、愤怒（anger）、容忍（acceptance）、厌恶（disgust）、关注（attention）之间的关系，结果发现温馨与其他七个情绪之间的区别不大。所以他们主张，温馨不是核心的情绪概念，概念本身也不明确，与其他情绪概念重复。

另外，如果在卷入程度、感觉程度、生理性唤起程度等非常高的情况下所引起的情绪过于激烈，这时的情绪很难说是温馨。但是温馨的持续时间是非常短暂的，就是说，温馨是在几秒钟、

---

① Aaker, Davie A. and Donale E. Bruzzone, "Viewer Perceptions of Prime-Time Television Advertising," *Journal of Advertising Research*, October, 1981.

② Schlinger, Mary Jane, " A Profile of Resoponses to Commercials," *Journal of Advertising Research*, Vol. 19 (Fevruary), 1996.

③ Aaker, David A., Rajeev Batra, and John G. Myers, "Advertising Management", Perntice Hall, Englewood Cliffs, New Jersey, 1996, 239.

④ Abeele, Piet Vanden and Douglas L. Maclachlan, "Process Tracing of Emotional Responses to TV Ads: Revising the Warmth Monitor," *Journal of Consumer Research* Vol. 20 (March), 1994.

几分钟内形成或变化的。

在广告中所出现的模特感受温馨的时候，受众也可能间接地感受到温馨。例如，从海外回来的儿子与母亲久别重逢的画面，聪明伶俐的孙子给爷爷剃头发的画面，都充满着温馨的气氛。这时受众也容易卷入这些气氛，与广告中的演示者共同感受温馨的感受。并且受众通过广告可以回忆起过去自己亲身感受到的温馨。如我国最大的传统节日——春节全家团聚的画面，可以使受众回忆起过去温和的家庭气氛。这些温馨诉求广告可以减少受众对广告内容的拒绝感。

7.4.3 恐惧（fear）

与温暖、幽默不同形态的情感反应——恐惧（fear）和不安（anxiety）也是在广告中经常被利用的诉求方式。恐惧诉求是在广告中展示一个可怕的情境，来唤起受众的焦虑和不安，进而指出恐惧情境可以通过使用产品或劳务来解除。恐惧的情境如把侵袭人体的病害描述得非常可怕；或指出在某种情况下，消费者蒙受巨大损失等。恐惧诉求常用于为从财产（汽车保险或家庭财产保险等）或健康（人寿保险或戒烟运动等）的损失中保护消费者而提供的产品广告方面。

阅读材料7-5 保德信保险公司恐惧性诉求广告文案

“日航123次航班波音747航班，在东京羽田机场跑道升空，飞往大阪，时间是1985年8月15日下午6点15分，机上载着524位机员、乘客以及他们家人的未来”

“45分钟后，这班飞机在群马县的偏远山区坠毁，仅4人生还，其余520人已成为空难的统计数字……”

“在空难现场一个沾有血迹的袋子里，智子女士发现了一张令人心碎的信条。在别人惊慌失措呼天抢地的机舱里，为人夫为人父的谷口先生写下了给妻子的最后叮咛：智子，请好好照顾我们的孩子。就像他要远行一样。”

“你为谷口先生难过吗？还是为人生的无常而感叹？免除后顾之忧，坦然面对人生，享受人生，这就是保德信117年前成立的原因。走在人生的道路上，没有恐惧，永远安心——如果你与保德信同行。”

另外，也有这样的恐惧，就是与社会心理动机相关的恐惧。这些恐惧诉求用于与个人相关的产品（牙膏、口腔清洗剂等）和家用产品（食品、家具等）的广告方面。

关于恐惧诉求的效果问题，最早的观点认为，信息的有效性与它制造的恐惧成正比。恐惧制造得越大，紧张越强，驱使人们采取购买行动以消除紧张的力量就越大。然而，I. L. 詹姆斯和S·费斯巴奇（1953）的研究却发现情况并非如此。在研究中，他们给中学生讲解牙齿保健的知识，并分别用三种能引起强烈、中等和低等恐惧的图解来唤起受试者的恐惧感。然后，考察感受恐惧程度与受试者改变牙齿卫生行为的关系。研究结果发现，感受恐惧的受试者比控制组（没有接受讲解的受试者）行为变化大，但低等恐惧的效果最大，其次是中等恐惧。

M. L. 雷和R. L. 威克（1970）的研究表明，太强或太弱的恐惧感反而不如适当恐惧感有效。他们还对恐惧感增加后的后果做如下解释："……假如恐惧感能够增加驱使力，就有可能把更多的注意力和兴趣放在产品和信息上……但是，恐惧感也会导致一种重要的特征出现，就是抑制……如果恐惧程度过高，就可能产生对广告防御性回避，对威胁的否认，对广告意义做选择性接受或曲解，或者认为如此重大的恐惧实在无法处理。"

麦奎尔（1969）针对恐惧宣传及其效果的关系指出，二者之间是非单调性的倒U型关系。他认为，受众的焦虑唤起水平与观点的改变之间存在着交互作用，即过高或过低的焦虑水平都不容易引起观点的改变，只有适当的焦虑水平才能引起消费者态度改变。

恐惧诉求不仅引起像不便那样的感觉（feeling），而且也引起对恐惧的情绪性反应（emotional response）。但Leventhal指出，根据平行性反应模型（parallel response model），除了情绪性反应以外，又可以引起消费者对自己可能产生损失的认知反应。

为提高引起恐惧这一情感反应的广告效果，最好同时提示解决问题的方法。这个解决问题的方法必须是消费者能够接受或执行的方法。如果没给消费者解决问题的信心，消费者就会避开其广告内容。所以，提示解决方法的时候，让受众认知所提示的解决方法是解决恐惧问题的最合适的方案，是受众能够执行的方法。

从这种观点出发，研究防御动机理论（protection motivation theory）的Rogers（1983）[①] 指出，为提高威胁诉求广告的效果，必须向目标受众强调以下四个方面：

（1）在广告中所提出的威胁的发生可能性很大；

（2）这些威胁将带来严重的后果；

（3）在广告中所主张的行动是能够消除这些威胁的；

（4）目标受众能够把广告所主张的行动变为现实。

例如，诉求青少年坚决抵制毒品的广告，必须提示这样几方面的事实：吸毒的消费者就中毒，一旦中毒，就带来非常严重的生理上、财政上、社会上的后果，甚至死亡。同时提示这样的事实：虽然受朋友的压力，但中断吸毒也是可能的，目标消费者能够对抗朋友的压力。

7.4.4 引发否定效果的情感反应

在引起广告态度的情感反应中，除了上述几种情感反应以外，还有减少广告真实性效果的否定的情感反应。Aaker和Bruzzone选择534则电视广告，对增加拒绝感（irritation）的广告与减少拒绝感的广告进行比较分析。他们认为引起拒绝感的广告"是由于在短时间内刺激不快感或因不快感而不能忍受的广告"。研究结果显示，女用卫生纸广告是最能引发拒绝感的广告，还有痔疾药、妇女内衣广告也是引起相当拒绝感的产品广告。他们又提出引起拒绝感的原因：

---

① Rogers, Ronald W., "A Revised Theory of Protection Motivation," In J. Cacioppo and R. Petty, eds., *Social Psychophysiology*, New York, NY: Guilford., 1983.

• 对个人敏感的产品（sensitive product），并且详细地提示其包装、构成成分、产品效果的广告；

• 不提供可信感，或者过于戏剧性的时候；

• 个人因外貌或知识而意气消沉的时候；

• 母女之间、夫妻之间或朋友之间的关系受威胁的时候；

• 过于生动而详细地提示身体缺陷部分的时候；

• 由矛盾的主张或行为引起不安或紧张感的时候；

• 不喜欢的或没有魅力的人出现在广告上的时候；

• 广告的制作质量很差的时候。

在上述的情况下，人们对广告产生拒绝感，从而引起否定反应的可能性很大。

相反，有些观点认为，在广告的模特、音乐、画面等不能引起良好感情的时候，也就是说，广告提供否定性暗示的时候，会提高广告效果。这种理论就是睡眠效果假设（sleeper effect hypothesis）理论。根据这一理论，信息的说服效果（persuasive impact）并不是随着时间的推移而下降的，而是增加的。那么，说服效果为什么能提高呢？对此可以做如下说明。受众接触广告的时候，如果暗示（如背景音乐、画面的效果、印刷状态、模特等）是否定的，那么，一开始这些否定的暗示与广告内容之间引起联想，从而说服效果也下降。但是，随着时间的推移，这些否定的暗示与广告内容之间的联想就被断绝。不过，根据否定的暗示，受众更深入地处理了广告信息，所以广告信息更生动地贮存在受众的记忆里。结果，广告效果也会提高。

7.4.5 情感的强度

情感的强度与也会影响品牌的知晓度（brand awareness）。李斗熙（1999）做了如下实验。他选择的产品是低卷入的又是知晓度很低的口香糖，被试者为156名，实验期限为10天。广告刺激程度分为非常肯定的、稍肯定的、一般的、稍否定的、非常否定的五种。实验结果发现，广告的刺激程度会影响对品牌的知晓度，并且在同等的刺激下，否定的广告知晓度比肯定广告的知晓度还高。所以，在广告暴露以后的一段时间内，广告刺激的程度越强，品牌的再认度（recognition）就越高。并且在一般的情况下，否定的或肯定的广告比普通的广告更容易引起受众对品牌的知晓。

但是，这些研究结果局限于新的品牌或者低卷入产品。从上述研究结果来看，广告的刺激程度是比较重要的。就是说，广告主或广告公司制作广告时，要利用强度或极性效果，适当地决定广告刺激程度。一般来看，广告刺激的强度越强，会引起较高的品牌认知度，所以，在广告次数不频繁的时候，可以利用刺激程度较强的广告。但同时也应该考虑刺激强度效果的局限性，而不必要制作非常肯定的或者非常否定的广告，稍肯定的或者稍否定的刺激强度的广告会有效地提高消费者对品牌的知晓度。

本章小结

认知反应就是发生于传播活动过程之中或之后的积极思考过程或活动。一般说来，认知反应会影响最终的态度改变，甚至成为态度改变的基础。

认知结构就是人们对广告形成一种态度之前，总是先通过对产品的各个方面（如性能、质量、价格等）进行一定的评价之后，再把这些评价综合起来形成对产品的总态度。

广告不仅传递信息，而且给人以温馨、幸福、威胁等感觉。通过广告所给予的感觉而形成的消费者的情感反应影响对品牌的态度或行为。

消费者接触广告时所产生的情感形成对广告的态度。对广告的态度，就是指对具体广告的喜欢或不喜欢的程度。这样形成的广告态度与品牌有关系，影响品牌态度的形成。

对广告的情感反应又影响品牌态度的产生。但影响品牌态度的这些情感反应是多种多样的。本章主要解释广告能引发的幽默、温暖、恐惧等情感反应。这些情感反应决定广告态度，对品牌态度的产生起很大的作用。

思考题

1. 哪些因素影响消费者对广告的认知反应?
2. 选择你最喜欢的广告和最不喜欢的广告，说明这些广告能引起的认知反应。
3. 举例说明 Fishbein 模型。
4. 消费者对广告的情感反应如何影响对品牌的态度?
5. 简述经典条件反应作用下的情感的迁移。
6. 一些观点认为“中国广告不幽默”，你对这一观点有何看法?
7. 选择一则温馨广告，然后说明情感反应的产生过程。
8. 选择一则恐惧广告，然后对此进行评价。

案例讨论

孔府家酒与雕牌洗衣粉广告中的情感牌

1994 年初，在中央电视台和其他省市电视台同时播出了由王姬主演的“孔府家酒，叫人想家”（《孔府家酒·回家篇》）的电视广告。

广告描绘了这样一组画面：

画面一：暮霭晨曦中，一架飞机徐徐降落，机场的人群都在翘首以盼，迎接远方游子的归来。

画面二：一家人其乐融融，共度晚餐，家人争相为海外归来的阿春（王姬饰）斟酒添菜，场面极为温馨。

画面三：音乐响起，画面中传来刘欢那极富磁性的嗓音，“千万里，千万里我追寻着你……”，歌曲高潮之处，阿春（王姬）饱含深情地说道：“孔府家酒，让人想家。”

《孔府家酒·回家篇》一经播出，立刻引起消费者的广泛共鸣。广告为孔府家酒的生产厂家——山东曲阜市酒厂带来了超乎预想的经济利益。1994 年该厂实现利税 2.2 亿元，比 1993 年增长 100%。同时，该广告片还夺得了众多广告大奖：首届“花都杯”中国电视广告大奖赛金塔大奖、公众大奖、最佳广告语奖；1995 年“全国第四届广告作品展”电视类金奖。

人类的情感是很微妙的东西。品牌要想通过情感诉求打动消费者的心，首先必须把清消费者的脉搏，即要了解目标消费者最关心的是什么，要知道什么最易触动消费者的心弦。

堪称国内情感广告标板之一的雕牌洗衣粉电视广告与孔府家酒广告有异曲同工之妙。

雕牌洗衣粉广告向我们讲述了这样的故事：年轻妈妈下岗了，为找工作而四处奔波。懂事的小女儿心疼妈妈，帮妈妈洗衣服，天真可爱的童音说出：“妈妈说，‘雕牌’洗衣粉只要一点点就能洗好多好多的衣服，可省钱了！”门帘轻动，妈妈无果而回，正想亲吻熟睡中的爱女，看见女儿的留言——“妈妈，我能帮你干活了！”年轻妈妈的眼泪不禁随之滚落……这份母女相依为命的亲情与产品融合，成就了一个感人至深的婉丽的产品故事，声声童音在心头萦绕，拂之不去，“雕牌”形象则深入人心。该广告紧紧抓住当前因国企人员分流等一些原因而造成的“下岗”这类普遍的社会现象，只用这则简单朴实的故事在消费者心头轻轻一挠，不知让多少深有此感的观者为其感而落泪，其细腻而不落俗套，平实中见其精彩，教人过目难忘。

所谓“天若有情天亦老”，广告中若能融进适当的情感，定能一把抓住消费者的注意力，贴近消费者的心。

问题讨论

1. 上述两则广告为什么感人至深？
2. 请根据认知反应理论对以上案例进行分析。

第 8 章

广告创意策略

本章导读

广告创意策略（creative strategy）是一个常见的概念，但学术界对于何谓创意策略至今并没有明确的界定。有学者将广告创意策略理解为广告计划的一个组合策略，也有学者将创意策略与创意计划结合起来，并称之为“广告创意设计”或“创意计划”等。不管我们如何理解，毕竟广告创意策略是确实存在的，且是与广告策略或广告创意计划不同的概念。在本章中，我们首先就广告创意策略的概念进行介绍，然后结合大量的实例和阅读材料，重点论述广告创意的表现方式与技巧。

开篇案例　　农夫山泉：这个广告也“有点甜”

每当提起农夫山泉，消费者脑海中首先闪现的是那句出色的广告语“农夫山泉有点甜”，这句广告语，首先在农夫山泉一则有趣的电视广告中提到：一个乡村学校里，当老师往黑板上写字时，调皮的学生忍不住喝农夫山泉，推拉瓶盖发出的砰砰声让老师很生气，说：上课请不要发出这样的声音。下课后老师却一边喝着农夫山泉，一边称赞道：农夫山泉有点甜。于是“农夫山泉有点甜”的广告语广为流传，农夫山泉也借“有点甜”的优势，

由名不见经传发展到现在饮水市场三分其天下，声势直逼传统霸主乐百氏、娃哈哈。

为什么农夫山泉广告定位于“有点甜”，而不是像乐百氏广告那样，诉求重点为“27 层净化”呢？这就是农夫山泉广告的精髓所在了。首先，农夫山泉对纯净水进行了深入分析，发现纯净水有很大的问题，问题就出在纯净上：它连人体需要的微量元素也没有，这违反了人类与自然和谐的天性，与消费者的需求不符。这个弱点被农夫山泉抓个正着。作为天然水，它自然高举起反对纯净水的大旗，而它通过“有点甜”正是在向消费者透露这样的信息：我农夫山泉才是天然的，健康的。一个既无污染又含微量元素的天然水品牌，如果与纯净水相比，价格相差并不大，可想而知，对于每个消费者来说，他们都会做出理性的选择。

但事实是，农夫山泉在甜味上并没有什么优势可言，因为所有的纯净水、矿泉水，仔细品尝，都是有点儿甜味的。农夫山泉首先提出了“有点甜”的概念，在消费者心理上抢占了制高

点。其思维敏捷令人叹服。

农夫山泉发展到这地步，已经相当不错了，但农夫山泉并没有故步自封，它继续高扛天然水的大旗，把与纯净水的战争进行到底。1999 年 6 月，农夫山泉在中央电视台播出衬衣篇广告时说：“受过污染的水，虽然可以提纯净化，但水质已发生根本变化，就如白衬衣弄脏后，再怎么洗也很难恢复原状。”广告一经推出，立即引起轩然大波，同时挑起了天然水与纯净水的争论。2000 年 4 月，农夫山泉突然隆重宣布“长期饮用纯净水有害健康”的实验报告，并声称从此放弃纯净水生产，只从事天然水生产，俨然消费者利益的代言人。农夫山泉对纯净水的挑战，遭到了纯净水厂商的激烈反击，甚至诉诸法律。这一系列事件的发生，引来了媒体和公众的兴趣，形成了轰动效应。而作为众矢之的的农夫山泉却暗自庆幸，因为有更多的人知道了它含有微量元素而不同于纯净水。

农夫山泉乘胜追击。2000 年 7 月中国奥委会特别授予养生堂 2001 ~ 2002 年中国奥委会合作伙伴，养生堂拥有了中国体育代表团专用标志特许使用权，从此农夫山泉广告与奥运会挂上了钩，并邀请了孔令辉、刘璇做代言人，农夫山泉品牌形象再一次得以发扬光大。

农夫山泉一环扣一环的广告策略，让人领略了东方智慧的魅力。我们在叹服的同时，不忘把它列入十大最佳广告策略排行榜上。

资料来源：李永梁，http：//management. yidaba. com/scyx/579470. shtml。

8.1 广告创意策略

广告创意水平的高低在一定程度上决定了广告作品的优劣。在如今的商业社会中，广告充斥着我们生活的每一个角落，但是这些广告留给我们的印象却大相径庭：许多广告平淡无奇，令人毫无兴趣，甚至会引起我们的反感；而有些广告却能激发我们的消费欲望，产生良好的广告效果。同样是广告，为什么会有如此大的差距？除了设计、制作以及产品本身等方面的因素外，广告创意水平的高低是一个最为重要的原因。

8.1.1 广告创意的概念

随着市场竞争的不断加剧，企业间的广告大战也在不断升级，广告从以前的所谓“媒体大战”、“投入大战”逐渐转向创意方面的竞争。现在，越来越多的人认识到创意是广告的灵魂和生命。然而，“创意”一词究竟是什么？其内涵如何界定？对此，人们却是众说纷纭。

美国广告专家 Alber Szent Gyorgri 认为：“创意就是你发现了人们习以为常的事物的新含义。”

芝加哥 Marvin H. Frank 广告公司的创意总监说：“创意人员的责任是收集所有能帮助解决问题的材料，像产品事实、产品定位、媒体状况、各种市场调查数据、广告费等，把这些材料分类、整理、归纳出所需传达的信息，最后转化为一种极富戏剧性的形式。”

美国广告专家 Shirey Polkoff 认为："创意就是用一种新颖而与众不同的方式来传达单个意念的技巧与才能，即所谓客观地思索，然后天才地表现。"

美国的广告杂志《Advertising Age》总结出："广告创意是一种控制工作，广告创意是为别人陪嫁，而非自己出嫁。优秀的广告创意人员深知此道理，他们在熟悉商品、市场销售计划等各种信息的基础上，发展并赢得广告运动，这就是广告创意的真正内涵。"

创意，要突破常规，它体现一种思维方式。它超越了在处理周围环境与自身问题时所采取的通常方式，扩大了那些合乎意愿的心理体验。它采取了一种与众不同的方式。因此，广告创意是广告策划的一系列思维活动，它是对题材的选择、主体的提炼、形象的典型化、文字的精炼、图画的意境，以及载体、表现方式和风格的总和思考与想象。所以，广告创意的实质是对创作对象进行想象和创造，使现实美与艺术美能够融合起来。广告创意是现代广告策划的中心。创意是一段心智活动过程。

8.1.2　广告创意的过程

广告创意是复杂而艰辛的脑力劳动活动，它不仅需要创作者的灵感，而且还要遵循科学的创作过程。一般而言，广告创意活动要经历以下四个阶段。

第一阶段，收集资料

收集资料是开展广告创意活动的前提与基础。广告创意需要建立在广泛占有资料、充分把握相关信息的基础之上。广告创意工作者只有充分掌握各种相关信息，才有可能发现产品或服务与目标消费者之间存在的关联性，才有可能进行高水平和成功的创意。广告创意的资料收集主要集中在对广告产品、服务、目标消费者及竞争者对手等几个方面。

广告创意决不是无中生有，而是通过创意者平常细致地观察生活，体验生活，把握生活，并把生活中的点滴资料收集汇入脑海储存记录起来，以备创意时"厚积薄发"。

例如，日本食品化学新闻社学者落合一郎先生为宣传推广中国特产药材罗汉果，从 60 多岁开始，先后 50 多次由日本到中国桂林的边远山村——永福龙江村，收集罗汉果的历史、传说、种植、养护、加工、饮用及治疗功效，并先后在日本、中国进行罗汉果临床应用调查，从而获得了罗汉果的大量资料，然后在《日本食品化学新闻报》刊物上推荐给日本消费者；由一个新闻工作者转变成"罗汉果王"，光罗汉果资料就整理出四大本，上百万字。目前，中国罗汉果及精加工产品的国际市场一半在日本。①

第二阶段，分析、整理资料

收集到的资料未必都有价值，因此，需要对所收集到的资料进行归纳、整理和分析。具体工

---

① 张丽：《医药广告实务》，中国中医药出版社 2006 年版，第 118 页。

作包括：分析广告商品与同类商品所具有的共同属性；通过对比分析找出广告商品与竞争商品相比所具有优势和劣势；根据广告商品的竞争优势确定广告的诉求点。

第三阶段，酝酿与顿悟

广告创意的产生表现为灵感的突现，但不是无中生有。在设计师经过阶段性的努力，就某一信息或在偶然机会获得的启发，正如“众人寻他千百度，那人却在灯火阑珊处”。灵感的出现都是在长期艰苦的资料储备和思想酝酿之后，绝不可能“从天而降”。

阅读材料8－1 **广告创意中的尤里卡效应**

“尤里卡”在希腊语中的意思是“我想出来了”。著名的“尤里卡效应”标志着伟大创意的诞生，这个效应源于古希腊科学家阿基米德科学灵感实现时的忘情呼喊。尤里卡的故事是这样的：一天，阿基米德被要求在不能有任何损伤的条件下判定一顶皇冠的真假，这在2000多年前实在是个大难题。他朝思暮想，想累了，干脆不想它了，还是舒舒服服地洗个澡。阿基米德躺在灌满热水的浴盆里，任热水顺着盆沿溢出来。突然，他脑子里一亮，通过称皇冠排出的水量来确定它的体积，进而确定比重，不就能判定真假了吗？于是他高兴地大喊：“尤里卡！尤里卡！”他的发明方式被后世称为“尤里卡效应”。现在“尤里卡”驰名全球，不仅欧共体的高技术计划称为“尤里卡计划”，我们国家的许多广告商品也以“尤里卡金杯”相标榜。阿基米德的想像力是非凡的，他的非凡就在于通过想象把握住了事物之间的相互关系，使问题得到了圆满的解决。当广告创意人高喊“尤里卡”的时候，就意味着创意的想像力进入了“寒冷清晨的曙光”的时刻。就像阿基米德那样，在问题遇到困难时，把问题放入潜意识之后而获得的直觉和顿悟，这就是广告创意中的“灵感思维”。

这种在不知不觉中突然发生的特殊的思维形式，唯物主义认为它是长期思考的问题受到某些事物的启发，忽然得到解决的心理过程；它指的是人们在创造性的思维活动中因偶然机遇而疑窦顿开，思路贯通，获得意外创造成果的一种心理现象。在人类历史上，许多重大的科学发现和杰出的文艺创作，往往是灵感这种智慧之花闪现的结果。灵感可谓广告创意的发动机，是创造性思维的源泉。它既不像柏拉图所说的那样是“神的启示”，也不像机械唯物论所说的是一种莫须有的臆造。灵感是长期积累、艰苦探索后的一种必然性和偶然性的统一，是创新思维过程中认识飞跃的一种奇特的心理现象。

资料来源：张红军，《消费导刊·理论版》，2007年第2期。

第四阶段，验证完善

广告创意刚刚出现时，往往是模糊的、粗糙的和支离破碎的，会有许多不尽合理的地方。这就需要广告创意人员在创意形成之后下一番工夫，仔细推敲，使之不断成熟和完善。

阅读材料8-2　　大卫·奥格威的创意验证

大卫·奥格威是一位了不起的广告大师，但他产生和确认任何一个创意之前都热衷于与他人商讨。比如，他为劳斯莱斯汽车创作广告时，写了26个不同的标题，请了6位同仁来审批，最后选出最好的一个："这辆劳斯莱斯时速60英里时，最大的闹声来自电子钟"，写好后，他又找来三四个文案人员来评价，反复修改，最后再定稿。

资料来源：崔晓文主编，《广告学概论》，清华大学出版社2009年版，第132页。

8.1.3　广告创意策略

广告创意策略也不例外，现在还没有明确的定义。不过把各种对广告创意策略的定义综合起来看，广告创意策略基本上包括两个方面，即如何构成广告内容和如何表现广告内容。从这点来看，广告创意策略与广告的"说什么（what is said）"和"如何说（how it is said）"有关系。而"说什么"就是指广告内容（message content），"如何说"就是指广告表现（execution）。有些人从广告策略的角度理解广告创意策略，认为广告创意策略是"如何以内容或视觉的角度表现广告策略的计划"。如果广告策略是市场营销策略的组成部分，那么广告创意策略是广告策略的组成部分。广告策略的重点在于广告活动的目标或定位上，而创意策略的重点在于广告所要表现的内容上。广告创意策略是创造性地表现整个广告策略的一个非常重要的环节。媒体选择得再好，广告内容构思得再好，如果诉求不太重要的属性或者使用不适当的表现方法，那就会直接导致整个广告活动的失败。所以，我们常说"创意是广告的关键"、"创意是广告的灵魂与生命"、"创意是广告活动的中心"。

由于广告内容和表现方式的复杂性，所提出来的广告创意策略也比较多。在这里，我们介绍广告创意策略分类体系，从而进一步理解广告创意策略的含义。

早在20世纪70年代初，Simon（1971）① 从广告内容类型和广告表现方式的角度出发，提出了包括十个创意策略的广告创意策略分类体系。Simon提出的广告创意分类体系包括以下创意策略。

- 信息策略（information strategy）：没有产品的说明或主张而只提示事实性信息。
- 意见策略（argument strategy）：为诱发消费者的购买决策而在广告文案中强调消费者购买产品的理由。
- 心理动机策略（Motivation with psychological appeals strategy）：针对目标受众强调产品能带来的利益。

① Zandpour, Fred, Cypress Chang, and Joelle Catalano, "Stores, Symbols, and Straighy Talk: Comparative Analysis of French, Taiwanese, and U. S. TV Commercials," *Journal of Advertising Research*, (Jan/Fev), 1992.

• 反复主张策略（repeated assertional strategy）：虽然不提供实际证据，但反复传递普遍的或基本的信息（hard-sell）。

• 命令策略（command strategy）：通过权威人士提出产品的主张或信息。

• 品牌熟悉策略（brand familiarizational strategy）：几乎不提出销售主张，但为树立广告主的信任形象采取熟悉的对话方式。

• 象征性联想策略（symbolic associational strategy）：强调产品与特定的场所、人、事件、象征物之间的联想，销售主张不明确，广告文案的内容少。

• 模仿策略（imitational strategy）：名人（celebrity）推荐产品。

• 义务策略（obligational strategy）：免费提供样品，从而让消费者感动。

• 习惯启动策略（habit-starting strategy）：提供样品，降低价格，从而引起消费者的习惯性的购买行为。

但是，后来所提出的广告创意策略分类体系的重点在于广告内容上，而忽视了广告的实施方法。Frazer（1983）① 对广告创意策略下了这样的定义，所谓广告创意策略，是指具体广告内容的属性与特性的政策（policy）或指导性的原则（guiding principle）。根据这个定义，他提出了由七个策略来构成的广告创意策略分类体系。

• 一般性策略（generic strategy）：不强调差别，主张的内容形式多样。

• 抢先性策略（preemptive strategy）：通过对特定产品的属性或产品利益的广告主张，强调产品的领先性。

• USP 策略（unique selling proposition strategy）：强调独特的销售主张，以产品优点作为诉求主题，再转化成消费者关心的产品利益，以消费者的语言来表达。

• 品牌形象策略（brand image strategy）：强调品牌形象的策略。

• 定位策略（positioning strategy）：考虑竞争状况，广告产品在消费者心目中找出并建立一个位置的策略。

• 共鸣策略（resonance strategy）：利用目标受众的知晓状况、生活方式、情感等的策略。

• 反常/情感策略（anomalous / affective strategy）：为引起消费者的卷入或注意而采取的情感表现或暧昧表现的策略。

Laskey，Ellen 和 Melvin（1989）② 也从广告内容的角度提出了电视广告创意策略的分类体系。他们首先把电视广告分为两大类，即信息广告（informational advertising）和迁移广告（transformational advertising）。根据他们的解释，考虑信息广告所采取的创意策略包括比较策略、USP 策略、抢先性策略、夸张策略（hyperbole strategy）、一般性策略等。而考虑变换广告所采取的创

---

① Frazer，C. F.，"Creative Strategy：A Management Perspective，" *Journal of Advertising*，Vol. 12，1983.

② Laskey，Henry A.，Ellen Day and Melvin Crask，"Typology of Main Message Strategies for Television Commercials，" *Journal of Advertising*，Vol. 18，1989.

意策略包括使用者形象策略（user image strategy）、品牌形象策略、使用场合策略（use occasionalstrategy）、一般性策略。

信息广告的创意策略：

- 比较策略：明确提示竞争关系。
- USP 策略：提示独特的销售主张。
- 抢先性策略：依据产品属性或利益来强调对优越性能证明的主张。
- 夸张策略：强调对优越性不能证明的主张。
- 一般性策略：焦点放在产品群的策略。

迁移广告的创意策略：

- 使用者形象策略：焦点放在使用者的策略。
- 品牌形象策略：强调品牌形象的策略。
- 使用场面策略：使受众通过广告反复收看使用场面以后，逐步熟悉使用方法的策略。

另外，Moriarity（1991）① 也提出了 AIIEE 广告创意策略分类体系。她提出的 AIIEE 广告创意策略体系包括，主张策略（argumental strategy）、信息策略（informational strategy）、形象策略（image strategy）、情感策略（emotional strategy）、娱乐策略（entertainment）。

- 主张策略：强调产品购买的理由或逻辑性。
- 信息策略：直接提示事实性信息。
- 形象策略：以生活方式等来联想品牌的策略。
- 情感策略：诉求感情的策略。
- 娱乐策略：提示娱乐性或趣味性的内容，从而引起受众注意的策略。

8.1.4 广告创意表现策略

广告内容可以由硬性内容（hard cell）和软性内容（soft cell）来区分。广告的硬性内容一般以信息为主。为向消费者说明购买产品或服务的理由，就要传递有关产品或服务的信息，从而使消费者做出合理的购买决策。而软性内容一般以情感为主。为引发消费者对品牌或企业的偏好，就要以感性的方式接近消费者。前者称之为信息广告（informative advertising），后者称之为迁移广告（transformational advertising）。所以，广告创意表现策略一般有信息广告策略和迁移广告策略。

1. 信息广告策略

信息广告是指向受众提供明确而有逻辑性的事实性信息的广告。信息广告的诉求点一般采取这样的方式，即诉求消费者的实用性或效用性的需求，以消费者的否定情绪（negative emotion）

① Moriarity, Sandra E.,"Creative Advertising," Englewood Cliffs, NJ: Prentice-Hall, 1991, 82.

作为提供信息的线索。在这里，消费者否定的情绪是指消费者遇到问题但没有找到合适的解决问题方法的时候，或者因问题而处于不满意状态的时候所产生的心理不协调状态。在广告里提示消费者的这些否定情绪时，应该紧接着提供有关广告的产品能带来效用的信息。例如，保险公司的广告中，先提示有关预想不到的事故或死亡方面的内容，然后提示有关能解决这些问题的方法即参加人身保险的内容。

理性的消费者通过信息广告获得相关的产品信息，并根据这些信息区别产品的特性，做出购买决策。既然有时消费者缺乏理性，不太注意产品信息的搜寻，但是如果广告所强调的消费者购买理由是富有逻辑性的，并且提供有趣的、符合事实的、新的、重要的信息，那么这一信息广告就会充分影响或刺激消费者。特别是那些技能性产品，更需要采取信息广告方式。

广告内容中的信息不仅对作为广告主的企业，而且对作为广告对象的消费者来说都很重要。企业要引起消费者对广告的注意（attention），就要向消费者提供能知觉的信息，因为消费者注意或接收广告的一个主要理由就是广告的信息价值。而对消费者来说，广告是获得有关产品或服务信息的最主要的渠道之一，所以在广告缺乏信息的情况下，消费者只能做出非效率的购买决策。

为测定广告所提供的信息，Resnik 和 Stern（1977）① 开发了由 14 个区别信息广告标准所构成的信息分类体系（information classification system）。他们首先对信息广告明确界定，所谓信息广告传递的是帮助消费者收看广告以后做出合理购买决策的信息。根据这一概念他们开发了 14 个区别信息广告的标准，并规定至少传递一个以上信息的广告为信息广告，从而使信息广告概念具有可操作性。根据这一信息分类体系，他们分析了 378 个美国电视广告。分析结果是，传递一个以上信息的广告所占比例为 49.2%，也就是说，在全体分析对象的广告中信息广告不足于 50%，并且发现玩具类产品广告比食品、家用品、洗涤品广告传递更多的信息。对同一资料做追加分析的 Stern、Resnik 以及 Grubb（1977）② 发现产品寿命期和广告信息量之间的关系，即导入期产品广告（70%）比成长期产品广告（50%）和成熟期产品广告（41%）具有更多的信息。

Resnik 和 Stern 的 14 个区别信息广告标准是：价格或价值（price/value）；质量（quality）；性能（performance）；成分或内容物（components / contents）；购买处（availability）；特别提供（special offers）；味道（taste）；营养（nutrition）；包装、外部形态或设计（packaging /shape / design）；保证（guarantees /warranties）；安全性（safety）；独立机关的调查（independent research）；本公司的调查（company research）；新的构思（new ideas）。

Resnik 和 Stern 的广告信息分类体系反映了产品的基本特性，从而为广告信息研究提供了一

---

① Resnik，Alan and Bruce L. Stern，"An Analysis of Information Content inTelevision Advertising"，*Journal of Marketing*，Vol. 41（January），1977.

② Resnik，Alan，Bruce L. Stern and Edward Grubb，"Information Content in TV Advertising：A Further Analysis，" B. A. Greengerg and D. M. Bellenger（eds.），"*Contemporary Marketing Thought*，" Chicago：American Marketing Association，1977，231 ~254.

个新的定量分析框架。Resnik 和 Stern 以后，很多学者从不同角度利用 Stern 和 Resnik 的广告信息分类体系，对广告所传递的信息量和信息内容进行广泛的研究。

2. 迁移广告策略

所谓迁移广告，是指消费者接触广告的时候，帮助消费者联系消费经验（或体会）与对产品肯定方面的心理反应的广告。如果消费者能合理地、有逻辑性地思考，并对产品具有一定的判断能力或意志，那么，这些消费者可以成为信息广告的目标受众。但是，消费者对广告的反应有时取决于感觉（feeling）或积极性情绪（positive emotions）上的满意程度。积极情绪是持有感觉满意（sensory gratification）、好奇心的充足、社会承认（social approval）等欲望的心理状态。强调通过产品的利用来满足这些欲望的广告就是迁移广告。所以，从某种意义来说，情绪广告就是情感广告。

现在我们举个一位妇女购买宝石的例子。从宝石这一产品能提供的功能以及效用来看，也许它没有多大的价值。但宝石具有稀缺价值，也就是说，在需要钱的时候卖掉它就会得到相应的现金。这位妇女购买宝石的目的，并不在于获得宝石的使用价值或者稀缺价值，而是为了满足持有宝石能得到社会承认的特殊象征性的心理需求。所以，做宝石广告的时候，不必要强调宝石的使用价值或者稀缺价值，而需要强调情感方面的诉求。我们再来看一看一位妇女购买香水的情况。香水同样具有效用和情感方面的属性，但是妇女一般为了满足情感上的需求而购买香水。因为使用香水，就感觉自己也像广告中的模特一样成为有魅力的人，讨人喜欢。

给消费者满足情绪上需求的产品，一般在使用时具有象征性的意义（symbolic meaning）。消费者使用产品时，满足情绪性需求的欲望越强烈，象征性和幻想性的因素越起作用。

迁移广告的诉求方式是在技能性产品没有竞争优势的时候使用的。并且，如果技能性产品也利用以下情绪性诉求方法，会被理解为比竞争产品更优势的产品。强调适当的品牌形象，制作消费者感兴趣或喜欢的广告。

那么，如何选择信息广告创意策略和迁移广告创意策略呢？可以根据产品的特点，特别是根据消费者对产品的卷入程度选择广告创意表现策略（见图8－1）。

	信息广告	迁移广告
低卷入产品	• 阿斯匹林 • 清淡啤酒（light beer） • 洗衣机用洗衣粉 • 体育饮料	• 碳酸饮料 • 啤酒（regular beer） • 点心 • 化妆品
高卷入产品	• 房子、公寓 • 电脑 • 保险	• 休假 • 时装 • 轿车 • 高档家具

图8－1　信息广告与迁移广告的选择

资料来源：John R. Rossiter，Larry Percy，"Advertising & Promotion Management，" McGraw-Hill，Inc.，1987，167.

8.2 广告创意表现方式与技巧

8.2.1 广告创意表现方式

广告创意表现方式较多，难以一一描述，下面我们仅从广告诉求的角度介绍几种常见的广告创意表现方式。

1. 严重性诉求（serious appeal）

严重性诉求是指通过向消费者直接或间接地展示不购买或不使用广告产品所引起的严重后果，从而诱导消费者购买或回避广告产品的一种诉求方式。在一般的情况下，大部分广告主认为肯定的或愉快的广告，比严重的或否定的广告更容易诉求消费者。所以，广告主倾向于选择肯定的或愉快的广告。

但是也有例外。比如有两个关于预防艾滋病的公益广告：一则广告是模特以逗笑的方式说明艾滋病的后果；另一则广告展示实际艾滋病病人的严重病情。从预防艾滋病的角度来看，消费者看了哪一则广告以后使用保险套的可能性更大呢？当然是后者。

所以，严重性诉求主要用于有关预防疾病、饮酒驾驶、预防交通事故、禁毒等的公益广告。

像抗癌症、治疗法定传染病等治疗严重疾病的药品，做广告时利用严重性诉求方式，其广告效果会比其他诉求广告效果更好。

2. 幽默诉求（humor appeal）

幽默诉求是通过逗笑的方式，使广告内容戏剧化、情趣化，在轻松愉快的心情下接受广告内容的诉求方式。幽默广告的回忆率（recall）高，这在不少研究中已得到证明。在美国，幽默广告占整个广告数量的比重为15%，在英国这个比重更高。

采取幽默诉求方式，要考虑以下几点：

（1）幽默是为有效地传递销售构思（selling idea）而被利用的。

（2）幽默与广告内容要协调。也就是说，尽量不要使用与广告内容无关的幽默。

（3）幽默的内容应使受众理解。

（4）幽默应与广告的品牌有较高的关联性。也就是说，使消费者想起幽默就会联想品牌，或者看品牌就想起幽默，即强化品牌与幽默之间的联想关系。否则，受众要么只记忆幽默，要么只回忆品牌。

（5）创作广告文案时更要细心地确定或安排幽默内容或方式。幽默的主观性比较强，所以夸张广告内容的可能性很大。很多研究已表明，幽默广告比一般广告更容易引起消费者的“疲劳效果（wear-out effect）”。

在信息广告中利用与产品有关的幽默，其广告效果很好，但与产品无关的只逗笑受众的幽默

图8-2　诺基亚手机幽默广告

图8-3　国外幽默戒烟广告

广告虽然能引起受众的注意，但其广告效果不一定是好的。不过在迁移广告中可利用与产品无关的幽默。

3. 性诉求（sex appeal）

性诉求是把性关心与产品联系起来的诉求方式。性诉求在广告中的运用，是以富有魅力的姿色、激发美感的情境来吸引男人或女人。性诉求的基础是性爱倾向（eroticism）的感情。性爱倾向与性爱是有区别的。性诉求常用与性有关的画面和语言来表现，例如身穿泳衣、袒胸露背、谈情说爱、拥抱接吻的表现等都与性诉求有关。大部分性诉求用于香水广告、酒类广告、内衣广告等。

学术界对性诉求的广告效果，有两种不同的看法。一种观点认为性诉求广告有吸引男人或女人注意的价值，所以有一定的广告效果（Baker 和 Cjurchill 等）。当同一页杂志上有好几则广告时，大多数人都是先看含有性诉求的广告。仅此而言，性诉求广告是积极的，它说明受到人们的注意。另一种观点则认为广告主所欲传达给受众的产品或服务信息不利于受众的接受（Chestnut，LaChane 和 Lubtiz 等）。例如一些研究发现，同样一种香水、用一个模特来介绍的广告，一则广告模特穿着时髦的三点式泳装，另一则广告模特穿着正常的服装。其结果是，前一则广告由于观众的注意力都集中到模特身上，因而对广告的记忆率相当低，仅2%；而后一则广告中观众的注意力都由模特身上转移到她手上的香水瓶，因而记忆率相对较高，为13%。

斯特德曼（1969）、亚历山大和贾德（1978）等人研究表明，人们对带有性诉求画面的广告信息的记忆率非常低。在斯特德曼进行的研究中，他给60名男子看12张照片，其中6张是中性的（如房子），另6张是女人的各种裸体照。在每一张照片底下，印有一种产品品牌。整套广告让参加者保留24小时。当实验快结束的时候，实验者取走照片下的品牌名称，要求参加者回忆它们。即时测试结果是，裸体照片的品牌回忆成绩高于中性照片的回忆成绩，不过差异不太显著。一周后再进行记忆测试时，中性照片的品牌回忆成绩为60%，而裸体照片的品牌回忆成绩为49%，两者差别相当显著。

总之，带有过多性诉求色彩的广告在宣传效果上是弊多于利，在教育功能上也不利于青少年身心健康发展。因此，在广告中，特别是电视广告中运用性诉求手法要十分慎重。

阅读材料8－3　　**广告中的性诉求**

1981年，所有的巴黎人都为某一系列的海报而感到好奇兴奋。第一张海报说："在9月2日，我会脱掉上面的衣服。"第二张海报承诺："在9月4日，我会脱掉下面的部分。"她是否还能做到呢？她照办了。整幅广告版面以一位体态健美的池畔美女，来强调夏日的清凉健康饮料，整幅画面与"健康热情，无限心动"相互辉映。

清嘴含片的电视广告里，一个清纯的女孩说："想知道亲嘴的味道吗？"立刻传来一群饥渴男人迫切的声音："想知道！"听到回答，没想到那女孩倒矜持起来："你们想到哪里去了，不是'亲嘴'是'清嘴'。"原来女孩说的是清嘴含片。这还不够，在吞云吐雾的公交车尾部，画面上一个大眼睛的漂亮女孩撅起嘴，对着路人说："你知道清嘴的味道吗？"

性诉求在欧美国家的广告中很普遍，在国内的广告中也时有出现。性诉求表现为人体的性感部位和性有关的画面，与性有关的语言描述，以及某种象征性的符号。

这些"性暗示"广告的共同之处在于借"性"发挥，它的"高明"在于能够巧妙地调动起受众的荷尔蒙，并让人深刻地记住它。因为无论受众是商界名流还是小商小贩，是高级知识分子还是平常老百姓，他们生活不同，追求也不同，但性是人们共同所需求的，不受任何身份的影响，最容易引起共鸣，也最容易被人记住。广告看上去五彩斑斓，吸引人的眼球，用性暗示广告取巧，四两拨千斤，达到"广而告之"的目的。从创意的角度来讲，应该是不错的idea。但它的拙劣在于它始终在刻意迎合某些低级趣味，并且，除了以"性"为诱饵之外，似乎再无其他伎俩可施。广告本来是一种商业的促销手段，为的是让受众能记住这个商品。同时，广告也是一种艺术形式，有着很高的审美价值，需要设计人员的智慧和才华。在现实生活的传播环境中，性暗示广告，要达到商业意图与文字锤炼的结合、合乎情理而又出人意料的意境，才会打动人。如果广告一味地向"性"靠拢，乐此不疲的打色情擦边球，会让人感到别扭，甚至龌龊。因此，性文化的传播对中国受众来说要含蓄，要有一定的审美诉求。

利用性文化作为广告的形式，不见得就能收到良好的效果；相反，稍有不慎，可能起到反作用。并且，在对"性"依然持有保守态度的中国，要想在广告中利用好性文化，尤其是一件困难的事情。

资料来源：http：//cache. baidu. com/。

4. USP式广告

USP（unique selling point），即独特销售主题，指在广告创意时，先仔细分析产品，找出产品无可取代的优点，以此作为创意表现的诉求主题，再转化成消费者关心的商品利益，以消费者的语言来表达。

这种运用"产品USP"来作为广告创意的广告作品随处可见。创意人员也多用此方法。只要产品能被发掘出USP，即可大胆进行诉求。此种方法可在激烈的商品竞争中，凸显广告产品，遏制竞争对手，给目标消费者留下深刻印象，从而扩大市场占有率。如果此种创意的广告表现杰出，将会成为颇具震撼力的广告作品。

USP式广告在产品生命周期的前期效果较为突出。对于科技型产品，是以其技术领先、功能卓著而居优势地位的，其诉求点就很明显，所以应以此作为创意的出发点，且可因技术的不断创新而一直采用此法。

USP式广告偏重产品特点的强调，是一种以产品特点为划分标准的产品定位，大多表现为品质定位。因此，USP式广告应具备三项特质：商品必须包含特定的利益；此利益是独特的，唯一的；此利益要和销售有关，为消费者所接受。

近年来，我国饮用水市场竞争异常激烈，哇哈哈、乐百氏、农夫山泉等厂家在市场上捉对厮杀，为了突出各自的特点，大多采用USP式的广告策略。例如，娃哈哈：我的眼里只有你；乐百氏：27层净化；农夫山泉：农夫山泉有点甜。从中我们可以看出，独特销售主题可以是客观的，也可以是主观的。这种“独特”并非竞争产品没有具备，而是各竞争产品在其广告表现中没有提及。那么，首先提出并予以强化的这一独特之处，就成为此种产品或服务所特有的，如“农夫山泉有点甜”。

阅读材料8－4　　麦氏咖啡打入中国市场初期的一则广告

哥伦比亚安第斯山脉，是世界上种植咖啡最好的地方，那里有肥沃的火山土壤、温和的气候以及适量的阳光和雨水，保证了每一颗咖啡豆的完美成长。待到咖啡豆成熟时，人们采用手工摘取。只有最好的咖啡豆才进行烘烤，以保其独特的味道及芬芳。假如您是一位咖啡爱好者，一定要选用哥伦比亚咖啡豆制成的各类咖啡。在中国唯有麦氏超级特选速溶咖啡和生活伴侣杯装咖啡才是您最终的选择。与众不同！

另外，在独特性的确定方面，一定要与销售有关，即此种“独特”是消费者感兴趣的、可接受的和有益的。在这一点上，有过不少并不成功的例子。如美国高露洁公司推出的Ribbon牙膏，曾强调牙膏“带状一般地挤出，使牙膏平铺在牙刷上”。但这一“独特”并未被消费者领情，后来在广告公司的建议下，改为强调“牙齿漂亮，口气芬芳”。虽然这一提法可为所有牙膏采用，但所谓“先入为主”，这句广告词成了高露洁Ribbon牙膏的代名词。

8.2.2　广告创意表现技巧

在表达广告创意时，需要运用各种表达方式和技巧，来形成创意中的构思和各个单元，使广告创意更加形式多样和充实丰满。

1. 产品的陈述（product presentation）

这种类型的广告向消费者陈述购买产品的理由和使用方法。例如，某些药品广告指出某些病症是某种病菌感染而引起的，再通过介绍该药品含有能杀灭这些病菌的成分，从而得出这种药品是治疗这些病症的特效药的结论。但是，由于消费者各自解释和理解广告所陈述的产品，所以广告文案要具有易读性和趣味性。

2. 示范（demonstration）

以有效的方式示范产品的性能或利益的一种广告实行形式。距消费者的理解可能还有一段距离，所以最好采用示范式广告，通过广告上的示范解说，可以让产品的特性表露无遗。运用示范的广告实行形式，必须抓住产品操作或功能的要点，再以简单易懂的步骤表达在广告表现中。由于有教学、有证言的双重特点，若创意手法流畅，常能赢得消费者的好感，而且可即刻感受到商品利益。但做示范广告时应注意以下几点：

- 要具有有趣而戏剧性的因素；
- 与广告主主张的主题要一致；
- 以示范结果来证明主张；
- 示范内容要易于理解；
- 在竞争产品广告示范之前，抢先做示范广告；
- 最重要的，使受众信任示范结果。

如果示范广告不具备上述条件，特别是示范结果受怀疑的时候，就会使受众产生认知反应中的反对主张（counter argument），从而引起示范的否定效果。

示范的形式较多，在此只介绍比较、使用前—使用后、“拷问测试”三种示范形式。

（1）比较（comparative）。借助与竞争产品对比分析来突出或陈述产品的特性或优点的示范形式。这种形式的广告一般是在竞争激烈的时候采用。比较的方式有直接比较方式和间接比较方式。直接比较是直接提示竞争产品品牌来做比较的方式，间接比较是只提示自己企业产品品牌来做比较的方式。比较广告作为广告的一种实行形式，早就存在于广告活动中。特别是在美国，大约每 10 则广告中就有 1 则比较广告。但是，有些国家则明确禁止或限制比较广告。比如，日本的广告管理条例规定，“不做中伤和排挤他人广告（哪怕这些广告是建立在事实的基础上）”。韩国也在法律上规定禁止不正当的比较广告。我国《广告法》第十二条也明确规定，“广告不得贬低其他生产经营者的商品或服务”。比较广告是在消费者认为广告产品比竞争产品确实更占优势的时候才有效。否则，消费者就会认为竞争产品更好。所以，比较广告有利也有弊，在运用时必须小心谨慎。

（2）使用前—使用后（before-after）。“你看，这衬衫多脏！”“现在我们用这个洗衣粉来洗一洗看一看。”“怎么样了？洗得干净吧！”这样的使用前—使用后的比较广告以示范或实验的方法来提示产品使用前和使用后的不同结果。

（3）拷问测试（torture test）。为说明产品的强度或性能，以实验的方式提示产品优点的示范广告形式。拷问测试广告容易给消费者留下深刻的印象，从而使消费者长时间记忆。一般在与消费者的安全有关的产品广告中运用得比较多。

3. 问题与解决（problem and solution）

向消费者提示与产品使用有关的问题以后，劝说消费者使用自己公司产品就可以解决这些问题的技巧。问题与解决技巧按提示问题的方法分为三种形式。

（1）直接提出消费者所遇到的问题，然后提示自己公司产品。

（2）先提示竞争企业不能解决的问题，然后强调自己公司的产品就可以解决。

（3）提示不现实的或可笑的方案，使消费者认为无法接受这些方案，然后强调购买自己公司产品是英明的决策。例如，在牛奶广告中需要强调牛奶新鲜度的时候，给消费者展示家庭主妇直接挤奶的可笑的情境，同时强调自己公司的牛奶就是保持新鲜度的最好牛奶。这样消费者认识到通过自己公司的产品（牛奶）可以解决问题。

4. 生活片断（slice of life）

和虚构世界相比，日常生活中极其平凡而且俯拾即是的现实世界，更有打动人心之处。生活片段就是根据这种想法制作的。它向消费者展示足以唤起共感的生活片段，在展示过程中展开商品广告，借以获得消费者来自生活现实感的共鸣。一般电影明星等出现在生活片断中的广告，效果更好。在药品广告、食品广告、生活用品广告中有许多利用这种生活片断的表现方式的例子。例如，许多洗衣粉广告创意都用在生活污浊肮脏的衣物令主妇头疼，而使用某牌子的洗衣粉之后，衣物干干净净的场面来表达；再如，香港电讯的电视广告，以女儿在北京怀孕，妈妈在香港打电话表示关心，令女儿有恍如母亲就在身边的感觉，来表达香港电讯能连接万里，迅速传递信息的观念。

5. 代言人（spokesperson）

名人、专家或社会知名人士出现在广告中，保证产品的一种广告表现形式。采取这种广告表现形式，代言人被消费者理解为保证人，从而加强消费者对产品的友好态度。一般在食品广告中利用这种表现形式，特别是在竞争激烈的情况下利用这种表现方式，其效果更好。在广告中一般利用的代言人如下：

（1）从事者代言人（salesperson-spokesperson）。企业的职工或干部直接出现在广告中，向受众说明或劝说的方式。我国长岭冰箱的广告就采取这种表现方法。

（2）专家代言人（authority spokesperson）。掌握产品方面很多知识的专家通过广告为自己的产品做宣传。

（3）满意使用者代言人（satisfied user-spokesperson）。有使用经验的代言人在广告中说明产品。这种方式是通过戏剧性的证言方式表现的，一般具有人情味，是直接表现的。利用满意使用者代言人的目的是给广告受众产生感情迁入。

例如，汰渍洗衣粉的电视广告，就是通过一位家庭主妇的亲身体验，来证明产品的功效的。

家庭主妇：要不是亲身体验，我还不相信呢！祖父60大寿，在我家院子里大摆筵席，我丈夫的新衬衫就把各种美味一一记录，要是洗不干净，好好的一件衣服，就要泡汤啦。咳！试试广告介绍的全新汰渍洗衣粉吧！真想不到它的清新亮洁，能够那么快发挥作用，把污渍和汗味消除得如此彻底，衣服恢复干净，还有香味呢！我丈夫很高兴，谢谢！

旁白：全新汰渍洗衣粉。

清洁、清爽、清洁。

(4) 名人代言人（celebrity spokesperson）。以消费者非常熟悉的名人做广告模特，宣传自己的产品。不少广告主利用名人作为广告模特向消费者传达信息，其目的就是要利用名人的信誉度和亲切度。

关于这部分内容，我们将在“广告模特与音乐”一章中详述。

6. 证言（testimonials）

采取证言方式做广告的目的在于利用口传（word-of-mouth）效果。实际人物亲自介绍自己使用产品所获得的直接经验，所以能引起广告受众的注意，其说服力也较强。在印刷广告中，利用使用者回信方式来介绍使用产品，或者在街上随意或者秘密摄像来访谈过路的人，让他们讲使用过产品的经验。

7. 小片段（vignettes）

具有类似经验的使用者出现在小片段的方式。这些小片段的转换速度过快，这就伴随着消费者不能认知出产品的危险。但是有必要让受众认知出小片段广告所提示的情境，而这些情境与产品的销售构思有关。并且因为出现的人物画面的转换速度快，如果反复提示受众为什么购买产品的中心构思，其效果会更高。

8. 解说（narration）

作为一种广告表现方式，解说与其他的广告表现方式有密切的关系。使用产品、强调产品的利益并体验过对产品的强烈欲望的人物经常出现在广告上，但这些出现在广告上的人物与产品之间的关系一般是由解说者的解说连接起来的。电视广告常用解说方式。

9. 讽刺（satire）

在大部分广告里无意或者有意的，或者不同程度地含有讽刺内容。广告里采用的纯粹的讽刺，是以逗笑的方式向广告接受者表现熟悉的人和事件。利用讽刺的广告，容易使广告接受者受到诱惑，但是正确地利用讽刺是不容易的。如果广告接收者不能理解讽刺内容，其广告就变成愚蠢的广告，讽刺内容就不能与产品协调起来，不能与以产品或产品销售为中心的广告的核心内容连接起来，从而不能达到预定的广告效果。所以，制作利用讽刺广告的时候要慎重考虑。因为消费者往往只记忆广告内容或copy，而不记忆广告品牌。

图 8-4　台湾讽扁的“绿林十大寇”政治广告

10. 音乐（music）

在广告上利用音乐的理由是多方面的，但其中主要的理由就是，音乐可以强化广告或品牌的特点。我们可以这样比喻，如果在电影或电视剧里没有音乐，那就很难反映电影或电视剧的感情色彩。广告也是一样的，音乐能强化广告的情感或戏剧因素，并且音乐有利于形成产品的形象或定位。如果熟悉的或有亲切感的音乐与广告内容相协调，就有助于广告接受者的产品联想，给予亲切感，使广告接受者长时间记忆广告产品。有关利用广告歌曲或背景音乐的广告技巧问题，我们将在以后的章节中具体谈及。

11. 人格化（personification）

在广告的制作过程中，可以对产品效益、问题、销售构思等给予人格化。在这里，给予人格化就意味着对无生物或抽象的概念给予人的特点。这样使抽象的概念形象化或可视化，使消费者容易理解广告内容，有助于减少消费者的拒绝反应程度（resistance level）。

图 8-5　七喜的人格化广告

12. 象征或类似（symbolism/analogy）

为了使消费者更好地记忆广告所强调的部分，就可利用视觉性的象征（symbol）形态。类似是通过比较来表现的一种象征形态。如果象征或类似的表现方法单纯或亲切地被消费者所理解，那就有助于广告接受者的记忆，能有效地提示广告所要传达的内容。

本章小结

本章内容主要分为两个部分。第一节主要介绍广告创意策略，包括广告创意的概念、广告创意的表现策略；第二节为本章的重点，着重论述了广告创意的表现方式和技巧。

广告创意策略基本上包括两个方面，即如何构成广告内容和如何表现广告内容问题。从这点来看，广告创意策略与广告的“说什么（what is said)”和“如何说（how it is said)”有关系。而“说什么”就是指广告内容（message content),“如何说”就是指广告表现（execution)。

常见的广告创意表现策略主要有信息广告策略和迁移广告策略。其中，信息广告是指向受众提供明确而有逻辑性的事实性信息的广告。而迁移广告是指消费者接触广告的时候，帮助消费者联系消费经验（或体会）与对产品肯定方面的心理反应的广告。

广告创意的表现方式较多，需要我们掌握的几种常见的诉求方式主要有严重性诉求、幽默诉求、性诉求、USP 等。在广告创意技巧部分，介绍了产品的陈述、示范、比较、生活片段、代言人等 12 种方法，这些技巧只有与具体产品以及当时的营销环境结合起来综合运用，才能发挥其应有的功效。

思考题

1. 如何理解广告创意策略？
2. 以电视广告为例，说明信息广告与迁移广告。
3. 举例说明 USP 广告。
4. 您对性诉求广告有何看法？
5. 广告创意表现技巧比较多，选择一种表现技巧来说明具体广告案例。
6. 如果您是广告创意人，那么如何做好自主品牌吉利“帝豪”车的广告创意？

案例讨论

“复方扶芳藤合剂”广告创意

1. “复方扶芳藤合剂”的由来

“复方扶芳藤合剂”是由“扶芳藤、人参、黄芪”等中草药提炼而成，由广西中医学院制药厂生产的一种口服液体中成药，收入《中华人民共和国药典》，为“OTC”品种，在华南地区市场销售价每年约为 5000 万～7000 万元。最早生产于 1983 年，原名称和商标均为“百年乐”，1995 年当时的卫生部加强药品管理规范，规定药品商品名称和商标必须区分，为此厂家按照中成药定名法和保护来之不易知识产权，将“百年乐”药品名定为“复方扶芳藤合剂”；定名后的初始，药店、医院药房以及医师、患者都仍习惯直称呼“百年乐”，市场销售量正常。1998年国家又进行规范用药名称，中成药的商标不再允许代替药名，必须用药名。同时又对中成药功能主治的说明进行严格规范，删除了原有的“增强对疾病抵抗力和提高免疫力”、“养容亮肤”、“提高性功能”等的字样，只保留“益气补血，健脾养心。用于气血不足，心脾两虚，症见气短胸闷，少气懒言，神疲乏力，自汗，心悸健忘，失眠多梦，面色不华，纳谷不馨，脘腹胀瞒，大便溏软”。如此一来，用了十几年时间，花了大量资金广告宣传的品牌积累基本上用不上，如不妥善寻找创意，其产品的销售和品牌保护就势必严重受挫。

2. 创意难点

（1）15年接近5000万元资金广告投入树立的“百年乐”品牌形象是否能引导市场和消费者认可转为“复方扶芳藤合剂”。

（2）从直观、爽口、易懂的“百年乐”到特别拗口烦琐的“复方扶芳藤合剂”，如何既保原意又能吸引人，最终又能促进消费。

（3）如何在强制性和法定性的功能主治文字中创意能被大众化认知，并被社会所认可。

3. 创意决心与对策

（1）创意决心：持续维持名牌效应，从疗效与情感入手。

（2）广告对象：以中老年人消费者为主。

（3）创意形式：少“触电”，上“平面”，重“软文”，多“讲座”。

少“触电”即考虑企业承受能力和目前电视媒体众多、费用昂贵的实际，减少电视广告，只在销售区域省台电视的固定栏目，如每天新闻节目后的天气预告插播“百年乐”品牌，以巩固原有的消费群体；上“平面”即多选择刊物和墙体广告形式；重“软文”即采取文学形式，从感情入手，根据十几年来“百年乐”的经典案例撰写成生动的故事，让消费者随着文章阅读引起消费的共鸣；多“讲座”主要是考虑“百年乐”功能主治文字介绍中医术语过于专业，选择在中老年群体中召开名教授、名医结合“百年乐”进行大众化宣传。

4. 广告创意文案

（1）电视广告文案：“爱她就补她”

◆爱妻篇

画　面	说　明	旁　白	字　幕
	两个中年男性走出办公楼，闲聊	乙：哎，你两口子最近怎么样	
	中年男性近景	甲：嗨！她呀，忙里忙外，累得不行	

续表

画　面	说　明	旁　白	字　幕
	中年男性乙近景	乙：老实说爱你老婆吗	
	中年男性甲近景	甲：那当然	
	包装	旁白：爱她	
	夫妻温馨情景（丈夫为妻子按揉肩膀）	旁白：就补他	
	包装	旁白：百年乐、益气补血，健脾养心	百年乐、益气补血、健脾养心、“OTC”
	包装	为中年加油！	为中年加油！广西中医学院制药厂

◆爱夫篇

画　面	说　明	旁　白	字　幕
	两个中年女性超市购物，闲聊	乙：哎，你两口子最近怎么样	
	中年女性近景	甲：嗨！他呀，整天忙工作，回家累得什么都不干 乙：那你还爱他吗 甲：那当然	
	百年乐特写	旁白：爱他，就补他	

续表

画　面	说　明	旁　白	字　幕
	夫妻温馨情景（妻子为丈夫按揉肩膀）	旁白：百年乐	
	包装	益气补血，健脾养心	百年乐 益气补血、健脾养心 “OTC”
	包装	为中年加油！	为中年加油！广西中医学院制药厂

◆爱父母篇

画　面	说　明	旁　白	字　幕
	女儿走进家门	女儿：爸、妈	
	父女对话近景	爸：嗨！回来啦！想老爸老妈了吗 女儿：那当然了	
	百年乐特写	旁白：爱他，就补他	
	三口之家温馨情景	旁白：百年乐	
	包装	益气补血，健脾养心	百年乐 益气补血、健脾养心、“OTC”
	包装	为中年加油！	为中年加油！广西中医学院制药厂

（2）软文广告文案：神奇的“百年乐”——美国朋友约瑟家庭重建的助合剂

约瑟·肯尔是美国一位拥有千亩田园的农场主，1990年来南宁时已50岁。一个农学者，万里来到广西中医学院学针灸，作为当时学院外办负责人的我很感惊奇。后来了解才知道他患了肾虚病，因久病不愈，太太留下两个儿子离他而去。他是专为治病才来华学习的。

一段时间后，我们成了好朋友。一次，我与几位教授给约瑟诊病，教授们诊后说：“此肾久亏而病也，用药不可过猛、过烈，欲速不达反受其害，治根如同种树栽果，注意培土润水的分寸”。建议他服用的“百年乐——复方扶芳藤合剂”，二个月后他回诉已感觉良好。趁势，我又与几位老师一起撮合他与南宁市某医院一名丧偶的女医师“牵起手”，半年后，约瑟与这位女医师高高兴兴办理了国际婚姻手续，后随约瑟移居瑞士。10年了，他们夫妻生活一直很幸福。

“百年乐——复方扶芳藤合剂”是纯中草药制剂，气血双补，不含任何激素，促成约瑟家庭重建也就不足为奇了。

问题讨论

1. 对本案例的广告创意进行评述。

2. 结合本案例，谈谈广告软文在企业营销传播中的应用。

资料来源：节选自《广西日报》——“百年乐”系列故事连载，2002年，作者岑家铭。

第 9 章

广告文案创作

本章导读

广告的内容基本上是由文字和画面两部分构成，其中文字部分就是广告的文案。广告文案是广告策划者按照广告主的意图以及广告目标要求，用文字的形式将广告主题和创意表达出来。因此，在广告策划中，广告文案的创作也是十分必要的。如何用准确、简明、形象、动人的语言来表现广告，是要经过一番艰辛的劳动才能获得的。

开篇案例 **艾维斯汽车出租："我们是第二!"**

20 世界 60 年代，赫兹汽车出租公司在美国市场中位居首位。当时，美国每年汽车出租市场营业额约为 4 亿美元，它便占了 50%。该公司最早雇佣诺门·克里格·瑞马公司处理广告事务，该公司策划出著名的"让赫兹将您安放在驾驶座位上"广告运动。在电视上你可以看到一位男士从天上缓缓斜降到车中，然后驾车而行。这项企划开始在 1958 年推出，推行数年，曾遭到无数的讪笑（如杰克李蒙主演的一部影片便对此进行讽刺），可是也达到了广告目标——千百万的人们知道可以在任何地方论时、论日、论周计价租用赫兹的轿车。而当时的艾维斯还默默无闻，账上都是赤字，连续十几年来都亏损，没有人能预料它的未来。

1962 年，有一家投资银行愿意投资艾维斯，该行负责人福雷斯（Lazard Freres）慧眼独具，首先愿用罗勃特·汤生（Robert Townsend）来经营艾维斯，而且赋予全权，以方便其行事。汤生曾是美国畅销书《改革公司组织》一书的作者，很有眼光及魄力。福雷斯正是看中了他这一点。汤生从开始起便打定主意要使艾维斯的地位提高，进一步再在这一行中求发展，要使租车者对艾维斯刮目相看，并且以租用该公司的轿车为荣。一般说来，租用轿车的目标消费者都是经理级人士，当然希望驾好车而且受人尊敬。

为了实现他的目标，汤生四处寻找能委以重任的广告公司。但由于其薄弱的资本实力，汤生先后找了 6 家广告公司，每次都要求"我有 100 万美元的广告预算可供使用，但是我需要价值 500 万美元的广告冲击效果"。这些广告公司认为这纯属无稽之谈，对他的抱负不予理睬。最后他拜访了 DDB 广告公司（Doyle Dane Bernbach）。这家广告公司在创作方面很有办法，是个极具创新和活力的公司。其老板伯恩巴克答应了汤生的要求，但请汤生给他90天的时间去策划，并且伯恩巴克强调创作之艰难及创意之宝贵。他说："你一定得答应刊登我们所转写的每件东西，一丝一毫都不能加以更改。我们高兴看到自己所写的东西刊出来，而不高兴看到他们送到各种董事会去弄得一团糟。好的广告送到董事会等地方去，便算不得是创作了。"说这些话时，伯恩巴克显得胸有成竹，而且深具见解，给了汤生必胜的信心；汤生便一口答应了下来。

伯恩巴克回到公司，立刻召集手下大将赫默·克隆（Helmut Krone）及撰文员杜拉·格林（Daula Green）商议，讨论艾维斯微不足道的资产及数字庞大的负债。结论是艾维斯不是最大的，也不是最好的，更不是有利可图的客户，唯有干劲十足的汤生可以信赖，他可以使艾维斯至少成为租车是最令人感到愉快的地方。其次，他们认为广告能发挥作用，而成为商品的一项具体属性。所以克隆与格林便埋头设计，企划19世纪60年代中最不平凡及最重要的广告运动。他们在对市场、消费者以及其主要竞争对手赫兹进行了分析之后，认为艾维斯与赫兹实力相差悬殊，如果从正面对自我进行宣传，难以达到汤生预定的目标和效果。于是，一个大胆的设想迸发了出来：逆向思考，依附于赫兹，借势出力！

90天之后，作品如期交卷，倒使汤生大吃一惊。他心中没有准备，觉得那些广告平庸差劲，效果可疑。可是克隆等坚持不让步，汤生又对伯恩巴克承诺在先，所以广告得以投放。而结果也证明了克隆等人的策略是非常成功的。请看广告文案：

文案一：

我们更为卖力（当你不是最大的时候，你便得如此）

我们只是无法忍受肮脏的烟灰缸，或是半空的油箱，或是用旧了的雨刷，或是未加洗刷的轿车，或是充气不足的轮胎；或是比调整座位的调整器，加热的加热器，除霜的除霜器，还要不重要的任何事物。

显然我们在奋力以赴的求取完美。让你出发能有一活泼、马力足的福特新车，以及愉快的微笑。恩，让你知道在DULUTH的什么地方能买一个又好又热的五香牛肉三明治。为什么？因为我们无法让你白白地照顾我们，下一次请驾乘我们的车，我们柜台前排的队比较短。

文案二：

在汽车出租业中，艾维斯只是第二

当你仅是第二时，你得更加卖力，不然就很糟糕。

小鱼非一直不停地移动不可，大鱼却从来不会停止对前者的吞食。

艾维斯对小鱼的难题知之甚详。

在汽车出租上，我们只是第二，如果我们不更为卖力便会被人囫囵吞下，所以我们没有休息。

我们一直在清除烟碟，在出租车子之前一定将油箱装满，看看电池是否充满了电，查验一下雨刷是否管用，而我们租出去的车子不会比一部马力强的福特还差。

而且因为我们不是大鱼，在你到我们柜台来的时候，你也不会感觉到有一条沙丁鱼。

我们的顾客并非拥挤不堪。

在创作过程中克隆便决定要将50年代由奥格威（David Ogilvy）所翻新的广告改头换面，重写新页，以大标题、大字体的文案，小图片方式出现。广告刊出之后，广告公司及广告主全都惊恐交加，业界评论四起，认为“自居第二”的想法简直不可思议，是在拿客户的预算开玩笑。传统人士更认为艾维斯在替赫兹免费做广告。但事实上，广告收到了非常好的效果。广告刊出后，租车的人在租车前都要询问一下艾维斯的事，想看看广告中所言是否属实。即使是碰运气，也要试试艾维斯；但试过艾维斯的人都会告诉朋友，艾维斯是个不错的租车公司。一时赞誉四起，租车的经理们也引以为荣，并对广告本身表示欣赏。

文案三：

假如您在艾维斯车中找到烟蒂，请投诉，这样做是对我们自己有好处的

我们向前迈进，需要您的帮助。

在汽车出租方面，我们只是第二，我们非更加卖力不可。

即使是手套格里面有张用笔画过的地图，或是你觉得你等得太久，请不要耸肩了事。

打电话给我们：

我们的人员会了解这一点。他们都曾接到过指示。他们知道，我们没发比活泼、马力强的福特新车还差的东西给你，车子里里外外都要一尘不染，不然的话，就吵吧。

纽约的一位米都先生便如此。他在车中找寻，结果找到一张包口香糖的纸。

当然，汤生本人一言九鼎，以其雷厉风行的作风，提高该公司的员工服务质量，以及公司的车辆的性能。没有这些对广告上所说的承诺的兑现，整个公司便成了作茧自毙。这些才是成功的根基所在。在“我们是第二”的广告初步收到成效的时候，克隆与格林两人趁热打铁撰写了一幅广告稿，请对艾维斯有任何不满的顾客打电话到汤生办公室或住宅，并通过电话局由艾维斯公司支付电话费。文稿上把汤生的电话列了出来。这一招似乎很险，但很成功，纷至沓来的电话都是表示喜欢艾维斯。

文案四：

如果你要抱怨请打电话给艾维斯的总裁，他的电话号码是CH8-9150

连一个保护他的秘书也没有，他自己亲自接电话。

他对保持外界接触非常在意。

他相信，那是小公司天大的好处之一。

你知道谁对那种事情负责，他是无法推诿的。

而大公司常遭到的抱怨之一，便是顾客找不到可责怪的人。

而且，我们的总裁觉得他应对整个公司的事情负责，他使我们发疯一样，使我们的强力福特更强。

但他知道，偶尔也会有一个脏的烟灰碟或不听使唤的雨刷。

如果你发现了，打电话给他，电话费由他来付。

接到你的电话，他不会烦恼，相反他会为你采取某种行动。

艾维斯广告刊出后，看到广告的读者还纷纷写信给艾维斯公司索取“我们更为卖力”（WE TRY HARDER）胸章，造成了一次未曾预期到的宣传，赠送的胸章总值也超过了10万美元。

1962年汤生接管艾维斯的时候，艾维斯的年收入为2400万美元，亏损为320万美元。次年，DDB荣任其广告代理商后，艾维斯的年收入增至3500万美元，而且15年来第一次盈利达120万美元，不赔反赚。1964年，年收入高达4400万美元，盈利接近300百万美元。到了1968年左右，DDB处理艾维斯广告的营业额已超过600百万美元。然而因为克隆离职，其他人处理不当，使得于1969年与DDB断绝关系，从而结束了这样一段美好的姻缘。

资料来源：http：//blog. sina. com. cn/s/blog_ 4e1499ff01000cc4. html。

9.1 广告文案的特征与构成

广告文案（advertising copy）有广义和狭义两种不同的概念。

广义的广告文案，也称广告稿、广告表现，它的内容包括广告作品的全部，如广告文字、绘画、照片及其布局等。例如，报刊广告的广告文案不限于文字，也包括色彩、绘画、图片、装饰等。狭义的广告文案，仅指广告作品中（广告物，advertisement）的语言部分。本书所讲的广告文案，就是指狭义的广告文案，即广告文案是指用以展示广告宗旨的语言文字，不包括绘画、照片等。

广告文案是较为灵活的信息内容，在广告中占有重要的地位。一般而言，广告文案具备以下基本特征。

（1）真实性。真实性是广告创意的基本原则，也是广告文案的基本特征。广告要传递真实的信息，而不是虚假的信息，这一点十分重要。如果广告文案创作一开始就建立在不真实的基础之上，无论其文字多么华美动人，或其宣传效果在短期内多么有效，但从长远来看，绝不会是成功的广告，只会断送广告产品品牌的生命力。广告文案的真实性主要体现在对广告产品本身的功能、品质、作用的表现上，不能主观夸大或随意隐瞒。当然，这也是广告管理法律法规所不容许的。

（2）独创性。广告文案创作要体现新、奇、特，要立意新、表现奇、方法特，使公众有新鲜感。这就要求广告文案具有独创性，而绝不是模仿之作。由于市场的繁荣，竞争力加剧，广告信息量的加大，要想使广告产品在目标市场中产生影响，除了增加广告投入以外，还要增强广告表现的吸引力，以迎合现代人求新、求奇的心理特征。模仿没有生命力，只会帮助竞争对手。

（3）整体性。广告文案是广告的语言文字部分，并不是广告的全部。因而一定要考虑到与广告其他部分的协调与融合，使之成为一个整体，相映生辉。广告文案与插图、色彩、结构关系密切。不同的媒体在各元素的组合上比例不同，但都应能更好地发挥出该媒体的优势，准确、有力地传达广告信息；否则，广告文案与其他广告信息两张皮或自相矛盾，将会损坏广告的效果以至于破坏广告产品的品牌形象和市场定位。

（4）艺术性。好的广告要具有很强烈的感染力。广告文案在真实的基础上，要能使语言文字生动活泼，渲染气氛，调动情感；在阐述目标对象利益点的同时，注重“承诺”的接受程度和方式。广告文案的艺术性在广告文案创作上越来越显重要。这多半因为现代人在接受大量刚性的科技信息的同时，更加具有对感性信息的渴求，艺术性增强了广告信息传播的影响力，使其更加深刻和持久。

（5）商业性。广告文案创作的动机和目的是为促使人们购买广告商品，或改变某种观念，或建立某种形象，而最终都是为了实现广告商品的销售增长。因而，商业性原则乃是广告文案创作的根本性原则。当然，这个原则体现的并不是赤裸裸的狭义的商业味，而是更多地蕴含在颇为艺术性的广告文案中，使目标对象在欣赏广告、被诱导的过程中实现广告的商业目标。这又要求广告不能称为纯艺术的作品，而是借艺术表现实现的商业信息的载体。

一般而言，广告文案由以下几个部分组成：标题、正文、标语、随文（附文）、商标。其中，广告的正文、随文、商标是基本部分。

正文是广告的主体部分，用以表现广告主题的主要部分。不同媒体的广告文案构成是不一样的，比如，霓虹灯广告是标题与正文的合一；路牌广告、交通广告以图为主时，文字部分非常精炼，有时甚至标题、正文、标语合一；电视广告与广播广告则有自身的特点，一般没有标题；印刷广告各种构成部分则比较齐全。

随文是广告的必要说明，如公司名、公司地址、电话、传真、电子邮件地址、购买手续、银行账号、经销部门等。

下面我们以大卫·奥格威为劳斯莱斯汽车所写的广告文案来具体了解广告文案的构成。

标题：

这部新型的劳斯莱斯汽车在以每小时60英里的速度行驶时，最大声响来自它的电子钟。

副标题：

是什么原因使得劳斯莱斯成为世界上最好的车子？一位知名的劳斯莱斯工程师回答道：“根本没什么真正的戏法——这只不过是耐心地注意到细节而已。”

正文：

1. 行车技术主编报告：“在以每小时60英里的速度行驶时，最大声响来自它的电子钟。”引擎是出奇的寂静。三个消音装置把声音的频率在听觉上拔掉。

2. 每个劳斯莱斯的引擎在安装前都先以最大气门开足7小时，而每辆车子都在各种不同的路面上试车数百英里。

3. 劳斯莱斯是为车主自己驾驶而设计的，它比国内制造的最大型车小18英寸。

4. 本车有机动方向盘、机车刹车及自动排档，极易驾驶与停车，无需雇用司机。

5. 除驾驶速度计以外，在车身与车盘之间没有金属衔接，整个车身都是封闭绝缘的。

6. 完成的车子要在最后测验室里经过一个星期的精密调试。在这里分别要受到98种严酷的考验。例如，工程师们用听诊器来细听轮轴所发出的微弱声音。

7. 劳斯莱斯保用三年。从东岸到西岸都有经销网及零件站，在服务上不再会有任何麻烦了。

8. 著名的劳斯莱斯引擎冷却器，除了亨利·莱斯在1933年死时，把红色姓名的首写字母RR改成黑色以外，再也没有变动过。

9. 汽车车身的设计制造，在全部14层油漆完成之前，先涂5层底漆，每次都用人工磨光。

10. 使用在方向盘柱上的开关，就能够调节减震器以适应路面的情况。（驾驶不觉疲劳，是该车的显著特点）

11. 另有后窗除霜开关，它控制着1360条隐布在玻璃中的热线网。备有两套通风系统，即使你坐在车内关闭所有的门窗，也可调节空气以求舒适。

12. 座位的垫面是用8头英国牛皮制成，这些牛皮足可制作128双软皮鞋。

13. 镶贴胡桃木的野餐桌可从仪器板下拉出，另外两个可从前座的后面旋转出来。

14. 你还可以有以下随意的选择：煮咖啡的机械、电话自动记录器、床、冷热水盥洗器、一支电动刮胡刀。

15. 你只要压一下驾驶座下的橡板，就能使整个车盘加上润滑油。在仪器板上的计量器，可指示出曲轴箱中机油的存量。

16. 汽油消耗量极低，因而不需要买特价油，这是一部令人十分愉悦的经济车。

17. 具有两种不同传统的机动刹车，水力制动器与机械制动器。劳斯莱斯是非常安全的汽车，也是十分灵活的车子。它可在时速85英里时安静地行驶。最高时速可超过100英里。

18. 劳斯莱斯的工程师们定期访问汽车的车主，替他们检修车子，并在服务时提出忠告。

19. 班特利也是劳斯莱斯公司所制造。除了引擎冷却器之外，两车完全一样，是同一个工厂中的同一群工程师所设计制造的。班特利的引擎冷却器较为简单，所以要便宜300美元。对于驾驶劳斯莱斯感觉信心不太足的人士，可以考虑买一辆班特利。

价格：如广告画面所示的车子，若在主要港口交货，售价是13 550美元。

倘若你想得到驾驶劳斯莱斯的愉快经验，请与我们的经销商联系。他的名字写在本页的底端。

随文：

喷气式引擎与未来

• 一些航空公司已为他们的波音707及道格拉斯DC8选用了劳斯莱斯的涡轮喷气式引擎。劳斯莱斯的喷气式螺旋桨引擎则用于韦克子爵机、爱童F-27式机以及墨西哥湾·圭亚那式机上。

● 世界各地航空公司的涡轮喷气式引擎，大半都是向劳斯莱斯订货或由劳斯莱斯公司供应的。

● 劳斯莱斯现有员工42 000人，而该公司的工程经验并不仅限于涡轮喷气式引擎及喷气式螺旋桨引擎。另有柴油发动引擎及汽油发动引擎，可用于许多其他领域。

● 该公司的庞大的研究发展资源正在从事许多未来性、计划性的工作。其中包括核能利用、火箭发射等等。

对这一则广告文案，奥格威曾经自己评价道："像这种以陈述事实所作的广告，比虚张声势的广告更能助长销售。你告诉消费者的越多，你就销售得越多。请注意：这个广告中的标题非常之长，719个英文字的文案讲的全部都是事实。"

9.2　广告标题

广告标题（headline）就是广告的题目，是广告文案的高度概括。在多数情况下，广告标题也即广告主题。一则广告中，标题的好坏，对广告效果具有直接的和很大的影响作用。标题不妥或吸引力不够，很容易造成广告费的流失和浪费。

9.2.1　广告标题的作用

人们在阅读文章的时候，先通过题目来了解文章的梗概，俗语说"题目是文章的窗口"，就道出了这种含义和作用。人们在翻阅报纸、杂志的文章时，也习惯于先读标题，以决定选读哪些感兴趣的文章。这是由于人们的工作和生活都十分紧张，节奏快，不可能用很多的时间去逐篇阅读。人们读广告的时候，其选读性更大，如果不是自己需要的商品或服务广告，更是懒得去看。所以一则广告标题的优劣，往往决定着整幅广告的命运。有人测验过：看一则广告，80%左右的人是先看标题的。也有人做出了估计，50%～70%的广告效果有赖于标题的设计，正文越长的广告，它的标题的作用越显得重要。因此，在撰写广告标题时，必须注意发挥标题的以下作用：

（1）强化广告主题。广告主题是广告商品定位的文字表述，是广告创意表现的前提。因而，在广告文案创作中，应依据广告主题来进行语言文字的表现。广告标题根据广告表现的要求可以有许多，但广告主题通常只有一个。若干标题围绕主题展开，加深受众对广告主题的印象和理解，从而加深品牌印象，提高广告效果。

（2）概括广告表现。广告表现是广告创意的艺术展示。广告信息由多种艺术形式组成，如音乐、图片、动作等，都可以对目标对象产生刺激，形成印象。若没有一句很好的概括性的语句，这些表现就很难长存于受众的心目中，日渐稀薄，甚至完全遗忘。广告标题以较为简洁的语言文字，对充实丰满的广告内容做出概括，更加容易记忆和传播，产生联想，使广告效果提升并持久。

（3）引起受众注意。现代社会广告信息量很大，人们每天都接触数以百计的广告信息。因而，大多数人对这些信息或是习以为常、熟视无睹；或人为抵触、充耳不闻。因此，若想使广告有效，至少让目标对象接触到广告信息，因而，标题就是异常重要。下面一则由广告大师伯恩巴克所创作的经典广告，相信会让所有看过的人过目不忘。

标题：

慷慨地以旧换新

副标题：

带来你的太太，只要几块钱，我们将给你一位新女人

正文：

为什么你硬是欺骗自己，认为你买不起最新的与最好的东西？在奥尔巴克百货公司，你不必为买美丽的东西而付高价。有无数种衣物供你选择——一切全新，一切使你兴奋。

现在就把你的太太带给我们，我们会把她换成可爱的新女人——仅仅花几块钱而已。这将是你有生以来最轻松愉快的付款。

奥尔巴克　纽约·纽瓦克·洛杉矶

口号：

做千百万的生意，赚几分钱的利润。

广告大师大卫·奥格威曾说过："平均来说，读标题的人数是读正文的人数的5倍，因此，可以说，标题一经写成，就等于花去1美元广告中的80美分；如果你做的标题起不到推销的作用，那就等于浪费了80%的广告费。"因此，广告标题必须能够吸引广告受众的关注，进而促使其阅读广告正文。如果确实如此，广告标题的作用也就实现了。

阅读材料9-1　　奥格威关于广告标题写作的原则

1. 标题好比商品的价码标签，用它来和你的潜在顾客打招呼。反之，不要在你的标题里说那些排斥你的潜在顾客的话。

2. 每个标题都应带给潜在顾客自身利益的承诺，即讲明能够给他带来什么好处。

3. 始终注意在标题中加进新信息，因为消费者总是在寻找新产品、老产品的新用法或是老产品的新改进。

4. 其他会产生良好效果的字眼，诸如：如何、突然、引进、新到、奇迹、魔力、奉献、挑战、快捷、简易、了不起、划时代、轰动一时、最后机会……这些字眼听起来似乎是老生常谈，但在广告上却很起作用。

5. 加进一些充满感情的词，可以起到强化的作用。

6. 标题中应该写进品牌名称，至少要告诉浏览者，你的广告宣传的是什么品牌。

7. 在标题中写进你的销售承诺。

测试表明，10 个字或 10 个字以上带有新信息的标题比短的更能推销商品。

8. 能激发读者的好奇心，吸引他们去读广告的正文，在标题的结尾前你应该写点诱人继续往下读的东西进去。

9. 你的标题必须以电报文体讲清你要讲的东西，文字要简洁明了，不要和读者捉迷藏。

有些撰稿人常写一些故意卖弄的标题，双关语、引经据典或用晦涩难懂的词句，这是罪过。

10. 调查表明，在标题中写否定词是很危险的。因为读者很可能会漏掉这个“不”字，从而产生错误的印象。

11. 避免使用有字无实的瞎标题，就是那种不读后面的正文就不明其意的标题，而大多数人遇到这种标题时恰恰又不愿意去读后面的正文。

9.2.2 标题类型

广告的标题，按其内容与组合形式的不同，可分为不同类型的广告标题。

W. Dunn 按组合方式把广告标题分为直接标题（direct headlines）、间接标题（indirect headlines）、复合标题（combination headlines）。广告标题按标题内容又可分为新闻式标题（news headlines）、提示式标题（how-to headlines）、疑问式标题（question headlines）、命令式标题（command headlines）。下面我们分别来介绍。

1. 直接式标题

这类广告标题是以写实形式、简明的文字表明广告的主要内容，使人们一读就清楚广告说些什么。这种标题要求简明、确切。直接标题往往以品牌名、企业名或活动名称做标题名，一目了然，清晰直观。如：

“好空调，格力造!”

“从菲利浦莫里斯那儿新来的万宝路带滤嘴香烟!”

“非常可乐，中国人自己的可乐!”

“露露一到，众口不再难调!”

“人头马一开，好事自然来!”

2. 间接式标题

这种标题并不直接介绍广告产品，而是采用迂回的办法，以“不明不白”的词句吸引目标对象的注意，引其转向广告正文，待将正文阅读完毕后，方可以明白其中意味。这类标题有点儿故弄玄虚之嫌，但若设计得当，效果十分理想。如国外有一则介绍方便面食品的广告标题是：“丈夫为什么离开家?”画面上是一个男子气呼呼地瞪着眼睛，一副很不高兴的样子。文案解释道：他结束了一天紧张的工作回到家里，妻子已经外出，留下一张纸条，叫他从冰箱中拿食品自己烧了吃。丈夫不善于烹饪，很不高兴地离开家，到街上餐馆吃饭。广告介绍这家公司已生产一批美味的方便食品，只要一加热即可以食用，就不会发生丈夫离开家的现象了。接着就对各种方便食品做了介绍。文案风趣诱人，读来倍感亲切。间接式标题的应用也很多，其中较好的还有：

"一毛不拔"（长命牌牙刷广告标题）

"眼睛是灵魂的窗口，为了保护您的灵魂，请给窗户安上玻璃吧!"（美国眼镜广告标题）

"发光的不完全是黄金"（美国银器广告标题）

"如果你超过35岁，你需要?"（奥尔巴克（Ohrbach's）百货公司广告标题）

"我探出了琼的底细"（奥尔巴克百货公司广告标题）

"我的朋友乔·霍姆斯，他现在是一匹马了"（箭牌（Arrow）衬衫广告标题）

间接式标题在拟写时应注意间接"度"的把握，弯子绕得太大，给人以愚弄之感，反而会弄巧成拙。

3. 复合式标题

当广告标题的内容比较多，而又需要全摆上去以增强对受众的吸引力和印象时，便采用复合式标题方法。复合式标题是由引题、正题、副题三种标题组成的标题群。在组合的形式中，有的由上述三种标题组成；也有的由其中两种标题组成，如引题与正题，正题与副题等；还有的由一道正题与两道副题组成。

复合式标题中的各个部分起着不同的作用。引题，又叫眉题或肩题，是为说明广告信息的意义，或做交代背景时用。正题，又叫主题或主标题，一般用来说明广告的主要事实。副题，又叫副标题，一般做正题内容的补充说明。

（1）含有引题、正题、副题的广告。比如，某商场在国庆节前刊登报纸广告，其标题是：

庆祝中华人民共和国成立六十周年（引题）

开拓经营领域，热情为您服务，促进商品流通（正题）

我商场从十月一日起，增设以下服务项目（副题）

又如，松下空调的广告标题是：

销售进入第二年（引题）

松下电器变频式空调的受用者越来越多（正题）

这么多的笑脸是舒适性和令人信赖的质量之证明（副题）

（2）含有正题与副题的广告。比如这个药品广告：

小儿复方四维亚铁散（正题）

促进婴幼儿骨骼发育（副题）

又如，奥尔巴克百货公司广告：

慷慨的旧货换新（正题）

带来你的太太

只要几块钱

……我们将给你换一位新女人（副题）

再如，美国肉类研究所芝加哥总部做的“肉”广告：

肉（正题）

使你吸收所需的蛋白质成为一种乐趣（副题）

（3）含有引题与正题的广告。比如，春兰空调的报纸广告标题：

春兰金牌保姆始终追求最好（引题）

金牌保姆宣言（正题）

再如，某酒厂广告标题：

××酿酒公司介绍（引题）

您想饮上一杯美酒，欢迎品尝××名酒（正题）

复合式标题也可由直接式标题与间接式标题来组成。

9.2.3　广告标题的创作

1. 广告标题创作的形式

广告标题的创作形式多种多样，如同做诗，同样的景物，在不同的诗人口中，就会有不同的诗句佳作。就其创作形式而言，可归纳为如下几种。

（1）陈述式。如杜邦塑胶标题：“结实的杜邦塑胶能使薄型安全玻璃经冲击致碎后，仍粘合在一起。”

（2）新闻式。如某酒店门牌广告标题：敝店素来出售的是一种掺水 10% 的陈年老酒，如有不愿掺水者，请预先声明，但饮后醉倒，概与本店无涉。

（3）承诺式。如上海牌香水广告标题：“一分代价，七天留香。”

（4）反衬式。如：“我只爱一个男人，我只用一种香水。”

（5）对比式。如苏杭旅游广告标题：“上有天堂，下有苏杭。”

（6）祈使式。如台灯广告标题：“用功读书时，灯光不足是最大忌讳，请保护你的眼睛。”

（7）设问式。如百事可乐广告标题：“不让我喝百事可乐，想都不要想。”

（8）借喻式。如某电冰箱：“同住一座楼，气味不相投。”

（9）反问式。如哈磁杯广告标题：“既然每天要喝水，为什么不用哈磁杯?!”

（10）抒情式。如捷豹轿车：“常人无法抗拒的外在美/常人无法体会的内在美。”

2. 广告标题创作的原则

（1）关注受众利益，适时传达承诺。目标对象总是接受那些与自身利益相关的广告信息，因此，广告标题一般不要在利益上含糊其辞，而应尽可能地明确承诺。如：“宝洁（P & G）公司玉兰油——我们能证明你看起来更年轻！”

（2）尽量把新的内容引入标题。人们往往关注新事物的出现，新产品的上市，并乐于接受新产品的信息和新的观念等。因此，涉及新闻报道的词总能吸引人们的注意，广告标题应善于应用这些词，如“新的”、“现在”、“宣告”、“改进”、“免费”、“革命”、“创新”、“重大进展”、“奇迹”、“令人吃惊”、“挑战”、“特殊”、“特价”等。比如某啤酒：“期待已久，喜庆上市。‘超爽’口味，即将在中国诞生。”

（3）长度适中。一般而言，短标题容易记忆，产生印象，权威认可的是6～12个字的标题的广告效果最佳。而美国纽约零售业研究院与百货商店合作，曾对广告标题进行调研，结果发现字数10个或10个以上的标题，只要有新内容、新信息，常常比短标题推销的商品多。可见，广告标题并无最佳长度标准，但标题不宜太短或太长。

（4）避免使用笼统或概括性很强的词语。广告标题力求生动、具体、形象、阐述直观。泛泛的词语不会使受众产生兴趣，且容易产生误解，严重影响广告效果。因此，对此类词语应避免使用。如某热水器广告：“横比，竖比，是热点，没法比。”

（5）避免用否定词。广告标题应尽量不使用否定词。因为受众往往喜欢从正面接受广告信息，若在广告标题中使用否定词，就容易造成负面影响。广告标题中最好说明事物是什么，而非不是什么。

9.3 广告正文

广告正文（body copy）是广告文案的中心内容，是对广告标题的解释以及对广告产品的介绍。广告主题也是通过广告正文来充分表现的，广告正文的质量高低关系到广告创意思想的表现。广告正文与标题的关系是：标题在于吸引，正文在于说服；标题提出问题，正文回答问题。

9.3.1 广告正文的结构与内容

一般而言，广告正文包含三个部分。

1. 引言

引言是广告标题与广告正文的衔接段，是广告正文的开头部分。广告正文的引言担负着承上启下的使命，因而必须以高度的概括和精炼的笔触，迅速生动地点明标题原因并引出下文，以吸引读者继续阅读，否则就会前功尽弃。

例如，飞利浦等离子超薄平面电视机的广告（《经济日报》1999年9月30日三版）：

现代杰作的展示（标题）

飞利浦“等离子超薄平面电视机”视觉的艺术（引言）

2. 主体

主体是阐述广告主题或提供论据的主要部分，是广告文案的中心。引言之后，主体部分要及时点出目标对象关心的价值利益和广告商品的优势特点，以及这些特点与目标消费者的关系，阐明目标消费者可以得到的利益。广告商品中说明这些利益点的依据是什么，对消费者的保证措施等，以此来说服消费者进行购买，仍以飞利浦等离子超薄平面电视机的广告为例，其广告主体为：

飞利浦等离子超薄平面电视机，外形别具匠心，它拥有宽大的 106 厘米（42 英寸）屏幕，却只有 11 厘米（4.5 英寸）厚度。超薄的它，挂在墙上，带来无限惊喜，令人惊叹不已！它拥有革命性的等离子平面显示屏，配以数码清晰画面技术，使图像轮廓更为清晰，色彩分外明艳；120 瓦杜比环绕立体声输出（Dolby Prologic Surround Sound），配以 15 个扬声器，二路超重低音扬声器和动态低音增强器，音质生动无比，展现家庭影院的超然境界。

3. 结尾

结尾是广告正文的结束部分。它的主要目的在于用最恰当的语言敦促目标对象及时采取行动。一般结尾较短，但意义重大，具有肯定语气和煽动性的结尾与广告标题相呼应，可极大地提高广告效果。飞利浦等离子超薄平面电视机广告的结尾为：

飞利浦超平面电视机，尊贵享受，尽在其中！生活自然愈来愈好！

9.3.2 广告正文的类型

广告正文依体裁、风格、手法等不同，可将它们分为若干类型，如直诉式、叙述式或描述式等。但具体到广告正文创作，不应选定某一种类型进行，而应该根据具体情况以将正文写得生动有趣为依据。因而，广告正文很有可能是几种类型的混合体。我们进行广告正文的分类，仅是从理论上进行分析，理清思路，便于广告文案创作。

1. 直述式

直述式是直接阐述广告产品功能特性，以客观地表述介绍产品，没有过多的修辞与描绘。直述式广告文案的魅力在于商品本身的诉求力量，而非文案写作技巧。在工业用品及部分日用消费品广告中，多采用这种形式。请看方正电脑在杂志上的广告正文：

北大方正专为中国家庭用户制作的网络时代的多媒体电脑卓越 98，更充分发挥了电脑在信息处理、通信、多媒体欣赏与创作等方面的功能，再次确立了网络时代高性能家用多媒体电脑标准。

卓越全部采用立式机箱，外设麦克风和音箱，全新的人工工程设计适合家居环境，其独具特色的滑动门设计可较好地保护软驱与光驱。在系统设计上，以网络与多媒体为核心，采用一系列先进的技术，全部配置有 33.6/144kbps 全功能 Fax/Voice/Modem 卡、快速 S3VIRGE 三维图加速卡、16 位三维立体声声卡 、8 倍速光驱、15 数控 MPR 低辐射、防静电平面直角显示器；CPU 全部升级至 AMDK5、奔腾或多功能奔腾 166MHz 处理器，可实现快速多媒体数据处理、高品质三维影像播放、便捷 Internet 浏览、快捷传真收发、电话答录、特制的 S-Video 与 AV 输出端子，可方便用户将电视作为大屏幕显示屏。卓越的 9980 还配备了视频捕捉卡和 CCD 摄像头，更方便用户享用可视电话新技术，代表了当今家庭数字或信息处理的更高境界。

方正电脑，源自北大学府，创新科技文明。

2. 叙述式

叙述式正文是用故事形式写成的广告文案，它往往能将枯燥无味的广告信息变得饶有趣味。这类正文要使内容像小说故事情节那样，有矛盾冲突的出现和最后的解决，读来引人入胜，颇有微型小说的味道。此类正文写作往往是以某人遇到困难或麻烦而感到苦恼开始，以找到解决办法而圆满结束。目的是告诉受众在遇到同样的困难时，采用同样的办法。请看乔治·葛里宾（George Cribbin）为旅行者保险公司所创作的广告正文：

当我 28 岁时，我认为今生今世很可能不会结婚了。我的个子太高，双手和双腿又不协调，常常碍事。衣服穿在我的身上，总不及穿在别的女郎身上那么好看。似乎绝不可能有一位护花使者会骑着白马把我带走。

可是，终于有一个男人来陪伴我了，爱维·莱特看上了我自己都不知道的我的优点。至此我方感不虚此生。以后我们就结婚了。

那是 4 月中的一天，苹果树上的花盛开着，大地一片芬芳。那是近 30 年前的事了，自从那一天之后，几乎每天都如此不变。

……

哎，爱维在两年前的 4 月故去，安静地含着微笑就和他生前一样。苹果树的花仍然在盛开，大地仍然充满了甜蜜的气息，而我怅然若失，欲哭无泪。当我弟弟来帮助我料理爱维的后事时，我发现爱维是那么体贴关心我，就和他往常的所作所为一样。他在银行中并没有给我留下很多钱，但有一张照顾我余生全部生活费用的保险单。

就一个女人所诚心相爱的男人过世之后而论，我实在是和别的女人一样的心满意足了。

寓意：到旅行者公司投保。旅行者保险公司，旅行者理偿保险公司，旅行者火险公司。

哈特福德·康涅狄格州

后记："这是我写过的最好的广告，"乔治·葛里宾说，"那全是由我的亲身经历所得。我太太在她 28 岁时就曾经认为，这辈子她是不会结婚的了。因为她认为她生得高大而笨拙，很可能会没有人向她求婚。"葛里宾接着说："而在这一则广告中所发生的故事片是：这个女人被求婚了……结婚了……她过着快乐的生活。她的丈夫在此过世之前，早已给她买好了保险金。"

3. 证言式

证言式广告的正文是按证明书形式写成的，它需要提供权威人士或著名人士对广告商品的鉴定、赞扬、使用和见证等。这里的权威人士可以是真名实姓，也可以是虚构的，但无论真假，他们都必须有资格为其所宣传的产品出证言。如某家庭用品，最好选用家庭主妇，才具有说服力。时下许多公司的广告正文采取这种形式。比如，雕牌透明皂电视广告就采用了消费者证言这种形式。

雕牌透明皂通过对日常生活的展示，给雕牌营造了一个温馨的生活场景。广告中的使用者不断介绍并演示产品出色的洗涤性能，亲切可信。电视广告不但可以向受众详尽地介绍商品的各种性能，而且能够形象、直观地将商品的外观及包装特点逐一地展现在受众面前，从而可以最大限度地诱导购买，因此具有不可比拟的影响力和优越性。

4. 音乐式

如果单单用语言来传播商品信息，要让人们一下子记住它是比较困难的，但是，如果赋予语言以歌曲的形式，那么，记忆将会变得容易许多。因此，音乐式广告在广告中有多种形式：可以将整个信息编成歌，也可在旁白中穿插。许多广告采用统一的音乐主题作为背景色彩或广告结尾，滚石公司为视窗’95 软件创作的广告音乐“启动我”便属于此列，我们称之为音乐标志(music-callogo)。在广告主题多次重复之后，听众便会自然而然地把音乐标志与产品联系起来。要做到这一点，音乐必须具有摄人魂魄的吸引技巧。广告音乐的来源包括购买音乐版权、利用已无版权问题的曲子或原创歌曲，很多广告歌是通过这一方式制作并最终流行的，如张雨生的《我的未来不是梦》。

下面让我们来欣赏一下沱牌曲酒广告歌——《悠悠岁月酒》。

多少天地造化
多少日月精华
你是人杰圣贤的知己
也是平民百姓的朋友
常言道那好酒醉人不醉心
天地间这无情未必真英豪
情至深处人自醉
酒到醉时情更深
悠悠岁月酒
滴滴沱牌情
多少冲天豪情
多少梦绕情牵
你是热血男儿的兄弟
也是多情女儿的知音

常言道那好酒醉人不醉心
天地间这无情未必真英豪
情至深处人自醉
酒到醉时情更浓
悠悠岁月酒
滴滴沱牌情

5. 描述式

描述式这类广告正文是以极其生动细腻的描绘刻画，达到激发人们基本情感和欲望的一种广告文体，读来恰似一篇散文。如果描绘真切感人，会给受众一个鲜明的形象和深刻印象。否则，就会让人觉得言之无物，枯燥乏味。请看台湾统一企业在父亲节所做的广告正文：

爸爸的脚步
爸爸的脚步，永不停止
曾经，我们携手走过千万步
逛过庙会，赶过集会
走过沙滩，涉过溪水
爸爸的脚步，陪我走过好长的路……
一面走，一面数
左脚是童话，右脚是盘古
前脚是龟兔，后脚是苏武
爸爸的脚步，是我的故事书
一面走，一面数
左脚一、三、五，右脚二、四、六
前脚是加减，后脚是乘除
爸爸的脚步，是我的算术
爸爸的脚步，是我的前途
为了孩子，为了家
爸爸的脚步，永不停止……
今天，让我们陪爸爸走一段路

赠送《健康养生特辑》。即使不能亲身随侍，也请打个电话，写封信，表达对爸爸深深的感恩之情。

9.3.3 创作广告正文的原则

（1）紧扣主题，围绕标题。正文是标题的解释，同时增加了标题的信息量。正文应围绕标题展开阐述，可举事例来论证标题。当然，正文更是对主题的文字表述，以主题为核心概念展开，否则，广告正文就失去了重心。即使正文很华丽，很吸引人，但言之无物或受众不知道广告想说明什么，就会使正文失去作用，反而影响到广告标题的效果。

(2) 正面陈述，言简意赅。正文应尽量陈述广告产品的事实，用艺术化的语言表述产品特性，以传达最为直观的信息。切记不要闪烁其词，躲躲闪闪，绕大圈子，不知所云。正文的长短篇幅并无界定，一般以短文为好。但对于特殊商品如汽车，长文案反而效果显著。

(3) 特性突出，具体生动。正文应突出广告商品的特性，抓住受众最为关心的利益点进行阐述，但注意避免“使用说明”式的陈述，致使读来枯燥乏味，毫无活力，而应增加艺术表现成分，使其生动有趣。

(4) 语言热情，朴实真诚。正文行文应注意流露出广告商品的信息和受众者的喜爱，这样才能传递此种感受。因为广告正文创作的艺术性并非要求文字的华丽，而要强调朴实和真诚。在此基础上渲染气氛，增强诱惑。因为广告正文毕竟不是散文。

(5) 提出忠告，表明承诺。广告正文的结尾若对目标受众提出有益的忠告或表明与目标受众利益相关的承诺，则比整篇广告正文只读广告产品多吸引 75% 的受众，且此忠告或承诺可与广告标题要相呼应，强化广告主题，加深广告信息的印象，很好地体现广告效果。

9.4　广告标语

广告标语 (slogan)，又叫广告口号，是最易经常使用的广告语言，在广告传播中具有独特的、重要的作用。广告标语是对广告商品信息精炼的概括或对广告主企业理念的简洁诠释，或两者兼顾。广告标语便于传播和记忆，是广告主企业进行宣传的重要的内容，甚至与企业品牌一道，构成企业宝贵的无形资产。

9.4.1　广告标语的特点

(1) 精炼简洁，内涵丰富。广告标语总是试图以较少的文字表现最为丰富的广告信息。为了便于记忆与传播，广告标语在许多情况下不能与广告标题一样，为了吸引公众而有意增加悬念。广告标语往往都是肯定的表述，是对广告商品及广告主企业的高度概括。正如品牌一样，其内涵可能涉及广告主企业的各个方面，为广告主企业所独有。如：

没有愈合不了的伤口。(邦迪创可贴广告)
永远的绿色，永远的秦池！(秦池酒广告)
大家好，才是真的好！(好迪洗发水广告)
真诚到永远！(海尔电器广告)
四海一家的解决之道！(IBM 网络服务广告)
科技以人为本！(诺基亚手机广告)
非常可乐，中国人自己的可乐！(非常可乐广告)

27层净化。(乐百氏纯净水广告)

INTEL奔腾处理器，给电脑一颗奔腾的“芯”。(INTEL广告)

农夫山泉有点甜。(农夫山泉广告)

好酒，可以喝一点。(板城烧酒)

(2) 生动形象，意味深长。广告标语总是力求生动有趣，真挚感人。几个字，一句话，即将产品特点栩栩如生地展现出来，令人称奇。这也正是广告标语的魅力所在。如：

路遥知马力，日久见“跃进”。(跃进汽车广告)

滴滴香浓，意犹未尽。(麦氏咖啡广告语)

钻石恒久远，一颗永流传。(德比尔斯钻石广告)

千里情意，一线相系。(AT&T公司10810中文台广告语)

当太阳升起的时候，我们的爱天长地久。(太阳神口服液广告)

(3) 准确定位，吸引目标。广告标语对广告商品信息的概括是建立在商品定位的基础之上的，语言、语气的运用均对此有所考虑，使目标受众产生接近感，易于接受。如：

金利来——男人的世界。(金利来产品广告)

威力洗衣机，献给母亲的爱。(威力洗衣机广告)

只溶在口，不溶在手。(M&M巧克力豆广告)

牛奶香浓，丝般感受。(德芙巧克力广告)

晶晶亮，透心凉。(雪碧汽水广告)

新一代的选择!。(百事可乐广告)

(4) 相对固定，强化传播。广告标语与广告标题不同，应是相对固定的。因为广告标语总是与品牌联系在一起，形成品牌——标语——商品——企业这样一种联想。若想随意改变，就会损害这一形象的完整性，广告主企业就会遭受重大损失。相反，广告主企业应当增强对广告标语的宣传意识，在不同的场合，经常传播广告标语，加强公众对广告标语的记忆和了解，这将有助于企业形象的建立。

9.4.2 广告标语创作的原则

(1) 简洁明了。广告标语力求简洁，言简意赅。如阿迪达斯广告：“没有什么不可能。”又如攀特牌涂改笔广告：“一笔勾销。”

(2) 朗朗上口。广告标语应易读、易记，文字流畅。如维维豆奶广告：“维维豆奶，欢乐开怀。”又如飘柔洗发水：“头屑去无踪，秀发更出众。”

(3) 阐明利益广告标语要对受众表明其关心的利益点。如法国一印刷厂广告：“除了钞票，承印一切。”又如蓝天六必治广告语：“牙好，胃口就好!”再如奥尔巴克百货公司企业形象广告：“百万的企业，毫厘的利润。”

(4) 经久耐用。广告标语要考虑其时效性，最好能与品牌永久相伴。如：“可口可乐，挡不住的感觉!”

阅读材料9-2 广告口号，请勿玩弄文字游戏

2001年，上海一生产女性内衣的台资企业打出了“玩美女人”的广告口号，受到公众和媒体的指责，并引发官司。在法庭上，生产厂家认为：改革开放以来，生活日益丰富多彩，语言中出现了许多带有轻松随意态度的新字句，“玩”有“追求、崇尚”的意思，生动形象、动感十足，极富时代气息，“玩美”就是崇尚美、追求美，所谓“玩美女人”，也就是重视生活情趣、讲究生活质量的女人，它体现了一种现代的生活理念和消费观念。但工商部门指出：“玩”有“戏弄、玩弄”的意思，“美女人”是指“美丽、漂亮的女人”，“玩美女人”给公众的理解就是“玩弄美女”，这违反了《广告法》关于广告“不得妨碍社会公共秩序和违背社会良好风尚”的规定。结果，厂家被责令停止发布此广告，公开更正，并被罚款20万元。

“玩美女人”这一口号之所以引起争议、被叫停，究其原因与语言的歧义、双关有关（谐音“完美女人”；歧义：玩美——女人，玩——美女人）。从语言学的角度看，恰如其分地运用歧义和双关可以含蓄地表达文学意境，造成强烈的暗示，让受众者心领神会，产生美感，陶冶情操。但决不能为了片面追求生动形象，而肆意篡改和拼接传统语言。那些低级庸俗、俗不可耐的广告口号，既不能反应商品的内在特性，又不能使公众心理产生认知、认同、认购的效应，更不具有一定的文化品位，对自己品牌也造成伤害，弊大于利，实不足取。

资料来源：http：//baike. baidu. com/view/1501271. htm。

9.4.3 广告标语创作的主要方法

（1）口语法。如雀巢咖啡：“味道好极了！”又如哇哈哈营养液：“喝了哇哈哈，吃饭就是香！”，再如，波导手机广告：“波导手机，手机中的战斗机。”

（2）夸张法。如某矿泉水广告：“寿星喝了矿泉水，扔了拐杖比健美。”又如某化妆品广告：“今年20，明年18！”

（3）对仗法。如燃气具：“蓝蓝的火，浓浓的情！”又如绿野香波广告语：“原野的清新，水晶的光洁。”再如华歌尔服装广告语：“长夜如诗，衣裳如梦。”

（4）排比法。如某一公益广告语：“选择宽容，就是选择对情感的珍视；选择宽容，就是选择对万物的眷恋；选择宽容，就是选择对他人最好的关怀。”

（5）双关法。如丰胸产品广告语：“做女人‘挺’好！”，“不要让男人一手把握”，“没有什么大不了。”男性保健品广告：“做男人也‘挺’好。”又如某理发店广告语：“新事业从头做起，旧现象一手推平。”

（6）谐音法。如某酱菜广告语：“‘酱’出名门，传统好滋味。”又如摩托车：“‘骑’（其）乐无穷。”再如李宁牌运动鞋广告语：“步步为‘赢’（营）。”还有某酒家广告语：“举杯邀明月，对饮（影）成三人。”

（7）回环法。如：“万家乐，乐万家。”又如韩国现代集团：“现代技术，技术现代。”

（8）对比法。某臭豆腐广告语：“臭名远扬，香飘万里。”

（9）顶针法。如丰田车：“车到山前必有路，有路就有丰田车！”又如：“加佳进家家，家家爱加佳！”

（10）预言法。三九胃泰药品：“岁岁平安，三九胃泰的承诺！”

9.4 广告附文

广告附文是广告文案中的附属文字部分，是对广告内容必要的交代和进一步的补充说明。它主要由商标、商标名、公司名、公司地址、电话、价格、银行账号、箱形花边文字信息以及权威机构证明标识等组成。如大卫·奥格威为舒味思（Schweppes）奎宁柠檬水所做的广告文案附文：

如果你喜欢这一则广告但没有品尝过舒味思的话，请寄明信片来，我们会作适当的安排。

函寄：纽约市·东6街30号·舒味思收。

广告附文是广告文案的组成部分，具有重要的推销作用。一则广告一般不会将上述内容全部列出，应根据广告目标、媒体选择等有所取舍。

本章小结

广告文案（advertising copy）有狭义和广义两种不同的概念。广义的广告文案，也称广告稿、广告表现，它的内容包括广告作品的全部。狭义的广告文案，仅指广告作品中（广告物，advertisement）的语言部分。

广告标题（headline）就是广告的题目，是广告文案的高度概括。在多数情况下，广告标题也即广告主题。一则广告中，标题的好坏，对广告效果具有直接的和很大的影响作用。标题不妥或吸引力不够，很容易造成广告费的流失和浪费。广告标题的作用主要有强化广告主题、概括广告表现、引起受众注意等作用。广告标题的类型可以分为直接式标题、间接式标题和复合式标题三种。

广告正文（body copy）是广告文案的中心内容，是对广告标题的解释和对广告产品的介绍。它由引言、主体和结尾三个部分组成。广告正文的类型可分为直述式、证言式两种，在创作广告正文时应遵循五个基本的原则。

广告标语（slogan），又叫广告口号，是最经常使用的广告语言，在广告传播中具有独特的、重要的作用，它具有精练简洁、生动形象、相对固定等特点。由于广告标语便于传播和记忆，是企业进行宣传的重要内容，因而易于成为企业宝贵的无形资产。广告附文是广告文案的附属部分，是对广告内容的进一步补充和说明，具有重要的推销作用。

思考题

1. 广告文案有哪些特征？广告文案由哪几部分构成？
2. 广告标题有哪些作用？广告标题有几种类型？
3. 如何创作广告文案？
4. 广告正文有几种类型？包括哪些内容？
5. 广告标语有哪些特点？广告标语创作的原则是什么？
6. 根据你现在使用的某一日用品（具体品牌）来创作一份报纸广告文案。

案例讨论

大卫·奥格威的哈撒韦衬衫广告

背景介绍

被美国《广告时代》杂志评为“以创意之王屹立于广告世界中”的大卫·奥格威，1948年以6000美元创业，如今已成为全世界10大广告公司之一，并在全世界40个国家设有140个分支机构。这位美国广告泰斗成功的秘诀就在“创意”。40年来，奥格威的点子层出不穷，他所企划的成功广告活动数不胜数，其中最脍炙人口的经典作品，莫过于哈撒韦衬衫广告。

哈撒韦是一家默默无名的小公司，每年的广告预算只有3万美元，与当时箭牌衬衫每年200万美元的广告费相比，真是少得可怜。当哈撒韦的老板杰得与奥格威洽谈广告代理时，奥格威不在乎广告预算太少，他在乎的是：必须把广告全权委托，不得更改企划案，连一个字都不得更改。杰得一口答应。

接下哈撒韦衬衫的广告代理后，奥格威内心盘算着：

——面对箭牌衬衫每年200万美元庞大广告费，哈撒韦要打出知名度，非出奇制胜不可。

——哈撒韦的广告活动，必须是一个伟大的创意，否则必败无疑。

——为了提高哈撒韦的知名度，我必须先建立它的品牌印象。

根据调查证实，消费大众都是先看广告图案（相片），再看标题，最后才读文案。此种图案——标题——文案的架构，就是故事诉求法。此种诉求法，常令消费者无法抗拒，不过，“故事”的内容必须充实，而且图案（相片）必须能引起大众的好奇，才能吸引他们接着标准“文案”一路看下去。

——我要以何种图案为主题呢？啊！有了，“眼罩”的中年绅士为主题。于是，一个伟大的创意出现了。

不久，一个戴着黑眼罩的中年男士，穿着哈撒韦衬衫出现在美国的报纸与杂志广告上。在短短几个月内，那位戴眼罩的绅士表现出英勇的男子气概，风靡了全美国。

当然，哈撒韦衬衫跟着水涨船高，达到家喻户晓的程度。

在美国的广告史上，从没有一个产品像哈撒韦那样，花那么少的代价（每年3万美元预算）创造了全美知名的品牌。虽然奥格威只从哈撒韦的广告上赚到6000美元，然而这一杰出的创意，将使他在广告史上永垂不朽。妙的是，这位因“创意”而名满天下的广告大师，认为好的广告是不愿你觉得它很有“创意”而已，宁愿你觉得它很有意义，而去购买该产品。

广告文案

标题：穿“哈撒韦”衬衫的人

正文：美国人最后终于开始体会到买一套好的西装而被穿一件大量生产的廉价衬衫毁坏了整个效果，实在是一件愚蠢的事。因此在这个阶层的人群中，“哈撒韦”衬衫就日渐流行了。

首先，“哈撒韦”衬衫耐穿性极强——这是多年的事。其次，因为“哈撒韦”剪裁——低斜度及“为顾客定制的”——衣领，使得您看起来更年轻、更高贵。整件衬衣不惜工本的剪裁，因而使您更为“舒适”。

下摆很长，可深入你的裤腰。纽扣是用珍珠母做成——非常大，也非常有男子气。甚至缝纫上也存在着一种南北战争前的高雅。

最重要的是“哈撒韦”使用从世界各角落进口的最有名的布匹来缝制他们的衬衫——从英国来的棉毛混纺的斜纹布，从苏格兰奥斯特拉德地方来的毛织波纹绸，从英属西印度群岛来的海岛棉，从印度来的手织绸，从英格兰曼彻斯特来的宽幅细毛布，从巴黎来的亚麻细布，穿了这么完美风格的衬衫，会使您得到众多的内心满足。

“哈撒韦”衬衫是缅因州的小城渥特威的一个小公司的虔诚的手艺人所缝制的。他们老老小小的在那里工作了已整整114年。

您如果想在离你最近的店家买到“哈撒韦”衬衫，请写张明信片到“C. F. 哈撒韦”缅因州·渥特威城，即复。

问题讨论

1. 本广告文案采用了何种创作手法？此广告的绝妙创意何在？

2. 本案例给我们的启发是什么？

第 10 章 广告制作

本章导读

广告制作是广告活动中的一项重要的内容，是广告理论与广告实践的具体反映和体现。因此，广告制作的成功与否，直接影响到广告效果的好坏。广告制作与广告媒体有着密切的关系。不同的广告媒体因传播特点不同，对广告制作也就有不同的要求。因此，制作广告时应充分把握不同媒体的特点，使传播的内容与形式协调一致，以达到最佳的传播效果。本章主要介绍广播、电视、报纸和杂志四大媒体的广告制作，重点是学习不同媒体的广告制作要求。

开篇案例 天津牌助听器广播广告

员：大爷，您买啥？

爷：啥，减肥茶？不减，我这么瘦再减就没了。

员：……大爷，买什么您自己挑！

爷：咋的，还得上秤哟？

员：大爷，您老耳背，我给您介绍一个新伙伴儿。

爷：啊？要给我介绍个老伴儿，不行啊，家里有一个啦。

员：大爷，我给您介绍这个，保证您满意。

爷：啥，助听器？对，我就是来买助听器的。

男白：天津牌助听器，让聋人不再打岔。

资料来源：《五届全国广告优秀广告作品集》第 66 页。

10.1 报纸广告的制作

报纸是一种重要的广告发布媒体，与杂志、广播和电视一道被誉为四大广告媒体。报纸广告以文字和图画为主要视觉刺激，具有阅读方便、易于保存、不受时间限制等诸多优点。虽然近年来网络媒体异军突起，但报纸作为一种重要的信息载体在媒介中依然占有重要的一席之地。有关报纸媒体的具体特征，我们会在广告媒体及媒体策略一章中详述，本节主要介绍报纸广告的制作程序、原则与要求等内容。

10.1.1 报纸广告的制作程序

报纸广告的制作大体上可分为七个基本步骤。

1. 设计初稿

在这一阶段，广告制作人员要将酝酿好的广告创意用草图的形式表现出来，并加上一个醒目的标题，然后征求广告主的意见。经广告主同意后，再制作一个较详细的稿样。如果广告主不同意，就必须对初稿进行修改，直到广告主满意为止。

2. 选择字体

报纸广告中的字体是指文字的书写样式。字体样式的选择会影响广告的外观、设计及识别性。

报纸广告中的字体的样式主要有印刷体、手书体、美术体三类。印刷体包括宋体、正体、黑体、隶体等多种。报纸广告标题运用最多的是黑体和宋体。手书体包括篆体、隶体、碑体、草体、行体、楷体，以及各种流派的手书体。美术体种类繁多，不胜枚举。

下面我们以一广告标题为例，来说明上述几种字体所带来的不同视觉效果。

东西南北中，好酒在张弓（黑体）

东西南北中，好酒在张弓（宋体）

东西南北中，好酒在张弓（隶体）

东西南北中，好酒在张弓（楷体）

……

广告策划者在选择广告字体时，必须考虑以下几点：

（1）易读性。报纸广告的字体要使受众容易接受，使他们一看就明白、就了解。

（2）适当性。包括字体的大小、位置等都要与广告文案正文以及整体的特点相适应。

（3）外观协调。广告字体外观要与广告商品的特性、广告主题表现、广告的整体格调气氛保持和谐，不能随意化。

（4）强调重点。广告字体的个性要能突出体现广告商品的特点，体现广告商品的文化附加值，使媒体受众一看就能感悟到广告商品的个性特征。

3. 选择色彩

色彩是影响读者注目率的一个重要因素，不同的颜色会让读者产生不同的心理反应。据调查，与黑白广告相比，彩色广告的注目率要高10%～20%，回忆率要高5%～10%。媒体受众对彩色广告的注目时间是黑白广告的2～4倍。在我国，随着经济的不断发展，广告主的经济实力不断增强，套色、彩色印刷广告也开始多起来，但黑白广告仍占主导地位。

对于黑白广告，如果能恰当地运用黑白对比衬托，其视觉效果也非常好。黑白广告要注意底、面的颜色对比。广告文字符号辨识的难易程度，在很大程度上依赖于文字与背景的差异或对比。面色与底色愈接近，辨识起来愈困难；反之，两者差异愈大，愈便于辨识。不过，人的阅读经验和色彩的明度等因素也影响着色彩匹配的易读性。例如，同样是黑白两种颜色，白底黑字的匹配就比黑底白字易于识别。

随着现代印刷技术的发展，广告文字和底面的色彩匹配也多种多样。美国广告学家卢基经过实验研究，列出了 13 种颜色匹配的易读性等级，其中黄底黑面的匹配易读性最高（许多交通广告都采用这种匹配），绿底赤面的匹配易读性最差（见表 10－1）。对于颜色匹配的问题，广告制作者应加以注意。

表 10－1　　各种颜色匹配的易读性等级

颜色匹配	底色	黄	白	白	白	青	白	黑	赤	绿	黑	黄	赤	绿
	面色	黑	绿	赤	青	白	黑	黄	白	白	白	赤	绿	赤
等级		1	2	3	4	5	6	7	8	9	10	11	12	13

4. 画面设计

报纸广告的画面设计要注意以下两点。

（1）要把握版位的重点。报纸广告不同于电视广告，电视广告由于占满电视荧屏的全部画面，所以具有强迫性。除非观众不看电视，否则只有一个广告。但报纸广告除全页广告外，大部分广告只占全部版面的一部分，因此读者具有一定的选择性。为了使读者自动看，就得采取精简的手法，不可放置太多的重点，否则易使读者厌烦。

（2）画面要有变化。富有动态感的报纸广告画面，才能引起媒体受众的注意。

通常，广告策划者在接到广告方案之后，先在脑海中构想出许多表达方式，然后将这些构想绘成草图，在所画的草图中选出一两个认为最理想的，经过一番过滤后，再绘成正式草图或半完成稿。有时为了与其他广告公司比稿，甚至要把正式的原稿即完稿制作出来。

如何将广告的各要素（广告要素包括文案的量、插图或照片等的大小或形态、表现文案的字体等）放在最恰当的位置，以发挥最大的广告效果呢？这涉及广告画面布局的技巧问题。广告画面布局的好坏直接影响到广告的效果。

5. 制版

将布局好的画面稿送给有关部门制版，并印制清样。

6. 校对清样

将制版后的清样与原稿对照，以确保画面稿的质量。有时也可以对清样进行局部的修改与补充，以保证画面的整体效果。

7. 印刷

将校对无误的清样送交印刷厂印刷。印刷以后校对无误，就可投放市场。

10.1.2 布局报纸广告画面时应遵循的原则

为有效进行报纸广告画面的布局，应遵循以下主要原则。

1. 平衡对称原则

决定报纸广告画面布局平衡的参考点是视觉中心（optical center）。平衡对称就是将一定篇幅内的要素巧妙编排整理，使左边视觉中心对称右边视觉中心，视觉中心以上部分对称视觉中心以下部分。一般人的视觉中心大约在整体报纸版面中心上面的1/8处，或在底线上面的5/8部分。一般来讲，有两种平衡对称形式，即规则性对称与非规则性对称。

纯粹的左右对称是规则性对称的关键。成对的要素置于中央轴的两边，以感觉到广告有相等的视觉分量。这种形式会给受众留下威严的、稳固的以及保守的印象。

非规则性对称是指从视觉中心不等距离地放置不同尺寸、不同形状、不同颜色、不同明亮度的要素，但仍可呈现出视觉的平衡感。如同一个摇摆物，接近中心点的视觉分量较重的物体，与距中心点较远的视觉分量较轻的物体相平衡。

大部分的报纸广告画面，偏爱非规则性对称，因为这样可使广告看起来生动而有趣，较富想像力，且更刺激。

2. 视觉移动原则

报纸广告的画面要使媒体受众随广告的内容，乐于阅读下去，这种原则称为视觉移动。在制作报纸广告时，常用的视觉移动方式主要有以下几种。

（1）借助对广告人物或动物的视线，使媒体受众的视线移动到下一个重要的要素上。

（2）利用机械的设计，例如，利用方向标、长方形、直线、箭头等，引导视线从一个要素到另一个要素。如果有暗示的方向，或者有指向其他广告的表现（如模特的姿态、眼睛的方向等），一定要慎重对待。否则，该则广告的力量会被其他广告侵夺。

（3）利用连载漫画的故事情节或图片旁的简短说明，以迫使读者为了了解情节的发展，必须从头依次阅读下去。

（4）利用留白（white space）及色彩效果来强调象征主题或插图。视觉由一个较暗的要素到明亮的要素，从有色到无色。

（5）利用读者阅读时的自然趋向，由书页左上角，随着对角线“Z”而移动到右下角。

（6）利用广告画面本身尺寸大小的变化来吸引媒体受众的注意力。因为，读者常被最醒目的要素引入，然后至较小的要素。

3. 空间比率原则

报纸广告的要素应基于其重要性，调和适当的空间，以形成完美的广告画面。最佳的表现方式，在各要素中运用各种比例的空间，例如，3:2，避免每个要素的等量空间，造成单调乏味。

4. 要素对比原则

使媒体受众对报纸广告画面的特殊要素产生兴趣的有效方法，就是利用颜色对比、尺寸对比或其他形式的对比。例如，颠倒方式（反白色），或者将黑色、白色广告镶红边，或者是一个异乎寻常风格形式的广告，这些都可用对比方式提高媒体受众对广告画面要素的注意力。

5. 连续性原则

报纸广告画面设计中的连续性原则是指将全部广告采用一系列的设计结构，相同的版式、相同的表现手法和风格，结合不同寻常的、独特的画面要素，或者经由其他技术调和运用。例如，标准字体、卡通人物或容易记忆的标语等，来宣传商品的特征。

6. 一致性原则

报纸广告是由许多不同部分（要素）组成的，但这些要素彼此之间环环相扣，给人一个协调相称的整体印象，平衡、移动、比率、对比以及色彩皆有助于保持报纸广告画面整体的一致性。此外，运用下列技术也可确保报纸广告画面的一致性。

（1）一系列的表现风格。

（2）报纸广告四周加上边饰。

（3）将一张图片或要素与另一个重叠。

（4）巧妙地运用留白。

（5）利用绘图工具，例如镶框、箭头或色调等。

7. 清晰简化原则

广告策划者在设计报纸广告画面时应注意，任何与广告内容无关的部分都应该省略或排除。过多不同风格的形式，表现方式太琐碎，太多相反的对比或插图，太多镶框项目，以及无关紧要的文案内容，都会造成布局的复杂与紊乱。它将使报纸广告不易阅读，而且破坏了所欲求的整体效果。

8. 留白原则

留白是指报纸广告画面中不编排任何要素的部分（甚至以黑白或其他颜色为背景而非白色）。利用留白可以使某一孤立的报纸广告要素显得更突出，可以使媒体受众更加集中注意力。如果能在报纸广告文案周围大量留白，看起来广告要素就如同位于舞台的中央，十分抢眼。

10.1.3 报纸广告制作的要求

报纸广告制作一般有下述要求。

1. 连续刊登

报纸广告要取得更大效果，必须有计划地连续刊登，以适应报纸的时效性和新闻性的特点。连续刊登广告，可增加没有留意广告的读者接触广告的机会，又可使看了广告的人加深对广告的印象。连续刊登可灵活运用集中发布和均衡发布策略，广告内容有计划地变动，使读者对广告有新鲜感；也可运用标题系列、图形系列、形式系列、内容系列等设计策略，使静态广告具有动态的连续感。

2. 版面大小

报纸广告有不同的版面，大致分为全版广告、半版广告、半版以内广告、小广告。小广告多是分类广告栏中的广告，有的只有两张普通邮票那么大。广告版面的大小，对广告效果有直接影响。一般情况下，版面越大，注意率也会增大，但不是等比例的关系。广告版面越大，注意率越高，但广告费也按比例增大。因此，广告主或者广告策划者应依据自己的财力，选择广告版面。

阅读材料10－1 报纸广告的各种版面介绍

1. 报眼广告

报眼，即横排版报纸报头一侧的版面。版面面积不大，但位置十分显著、重要，引人注目。如果是新闻版，多用来刊登简短而重要的消息，或内容提要。这个位置用来刊登广告，显然比其他版面广告的注意值要高，并会自然地体现出权威性、新闻性、时效性与可信度。

2. 半通栏广告

半通栏广告一般分为大小两类：约50×350mm和约32.5×235mm。由于这类广告版面较小，而且众多广告排列在一起，互相干扰，广告效果容易互相削弱。因此，如何使广告做得超凡脱俗，新颖独特，使之从众多广告中脱颖而出，跳入读者视线，是应特别注意的。

3. 单通栏广告

单通栏广告也有两种类型，约100×350mm和65×235mm。它是广告中最常见的一种版面，符合人们的正常视觉，因此版面自身有一定的说服力。

4. 双通栏广告

双通栏广告一般有约200×350mm和130×235mm两种类型。在版面面积上，它是单通栏广告的2倍。凡适于报纸广告的结构类型、表现形式和语言风格都可以在这里运用。

5. 半版广告

半版广告一般是约250×350mm和170×235mm两种类型。半版与整版和跨版广告，均被称之为大版面广告，是广告主雄厚经济实力的体现。

6. 整版广告

整版广告一般可分为500×350mm和340×235mm两种类型。是我国单版广告中最大的版面，给人以视野开阔，气势恢宏的感觉。

7. 跨版广告

即一个广告作品，刊登在两个或两个以上的报纸版面上。一般有整版跨板、半版跨板、1/4版跨版等几种形式。跨版广告很能体现企业的大气魄、厚基础和经济实力，是大企业所乐于采用的。

资料来源：http：//baike. baidu. com/view/281854. htm。

广告版面如何运用，除考虑费用以外，还应考虑广告目标的不同制定策略。产品做首次广告时，使用大面积版面会经济有效，而后续广告版面则可逐步缩小。也就是说，告知性广告使用大版面，提醒性广告使用小版面，节日性广告使用大版面，日常性广告使用小版面。

3. 位置安排

报纸的广告位置是指广告登在报纸哪一版上，以及在同一版内放在什么位置。报纸广告位置不同，有不同的广告效果，广告费也不一样。

报纸正版（第一版）广告，最引人注目，效果最佳，但收费也最高。

报纸的其他版面，因新闻内容各有侧重，故同类型广告多登在同一版面上。

专业广告版，即全页只登广告，不登其他新闻内容。其好处在于广告免受其他内容的干扰，有利于集中读者注意力，但也因为它没有新闻内容，读者往往忽视，甚至随手翻过，整版不看。

夹缝广告，是在两版报纸之间的夹缝登广告。此项广告容易被人忽略，但广告费低廉。

同一报纸版面内的不同位置，广告效果也不一样。版内位置越符合读者的目光习惯和视觉规律，其广告效果越好。依据读者目光习惯，版内位置的注意值如图 10－1 所示。

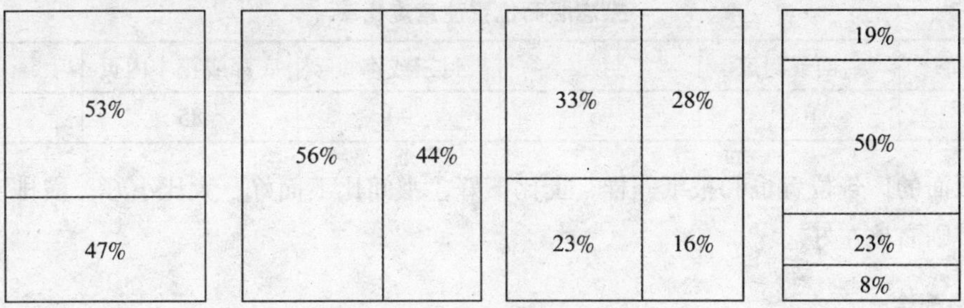

图 10－1　报纸版面注意

4. 情境配合

报纸不同版面有不同的报道重点，广告内容要与该版内容协调。例如，报纸的女性版登时装广告，文艺版登文娱广告，体育版登文体用品和各项运动服装广告。同类广告最好安排在一起，如食品广告放在一起，方便主妇阅读选择。引起不好联想的内容，要避免与广告相邻，如刊有讣闻的版面，不要登烟酒广告，以免引起消费者联想尼古丁、酒精对健康的影响；刊有飞机失事的版面，不能登航空广告；等等。

10.2　杂志广告的制作

杂志广告与报纸广告同属印刷广告。所以制作杂志广告时，可以利用制作报纸广告的一些技巧与方法。但杂志广告有自身的特点，所以制作时应注意杂志广告的特点。下面介绍杂志广告的制作要求和布局技巧。

10.2.1 杂志广告的制作要求

制作杂志广告要力求做以下几点。

1. 图文并茂

杂志具有印刷精美、发行周期长、反复阅读、趣味浓等特点。因此，要发挥杂志广告媒体自身的特点，使杂志广告图文并茂。色彩鲜明的杂志广告图案能够引起媒体受众的注意，逼真地再现广告商品（或服务）的特点和个性，激发目标受众的购买兴趣。同时，杂志广告中的文案要视情况处理，有时要简明扼要，有时要详尽介绍。

2. 正确利用版面

位置与尺寸大小是杂志版面的两个要素。杂志内各版面的位置一般可以分为封面、封底、封二、封三、扉页和内页等。上述版面顺序，一般按照广告费由多到少、广告效果由大到小的顺序排列。据调查，如果把最高注意度列为100，则各版面注意度分值如表10－2所示。

表10－2　杂志版面位置注意度比率

版面位置	封面或封底	封二	封三或扉页	底扉或正中内页	内页
注意度	100	95	90	85	50

同一版面的广告位置也和报纸一样，上比下好，中间比下面好；大比小好；横排字则左比右好，竖排字则右比左好。

3. 情景配合

杂志广告的情景配合与报纸广告的要求大体相同，即同类广告最好集中在一个版面内；内容相反或能够产生反响式干扰的广告在不同的版页上，以确保单个杂志广告的效果。

4. 采用多种形式

杂志广告的制作要运用多种手段，采用各种形式，使杂志广告的表现形式丰富多彩。在制作杂志广告时，较常用的形式主要有以下几种。

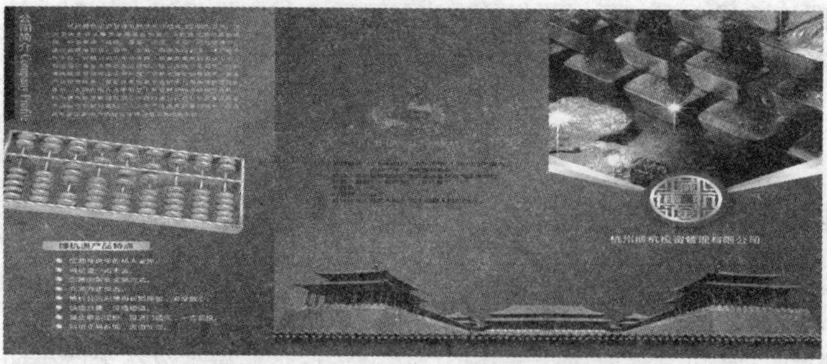

图10－2　三折页杂志广告

（1）折页广告。采取一折、双折、三折等形式扩大杂志一页的面积，以适应某些广告需要占用较大面积的要求。

（2）跨页广告。这种广告的面积是单页广告所占面积的两倍。它的广告画面是一幅完整的图案，充分展示广告商品的名称、品牌、功能以及价格等特点。

（3）多页广告。在一本杂志内，连续刊登多页广告，以扩大广告的知名度。

（4）插页广告。在杂志内插入可以分开列出的独页广告，使广告更加醒目，增加广告商品的传播效果。

（5）其他形式，如联券广告、香味广告、立体广告和有声广告等。联券广告是在杂志广告的底部附有联券。例如，礼品券、优惠券、竞赛券等，读者可以剪下联券，凭此券到指定地点兑现或领取赠品。香味广告是指杂志广告用有香味的墨水印刷，或者在杂志广告上喷洒香水。例如，有些化妆品广告就将特殊香水喷洒在杂志广告上。在一些大型广告的制作过程中，还要求采用立体形式，以增强广告的真实性和感染力。例如，利用立体的人像、动物、商品或风景照片等。有声广告是将一种很薄的录音带或唱片资料插入到杂志广告中，当读者翻阅杂志时就能听到优美的音乐。

图10－3　跨页杂志广告

图10－4　麦当劳优惠券

10.2.2　杂志广告布局设计的技巧

对广告策划者来说，杂志广告布局的设计就是将广告创意通过一定的形式具体地表现出来，它充分体现了设计者的心智，是一段“造美”的过程。杂志广告在布局设计原则上要求新求异，充分体现广告创意的内容，将商品信息或广告主信息最大限度地传递给目标市场。画面布局的好坏直接影响到广告策划活动的效果，因此，为了创造上乘的布局，以下两点是必须注意的。

（1）提高媒体受众与广告内容的接触效果。一则杂志广告成功与否，通常在媒体受众与广告主题接触的瞬间就可以决定。因此，杂志广告布局设计的第一步就是要从分析广告主题开始。通过分析相关资料，了解广告商品的个性，确定本次广告策划活动的诉求点，使布局设计围绕诉求点展开；其次，通过分析所获得的一些信息“亮点”，按照与广告主题关系的疏密程度进行排队，并将它们结合起来，使其在画面布局设计中有序地体现出来。在画面布局设计中，不仅要考虑广告商品的特点，也要考虑媒体的特征以及目标受众的生活习性。只有如此，一则杂志广告才会被广泛地接纳。

（2）增加广告信息视觉传达的美感。杂志广告传递信息的美感只是媒体受众视觉上的一种直观感觉，它不足以评判杂志广告内在的价值。但是，媒体受众对杂志广告的瞬间感觉往往决定了该则广告的市场命运。这也正是杂志广告布局中“美感问题”备受重视的原因。

杂志广告布局的价值在于传达广告信息的手段是否恰当，或在多大程度上向媒体受众传达了有关广告商品或企业的信息，为了实现上述价值，广告制造者（或设计者）要针对广告的内容，在设计画面布局时要考虑各种要素的重要性，衡量其轻重，或摘出或删除，根据重要性对它们进行排序，从而确定它们在画面布局中的具体位置。要实现这一价值，就必须注意以下几点：

①强调视觉。强调视觉时，篇幅的处理、照片或插图的表现方式以及内容等，都是重要问题，要认真对待。

②注意文案的可视度、可读性。在杂志广告中，文案不论长短，字体不论大小，都必须以容易阅读为原则。

③考虑广告商品的特征。在杂志广告中，广告商品往往被当做一幅广告画面布局的中心。不论篇幅多大的杂志广告，其画面布局都应该有美感。而有些广告商品由于自身条件的限制，其照片或图片常常缺乏美感。在这种情况下，为了确保广告的艺术效果，杂志广告画面布局的主角就不能是该商品的图片，而应是其他间接的、能衬托出广告商品的背景图片。广告视觉上要有统一感。在制作杂志广告时，要浓缩广告内容，提炼其主旨，然后将其具体视觉化。在制作技术方面，应根据要素重要性的大小来减少陈列单元的数量。例如，将商品名称、价格、企业名称、地址、品牌名称、标识物等作为一个单元。同时还要考虑画面中文案字句的摆放位置、字体、长度以及形态等，使它们相互间协调起来，构成一个艺术整体。

④布局要新颖别致，有个性。杂志广告布局的设计要讲求“动感”，新颖别致，对媒体受众有吸引力。做到这一点不容易，但它也是决定杂志广告成功与否的一个关键条件。

10.3 电视广告的制作

电视是一种有声、有形、有色的先进的传播工具。电视传播方式分为有线电视与无线电视，两者都是广告的重要媒体。

10.3.1 电视广告脚本的构成

电视广告脚本，也称电视广告文案，是电视广告创意的文字表达。广告脚本是体现广告主题、塑造广告形象、传播信息内容的语言文字说明，是广告创意的具体体现，也是摄制电视广告的基础和蓝图。电视广告脚本的构成要素主要有广告词、音乐、声响和画面等，其中前三项与广播广告有类似之处，但比之更有特色。

1. 广告词

广告词，亦即台词，包括解说、演词、字幕三种形式。

（1）解说。解说是指随着广告画面的展现而做的讲解，又叫背景语言，用以增加观众对画面的理解。解说应简明扼要，突出个性。画面已表现清楚的不用多说，让画面有更多表现的机会，不要说个不停。

（2）演词。戏剧性广告中人物的对话或独白，这时以剧中人物的话语来表达商品个性，引人进入现实环境，比解说更为有趣，感染力更强。

（3）字幕。画面上直接打出文字，如商品品牌名、企业名等。有的叠印在活动的画面上，有的在广告末尾打出，也有的用特定镜头放大商品的标签或品牌名，以加深观众印象。

阅读材料10－2 电视广告脚本的写作要求

电视广告所独具的蒙太奇思维和影视语言，使得电视广告脚本的写作既要遵循广告脚本写作的一般规律，又必须掌握电视广告脚本创作的特殊规律。具体要求是：

首先，电视广告脚本的写作，必须首先分析研究相关资料，明确广告定位，确定广告主题。在主题的统帅下，构思广告形象，确定表现形式和技巧。

其次，电视广告脚本的写作，必须运用蒙太奇思维，用镜头进行叙事。语言要具有直观性、形象性，容易化为视觉形象。

第三，按镜头段落为序，运用语言文字描绘出一个个广告画面，必须时时考虑时间的限制。因为电视广告是以秒为计算单位的，每个画面的叙述都要有时间概念。镜头不能太多，必须在有限的时间内，传播出所要传达的内容。

第四，电视广告是以视觉形象为主，通过视听结合来传播信息内容的，因此电视广告脚本的写作必须做到声音与画面的和谐，即广告解说词与电视画面的“声画对位”。

第五，电视广告脚本的写作，应充分运用感性诉求方式，调动受众的参与意识，引导受众产生正面的“连带效应”。为达此目的，脚本必须写得生动、形象，以情感人，以情动人，具有艺术感染力。这是电视广告成功的基础和关键。

最后，写好电视广告解说词，也称广告词或广告语。它的构思与设计，将决定电视广告的成败。

资料来源：http：//www. cnpeiyin. com/newsInfo_ 121_ 1_ 3. shtml。

电视广告的广告词只是视觉画面的表白，因此比广播广告的语言更精炼，有更多的停顿，以免影响视觉效果。

2. 音乐与声响

电视广告的音乐与声响，其作用基本上与广播广告类似，能增强节奏感，表现情感，烘托意境，悦耳动听，最终加深广告给人的印象。

3. 画面

画面是电视广告影像的表现。电视广告画面包括动与静两种：动的画面，如现场直播、影片摄制、录像拍摄、卡通画等，最能吸引人；静的画面，如卡片广告、绘画广告、摄影广告等，一般是一则广告画面表现一个广告主题，也有的以系列广告画面形式去表现多个广告主题，像连环画一样，连续播放带有情节的广告。

阅读材料10-3 “信息通”电视广告脚本

镜头	画　面	配　音	旁　白	字　幕	备注
1	嘈杂的大户室	各种人声、电话声和敲击键盘的声音			
2	（镜头拉近）一男士双眼紧盯着荧屏，一边不耐烦地打着手提电话	（男士）：走不开啊！	有人这么炒股		
3	拥挤的交易所，人们急匆匆地填单、打电话	各种人声、电话声和敲击键盘声	有人这么炒股		
4	气氛紧张的办公室	打印机的声音			
5	（镜头拉近）一人正鬼鬼祟祟地打电话询问实时行情	小心翼翼地询问声			
6	“信息通”飞旋而出				
7	“信息通”屏幕闪烁K线图和实时行情，画面四角分别出现高尔夫球场、办公室、飞机场场景，有人正轻松拨打电话、手机	轻快的音乐随之响起	拥有“信息通”，股市制胜好轻松	拥有“信息通”，股市制胜好轻松	

资料来源：周鸿铎主编，《广告策划》，中国财政经济出版社2000年版，第321~322页。

10.3.2　电视广告制作要求

电视广告要在很短的时间内连续播送多则活动画面，画面之间的衔接要有逻辑性，内容要有情节性，声音与影像要配合默契。因此，要制作一则好的电视广告，必须掌握好下述要求。

（1）广播化。电视广告要配合活动画面的需要，充分发挥声音效果，应像广播广告一样，使语言、音乐和音响达到逼真、动听、简明的效果。语言要求口语化、简短化和节奏化；音乐与音响要贴切、动人和协调。

（2）表演化。电视广告的主要优点在于形声结合。画面中有各种不同的场面，如激昂的、平静的、欢乐的、优伤的，等等；有的还进行各种文艺表演，如歌唱、相声、舞蹈等。这些表演化的画面穿插在广告中，就使广告具有舞台化和戏剧化特色。

（3）简短化。电视广告播出时间极短，如我国中央电视台要求每则广告严格控制在30秒内。因此，电视广告剧情必须简短有趣，主题突出，情节简单，语言精练，绝不能拖泥带水，杂乱无章。

（4）动作化。电视广告除了卡片广告外，都是活动的画面。不但有生命的东西通过各种行为表现情节，而且没有生命的东西也能被赋予生动的形象。如产品能在空中飞翔，在地上跑动，会变大变小，或旋转不同的角度等。

（5）多样化。电视广告在内容、情节、语言等方面要求简单明快，但表现形式却要活泼多样，这样才能发挥电视广告的效果。所以，电视广告在拍摄上，也应充分运用电影拍摄技巧，以增强广告的魅力。

10.3.3　电视广告摄制类型

电视广告片的摄制类型有卡通片、活动片、死动片、木偶片和纪录片等。

1. 卡通片

卡通片（Cartoon），又叫动画片（Animation）。卡通片利用人的“视觉残象”原理，使画中的东西产生动感。卡通片将有连续动作的各个画面逐格拍摄，然后以每秒钟转动24格速度放映，使观众看到人或物的动态。卡通片每分钟放映画面1440格，每小时86400格，因此，卡通片的绘制费很高，造价昂贵。但目前由于电脑绘画技术的发展，卡通片的制作方式也越来越多。

卡通片可与写实片（live action）合成，叫做合成卡通片，形成半动画半写实，其合成形式有以下几种。

（1）动画与真景物合成。动画中的人或物走进真实环境中。如一些牙膏广告，一个可爱的动画小男孩骑在真正的牙膏上，为广告片增添了不少情趣。

（2）动画与真人合成。

（3）动画的背景与人物同实物合成。

（4）抽象动画与商品合成。

卡通片在艺术构思上，特别擅长于表现夸张的、幻想的、虚构的题材和情节。它能把幻想与现实紧紧地交织在一起，把幻想的东西通过具体形象表现出来而具有独特的感染力，这是动画艺术的特性。例如，让手表、电视机、电冰箱跳舞，让汽车、自行车在空中飞翔。

卡通片中的主角人物或动物，往往也用虚构情节加强渲染力。例如，为增强观众对商标的印象，商标中的动物图形从商标中走出来介绍商品。

例如，著名的米其林卡通人物“必比登”（在中国更名为米其林先生），早在100年前就已出现，现在更是妇孺皆知。消费者一看到这个可爱的虫形卡通人物，就会想到米其林轮胎。尤其是那则“米其林轮胎使刹车距离缩短1米”的广告，几乎能让所有人过目不忘。

图 10－5　米其林卡通人物

由于卡通片的这些特点，传达特殊广告内容或者针对小孩等特殊目标市场做广告时，利用卡通片广告效果比较好。但是针对成人做卡通片广告时要谨慎。因为一些成人会把动画片广告内容理解为人为的表现，特别是过分的夸张反而容易引起观众的反感。

2. 活动片

活动片也叫写实广告片（live action），拍摄真人、真物、真景，这是常用的广告片。这些广告给观众以真实感和现实感。

3. 死动片

死动片也叫特殊效果片（special effects）。电视广告拍摄时，运用特技使商品会跳、会跑、会转，如牙膏从盒里跳出来，药丸从瓶里滚出来成字，又自动跑进瓶里。这是将商品每摆个位置拍摄一格画面，连续拍 24 格，就成为一种可动的商品。

特别是结合戏剧性的音乐或音像、照片效果来制作特殊效果片，使观众长时间记忆这些特殊效果广告。并且这些特殊效果能引起观众的愉快的感情。但是，也必须考虑观众也许只注意广告的特殊效果，不注意广告内容的可能性。那就不能达到预期的广告效果。

4. 木偶片

木偶片如拉线木偶、手持木偶、死动片木偶等。

5. 纪录片

纪录片包括现场转播与现场录像两种形式，如拍摄顾客盈门、产品实际操作、时装表演、明星推荐商品等。

10.3.4　电视广告画面的景别与构图

在电视广告的构成要素中，画面占主体地位。在画面的摄制过程中，要选择好画面的景别和构图。

1. 画面的景别

景别是电视广告语言的基本要素，电视广告就是利用不同的景别组合形成特有的“语言”，向观众传播信息。简单地讲，景别就是被摄主体所占画面大小的不同。景别的首要功能就是描述，通过大小不同的位置变换使媒体受众看清广告的内容。其次，景别还能通过营造特定的环境气氛，使媒体受众产生某一方面的心理效果。运用不同的景别，可以产生不同的气势规模，形成某种特殊的氛围，突出强调细节布局等，从而向媒体受众传达画面以外的某种心理信息。

景别的划分习惯以画面边框截取成年人身体部分的多少为标准。一般可以分为远景、全景、中景、近景和特写。

图 10-6　万宝路香烟广告

(1) 远景。远景是指表现广告人物周围的空间、环境、自然景色或众多人物活动场面的电视画面。远景的视野开阔，空间规模宏大，常用来突出展示广告主体与周围世界的关系。“万宝路”的电视广告运用的就是远景。远处斜阳如血，粗犷的牛仔骑马奔驰在一望无际的旷野里。远景有利于展示宏大的场面，引发一种豪迈的情感。

(2) 全景。全景是指表现成年人全身或场景全貌的电视画面。在电视广告中，全景向媒体受众展示广告产品的全貌，使媒体受众对广告产品有一个完整的视觉印象。许多广告策划者在制作电视广告时，常用全景来展示广告产品的各个方面，以求能给媒体受众留下一个清晰的产品印象。

(3) 中景。中景是指表现成年人膝盖以上或有典型意义的局部场景的电视画面。中景可以用来表现广告人物的主要情节和情感交流，可使媒体受众看清广告中人物的动作姿态与感情变化。绝大多数以表现商品与消费者之间关系为内容的电视广告，基本上都是采用中景来展示广告创意的。

(4) 近景。近景是指表现成年人胸部以上或局部的电视画面。近景可以用来表现广告产品的具体特征，如一些洗发水的广告就是用近景来显示头发柔顺飘逸的特征。化妆品的电视广告也多用近景来展示广告产品的个性，因为近景能够产生较强的视觉效果，使产品的一些细微的特征得以充分的展现。

(5) 特写。特写是指表现成年人肩部以上或被摄物体局部状况的电视画面。特写能够产生强烈的视觉冲击力，使广告产品深深地留在媒体受众的记忆中。许多化妆品电视广告都用特写来展示女性的娇美，从而激起目标消费者的购买欲望。

特写可以细致入微地表现人物的神态表情，将广告事物的具体细节充分表现出来。如可以用特写来突出广告产品的品牌，也可以表现消费者在使用广告产品时的感受等。

2. 画面的构图

电视广告的画面是否有美感，是否有吸引力，在很大程度上取决于广告画面的构图。画面构图是指画面的结构，即通过把构成画面的各种要素进行艺术性的排列和组合，使其成为具有美感并体现特定销售主题的形态。构图最初是以静态画面形式出现的，随着科学技术的不断发展，人们逐渐将绘画、摄影的一些原理引入到构图之中，于是构图就有了动态的表现形式。因此，静态画面的构图原则与形式是电视画面构图的基本理论，只有掌握了静态画面的构图理论，才有可能制作出视听效果俱佳的电视广告画面。电视画面构图具有以下特点。

（1）固定的画幅比例。电视广告画面构图是一种“美”的创造，它的最大特点是有固定的画幅比例。电视屏幕的画幅比例固定为4∶3，高清新度电视的画幅比例固定为16∶9。这就决定了电视广告画面构图必须在这个比例内进行。

（2）画面构图的动态性。绘画、摄影的画面是客观物体的一种静态展现，它们体现了“造化”的瞬间美。电视广告画面是一系列镜头的不断滚动，每一幅画面在变化的同时又有明显的承接性，由此电视广告画面构图具有动态性。

3. 画面构图的要求

电视广告画面构图一定要符合以下要求。

（1）简洁完整。电视广告画面构图要使媒体受众一看就明白，一看就清楚。一幅画面只能反映一个内容，围绕一个销售主题展开，要给媒体受众一个完整的印象。

（2）均衡统一。均衡就是画面布局符合人们的视觉习惯，上下、左右搭配合理，有稳定感；统一就是所有画面要素构成一个统一的整体，围绕一个主题，局部画面是整体构图的组成部分。

（3）突出主题。画面的各个要素要合理搭配，包括色彩的明度、线条的形状与走向等都必须以突出主题为中心。

10.4 广播广告的制作

广播广告的制作要经过规划、录播、录音、播音、乐队等多方面人员的相互分工和合作。但有的广播广告的制作比较简单。例如，现场直播形式，只要把广播文稿提供给播音员就可以了。广播广告的制作，应根据不同的广告文案形式，加配不同的音乐和音像效果，选择不同的人来演播，采用不同的录制合成方式，这样才能起到较好的宣传效果。

10.4.1 广播广告的类型

广播广告与电视广告一样，也具有多种形式，但概括起来可划分为以下几种类型。

1. 直述式

直述式是指由播音员或演员按照写好的广告词，一字不变地照读，不加任何演技，只是将广告词正确地向媒体受众宣读。这是一种最基本的广播广告形式。

2. 独白式

“独白”一词本是戏剧用语，是指在舞台上演员自问自答，唱独角戏。独白式广播广告是在使用广告产品的生活情景中，人物利用商品的个性用独白的方式将广告产品的特点、功能、价格、生产厂商等信息传播给媒体受众的一种广告形式。

广告中的个性人物，是指在广告中经常出现的、用以体现广告产品个性的人物或动物形象。出现在广告中的个性人物，能使广告更富有情趣，使商品的特征得以充分地体现。

3. 对话式

对话式广播广告，是指在广告中利用母子、情侣、夫妇、兄妹等角色，通过对话，将广告产品的特征以及使用情况告诉媒体受众的一种广播广告形式。这种形式容易使媒体受众产生亲近感或现实感，从而增加了广告产品的可信度。

4. 戏剧式

戏剧式是指编排一场戏剧，让剧中人物将广告产品的特征用戏剧台词告诉听众的一种广告形式。戏剧式具有较强的趣味性，但地方性也比较强。这种形式只能适用于地方性媒体的广播广告。

5. 音效式

音效式广播广告是指利用音响效果，将广告产品的信息传输给媒体受众的一种形式。广播电台通过声音塑造想像力气氛的能力非常强，通过播放一段特殊的音乐，诱使媒体受众展开想像力，将广告产品与某一事物联系起来，以达到塑造品牌形象的目的。例如，万宝路的一则广播广告，就是利用音响来突出万宝路的品牌个性：

……肃静——声音由远处传来——马蹄声逐渐加大——惊天动地的万马奔腾声，夹杂着马的嘶鸣——沉重而音域宽广的画外牛仔声：“Marlboro World。”

10.4.2　广播广告的构成要素

广播广告的独特之处就是通过声音来传递广告信息，也就是说“以声夺人”。广播广告中的声音包括人声（广告的语言部分，就是广告词）、音响和音乐，也称广播广告的三要素。

1. 人声

广播媒体中的语言与平面印刷媒体中的语言有着本质的区别，印刷媒体中的语言是抽象符号式的文字语言，而广播中的语言则只能是有声的口头语言，这一点是广告策划者必须加以区分的。广播广告的语言表现方式比较多，在这里介绍几种常用的表现方式。

（1）比喻法。即将广告产品间接地用其他东西比喻。例如，在砂糖广告中，可以将砂糖比喻为白雪。又如，有一则牙刷广播广告为“××品牌牙刷，就是一毛不拔”。

（2）逆向表达法。即不从顺向来看待事物，而是从相反的方向来考虑事情，以发现新的观点。

（3）暗示法。利用一些为大家熟悉的名言、格言、谚语等，来暗示某一事物。

（4）列举法。即将广告产品的所有成分、色泽、款式、价格等内容一一列举，分别向媒体受众展示。

（5）重复法。即广告中的关键词重复运用，以突出广告产品的品牌。例如，韩国现代集团的广告“技术的现代，现代的技术”。

（6）定义法。例如，“威士忌是生命之泉”。这种方法改变了广告产品原有的概念，使它与生活中的某一事件联系起来，使媒体受众形成一种有利于产品销售的联想。

（7）语源法。即运用一些有悠久历史的语句，以突出广告产品的经营历史或优异品质，例如，“车到山前必有路，有路就有丰田车”。

（8）现写法。又称活写法，即设定某种情景，以现场报道的形式描写整个过程，使媒体受众产生身临其境的感受。

（9）修辞疑问法。即以问卷的形式直接将广告产品的有关信息告诉媒体受众，使他们对产品形成一个完整的概念。

（10）否定诉求法。大多数广告常以产品的特点或优点作为诉求主题，以给媒体受众留下正面的印象。而否定诉求则以产品的不足或缺点作为诉求点，从反面的角度将广告产品的特征客观地告诉媒体受众，如果运用得当，这种方法比正面诉求更为有力。例如，“××品牌手表，48 小时误差两秒钟”。

（10）夸张法。即通过艺术的手法夸张广告产品的功能，增强广告产品对媒体受众的吸引力。夸张法与夸大不同，夸张法是一种艺术形式，而夸大则带有一定的欺骗性。运用夸张法不是指说假话，而是通过一定的艺术形式将广告产品的特征或功能渲染出来，以增强其视听效果。

（12）反复法。即将同样或类似的表现反复地强调。例如，广告歌多出现在一则广播广告中，以加深听众对广告产品品牌的印象。

（13）双关语法。即说俏皮话，通过一些幽默的俏皮话将广告产品的信息传输给媒体受众。

广告策划者在制作广播广告语言时，除了灵活地运用一定的广播广告语言表现方式以外，还必须了解以下几点。

（1）广播广告是一种“说的语言”。“说的语言”是被用来听的，而汉语中有许多同音异义的字，特别是我国地缘辽阔，方言众多，稍有疏忽，就会使听众产生误解，这一点必须注意。同时，广播语言是人发出的声音，讲话者的形象、表情等都是借着语音、语调传达给媒体受众的。媒体受众甚至还可以根据语速来体味说话者的心情。因此，广播广告可以通过听觉效果来调动媒体受众某一方面的兴趣，使他们产生购买欲望。

（2）广播广告要简洁明了。广播广告中所用语句要避免拖沓冗长，用简洁的词句将所要说的话表达出来。句子要尽量简短，段落要分明，层次要清楚，尽量少用形容词。

(3) 忌用难懂的词句。在广播广告中，学术用语、专用术语要尽量少用，多采用浅显易懂的词句。

(4) 情节要生动感人。广播广告是表现生活的片断，虽然持续时间较短，但情节要感人，有一定的趣味，这样才能使听众产生“听下来”的兴趣。

(5) 多次反复。在广播广告中为了将广告产品的品牌、功能等信息确实传递给媒体受众，有时需要不断地重复上述内容，使听众明确了解广告产品的基本情况。反复不同于执拗，反复是将产品的名称多次列出；而执拗是纠缠，会使媒体受众感到反感。

2. 音响

音响是广播广告的主要表现手段之一，可以大大增强广播广告的表现力和感染力。音响可以创造一个声音的环境，可以叙述或表现一个事件，也可以表现思想和情感。

(1) 音响的叙事性。现实中一切生物和自然现象都有自己独特的声音，如风声、鸟鸣、马嘶等。也就是说，声音总是和形象联系在一起的，这也正是声音能够令人产生视觉联想化的前提。

广播广告中的人物不需说他打破了盘子，听众只要听到陶瓷破碎的声音和感叹声就知道了。要表现喝饮料的过程，只需要打开瓶盖时“嘭”的一声，再加上喝饮料时“咕嘟咕嘟”的声音，最后是喝过后舒适的一声感慨“啊……”就可以了。同样，要表现火车站的环境，只需用乘客们的嘈杂声、车轮转动声和汽笛声就能把听众带到这个环境中去。

(2) 音响的表现力。音响的表现力主要是通过联想来实现的，而这种联想又是通过独特的广告创意而引发的。和视觉一样，声音同样也具有非凡的表现力。因此，对音响的巧妙使用，可以把许多无法或难以表现的东西轻而易举地传达给听众。例如，药品广告的效果一般在广播广告中很难予以表现，因为它无法像电视那样运用画面进行演示。而一则胃肠药品的广播广告却运用自然音响达到了这一目的，即：雷声（约 5 秒钟时间的雷鸣）——雨声（倾盆大雨）——号角声（雨声停后约两秒）——胃肠药品名，从而把服药后的效果表现得恰如其分。

(3) 音响的个性化。现代企业大多比较重视企业形象识别系统（CI）的建构，以期通过设计独特的视觉形象为企业赋予个性，从而将本企业从众多的企业中突出出来。在广播广告中，企业可以创作出富有个性化特征的音响作为自己的标志，使人们一听到这个声音就知道是什么产品或哪家企业。例如，美国的 Aro 化妆品，用优美动听的门铃声作为它的标志，把这种音响同产品紧紧地联系在一起，成为产品的象征。

3. 音乐

音乐是一种抽象的艺术形式，具有强烈的情绪性，对于人的情感、态度、行为影响极大。音乐在广播广告中发挥多种作用：它可以活跃广告的气氛，使广播广告的内容丰满起来；它能够增强广播广告的吸引力，引起媒体受众的注意，美好的音乐常能使听众沉浸在想象之中；有利于塑造广告产品的形象，突出产品的个性；特定音乐也可以成为广告产品的标志，使媒体受众轻易将产品与其他产品区别开来。

在广播广告中的音乐主要分为两种类型：一种是背景音乐，一种是广告歌曲。

（1）背景音乐。主要是利用乐曲来烘托气氛，配合人声使用。例如，一则雪地鞋的广播广告，开头就是以《溜冰圆舞曲》缓缓混入并配合始终，听到这首优美抒情的乐曲，听众的脑海里马上就会浮现出欢乐的溜冰者在冰上翩翩起舞的场面，其广告文案的语言采用的是对话的方式，介绍了雪地鞋轻便、暖和、防滑的优点。这首为人们所熟悉的乐曲和雪地鞋这种产品联系在一起，起到了很好的陪衬作用，从而加深了人们的印象。

（2）广告歌曲。就是把广告中所要传递的重要信息用歌曲的形式表现出来。它不同于电影插曲，不要求多样化和高技巧，只要能上口、易学易记、曲调活泼、歌词简短就可以。广告歌曲创作的目的，是以优美的旋律和独特的音响，加深人们对广告产品特点的认识，便于牢记，并启发联想。

4. 广播广告诸要素的运用

人声、音响和音乐作为广播广告的三要素，并不是简单地相加，而是相融。三者融为一体，变化无穷，魅力无穷，不仅能弥补单一的语言、音乐或音响的不足，而且可以发挥整合效能，从而产生强大的表现力，大大地开拓了媒体受众的"视觉空间"，令人产生身临其境的感觉。当然，这三者各自的特色和所起的作用是不一样的，在运用中需要注意以下两点。

（1）人声语言的主导地位。在广播广告中，语言是传达信息的主要手段，也是使广播广告具备说服力和影响力的关键，音响和音乐也都是为这个目标服务的。一则广播广告可以没有音响和音乐，只要语言引人入胜，符合听觉规律，切合消费者心理需要，同样是一则好的广播广告。当然，音响和音乐的恰当使用会大大增添广告语言的魅力，加强广播广告的整体效果。但是，如果片面追求形式，刻意在音响和音乐上雕琢，而忽略了对广告语言的精益求精，就会喧宾夺主，达不到广告的目的。

（2）广播广告三要素的组合方式。广播广告的三要素，即语言、音响、音乐之间的结合有不同的方式。

①只有语言，没有音响和音乐。这是广播广告中常见的一种。其优点是简洁明了，制作简便，具有短、平、快的特点；缺点是容易显得单薄、平板，缺乏吸引力。

②音乐和语言相互配合。具体有四种方式，包括：以音乐开头，然后与语言相混插；以语言开头，然后与音乐相混插；语言与音乐齐头并进；语言和音乐交替出现。

③音响和语言相互配合。这种配合分为两种形式：以音响开头；音响和语言交替出现。

④音响、音乐和语言的配合。这种配合分为三种形式：以音乐开头，穿插语言和音响；以音响开头，穿插语言和音乐；以语言开头，穿插音乐和音响。

本章小结

本章主要介绍了四大广告媒体的制作程序与原则，并探讨了报纸广告、电视广告的制作要求以及杂志广告布局设计的技巧。

对于报纸广告而言，应该遵循平衡对称、视觉移动、空间比率、要素对比等原则。连续刊登、较大版面、情境配合以及在较为醒目的位置上刊登是影响报纸广告效果的重要因素。

杂志广告虽与报纸广告同属于印刷广告，但它有着自身的一些特点。在制作杂志广告时应力求做到图文并茂、正确利用版面、采用多种形式等几点要求。

电视广告集文字、画面、声音等于一体，表现方式多样，制作手法灵活。要制作一则好的电视广告，必须遵循广播化、简短化、表现化、动作化和多样化等五点原则。

广播广告通过声音来传递广告信息，人声、音响和音乐为广播广告的三要素。在广播广告的制作过程中，应该注意将这三种要素有机地结合在一起，以发挥整合效果，增强广播广告的表现力。

思考题

1. 报纸广告制作有哪些程序？
2. 布局报纸广告画面时应遵循哪些原则？
3. 制作报纸广告有哪些要求？制作杂志广告有哪些要求？
4. 电视广告脚本由哪些内容来构成？制作电视广告有哪些要求？
5. 如何选择好电视广告画面的景别？
6. 广播广告由哪些要素来构成？
7. 请利用一则广播广告内容，来制作一份电视广告脚本。
8. 选择一则杂志广告，说明其制作技巧。

案例讨论

苹果电脑 1984 年的经典广告

1984 年的 1 月 24 日是计算机发展史上的一个重要里程碑，那一天苹果电脑发布了全新的 Macintosh（简称 Mac）。这是世界上第一台采用图形用户界面的个人电脑，与当时采用 DOS 命令行纯文本用户界面的 IBM PC 形成了鲜明的对照。Macintosh 的出现引发了一场个人计算机世界的革命。为了使这场革命更能够引起各阶层人们的关注，苹果在 1984 年为 Mac 量身定做了一个非常具有“苹果”特色的广告。

这个广告的名字是“1984”，是根据一部书名为《1984》的小说为背景来制作的。《1984》是英国著名政治讽刺作家乔治·奥威尔的一部虚幻预言小说。小说中的主人公温斯顿·史密斯，在虚幻中的1984年生活在一个叫欧什尼亚的极权专制国家，他的世界被“党”和它的领导人“大哥”所控制。欧什尼亚处处有“大哥”的头像海报，上面还有文字：“大哥在注视着你。”“党”和“大哥”在生活中无处不在：定量食物，颁发衣服，还约束人的思想和行为。温斯顿由于和自由派女子朱丽娅相爱而被双双拘捕，送去劳改。在饱受饥饿、折磨、毒打和“教育”后，他终于向“党”低头，背叛了朱丽娅的爱，说出了“我爱大哥”。《1984》给人一个压抑的、毫无希望的结尾。而Mac的广告是这样的：

哐，哐，哐，哐……一个昏暗的大屋子里，跑进来一群人，排排坐下，仰头而待。他们似乎是学生，表情木讷。在前面的大屏幕里，一个固化的脑袋，喋喋不休地告诉呆坐的人们什么是PC，他似乎是老师，表情同样的木讷。突然，一个白衫红裤的姑娘冲了进来，将手中的铁锤掷向屏幕，充满了叛逆的激情。

这就是当时广告的内容。这则广告不仅将苹果的Mac打出了更为响亮的名声，而且同时，那个玩世不恭的姑娘从此将嬉皮精神四处播散，造就了今天生活在城市边沿的两种人之一的嬉皮士。

苹果会选择奥威尔的《1984》为背景来制作广告，是因为当时“苹果II”系列电脑在经历了几年的热销后正在走下坡路，而1981年问世的IBM PC正值旺市，不断涌入企业和家庭。在苹果推出首台个人电脑时，IBM并未给予太多的关注，但是在1981年夏天IBM突然以IBM PC重拳出击，并以其备受企业信赖的品牌推动PC市场迅速成长。在苹果的眼里，毫无疑问这位电脑世界的“大哥”想要控制新兴的个人电脑市场。而这篇小说反映的思想内容正好能够充分表现和体味出1984年时PC世界的格局和苹果的心态，让顾客和看客们在获得视觉效果冲击的同时，也了解了IT世界的现时状况，可谓是一举两得。当年负责制作苹果“1984”广告的创意导演李·克劳回忆说：“‘1984’表达了苹果的理念和目标：让人民而非政府或大公司掌握操纵技术，让计算机变得普通人可及而非控制人的生活。”

这个60秒长的广告，仅在1984年1月22日美国超级杯橄榄球大赛的电视转播中播出了一次，却造成了空前的轰动，美国的三大电视网和将近50个地方电视台都在超级杯后报道重放了“1984”，还有上百家报刊评论“1984”的现象和影响，这些都为苹果公司和Macintosh做了免费广告，并赢得了评论家经久不息的掌声。

? 问题讨论

试就苹果电脑广告的成功之处进行评述。

资料来源：http：//www.shw.cn/Article/sj/ggsj/Index.html。

第11章 广告模特和广告音乐

本章导读

企业或广告公司经常利用模特推荐或说明产品，以提高产品的身价，增加消费者信任，推动人们仿效性购买，这使得很多模特收益惊人。例如，美国篮球明星迈克尔·乔丹1993年退役时，每年赚取广告费3600万美元。在我国，也有不少明星经常出现在广告中，他们（她们）的收入也是惊人的。本章主要介绍广告模特的含义、类型以及广告模特的选择等内容，同时也对广播、电视（电波）广告中经常采用的音乐策略进行了探讨。

开篇案例 乔丹与耐克

1999年1月13日，一个极不寻常的日子。对广大篮球迷来说是悲痛的一天，因为这一天乔丹离开了NBA。对耐克公司总裁奈特来说则是不幸的一天，因为乔丹的离去，公司的股票在这一天下跌了2.36美元。难受的又何止奈特一人呢？NBA总裁斯特恩也舒服不到哪儿去，没了乔丹的NBA黯淡无色，估计NBA总收入将减少三成，体育用品的销售损失将达6亿美元，门票收入、球赛和电视收视率也会直线下降。原来围绕乔丹淘金的广告商们也没了昔日的风采，红着眼急切地搜寻着新的目标。这一切只缘于乔丹的拂袖而去。吐着舌头，独步篮坛的乔丹何以在商界有如此大的反响？当年从北卡罗莱纳大学毕业进入NBA打球时，乔丹肯定想不到会有今天的辉煌。这其中耐克公司的作用不可低估。

耐克老总奈特曾是俄勒冈州的中长跑运动员，从商学院毕业后组建了耐克公司。他一心想在现实生活中塑造一个“超人”的形象，并使之成为年轻人追寻的梦想，成为耐克公司的代言人。当时的篮球圈内不乏魔术师·约翰逊等一批名震一方的大将，但奈特并没有挑选这些红人，而相中了其时还不很出名、看起来瘦瘦小小的乔丹。因为奈特认为借鸡生蛋形式的广告很难展现公司的个性，他要的是符合本公司形象又不乏个性的“超人”。他看重的是乔丹潜在的发展势头和他鲜明的个性及优良的品德。“Just do it！”是乔丹的个性，也就是耐克公司的个性。乔丹有今天的成就，靠的是他个人的奋斗和耐克公司的商业炒作。谁又能说得清楚乔丹那循规蹈矩、满脸慈祥、和蔼可亲的外形不是耐克公司操作的杰作呢？

乔丹初出道时，正值20世纪80年代中期。当时的耐克公司还是很不起眼的小字辈，知道有这家公司的人不多。乔丹也原本一直钟情于阿迪达斯，但耐克以音乐和球场动作相结合的独特广告方式赢得了乔丹的青睐，他很快以每年25万美元的广告费与耐克签约，且一签就是5年。每年25万美元，这对当时已红遍北美大地的魔术师·约翰逊来说也无异于是一个天文数字。在耐克公司的包装炒作下，乔丹的形象脱颖而出，耐克品牌随即深入人心，公司也日渐壮大。奈特的钱没有白花，心血没有白费，捧红乔丹的同时，公司也捞足大钱。耐克推出的“飞人乔丹鞋”当年的销售额就高达1.3亿美元；公司每年靠乔丹的广告至少挣得2亿美元。从与耐克签约起，乔丹共为耐克公司挣得26亿美元，耐克商标的无形资产更是无法估量。在乔丹的众多广告商中，耐克是最成功的一家。因为是它塑造了乔丹的公众形象，同时也塑造了公司自身的形象，乔丹就是耐克的代名词。据美国《幸福》杂志估算，乔丹14年的NBA运动生涯中创造了近100亿美元的商业价值。

11.1 广告模特

11.1.1 广告模特的含义和类型

所谓广告模特，是为拥护企业、产品以及品牌而在广告上出现的人物或象征物。

广告模特是企业的信息传递者（communicator）。企业通过模特向消费者传递信息。就是说，企业利用模特的形象、可信性、魅力、类似性等属性来提高广告的说服力，改变消费者对企业或产品的态度，从而形成消费者的友好态度。

图11-1 李宇春代言佳洁士牙膏

广告模特的作用包括：模特提高了广告的可读性（或可看性、可听性）；模特能为企业或其产品带来肯定的态度转变。总体来讲，信息来源越可靠，可能越具有说服力；模特的形象特点可与品牌形象联系起来。但是，这些好处不是自发形成的，需要全面考虑对品牌的营销和广告以及模特的性格特点。

传统的观点认为，模特是广告信息的来源，因为其来源具有可信性或魅力，所以有助于增加信息内容的可接受性。但是，最近广告界和学术界又认为模特拥有某些象征性的属性，这些属性通过广告由模特传递给品牌，接下来通过购买、消费或拥有这种品牌的行为由品牌传给消费者。

在广告里出现的模特类型比较多，一般来说，广告模特不仅有具体人物模特，如名人模特、专家模特、典型消费者模特、企业家模特，还有象征物模特，如动物模特、特写模特（见图 11－2）。

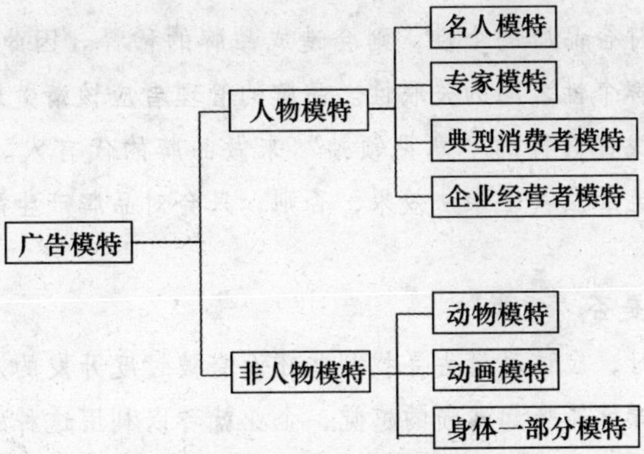

图 11－2　广告模特类型

1. 名人（celebrity）模特

利用名人广告模特的优点在于：

①在属性或功能方面与竞争产品类似的时候，利用名人模特做广告，借助名人的知名度和独特的形象来使产品与竞争产品区别。

②做服务广告时，向消费者传递品牌的形象或特点是不容易的，这时，可以通过名人模特给服务的抽象概念以具体形象与特点。

③在品牌扩张（brand extention）时，始终利用同一名人模特，就可以持续保持原有品牌的形象。

④在只传递最主要信息的单一诉求广告中，利用名人模特效果比较好。

⑤大众媒体广告需要视觉的同一性，在广告各要素中名人是最能引起受众同一感的因素。

但是，利用名人广告模特也有缺点：

①虽然名人的形象以及知名度能引起消费者对广告的注意力和集中力，但也有可能在广告中突出名人模特，从而降低消费者对广告产品的注意力。

②对同一个名人，消费者的反应（或反响）并不一致。对特定名人，有些消费者是积极支持者或崇拜者，而有些消费者对其持反感的态度。所以，喜欢特定名人的消费者和使用产品的消费者也许是不一致的。

③名人的形象有时也许不太适合于产品，也可能引起消费者的不一致感。

④在广告上出现的模特在社会上出现一些不良形象的时候，就会降低广告在消费者心目中的可信度。例如，美国已故巨星迈克尔·杰克逊曾为百事可乐代言，由于其受男童性骚扰指控而严

重影响了百事可乐公司的形象①。

阅读材料11－1 如何避免使"名人广告"变成"广告名人"

1. 注重形象代言人与品牌个性的关联性

如果形象代言人不符合品牌的个性，则会造成品牌的稀释。因此，在选择形象代言人时，有必要了解代言人与品牌个性之间的关联性。品牌的管理者应该清楚地知道，品牌要迎合哪一类型消费者的喜好，要找什么样的"意见领袖"来做品牌的代言人。只有品牌个性与人物联想对应，才能对品牌产生加法甚至乘法效果，否则，只会对品牌产生副作用，甚至将已有的个性稀释殆尽。

2. 考察形象代言人是否"重婚"

在挑选形象代言人时，应该尽量去寻找那些还没有被过度开发的对象。找一个以前没有代言过其他品牌的人，这样就能唤起清晰的感觉，企业就可以利用这种感觉与所宣传的品牌建立联系。而像刘德华，其代言的品牌数不胜数，这样的代言人对企业而言，就失去了独特性，消费者想起这个人，不知道能想起什么产品。在这种情况下，代言的效果就会降低，代言人甚至引起消费者的反感：你一会儿说这个好，一会儿说那个好，是不是真的？如果是做过水广告的，再去做酒广告，或者做过药广告，再去做食品广告，可能会引起消费者的心理不适，效果也会适得其反。

3. 不要单纯只看知名度，更要注重美誉度

对很多企业而言，考虑得最多的是形象代言人的名气、人气大小，至于其是否适合为本企业、本品牌做广告，却不在考虑之列，这是非常错误的。

形象代言人的知名度无疑是他们最大的财富，他们的名字就是一块招牌，可以帮助企业省下大量的广告费用。有研究表明，消费者对于自己喜欢的名人所推荐的产品，会更加信任。但是，仅有知名度是不够的，还要具备美誉度。由于形象代言人大多为影视明星、歌星，而其所处的娱乐圈容易出绯闻，这些名人的名气稳定性不好。打个比方说，某形象代言人尽管名气很大，但如果名声不好，吸毒、赌博无所不为，这样的明星肯定不会受到消费者欢迎。如果说他有名的话，也是属于臭名远扬。

其实，企业选择形象代言人就像炒股票一样，如果能够选中目前还不是很红但潜力很大的明星，会用最少的费用达到最大的效果。

4. 系列形象代言人之间的选择要有策略性、针对性和连续性

如果企业之前已经用过形象代言人，那么在选择新的形象代言人之前，一定要考虑新旧形

① 在天王逝去之后不久，当年指控迈克尔对其性骚扰的男童因不堪良心受谴，主动承认是受父亲教唆，为了金钱而故意陷害了迈克尔·杰克逊。

象代言人之间的连续性，让人感觉一脉相承。

蓝马啤酒曾经用腾格尔做形象代言人，2004 年，蓝马启用新的形象代言人胡兵。我们知道，腾格尔是一位来自内蒙古草原的歌手，其粗犷的外形与激越高昂的歌声，让人体会到的是纵马飞驰、豪情盖天的草原风情。蓝马啤酒通过腾格尔建立的是粗犷豪爽的形象。而胡兵与腾格尔的差别实在太大，胡兵有俊朗的外形与阳光男孩的气质，让人感受到的是健康、明朗的气息。这与蓝马从前建立的形象大不相同，如果蓝马坚持改变形象，那么以前的广告等于全部浪费，并产生负面作用。

5. 掌握形象代言人的风险规避策略

对风险要事先合同约定，事中密切跟踪，事后迅速更换。

目前，“形象代言人出了事怎么办”已经成为一个世界性的难题。明星因为逃税坐牢怎么办？明星杀人怎么办？事实上，在国外，为了防范类似风险，一般企业在与明星签约时都有附加条款。例如，约定在明星发生丑闻或诉讼案件时，合同自动终止，或约定企业此时有权停付代言费用甚至要求赔偿。

6. 要确保形象代言人广告的真实性

欧美一些国家均视形象代言人广告为“证言广告”和“明示担保”，消费者可据此担保索赔；美国更要求做广告的形象代言人必须是此产品的直接受益者和使用者，一旦查出不实，就要处以重罚，而且已有好莱坞影星被罚 50 万美元的事例。

如果按照欧美国家的标准，那么我们所见到的大多数形象代言人广告，恐怕都难逃被罚的下场。目前，明星的假证言广告，已经引起了消费者的普遍反感。国家的有关立法限制只是时间问题，因此，企业在拍摄代言人广告时，应该把握分寸，避免引火烧身。

7. 要避免记住了代言人而忘记了品牌

代言人毕竟只是品牌宣传的一个工具，广告的重心是品牌而不是代言人。还有一些广告，明星在广告里吆喝了一通，消费者只记住了明星，并没有记住广告的具体内容；企业花钱为名人做了广告。这样的广告不应该叫做“名人广告”，而是“广告名人”。

资料来源：曾朝晖，http：//news. xinhuanet. com/newmedia/2004 - 10/28/content_ 2147898. htm。

2. 专家（expert）模特

专业性是消费者对信息传递者的妥当而有意义的主张的知觉程度。这取决于保证、支持所提出的主张的知识。所以，专家是指知道解决问题方法的人，是能陈述实际证明的人。特别是在产品的价格高、技术程度高的时候，专家的主张直接影响消费者的购买。而且消费者购买财政风险大或身体危险大的产品的时候，更多地注意外部信息，所以专家的劝说具有较好的说服效果。

但是，利用专家模特的时候不仅要考虑广告产品，而且还要考虑其他的因素。并且当专家的主张与其所属专家群体的主张不一致的时候，可能会引起消费者的不信任感。另外，利用专家模特需要高度的信息内容的表现能力，要发挥专家的专业性是不容易的。

3. 典型消费者（typical consumer）模特

典型的消费者模特是指对广告产品没有特别知识的普通消费者。利用典型消费者模特做广告的目的，在于通过消费者知觉的类似性（similarity）来提高广告产品的可信度。也就是说，利用典型消费者模特时，主要考虑的因素就是这些消费者模特与受众之间的类似性。典型的满意消费者模特像受众的许多人一样，诚挚可信的形象会深深地打动他们。

利用普通消费者模特的表现方式有以下几种。

（1）推荐式（testimonial）广告表现方法。推荐式广告是指有使用产品经验的消费者陈述自己所体验的事实的方法。在推荐式广告中，满意消费者的推荐本身必须引起注意。为使广告真实自然，经常采用的有效方法是：暗藏一个录像机，拍下消费者现实生活中使用产品后的反应；或者在街上随意访谈消费者，通过所访谈的消费者谈谈使用产品的感受。

（2）类似消费者广告表现方法。它是指在个性或生活方式方面与广告的目标受众类似的普通消费者出现在广告中的表现方法。这些表现方式一般用于运动鞋、时装、自行车等产品的广告上。

（3）生活片段（slice of life）广告表现方法。在生活片段广告表现中也利用普通的消费者模特。Friedman 指出，在与消费者生活密切相关的但是不太引起注意的低卷入产品（low involvement product）时，如食品或日常生活必需品的广告中利用普通消费者模特，那么其广告效果是会好的。实际上，洗涤剂、食品、服装等产品的广告中经常利用普通消费者。

4. 最高经营者模特

最近，在电视广告或者在报纸、杂志广告上出现了一些最高经营者（chief executive officer，首席执行官）模特，也叫企业家模特。企业的最高经营者直接作为广告模特出现在广告中，向消费者直接说明企业或产品，解释以什么方式来开发产品，这能更强烈地诉求消费者。也就是说，使消费者把最高经营者认为是产品的专家，以最高经营者的权威和地位来提高产品或企业的可信度。

修正药业的药品广告就是最高经营者模特广告。修正药业的董事长修涞贵出现在广告中，强调修正药是“良心药，好药”这一诉求点。

利用企业最高经营者模特做广告时要注意的是，不要突出最高经营者个人的特点，而要强调企业的理念和产品的质量，从而使消费者的关心度集中在企业或产品上。

5. 动物模特

在广告中利用动物模特的理由是，使广告内容更有趣而引起注意，并且在表现方式上与以人物模特为主的广告区别开来。由于动物模特没有语言表达能力，所以动物不能起到说明广告内容的代言作用。但是在动物模特广告中，可以通过暗示动物与产品之间的类似属性（analogy）等间接的方式比较或强调产品特点。

我国企业在广告中利用动物模特的，如七匹狼皮衣广告利用狼模特，联想电脑广告利用猩猩模特等。

利用动物模特时要注意的是，动物的表演不自然，所以需要特殊装备，而且在摄影过程中为预防事故，要配备很多数量的动物。同时，动物模特既然能引起消费者的兴趣，因此，有可能会引起消费者只记忆动物模特的有趣的表现，而削弱消费者对产品的利益或形象的记忆。

6. 动画（animation）模特

除了人物和动物以外，还可以利用插图、漫画以及把人物形象化的特写（character）作为广告模特。通过这些动画模特，来体现产品或企业的性质或特点，并且诱导消费者视线，以留存在记忆里的回忆暗示（cue）来利用。也就是说，把产品的特性具体化，这样消费者看了动画以后就容易回忆起产品的特性，甚至消费者购买产品时能作为选择产品的重要因素。

利用动画模特的广告表现方式有以下几种。

（1）幻想性表现方式。动画片等夸张非现实的形象方法来结合现实的幻想性（fantasy）广告。消费者所熟悉的影片或动画片中的漫画形象可用做广告模特。如可利用米老鼠或唐老鸭做广告模特。

（2）人格化（personification）表现方式。

（3）示范性（demonstration）表现方式。

低卷入产品一般利用动画模特做广告。但是高卷入产品也可以利用高科技性的动画模特来适当地表现产品的特点。

图 11－3　可爱的芬达动画广告

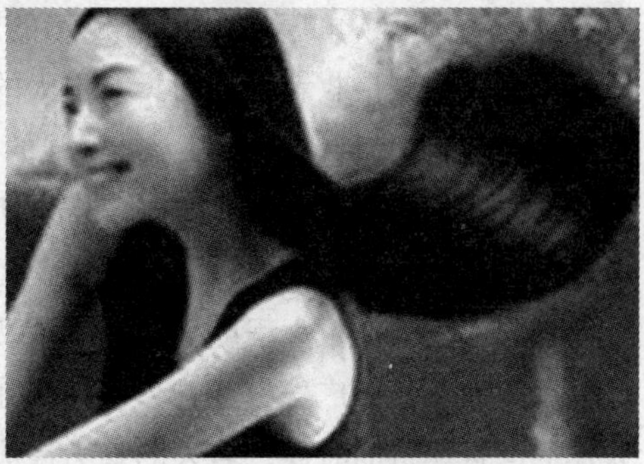

图 11－4　洗发水广告

7. 身体一部分模特

有时广告模特只展示身体的一部分强调或者表现产品的特点，例如，苗条的曲线美、柔顺的头发等都能用做广告的模特。利用身体一部分做模特，可以节省模特费用，并且把身体的一部分完整地模特化，从而能集中消费者的视线。但利用身体一部分模特做广告时，应注意一些身体部位的裸露面。我国国家工商行政管理局颁布的“广告审查标准”第二章第十八条规定：“妇女模特的使用不得裸露肩以下、膝以上 15 厘米的部位（泳装模特不在此限）。”

11.1.2　广告模特的可信性

广告模特的可信性（credibility），是指影响广告受众接受广告内容的信息传递者的肯定主张的特性。消费者知觉广告模特可信性，广告模特才具有说服力。起信息源作用的广告模特的可信性表现在以下几个方面。

1. 真实性

在沟通中的真实性取决于信息传递者与信息接受者的接受程度与信任程度。真实性（trustworthiness）是指信息接受者对信息传递者的信赖程度。可以以友好倾向、接受、心理上的安全、被知觉的肯定的心情等词汇来解释真实性的结果。广告接受者对广告模特真实性的知觉程度越高，态度变化的可能性也越大。而且，如果广告接受者知觉广告模特是可信赖的，那么诱导意见的信息内容比不诱导意见的信息内容，更能有效地改变广告接受者的态度。

2. 专业性

专业性（expertise）是广告接收者对广告模特的专门技能或者专门知识等特性的知觉。离开某一个主题（topic），就很难谈起专业性了。如果说，某一专家具有专业特长，那么，这个专家必须能提及相关主题。所以，专业性是能以相关主题或者状况以及信息内容来解释的概念。

专业性一般与权威、能力等密切相关。消费者对广告模特的专业性的知觉程度越高，就越容易改变态度。专业性以广告模特的教育水平、对产品的经验或知识等的连续性来被知觉。专业性的说服效果与广告模特的魅力性的说服效果是不一样的。专业性一般与信息内容的支持主张一起被考虑。也就是说，受众对广告模特魅力性的知觉取决于模特本身的特性，而对专业性的知觉取决于模特所具有的专业特长以及技能、知识、经验。

3. 魅力性

魅力性（attractiveness）是指广告接受者对广告模特的魅力性露面（attractive appearance）与个性（personality）的知觉。广告模特的魅力性露面可以成为广告接受者判断的一个重要线索。广告模特被广告接收者知觉为具有更大的社会影响力，具有更突出的个性（智能、个人特性、人生的成功与否），所以其说服力是很强的。广告接受者一般在关心或者注意广告模特的魅力性露面的情况下，看电视广告或印刷广告。所以，大部分广告主在选择广告模特时，经常利用具有魅力性的模特，特别是在化妆品广告中，经常利用具有身体魅力性的广告模特。

魅力性露面在很大程度上取决于消费者的主观判断，所以要正确地把握广告模特的魅力性，需要调查消费者对广告模特魅力性的认知程度。一般来说，名人具有更强的魅力性。所以利用名人作为广告模特的时候，名人的魅力性能提高信息源可信度。具有魅力性的广告模特比不具有魅力性的广告模特，更能有效地改变广告接受者的信念。

4. 类似性

类似性（similarity）是指广告模特与广告产品的潜在使用者之间的亲切程度。与广告接受者类似的模特传递信息时，广告接受者更容易被说服，更容易产生信任。所以利用实际满意的消费者模特的意见，从而缩短或者消除消费者与广告模特之间的距离，自然地提高可信度。例如，在宣扬普通消费者能简单地使用的油漆广告中，利用普通消费者模特比专家模特效果可能更好。尤其是在当今公众心目中专家诚信普遍缺失的时代，消费者可能会更加相信与自己相类似的模特的话，而非专家。

11.1.3　广告模特的选择

特定广告模特并不一定给所有产品带来相同的广告效果。也就是说，由于广告模特的类型不同，广告接受者的态度变化过程也不同。Kelman 指出广告模特的真实性、专业性、魅力性、类似性是各自通过同一化（identity）和内在化（internalize）过程，或者同时通过这两个过程引起消费者态度的变化。

1. 同一化与内在化

同一化是当信息接受者在广告上接触模特的时候，所产生的受众自己与模特之间的类似性感觉的过程。通过这种类似性感觉，消费者获得满意感，从而就顺应或支持模特的主张或意见。也就是说，个体愿意与特定人物类似，从而把自己的行为适应（adaptation）于模特，以树立自我形象（self image）的行为。这个过程与具有好感或者魅力性等情感特性的名人模特有密切关系。相反，内在化是广告接受者接触模特的时候，相信广告内容，从而顺应模特主张的过程。也就是说，信息内容的主张符合于接受者自己价值观的时候就引起内在化。内在化是在信息源可靠、真实并具有专业性的时候引起的。

2. 通过名人模特的态度变化

同一化现象与类似性、魅力性等特性有关，这是名人模特的说服起作用的态度变化过程。利用名人模特，可以提高对广告或者产品的注目效果。但是，在考虑对广告的评价、对产品的态度、产品的购买意图的时候，要慎重选择广告模特。

对消费者购买产品时不需要注意的低卷入产品（如清凉饮料）和直接影响消费者形象的产品（如宝石）来说，利用名人广告模特做广告，其效果比较明显。如果对这些产品做广告时利用名人模特，消费者对广告的评价是肯定的，并且支持模特的产品主张，从而能引起较高的购买意图。

3. 通过专家模特的态度变化

专业性通过内在化过程影响广告接受者的态度变化。受专业性高的信息传递者影响的广告接受者，一般是合理的并具有解决问题倾向的消费者。这些消费者尽可能地使自己的态度接近于外部现象或现实世界，结果形成与自己原有价值体系一致的新的态度的内在化。在专业性较高的信息传递者的说服过程中，可形成这种态度的内在化。

4. 通过典型消费者的态度变化

广告接受者在接触与自己类似的信息源的时候会感觉到亲切，所以典型消费者信息源具有较强的说服力。利用典型消费者广告模特的时候，消费者与这些典型消费者之间的类似性引起同一化过程，或者产品使用的类似性在一定程度上给消费者专业性，所以通过内在化过程提高广告效果。在与产品购买相关的金钱的、功能的、心理的、社会的危险不大的时候，利用典型消费者模特做广告，消费者对广告的评价将是肯定的。

5. 外国模特的效果

在我国，不少广告制作者为向消费者有效地传递信息，更有效地说服消费者，会利用外国模特。随着改革开放与经济的发展，外国产品广告非常多，利用外国模特的广告也比较多。利用外国模特一般具有以下优势：一是强化与用外语来表示的产品或品牌名称之间的连结感。目前在我国有不少外国品牌是直接用外语来表示的，外国品牌名称与外国模特可以形成一致性。二是由于产品市场寿命周期短，所以在短时间内诉求消费者的时候，利用外国模特做广告可以引起比较强烈的冲击效果。也就是说，异国形象能帮助消费者对产品的记忆。三是可以提高产品的国际形象。四是通过模特的差别性来引起消费者的注意。五是向消费者提供话题，从而能引起口碑（word-of-mouth）效果。

但在广告中利用外国模特也有一些缺点：一是对国内产品利用外国模特时，也许会引起消费者对品牌的不太好的印象。二是外国模特的形象过于强烈的时候，会出现阻碍消费者记忆产品的遮蔽效果（overshadow effect）。所以，利用外国模特的时候，要充分考虑广告产品的特性，并通过事前调查与评价，正确把握外国模特特点以及形象。

利用外国模特的时候，也要注意我国广告审查标准。因为一些广告主曾利用外国模特欺骗或误导消费者。我国国家工商行政管理局颁布的“广告审查标准”第二章第十六条明确规定：“国内产品，用外国人做模特的，应能够识别为国内产品；国外产品广告，用中国人做模特的，应能够识别为国外产品。”

6. 名人模特重复出现效果

在我国广告中也有名人同时出现在几则广告的现象。例如，台湾歌星张惠妹不仅是雪碧广告模特，也是步步高学习机的广告模特。又如，带领中国足球队首次打入世界杯的功勋教头米卢一口气代言三家公司广告（金六福酒、福星酒、奥克斯空调），知名球员杨晨在韩日世界杯期间也同时代言了雪花啤酒、LG空调、三元牛奶等广告，这时的名人就不是独特的刺激。在这种情况下，名人的效应会降低，严重的甚至会引起目标消费群体识记的混乱和对名人广告的不信任。其实，选择一个中等吸引力的独特的名人优于有强烈吸引力但已被过度使用的名人。

有关名人同时出现效果的研究表明，名人过多的暴露，压倒广告内容和品牌名，所以消费者虽然能记住广告模特，但对广告内容或品牌名的记忆程度是比较低的。有关方面的研究指出，如果企业通过实施长期的市场营销策略树立品牌形象的时候，最好不要利用在其他广告中出现的名人。如果广告模特同时出现在好几则广告中，对心理或社会危险性大的高卷入产品来说，难以获得消费者对产品或企业的可信性，很难维持与品牌形象一致的形象。另外，在低卷入产品的长期营销策略中，模特应起到联想品牌的线索作用。但是，由于模特重复出现在其他广告中，会干涉消费者记忆的引出（retrieval），所以要慎重考虑模特的重复出现问题。

相反，产品的市场寿命期短的时候，并且敏感于一时流行的产品，可以利用出现在其他广告的名人模特。这时，虽然受广告模特同时出现在其他广告中的干预，但是在短时期内投入大量的广告量，也会获得效果。

阅读材料11－2　　有关广告混淆现象的思考

在市场经济飞速发展的今天，消费者不仅通过电视、广播等电波媒体，而且还通过报纸、杂志等印刷媒体不知不觉地接触大量的广告。特别是如今电视广告和杂志广告一组一组地播出和刊载，比如，中央电视台晚间黄金时间播出的广告中有关家电广告最多，早间新闻后播出的广告中防盗门广告较多。这时，消费者接触的是一组产品广告，因为广告主一般也是以类似的消费者群作为广告对象的。

结果，消费者在一定的时间内接触的广告信息量过多，所以消费者以消极的态度来处理广告信息。加上消费者接触广告时，记住一个品牌信息之前又接触无数的新的品牌信息，消费者无法一一记住广告所传递的信息。早在 20 多年前，Britt、Adams 和 Miller（1972）就指出，消费者一天平均能接触的广告量为 300～600 个，但能记住的广告量却只是其中的很少部分。

消费者对广告内容的这种很贫弱的记忆，首先与消费者的不注意（inattention）有关。消费者在目前非常"混乱（cluttered）"的媒体环境下，就容易疏忽广告。

另外，大部分产品广告是以单一的内容来表现的，所以类似的广告多，在消费者心目中无法形成独特的形象。结果，消费者有时即使想起广告，也无法把广告内容与产品或品牌联结起来，甚至在广告与品牌的联结中产生错觉，看的是 A 广告，但买的是 B 产品；或看了 B 广告以后，却买了 A 产品。这样，企业虽然投入大量费用做广告，却可能帮助了竞争企业。在市场竞争激烈的情况下，竞争产品之间的类似品牌名称和广告表现，容易引起消费者对广告与品牌的联结错觉。这种消费者不能把广告与品牌相联结的错觉现象，就叫广告混淆（confusion）现象。

虽然如此，目前国内外学术界却很少研究广告混淆现象。特别是我国大部分企业在缺乏广告理论的情况下采取广告策略，所以更容易忽视广告混淆现象，从而使企业所做的广告不能取得预期的效果。

11.2　广告音乐

音乐也是传递信息的一种非常强烈的完整的语言。音乐在情感表现过程中起很大的作用，不仅影响消费者的各种情感、气氛、心情以及反应，而且还刺激微细部分。所以在电视广播广告（电波广告）制作过程中被广泛地利用。

广告音乐是指媒体传播在广告宣传过程中所使用的音乐。广告音乐既有一般音乐艺术的审美特征，也包含了广告艺术的某些特性。广告音乐的主要功能与作用是在广告宣传过程中作为背景音乐来衬托画面，从而大大丰富了广告艺术的表现力，同时加强了广告宣传的艺术感染力。

阅读材料11－3 广告音乐的历史与发展

从1958年一位叫奈思的麦当劳加盟店主制作了第一首广告歌曲，首创麦当劳广告歌曲欢快、愉悦的清新形象后，广告音乐这种独特有效的广告形式就被广大广告创意人员不断采用。从十年前燕舞的“燕舞……燕舞……一曲歌来一片情……”到东芝的：“TOSHIBA，TOSHIBA，TOSHIBA的东芝……”再到今天奔腾系列的“咚……咚……咚咚”，最后到现在热播的麦当劳广告中的王力宏演唱的“我就喜欢”。这些广告中的音乐作品在对广告的传播效果上起到了巨大的作用，使得产品的品牌能随着音乐的主旋律而传播开来。虽然这中间有的品牌我们已很难见到，但我们对那几句耳熟能详堪称经典的“歌典”仍能记忆犹新，同时，对该品牌的感知也依然随着对这些“歌曲”的回味而存在。

资料来源：http：//baike. baidu. com/view/583249. htm。

具体来说，广告音乐具有如下作用：

（1）辅助画面和解说词，营造出某种情感气氛；

（2）吸引受众的注意；

（3）加强广告受众对广告信息的记忆；

（4）产生迁移效果，即消费者可能因为对广告音乐的好感，而把这种好感迁移到广告或广告产品上，从而对广告产品产生好感或购买欲；

（5）广告音乐给消费者愉悦的感受，具有娱乐观（听）众的作用。

但是，在有关音乐是否影响消费者的信息处理过程的问题上，人们有不同的看法。Gorn根据经典条件反应理论发现，如果广告中的音乐是消费者喜欢的音乐，那么，这些音乐有助于消费者形成肯定态度。另外，Milliman研究在超市里调节背景音乐是否影响销售额与顾客循环问题时发现，节奏（tempo）快的音乐比节奏慢的音乐更增加销售额，更加快顾客循环速度的事实，所以得出背景音乐可以影响消费者的购物行为的结论。但是Park和Young的研究结果则相反，他们调查在广告中卷入程度（高卷入与低卷入以及情感性的卷入）不同的情况下音乐对品牌态度形成的影响，得出在有背景音乐的情况下，对语言信息的回忆度会下降的否定性的结论。

综合这些研究结果可以看出，背景音乐是在情感性卷入（affective involvement）程度高而认知性卷入（cognitive involvement）程度低，像宝石、休闲运动服（sportswear）、化妆品、啤酒等产品群（product category）的广告中是有效的。相反，在认知性卷入程度高的产品，像汽车、电子产品、个人电脑（PC）、保险、照相机的广告中，背景音乐并不一定有效果。

如果广告制作者已决定在广告中利用音乐，那么是制作适合于广告产品的新的音乐，还是利用消费者熟悉的但还没有亲切感的音乐，或者是利用消费者非常熟悉的流行音乐呢？如果利用流行音乐，在引起消费者注意方面是有效的，但这些音乐也有消费者只注意广告音乐而忽视记忆广告产品的危险，并且利用音乐的费用也较高。如果要利用在消费者中还没有广泛流行的音乐，就要充分利用音乐与情感表现的关系（见表 11－1）。

表 11－1 为表现情感的音乐特性

情感表现 / 音乐因素	严肃的	悲伤的	欣赏性的	平稳的	幽默的	幸福的	兴奋的	庄严的	惊讶的
音系	长调	短调	长调	长调	长调	长调	长调	长调	短调
速度	慢	慢	慢	慢	快	快	快	一般速度	慢
音调	低	低	中间程度	中间程度	高	高	中间程度	中间程度	低
音律	一定的	一定的	流水似的	流水似的	流水似的	流水似的	不规则的	一定的	不规则的
合成	合成音	合成音	合成音	合成音	合成音	合成音	非合成音	非合成音	非合成音
音量	中间程度	柔和的	柔和的	柔和的	中间程度	中间程度	大的	大的	变化多样的

资料：BrumerII，Gordon C.，“Music，Mood and Marketing，”Journal of Marketing，October 1990，100.

本章小结

广告模特是企业信息的传递者，企业借助模特的形象、可信性、魅力、类似性等属性来提高广告的说服力，改变消费者对企业或产品的态度，达到最终促进产品销售的目的。

广告模特可以分为人物模特和非人物模特两大类。其中，人物模特又可分为名人模特、专家模特、典型消费者模特和企业经营者模特。而非人物模特则可分为动画模特、动物模特和身体一部分模特。名人模特是目前的热点话题，也是我们关注的重点，为此我们在 11.1 一节中增加了有关名人模特的阅读材料。

本章 11.2 一节主要介绍广告音乐方面的知识，读者应该通过学习认识到广告音乐的重要作用并掌握音乐与情感表现之间的关系。

思考题

1. 什么是广告模特？广告模特起哪些作用？
2. 广告模特有哪些类型？
3. 广告模特如何引起消费者的态度变化？举例说明。

4. 在实际电视广告中找出广告音乐与产品相符合的广告和不相符合的广告，然后进行比较分析，并说明其理由？

5. 选择目前在我国名声较大（有人气）的广告模特，然后分析他（她）的长处与短处。如果这个模特重复出现在广告中，那么，如何分析其广告效果呢？

6. 如何评价同一名人模特在几则广告中重复出现的现象？

案例讨论

广告不用名人用什么

孔子曰："人能弘道，非道弘人。"参悟出其中深意，大道乃行。

在逐步向市场经济过渡的今日中国，名人做广告已屡见不鲜。硝烟弥漫的商场上，因不断有明星、大腕、名流们频频亮相，又平添了几分热闹，几分绚丽，几分神秘。

早在1989年，当著名演员李默然出现在电视屏幕上，向观众推荐"三九胃泰"时，中国的老百姓对名人做广告还心存疑虑。在一个宣扬"君子不言利"的国度中，为了在公众自觉不自觉的道德审视目光中保持清白名声，李默然通过有关宣传媒介不得不一再表白，澄清事实，颇费了一番口舌。而今天，当一个又一个名人在广告节目中相继亮相时，已很少有人为此而惊讶、而忧虑了。名人做广告，已被中国人当做一种纯粹的商业活动被认可与接受。

其实，在商品经济发达的国家和地区，名人广告早已出现。1927年，力士香皂公司就曾一下请了16位女明星为其产品做广告，这成为商业广告史上的一个壮举。多年来，这家公司不断请各个时期最走红的女明星在其广告中露脸，而且女明星们也以在力士香皂广告中出现为莫大光荣。40多年前，当时作为一个小有名气的影星的美国前总统里根，也曾为切斯特菲尔德香烟做过广告。放眼今日西方世界，娱乐界、体育界及其他行业的名人在广告中更是争奇斗妍、显露峥嵘。迈克尔·杰克逊在百事可乐的广告中狂歌劲舞；迈克尔·乔丹足蹬乔丹气垫鞋飞身扣篮；卡尔·刘易斯为推销松下电器又跑又跳，展现雄姿；凯瑟琳·丹妮弗则为香奈儿香水、圣罗兰化妆品而一展"世界第一美女"的芳容。这些令人眼花缭乱的名人广告，虽然在创意上各有新招，但在西方消费者眼中，却已是见多不怪，习以为常了。与之相比，中国的名人广告实在只是"婴儿学步"。

所谓名人，最基本的一点就是要有较高的知名度。在激烈的现代商业竞争中，众多竞争者为推销自己的产品、占领更大的市场，不约而同地把眼光盯在了名人效应上。把一种商品与名人联系在一起，让名人的名气助推产品的知名度，从而影响消费者的消费趋向，这种想法非常巧妙，也非常实际，所以，受到许多公司企业的青睐。可是，如何最有效地利用名人效应，做出最成功的广告，却不是一件简单的事情。广告设计者与策划者们为此可谓煞费苦心。

1990年第十四届世界杯足球赛前夕，英国著名球星巴恩斯受到英国公众的普遍关注，人们预料他在意大利的绿茵场上会有上乘表现，为英格兰争光。当时，巴恩斯为一种饮料所做的广告在电视中也频频播出。可是，巴恩斯在意大利的表现却不尽如人意，而为英格兰进身四强立下战功的另一球员加斯科因，因表现出众而从普通球员一跃成为英国头牌巨星。世界杯赛结束后不久，巴恩斯做的广告便从电视屏幕上消失了，而加斯科因匆匆为几家公司做的广告，却几乎同时出现在英国的电视、报刊和街头上，一时红遍半边天。从这个例子可以看出，在名人广告中存在着时效性。高速运转的现代社会，一个名人走红的时间是有限的，特别是在娱乐界和体育界，明星一茬接一茬不断涌现，新星红起来，旧星必然要黯淡下去。不再走红的名人，其名人效应要大打折扣，其商业价值也会随之降低。在残酷的商场上，商人们要的是最佳的时效性，所以，请最走红的名人做广告，成了名人广告的一个特点，也是广告设计者与策划者们追求的目标。

名人广告的时效性在中国也已得到印证。一部《编辑部的故事》不仅造就了几个电视剧明星，也造就了几个广告明星。经常看电视的人，谁不知道双汇火腿肠的“省优、部优、葛优”呢？就连在《北京人在纽约》中饰演戴维的大鼻子老外，在该剧叫响之后，也不失时机地在广告中趁热打铁又“风光”了一回。可见，中国的商界和广告人已经认识到了名人广告的时效性。

为最有效地利用名人效应，广告的设计与策划者还很注意名人广告的针对性。日本一家生产啤酒的公司，针对日本青年崇拜欧美名人的心理，请美国影星史泰龙到日本为其啤酒做广告。“硬汉兰博”的扮演者赤膊畅饮的形象，很快提高了这种啤酒的知名度，随之而来的，无疑就是可观的经济效益了。乔丹是篮球场上的著名“飞人”，他的出色弹跳力实在令人倾慕。乔丹气垫鞋的广告似乎无意地在对那些爱好运动的消费者做出暗示：穿上乔丹气垫鞋，你会像乔丹一样跳得高。名人都有某一方面的特长，有针对性地利用某个名人的某一特长，来达到在某种特定商品或某种特定商业目的上的目标，是广告设计者与策划者一定要考虑的。日本某家电器公司要在中国市场上推销其新型号电视机，他们特意选了香港一个名气尚不很大的新星为他们做广告。他们的想法是，这位很有希望的新星将在中国年青一代中产生影响，尽管这些年轻人现在还不具备购买电视机的经济实力，但当他们一旦具有这种经济实力，要购买电视机时，这位新星所做的广告将潜移默化地影响他们的选择。从这种有“时间差”的名人效应中，可以看出这类广告明星的针对性。

此类广告，在中国也不乏其例。著名数学家陈景润因在哥德巴赫猜想方面做出的贡献而成为名人。在世人眼中，他是一个诚实、严谨、不善辞令且体质欠佳的科学家。由这样一位名人现身说法，为某种药品做广告，其影响与说服力都是不容置疑的。这个例子说明了中国企业家的精明。

名人做广告，是企业与名人双方的结合。企业一方，是利用名人效应来为企业创造更多的利润。而名人一方，他们为的是什么呢？

李默然为“三九胃泰”做广告，所得酬金全部捐给了中国剧协，用来举办第二届全国戏剧节；笑星马季为“山海丹胶囊”做广告分文不取，为的是感谢这种药治好了他的病。英国著名影星、“007”的最著名扮演者罗杰·摩尔为联合国救援机构做宣传广告，据说也是不要报酬，为的是人道主义理想。这些名人的行为着实令人敬佩，但这样不取报酬的名人广告，在现实中往往是不多见的。

在商品经济社会中，名人的知名度也具有商业价值。在名人利用自己的知名度为企业赚取利润时，他们也要求得到相应的回报。这样，就逐渐有了远远高于一般劳务酬金的名人广告酬金。而且，名气越大，酬金越高，近年还有越涨越高的趋势。

当年，中国的老百姓听说李默然拍一次广告片竟得20万元酬金，纷纷为之咋舌。20万元，对于普通工薪人员，按当时的工资标准计算，相当于一生的总收入的几倍！而名人做一个几十秒钟的广告就可得到，这不能不在人们的心理上造成难以承受的反差。1993年元旦，当时中国最红的女影星巩俐为美的空调拍的广告片开始在电视台播出。明星出台，轻移款步，笑启朱唇，既潇洒，又漂亮，令观众眼睛为之一亮。几乎与此同时，新闻媒介披露了“美人一笑”的价值：美的集团为这个广告付给巩俐100万元酬金。至此，中国的老百姓又一次为名人做广告所得的高报酬而瞠目、扼腕、感叹再三。当然，价码肯定不会就此打住。据说，某位著名女影星已为自己开出了300万元的要价。虽然笔者目前尚不知是否有人接受她的开价，但中国名人广告的价码越涨越高的趋势却是不可逆转。

但与国外的名人相比，中国名人所得的广告酬金实在不足挂齿。迈克尔·乔丹为芝加哥公牛队打球，1992年所得酬金为390万美元，而同一年他为公司企业做广告的收入，则为3600万美元，几乎是他作为一个高薪球员所得报酬的10倍。如果按现在的比率折合成人民币的话，乔丹每一天的平均收入都不低于美的集团付给巩俐的酬金。著名歌星迈克尔·杰克逊自从十年前开始为百事可乐做广告，十年来共从这家公司得到2000万美元的报酬，这还不包括该公司三次赞助他做巡回演出的费用。为公司企业做广告，已成了名人们一条非常快速、便捷、实惠的生财之道。许多名人深谙此道，乐此不疲。更何况，名人做广告不仅给自己带来了滚滚财源，而且又开辟了进一步提高自己知名度的新渠道，真可谓名利双收，这等美事，名人们又何乐而不为呢？

名人做广告获取巨额酬金的现象，已引起人们普遍关注，在经历了初期的惊讶与不理解后，关注的焦点必然地转向了名人广告的效果问题。

首先是值得不值得。在中国，请一般电影明星拍一则广告，酬金不过数千元。有些演员为了能上镜头，甚至免费为别人做广告。而同样是一则广告，用了大明星，酬金就要成十倍甚至上百倍地往上翻。据说，在西方国家，普通演员与明星、小明星与大明星之间的酬金差距更大。企业付出如此大的代价请名人为其做广告，值得吗？

应该说，这是一个很难回答的问题。名人的影响在很大程度上是看不见、摸不着的，而某种产品的销售状况如何，往往要同时受多种因素的影响与制约，名人效应究竟在其中占多大比例、起多大作用，不是用进度表一类的图表能准确标示出来的。尽管如此，持相反观点的人都能举出例子来为自己的观点作证。

1993年1月，巩俐为美的空调做的广告在电视台播出。很短时间内，这种牌子的空调机提前进入销售旺季，到3月份，销售额居然突破亿元大关。这种直接的经济效益似乎雄辩地说明了名人效应的巨大作用。而且，随着美的空调走俏，美的集团的其他产品也跟着扬名，集团本身的企业知名度大大提高，这些潜在的效益是难以估量的。无怪乎该集团总经理胸有成竹："巩俐拍'美的'空调广告片，它的功与过、是与非，就由人们去评说吧。"潜台词似乎是不管别人怎样说，企业自己认为是值得的。

也有名人效应不起作用的例子。美国洛杉矶一家旅游鞋公司几年前开发了一种式样奇特的新式旅游鞋，推向市场后，销售状况不佳，损失数百万美元。为扭转局面，该公司花巨资请来了迈克尔·杰克逊为其促销。但名扬世界的杰克逊这回也不灵了，消费者对这种旅游鞋仍态度冷淡。名人广告此番失灵，企业付给杰克逊的酬金无疑也近乎白白扔掉。

名人做广告还引起另一个问题，名人广告所宣传的产品都是好的产品吗？上面提到的那家旅游鞋公司的新式旅游鞋，其滞销原因未见披露，不得而知。如果是因其质量差，那么，名人为其做广告，就要承担损害自己名誉的风险。某著名女影星曾为报答恩师而义务为某种化妆品做广告，可在1992年的"3·15"消费者权益日活动中，该化妆品因质量问题受到许多消费者投诉，有些消费者还指责为该产品做广告的影星。尽管此影星并未在广告中得到报酬，但仍免不了陷入尴尬境地，一再向消费者解释、道歉，很伤了一番脑筋。

当然，这种倒霉事并不多见。许多情况是，某种产品与其他同类产品并没有明显的优劣高低之分，基本处于同一水平线上。这时候，请名人做广告，借名人以提高产品的知名度，就有可能提高产品的销量，名人效应也许就能发挥预期的作用。可也有少数企业的产品质量差，为找到销路，不惜出巨资请名人做广告，利用名人效应，把劣质产品打入市场，使消费者的利益受到损害。消费者最担心的就是这种情况。由于有少数这种情况的存在，名人效应在相当一部分消费者那里是要失效的。

每个社会都有名人。名人因其在某一方面的特殊贡献或特殊技能而受到人们的注意、喜爱甚至崇拜。名人因此有较高的知名度，并在不同程度上对社会生活具有一定的影响力，即名人效应。将名人效应运用于经济领域，必然会产生独特的促进作用。怎样正确地估价名人的作用，怎样适当地运用名人效应是个问题。名人广告已成今日世界之普遍现象，其发展前景如何，还要经受时间的检验。

问题讨论

1. 为什么企业愿意不惜重金请名人做广告？
2. 如今名人的广告效应已大不如从前，根据你所掌握的知识，试对此一现象进行分析。

第 12 章

广告媒体及媒体策略

本章导读

广告活动的大部分经费是花在媒体上的，广告信息能否传递给消费者的关键也在于媒体。可见，准确把握媒体的特点，科学选择媒体以及采取正确的媒体策略对企业和广告公司而言都是至关重要的。本章主要介绍广告媒体的概念、分类、广告媒体的调查以及广告媒体的组合策略，其中媒体组合策略为本章重点。

开篇案例　　嘉士伯啤酒媒体推广计划

为了配合千禧年这一世纪盛事，1999 年底嘉士伯计划在 12 个主要市场，如上海、北京、广州、成都等，进行一系列的整合市场传播活动，包括互联网及户外广告促销，千禧年派对等。在突出嘉士伯这一著名国际啤酒品牌之余，更将欢乐元素深入品牌，从而促进销售。

实力媒体负责了本次媒体活动的整体策划工作。在收到客户的工作简报后，经过仔细研究，实力媒体定义了所面临的三大难题：

1. 传统的大众传播媒体难以有效地将这次活动的信息带给特定的目标受众

他们所针对的目标受众是一群高档啤酒的饮用者，主要为年青的高收入的男士。这部分人的生活理念前卫，乐于接受新鲜事物，渴望人与人之间的交流，对音乐与运动有着浓厚的兴趣，同时又热衷于户外活动。

但是从媒体策划的角度来看，正是因为目标受众的这些特点，所以难以用传统媒体有效地捕捉他们。从中国媒体与市场研究的数据来看，目标受众接触传统媒体，如电视与报纸的时间较少，而因为在户外流连的时间较长，所以对户外媒体的接触度也较高。他们对音乐、运动和时尚资讯的关注度相当高，而对互联网使用亦较为普遍。

2. 传统媒体费用不菲

嘉士伯的主要市场，如上海、北京，所需的媒体费用特别是电视的费用，是相对较高的。如果只利用电视去捕捉目标受众，容易造成部分资源的浪费。

3. 啤酒市场竞争激烈，媒体信息非常混杂

通常来说，年头年尾并非啤酒销售的旺季。但是2000年的来临是千年一遇的盛事，人们将会通过不同的庆祝活动来表达对新千年的期望。可以预期各大啤酒商，包括百威、喜力及各个市场的一些强势品牌，都会有较大规模的促销活动。而通过传统媒体所传递的信息亦会更为多样而复杂。一方面令消费者容易混淆，另一方面各个啤酒品牌亦必须加大资源的投入，才能将信息传递出去。

要越过这些巨大的障碍，创意地运用媒体就成为实力媒体策划人的首要任务。在这一策划案中，策划公司把传统及非传统媒体相结合，运用富有创意的手法，成功地锁定了目标群。

首先，在目标受众未到酒吧前通过一些顶尖网站投放嘉士伯的横幅广告，进一步提升品牌形象与传递派对信息。又在横幅中设置了与 Carlsberg. com 的链接，用户进入后可参加富有趣味性与挑战性的电脑游戏，成功过关者可获赠派对门票。

其次，与著名的音像世界杂志合作，由嘉士伯首次独家赞助了随音像世界附送的一只音乐VCD。VCD碟面与包装均由嘉士伯进行设计，突出品牌形象之余更带出了嘉士伯活力与动感的一面。通过选择一些欧美及港台的流行歌曲精品，加强了品牌与国际精品音乐的联系。另外，此VCD更会由嘉士伯在卖场中向消费者直接派发。在音像世界的封面，运用了跨版的嘉士伯千禧派对的主题形象广告，寓意共同跨越千禧年。

第三，与收听率较高的流行电台节目，如JoyFM合作，在介绍非常前卫的锐舞音乐环节当中，带出嘉士伯千禧年派对的信息，并与听众做一个互动的交流，凡答对问题者可得到派对门票及嘉士伯精美礼品。此举不但令听众踊跃参加，更令他们在享受前卫音乐之余不知不觉加深嘉士伯与音乐之间的联系。

而当目标受众在酒吧附近或正在酒吧时，通过战术性地购买一些在酒吧街的灯箱及候车亭广告，在消费者到达酒吧之前，透过动感十足的视觉形象，反复向其传递嘉士伯的派对信息及品牌形象。

选择一些专在酒吧、餐厅免费派发的流行杂志，如 That’s Shanghai，Shanghai Talk，Beijing Scene，Metro 和 Clueless in Guangzhou，在其有关千禧年资讯的文章前后放置嘉士伯千禧年的信息，直接对目标受众进行诉求。

资料来源：郑香霖、翁耀成、易晓全，《实力媒体》，2001年第18期。

12.1 广告媒体概述

12.1.1 广告媒体的概念

媒体，又称媒介（media），就是指将信息传递给社会大众的工具。广告媒体是指借以实现广告主与广告对象之间联系的物质或工具。凡是能刊载、播映、播放广告作品，在广告宣传中起传播广告信息作用的物质都可称为广告媒体。例如，大众传播媒体（包括电视、广播、报纸、杂志）、路牌、交通工具、互联网、霓虹灯、商品陈列、橱窗、包装物以及产品说明书、企业名录等。

12.1.2 广告媒体的基本功能

广告和媒体相互依存，在大众传媒经营活动中，大众传媒提供各种信息服务，需要一定的资金支持，而广告收入则是其主要的收入来源。作为一种信息服务，广告传播需要依存于节目、版面中，凭借公众对大众传媒的信任和好感而达到一定的效果。这种相互依存的关系促进双方的共同发展。

具体而言，广告媒体在广告活动中具有以下基本功能。

1. 传递功能

美国著名传播学家施拉姆在《传播学概论》中写道："媒体就是在传播过程中，用以扩大并延伸信息的传播工具。"可见，广告媒体具有筛选、加工、扩散信息的功能。由于广告媒体不受时空的限制，它所传播的范围和对象具有广泛性和渗透性，不论受众在什么地方，广告媒体都会发生作用。

由于广告媒体具有传播信息的功能，本身具有实用性，可以为广告主或媒体受众带来一定的经济效益和社会效益。因此，无论对广告主还是对广大受众，广告媒体都具有一定的吸引力。

2. 服务功能

广告媒体可以根据自身的特点，为广告主、广告经营机构、媒体受众提供有用的、真实的信息，满足不同层次的需要。对广告主来说，可以将企业的经营特色、产品等方面的供给信息提供给目标市场；广告经营机构可以通过广告媒体发布供求双方面的信息；广大受众可以通过广告媒体了解各种品牌产品方面的信息，为他们的购买决策提供依据。

由于广告媒体具有上述功能，使其成为现代企业开展市场营销活动的重要手段或工具。广告策划者应当根据广告主的实际需求以及各种广告媒体特点，选择适当的媒体形式，发布广告信息，取得理想的广告效果。

12.1.3 广告媒体的分类

广告媒体可以分成很多类。根据受众规模的不同，把传统媒体分为大众传播媒体和小众传播媒体两大类。随着科学技术的进步，新媒体崛起后成为传播广告信息的一支生力军，我们把它们归为一类：新媒体。下面就各种广告媒体的特点分别进行介绍。

1. 大众传播媒体

大众传播媒体主要是指报纸、杂志、广播、电视、网络、电影等媒体。特别是前四种，是广告传播活动中最为经常运用的媒体，通常被称为四大广告媒体，但近年来网络媒体异军突起，大有后来居上之势。

（1）电视媒体。电视是运用电波把声音、图像（包括文字符号）同时传送和接受的视、听结合的先进的传播工具，是一种具有多种功能的大众传播媒体。自20世纪30年代问世以来，电视不断以新的面貌面向广大观众，已经深入千家万户，在传播领域中产生了越来越大的影响，也是传播广告信息的主要媒体之一。

电视广告不但可以向媒体受众介绍广告产品的性能和特征，而且可以形象地、直观地将广告产品的款式、色泽、包装等特点展现在媒体受众面前，从而最大限度地诱使媒体受众产生购买欲望。

与其他媒体广告相比较，电视广告具有以下优缺点。

①电视广告的优点：

• 直观性强，具有视听效果的综合性。电视节目既能看，又能听，可以让媒体受众看到表情和动作变化的动态画面，生动活泼，因而对观众有广泛的吸引力。特别是电视可以突出广告产品的品牌个性，如外观、工艺水平、文化附加值等。电视集声音、图像、色彩、活动四种功能于一体，可以直观地、真实地、生动地反映商品的特性，不必更多说明就能使消费者了解商品，给观众留下深刻印象。

• 传播范围广，信息传播迅速。电视具有极高的普及率，收视对象层次广泛，能在节目覆盖的地域范围内迅速传递信息，易于配合广告商家新产品上市、销售等促销活动。

• 有较强的冲击力和感染力。电视是唯一能够进行动态演示的感性型媒体，因此电视广告冲击力、感染力特别强。因为电视媒介是用忠实地记录的手段再现信息的形态，即用声波和光波信号直接刺激人们的感官和心理，以取得受众感知经验上的认同，使受众感觉特别真实，因此电视广告对受众的冲击力和感染力很强，容易引起受众的关注。

• 利于说服广告受众，增加消费者购买的信心和决心。由于电视广告形象逼真，就像一位上门推销员一样，把商品展示在每个家庭成员面前，使人们耳闻目睹，对广告的商品容易产生好感，引发购买兴趣和欲望。同时，观众在欣赏电视广告中，有意或无意地对广告商品进行比较和评论，通过引起注意，激发兴趣，统一购买思想，这就有利于增强购买信心，做出购买决定。特别是选择性强的日用消费品、流行的生活用品、新投入市场的商品运用电视广告，容易使受众注目并激发对商品的购买兴趣与欲望。

• 注意率高、影响面广。在日常生活中，多数人们在看电视的时候相对比较专心，所以电视广告的被注意率较高。对多数人来说，电视是一种娱乐形式、教育途径，是重要的信息来源，是生活中的重要组成部分。

②电视广告的缺点：

• 针对性不强、诉求对象不准确。电视媒体传播信息的广泛性是相对的。从世界范围来看，电视传播所到之处，就是广告所到之处。但就某一个具体的电视台或某一则具体的电视广告而言，其传播范围又是相对狭窄的。电视媒体传播信息范围的广泛性同时也就衍生出传播受众构成的复杂性。不论年龄、性别、职业、民族、受教育程度等，只要看电视，就成为电视媒体的诉求对象，但不可能全部成为广告产品的购买者。因此，电视媒体具有针对性不强、诉求对象不准确的缺点。

• 受众被动接受，缺乏选择性。绝大多数观众看电视节目的目的是为了娱乐、接受教育和获取新闻资讯，而不是为了接受电视广告传播的信息。受众在看电视时往往会被动地接受信息，缺乏选择性，不像报纸、杂志那样又较大的选择性。

• 一次性传播，无法保存。电视媒体在传播信息时，一次传播，过而不返。不论看清、听清与否，在单位时间内都无法让其重返。因此，电视媒体的广告宣传具有一次性，稍纵即逝，不可逆转。大多数电视广告都是重复播出的，以弥补一次性不易记忆的不足，以起到加强印象的作用。

• 费用高昂，一般企业无法承受。广告片的设计涉及面甚广，模特、道具、场景安排等都得花一大笔投资，摄制费用也不低，尤其是媒体的投放费用更是高昂。因此，大多数中小型企业无力负担。

• 受时间所限，不利于深入传递广告信息。电视广告制作费用高昂，黄金播放时间收费最贵。电视广告时间长度多在 5 至 45 秒之间。要在很短的时间内，连续播出各种画面，闪动很快，不能做过多的解说，影响人们对广告商品的深入理解。

• 电视台播放广告过多，观众容易产生抗拒情绪。为了追求较多的经济利益，大多数电视台极尽所能来插播广告，正常的电视节目常常被广告所打断，容易引起观众的不满和抵触。

（2）广播媒体。广播媒体包括有限电台和无限广播网。广播媒体是通过运用语言、音像、音乐来表达广告产品或企业的信息。广播媒体的特点可以概括为：采用电声音频技术，按时传播声音节目，专门诉诸媒体受众的听觉。

广播广告具有以下优缺点。

①广播广告的优点：

• 覆盖面广，受众多。目前广播基本上不受时间和空间的限制。从电波所及的范围看，可以覆盖整个国土，不论城市、乡村都可以听到广播节目。广播媒体的受众也非常广泛，只要有一定的听力，就是广播广告的需求对象。

• 以声带响，亲切动听。广播媒体是声音的艺术。广播广告最突出的特点就是用语言解释来弥补无视觉性形象的不足。运用人的语言，通过绘声绘色的描述，可以造成由听到视的联想，从而达到创造视觉形象的目的。

• 制作容易，传播迅速。广播广告是通过播音员的叙述，有时加上音像效果、背景音乐来播放的，有时则以文艺节目的形式出现。因此，制作起来简便灵活。与电视媒体、报刊媒体相比较，广播广告的制作工序比较简单。

广播广告是通过电声传播信息的，而电声传播的速度非常快。只要写好广告词，就可以马上播出去，听众就能立即听到。

• 重复广播，不觉其烦。重复广播是广播媒体的一条规律。广播是通过声音来传播节目，而声音又具有转瞬即逝的特点，听众听了一遍之后，留下的音像往往不深。为了加深印象，广告节目可以多次重复播放。

• 经济实惠，收听方便。广播媒体与其他媒体相比较，节目制作成本费用低廉。广播广告更是如此，一般广告主能承担。

②广播广告的缺点：

• 缺乏视觉感受。与其他媒体相比，广播广告缺少形象支持。有声无形，只能用声音诉诸听众，缺少视觉形象，看不到商品的外观，受众印象比较浅薄。有些必须展示和观赏的产品不适合做广播广告。

• 时效短、易被疏忽。广播广告是听觉媒体，听觉信息转瞬而逝，无法存查。广播广告的信息传递具有不可重复性、时效较短，广告的遗忘度大，难以吸引听众，更难以让广告受众留下深刻的印象。

• 受新兴媒体的冲击巨大，广播媒体的影响力在逐渐下降，广播广告的受众越来越少，并且收听效果难以准确把握和测定。

• 听众被动接受，选择性不强。广播广告很少被听众主动接受，听众一听到广告往往很快换台，转而收听其他节目。

(3) 报纸媒体。报纸是传统的四大媒体之一。报纸运用文字、图像等印刷符号，定期、连续地向公众传递新闻、时事评论等信息，同时传播知识、提供娱乐或生活服务。报纸一般以散页的形式发行，版数具有一定的伸缩性，刊载信息容量较大。报纸是较早面向公众（消费者）传播广告信息的载体，现在依然是最重要的的广告媒体之一。

图 12-1　报纸媒体广受地产商的青睐

报纸广告具有以下优缺点：

①报纸广告的优点：

• 覆盖面广，发行量大。除一些专业性很强的报纸以外，一般公开发行的报纸，都可以不同程度地渗透到社会各个领域。尤其是全国发行的报纸，可以覆盖全国的各个层次、各个地方。如《人民日报》、《参考消息》、《中国电视报》等，其发行量 2010 年均超过以 200 万份计算。广告主可以通过报纸以较低的成本向目标市场发布产品及劳务信息。

• 广告信息传播迅速。报纸大多是当日发行，出版频率高，读者通常可以阅读到当天的报纸，对于时效性要求高的产品宣传，不会发生延误的情况。

• 选择性强，读者阅读时比较主动。广告主可以根据各种报纸的覆盖范围、发行量、知名度、读者群等情况，灵活地选择某种或几种报纸进行广告宣传。由于报纸的可读性强，读者阅读时可以自由选择喜爱的栏目。

• 读者广泛而稳定。报纸能满足各阶层媒体受众的共同需要，因此，它有极广泛的读者群。不同的读者群，其兴趣、偏好各不相同，在一定时期，兴趣、偏好是不易改变的。这就使得报纸的目标市场具有相对的稳定性。

• 表现方式灵活多样。报纸传播信息的方式多种多样，或图文并茂，或单纯文字，或诉诸理性，或诉诸情感。

• 信息易于保存，便于查找。报纸媒体不同于电视和广播媒体，读者不受时间限制，可随时阅读或重复阅读。时间长了，读者还可以查找所需要的信息资料。

• 可以凭借报纸的信誉加深广告效果。由于报纸是以报道新闻为主的，所传递的信息容易使读者产生信赖和关心，并影响到对报纸所刊载广告的感觉。

• 广告费用相对较低。这是报纸媒体与电视媒体的主要区别之一。对大多数中小型广告主来说，是有能力承担的，并且广告投资风险也相对较小。

②报纸广告的缺点：

• 有效时间短。报纸出版率高，每天一份。绝大多数媒体受众只读当天的报纸，很少有人读隔日的报纸，因此报纸的有效期较短。它的有效期也只是报纸出版后读者阅读的那一段时间。对于广告策划者来说，特别重视广告定位以及广告诉求点的准确把握，即精心思考"说什么"与"怎么说"，尽可能在有限的时间内给媒体受众明确清楚和印象深刻的重点信息。

• 广告注目率低。通常，报纸广告不会占据最优版面，读者阅读报纸时往往倾向于新闻报道和感兴趣的栏目，如无预定目标，或者广告本身表现形式不佳，读者往往忽略广告，即便看了几眼，也会视而不见。

• 印刷不够精美。由于纸张材料和技术的局限，更重要的是发行者出于对报纸成本的控制，不少报纸广告的印刷常常显得粗制滥造。特别是图片摄影，其粗糙和模糊的印刷使媒体受众在潜意识中产生一种不信任感，往往产生副作用。因此，对图片的印制要尽可能精致些。

• 报纸广告表现形式单一，无听觉与动态视觉刺激，广告吸引力不强。

• 广告相互干扰，降低受众对单个广告的关注度。报纸的售价一般很低，大都是靠广告收入来维持的，所以，很多报纸以多条信息在同一版面并置形式排列广告版面。如果管理不当、专业不精，显得杂乱不堪，过量的信息削弱了单个广告的作用。

（4）杂志媒体。杂志是一种具有一定间隔周期、定期发行的具有小册子形式的出版物，属于印刷的平面广告。一般分为周刊、半月刊、月刊、双月刊和季刊等。杂志与报纸相比具有更强的专业性，往往是针对特定的受众群体。在大众化的广告媒体中，杂志媒体不同于报纸、电视和广播媒体那样具有很强的新闻性。杂志媒体具有延伸性、持续性和知晓性等特点。与其他媒体的广告相比，杂志广告具有以下优缺点。

①杂志广告的优点：

• 针对性强，目标受众明确，具有明显的读者选择性。与报纸的地区选择性不同，杂志的读者有很强的选择性。杂志媒体的这一特点可以通过读者的类型、年龄、收入情况表现出来。这有助于广告策划者根据广告主的自身情况和产品的特点，选择最合适刊载的广告信息、最能将广告信息传递给目标受众的杂志类型。

• 信息的生命周期较长，传阅率高。杂志由于装订成册、便于携带和收藏，其读者多为固定订户，阅读时比较专心。实际阅读率高，由于杂志被保存的时间长，反复阅读率高，而且传阅性好，所以能扩大和延续广告的传播效果。杂志是所有广告媒体中生命周期最长的媒体。

• 印刷质量较高，广告表现力较强。杂志的纸张质量较好，印刷设备性能优良，因而广告制作与印刷质量远远高于报纸，其中最具优势的是彩色广告。印刷精美的杂志广告能够产生较强的视觉刺激，使媒体受众感到真实，并留下深刻的印象，如图12－2。

图12－2　杂志广告制作精良

• 编排整洁、灵活性强。杂志媒体版面小，每页编排较为整洁，不像报纸那样内容繁杂。因此，每则广告都显得醒目；同时杂志广告可承载的信息较多，可以比较自由地运用文字、图片、色彩等手段表现广告内容。杂志还可以做连页或折页来延展版面空间，运用一些特殊形式来表现广告商品，造成画面的震撼效果。

• 面向的人群比较特定，杂志广告的效果较一般媒体容易测定。

②杂志广告的缺点：

• 时效性差。由于杂志出版周期长，出版频率低，因而不像报纸媒体那样能够迅速及时地反映市场变化，不适合于做时间性要求强的产品广告，也不适合于营造声势较大的大规模营销活动。杂志广告的功效是延缓而非及时的，不易很快使媒体受众产生购买欲望。

• 影响面窄。由于杂志媒体的读者相对少，专业性强，因而接触对象不广泛，影响面相对比狭小。

• 广告费用较高。杂志上刊登广告需要较多的广告制作费和刊物费用。加之杂志的专业性强，影响面窄，一般广告主会认为付出大量的广告费用而得不偿失。

（5）网络媒体。被誉为“第四媒体”的互联网的兴起与迅猛发展，为广告业提供了一种全新的媒介和一次全新的机遇。它所创造的信息平台为广告市场提供了一个巨大的潜在传播渠道，它的发展带来了传媒生态的新变化。互联网通过一系列互相连接的计算机在全球范围内实现信息交换和传播，不仅具有广播、电视、报纸、杂志等传统媒体的一般功能，而且具有传统媒体无可比拟的独特的优势。当然，正在发展中的网络媒体也有不尽完善的地方，对于网络广告的评价也是众说纷纭。下面我们就从网络广告的优点和缺点两个方面来进行探讨。

①网络广告的优点：

关于网络广告的优点，将在第13章第1节进行详细介绍，在此不做赘述。

②网络广告的缺点：

• 网络广告受关注率低。随着网络广告的激增，广告吸引注意在明显下降。大多数网络用户上网的目的是浏览信息以获取资讯，或是交友、娱乐以放松身心，只有极小部分的用户点击网络广告。

• 网络尚未广泛普及，网络广告传递有大量盲区。尽管近几年网络空前发展，但由于受经济、技术条件的制约，网络用户主要集中在发达地区，偏远地区的广大消费者短期内还难以接触网络媒体。一些针对农村消费者的产品还不适宜在网上发布广告。

• 网络广告信誉度低，消费者不易接受。时下，虚假违法广告充斥网络媒体，网上购物欺诈现象时有发生。基于此，消费者普遍对于网络广告持怀疑态度，这直接影响了网络广告的发布效果。

（6）电影媒体。电影虽然属于大众传播媒体之一，但相对其他媒体而言，其影响力要小得多。但电影广告有自己的优势，主要表现在：电影银幕面积大，声音效果好，真实感强，不受时间限制，诉诸观众的信息密集，诉求重点明确。电影广告一般在正片之前放映，观众接受广告信息时的环境较舒适，心情较松弛，对广告较少排斥心理，注意力较集中，因而能收到比较好的广告效果。随着我国广告业的发展，电影广告逐渐受到重视，已被不断开发和利用。

当然，电影广告的缺点也很突出，表现在电影广告受放映时间和场地的限制，传播范围有限，且电影广告片拍摄费用也比较高，因而广告界对电影广告的重视程度不及其他媒体高。

近年来，随着电影（电视）植入广告的不断兴起，越来越多的商家开始关注于此。以冯小刚的贺岁电影为例，其每一部电影中都会有大量商家的身影。下面是电影《天下无贼》中的部分广告植入画面（见图12－3～图12－6）。

图12－3　电影中的NOKIA手机画面

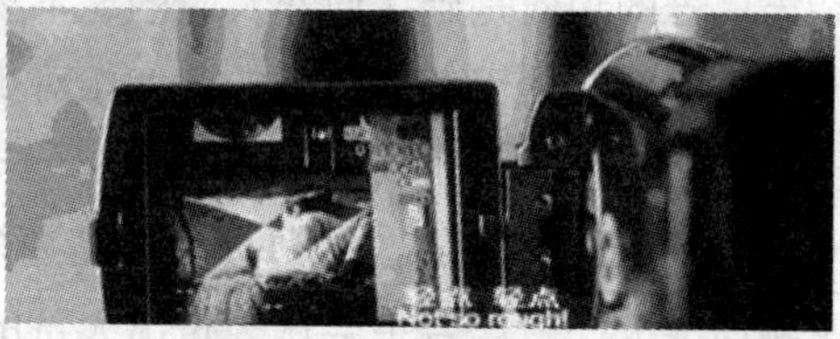

图12－4　电影中的Canon摄像机画面

图12－5　电影中的淘宝网标志

图12－6　电影中HP电脑画面

2. 小众传播媒体

相对于大众传播媒体而言，还有很多用来传播广告信息的媒体，传播范围较小，受众群体有限，故称为小众传播媒体。这些媒体往往可以直接影响消费者的购买行为，促进销售，是对大众媒体广告有益的补充，小众传播媒体有时也被称为促销媒体。

小众传播媒体广告主要有以下几种形式。

(1) 销售点广告（POP 广告）。售点广告是 Point of Purchase Advertising 的缩写，简称 POP，意为销售点广告或购物场所广告。POP 广告围绕销售点现场内外的各种设施做媒体，有明确的诱导动机，旨在吸引消费者，唤起消费者的购买欲，具有无声却有十分直观的推销效力。它可直接影响销售业绩，是完成购买阶段任务的主要推销工具。

图 12－7　售点商品展示

(2) DM 广告。DM 广告英文全称为 Direct Mail Advertising，简称 DM，也称邮政广告和函件广告。即通过邮寄、赠送等形式，将宣传品送到消费者手中、家里或公司所在地。美国广告函件协会对 DM 下的定义是："对广告主所选择之对象，将印就的印刷品，用邮寄方法，传递广告主所要传达的信息的一种手段。"而我国国家工商行政管理局在 1995 年出版的全国广告专业技术岗位资格培训教材《广告专业基础知识》中，把 DM 硬性定义为直销广告（Direct Market AD）。在这里，我们还是遵照第一种定义来进行理解。

图 12－8　手机 DM 广告

DM 广告在西方发达国家被广泛应用，许多企业将此作为重要的促销手段。在我国，由于消费者对此种广告形式的信任度普遍较低，目前还不是主流的广告形式。

(3) 户外广告。户外广告指设置在室外的广告，如霓虹灯广告、路牌广告、灯箱广告、LED 看板等等。户外广告的英文为 Outdoor Advertising，简称 OD 广告。其

图 12－9　户外站台广告

图 12－10 车体广告

种类繁多，特点各异。总体上来看，户外广告一般传播主旨比较鲜明，形象突出，主题集中，引人注目。但也因受时空地点所限，传播范围小、广告信息量小、消费者接触时间短暂等缺点。

（4）交通广告。交通广告是指利用公交车、地铁、航空、船舶等交通工具及其周围的场所等媒体做广告。交通广告因其价格比较低廉，且有着较好的传播效果，对企业来说，有很大的吸引力。

12.1.4 多媒体时代的广告环境变化

1. 多媒体概念

"多媒体"一词译自英文"Multi-media"，与单媒体（Mono-media）不同，多媒体是指以数字这一整合性的技术来编成文字、声音、图像等信息，从而能有效地进行大量信息交流的技术和产品（见图 12－11）。

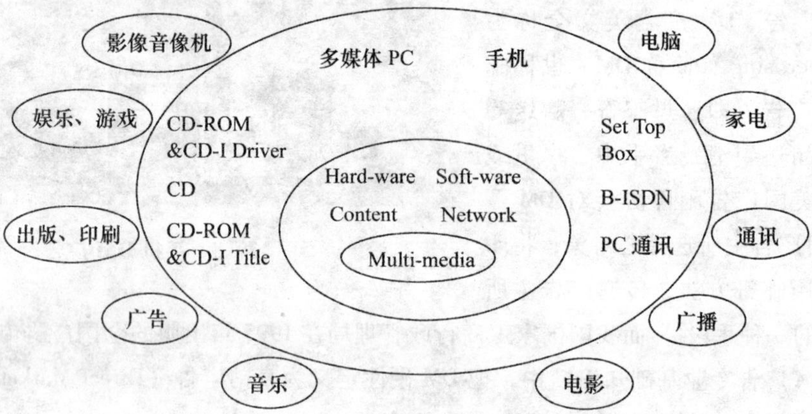

图 12－11 多媒体概念图

2. 多媒体时代的广告

多媒体概念图包含了多媒体的技术以及由其技术来制造的产品。下面我们来探讨一下，在多媒体时代媒体环境发生了哪些变化以及由此产生的广告市场的改变。

多媒体时代的媒体环境变化如下：

第一，媒体受众由过去不确定的大量受众群体变为确定的、少数的、被细分化了的受众群体。

第二，沟通的方式由过去的单向沟通向双向沟通转变。

第三，为适应能动的和细分化了的消费者的需求，信息发布者需要开发出包含各种不同内容的程序（program）。

第四，CD-ROM、LD（Laser Videodisc，激光视盘）等的出现，提高了消费者处理和储存信息的能量，并且消费者接触信息的频率会直接影响到企业产品或服务的市场占有率和消费者的购买频率。

阅读材料12－1　　网络营销与传统营销的区别

项　目	网上营销	传统的市场营销
流通渠道	供应商→企业→消费者	供应商→企业→中间商→消费者
商务区域范围	全世界	部分地区或国家
商务时间	24 小时	时间有限（主要是白天）
销售方法	依据信息销售	企业销售
顾客信息的获取	通过互联网随时获取	通过推销员获取
沟通方式	双向沟通、相互作用	单向沟通
对顾客的要求反应	快	慢
所需费用	相对少	相对多

阅读材料12－2　　4Ps 和 4As

网上营销（4As）	传统的市场营销（4Ps）
Any Product	Product
Any Where	Place
Any Time	Price
Any Way	Promotion

12.2　广告媒体的选择

广告媒体是传播广告信息的手段和工具，离开了广告媒体，广告信息就无法传播。在广告活动中，选择的广告媒体不同，广告策划的内容、广告费用以及广告效果等也就不同。

广告媒体选择是指根据广告目标的要求，以最少的成本选择合适的传播媒体，把广告信息传达给预定的目标消费者，并保障接触者的数量和接触的次数。其中心任务就是比较广告目标与媒体之间的差距，并根据广告目标的要求选择广告媒体。

12.2.1 确定广告信息传播的数量指标

选择广告媒体时，必须首先确定广告信息传播的数量指标。常用的数量指标主要有以下几种。

1. 视听率

视听率（rating）是指在一定时间内收看（收听）某一节目的人数占电视观众（广播听众）总人数的百分比。视听率是广播电视媒体最重要的数量指标。广告主和广告公司根据该指标购买广播节目和电视节目，以判断他们的广告信息将能达到多少人，计算这些人将会多少次暴露于广告信息之中。国外的广播电视经营者常用该指标来评价节目的普及情况。如果某一节目的收视率高，该节目就可继续播放。反之，就有可能被停播。视听率也是广播电视经营者确定广告刊播收费率的标准之一。通常，节目的视听率越高，则媒体的广告收费价格也越高。

2. 开机率

开机率（homes using TV，HUT）是指在一天中的某一特定时间内，拥有电视机的家庭中收看节目的户数占总户数的比例。例如，某一目标市场上有1000户家庭拥有电视机，在2010年12月3日14：00～18：00时，有125户在看A节目，100户在收看B节目，50户在收看C节目，25户在收看D节目，此时的开机率为30%。

开机率的高低，因季节、一天中的时段、地理区域以及目标市场的不同而不同。这些变化反应了目标市场上消费者的生活习惯和工作形态。早晨因人们去工作而开机率低；傍晚当消费者回家时则开机率高；深夜人们逐渐入睡，开机率又降了下来。

3. 节目视听众占有率

节目视听众占有率是指在一定时间内，收看或收听某一特定节目的消费者家庭数目占总开机家庭数的百分比。依照上例，节目B的视听众占有率为33.3%（总开机户为300，而收看B节目的户数为100）。

视听率、开机率与节目视听众占有率有密切的关系，它们相互间的计算公式如下：

视听率＝开机率×节目视听众占有率

节目视听众占有率主要由以下因素决定（以电视节目为例）：

（1）何时播映。节目在黄金时段播出比在其他时间播出具有更高的收视率。这也是为什么电视台因时段不同而收取不同广告费用的重要原因。

（2）该节目播映时与其他电视台有关节目的竞争状况。

（3）该节目前后播出的节目，如果在该节目前播出的节目非常有吸引力，观众就不会立即转换频道。同样，如果在它之后播出的节目很精彩，观众就会非常留意该频道。

（4）节目内容、精彩节目自然具有较高的占有率。

（5）节目的发展情节等。

4. 总视听率

总视听率（Gross Rating Points，GRPs）是指在一定时期内某一特定的广告媒体所刊播的某广告的视听总数。例如，一个媒体或媒体节目的视听率为 30%，广告刊播 5 次，则总视听率为 30% ×5 = 150%。表 12－1 为通过 4 个插播 13 次广告的具体情况，说明送达的总收视率为 200。

表 12－1 总收视率计算表

节目名称	家庭平均视听率	插播次数	总视听率
节目 A	20	2	40
节目 B	15	4	60
节目 C	25	2	50
节目 D	10	5	50
合　计	75	13	200

5. 视听众暴露度

视听众暴露度（impressions）是指特定时期内收看（收听）某一媒体或某一媒体特定节目的人次数总和。视听众暴露度以个人数目（或家庭数目）来表示，而不是用百分数来表示。计算方法是：

$$视听众暴露度 = 视听总数 \times 视听率 \times 发布次数$$

6. 到达率

到达率是指传播活动所传达的信息接受人群占所有传播对象的百分比。到达率为非重复性计算数值，即在特定期间内暴露一次或以上的人口或家庭占总数的比例。期间的定义上可以根据需要定为一周、四周或几个月等。计算到达率时，一位观众不论他暴露于特定广告信息多少次，都只能计算一次。到达率适用于一切广告媒体，唯一不同之处是表示到达率的时间周期长短各异。一般而言，电视、广播媒体到达率的周期是 4 周，这是因为收集、整理电视、广播媒体有关资料要花费大约 4 周的时间。

7. 暴露频次

暴露频次（frequency）是指一定时期内，消费者个人或家庭暴露于广告信息中的平均次数。暴露频次与到达率指标一样，在所有广告媒体中都可以使用。需要强调的是，暴露频次指标是指平均暴露频次。

到达率、暴露频次和总视听率三个指标常用百分数表示（但没有百分数的记号），都用以衡量一则广告计划送达的人数或家庭数。到达率表示广告策划者希望多少媒体受众一次或多次接触到该广告信息；暴露频次说明该广告信息将达到媒体受众的“平均次数”；总视听率是到达率和暴露频次的产物，表示该广告信息将达到媒体受众的重叠百分数“毛额”。

暴露频次的计算公式是：

$$暴露频次 = \frac{总视听率（GRPs）}{到达率（reach）}$$

8. 每千人成本

每千人成本（Cost Per thousand Method，CPM）是指对指定人口送达1000个视听众产生暴露度的成本。其计算公式如下：

$$CPM = \frac{广告费（元）}{视听众暴露度或人数（以千为单位）}$$

广告策划者可以用CPM这一指标来选择广告媒体。表12-2就是用CMP来选择广告媒体的一个实例。广告策划者面临着购买杂志A或杂志B两种选择，其CMP情况如表12-2。

表12-2　A、B杂志每千人成本计算表

每页/成本（元）彩色	读者		每千人成本（CPM）	
	妇女	18~49岁	妇女	18~49岁
杂志A；64600	17460	11900	3.7	5.43
杂志B；46940	12680	9110	3.7	5.16

通过比较可知，杂志A与杂志B的送达人数和广告成本都不相同。如果对全体妇女计算，杂志A和杂志B的每千人成本相同。如果媒体计划的目标强调送达18~49岁妇女，杂志B比杂志A的每千人成本低，就说明杂志B更有效率，应选择杂志B。

CPM以各种人口统计变量为标准，适合于消费者能接触的电视、广播、报纸、杂志、户外、交通等所有广告媒体。

除了上述CPM计算方法以外，还有以下几种计算方式（Sissors and Bumba，1989）。

以印刷媒体发行量（circulation）为标准的计算方式：

$$CPM = \frac{广告单价}{发行量} \times 1000$$

以印刷媒体的阅读率为标准的计算方式：

$$CPM = \frac{广告单价}{阅读率 \times 目标读者数} \times 1000$$

以广播电视视听率为标准的计算方式：

$$CPM = \frac{广告单价}{视听率 \times 目标视听众数} \times 1000$$

9. 有效到达率（effective reach）

有效到达率也称有效暴露频次，是指在一特定广告暴露频次范围内，有多少媒体受众知道该广告信息并了解其内容。

产品的有效到达率是由多种因素决定的，主要包括产品的购买周期、广告信息的复杂程度、产品的市场地位、品牌的知晓度以及广告媒体的传播特性等。外国专家对最佳程度的广告频次做了大量的研究，得出如下一些结论：

(1) 广告宣传暴露一次没有任何价值；

(2) 第二次暴露才会有一些效果；

(3) 在一个月或一个购买周期中需要三次暴露，才能产生预期的广告效果；

(4) 广告宣传在达到一定的暴露频次以后，宣传效果递减；

(5) 广告宣传在达到某一程度频次时，广告效果为零，甚至会产生负效果。

在图 12-12 的理论模式中，暴露 3 次以下的广告没有任何价值。最佳的暴露频次是 6 次。当暴露频次超过 8 次，媒体受众对广告信息感到厌倦，其后的广告暴露将没有任何效果，并有可能产生负效果。

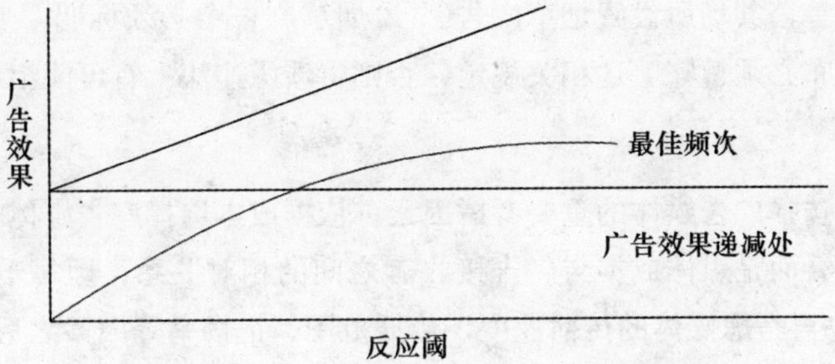

图 12-12　广告有效到达率与频次

12.2.2　确定广告媒体时应考虑的因素

1. 目标消费者的媒体接触情况

不同的广告受众通常会接触特定的媒体。有针对性地选择为目标受众所易于接收的媒体，是增强广告促销效果的有效方法。例如，一则针对 IT 人士的广告，在专业杂志上发布无疑要比在大众娱乐类报纸上发布效果要好。

2. 广告商品的特性

选择广告媒体，应当依据广告商品的特性而定。因为不同媒体在展示、解释、可信度、注意力与吸引力等方面具有不同的特点。工业品与消费品，技术性能较高的复杂产品与较普通的产品，应采用不同的媒体进行广告宣传。

3. 市场竞争的状况

企业在选用广告媒体时，要结合市场竞争情况选择适当媒体。

4. 广告内容

广告媒体选择要受到广告信息内容的制约。如果广告内容是宣布即将进行的大型促销活动，一般会选择时效性强的报纸、电视、广播等媒体进行广告发布。而如果广告信息中有大量的技术资料，则专业杂志是一种理想的媒体选择。

5. 广告传播区域

选择广告媒体，必须将媒体所能触及的影响区域与企业所要求的信息传播范围相适应。如果企业的目标市场为全国市场，则宜在全国性报纸或电视台、广播电发布广告。

6. 相关法律、法规

选择广告媒体时应遵守国家或地方的相关法律、法规。例如，我国《广告法》中明确规定，“禁止利用广播、电影、电视、报纸、期刊发布烟草广告”，“禁止在各类等候室、影剧院、会议厅堂、体育比赛场馆等公共场所设置烟草广告”，“烟草广告中必须标明‘吸烟危害健康’”等。因此，烟草广告的发布必须遵守上述相关规定，否则将涉嫌违法，有可能招致相应的惩罚。

7. 媒体成本

媒体使用成本是选择广告媒体的重要考虑因素。依据成本选择广告媒体时，最重要的不是看绝对成本的数字差异，而是媒体成本与广告接收者之间的相对关系，即每千人成本（CPM）。在比较 CPM 的基础上，再考虑媒体的传播速度、传播范围、记忆率等因素之后择优确定广告媒体，可以收到较好的效果。

8. 广告预算

企业发布广告必须量力而行，应在广告预算的限定下依据自身的财力来合理地选择广告媒体。

12.3 广告媒体策略

12.3.1 广告媒体策略的含义

广告媒体策略是指广告策划者根据广告对象（企业或产品）的特点制定广告媒体目标，并确定实现这些目标的途径。它是广告策划者运用各种媒体进行广告宣传活动的指导方针。

根据上述定义可知，广告媒体策略的主要内容包括：确定广告媒体目的；确定实现该目的的具体途径，如确定广告发布媒体、确定不同媒体的发布次数、制定媒体的广告发布预算以及确定广告刊发的时间表等。

广告策划者在制定媒体策略时，需要对媒体特性有深入的了解，必须清楚如何使用媒体才能产生理想的广告效果。

12.3.2　制定广告媒体的目的

广告媒体的目的是指广告主在一定的时期内，在既定的广告预算限定下，期望通过广告发布来实现的预定成果。通常情况下，广告媒体的目的包含如下内容。

（1）目标视听众目的。广告商品潜在的顾客一般以他们的社会经济特性（如年龄、性别、收入、教育、种族、家庭规模以及职业、社会阶层等）来加以确定。另外，确定目标视听众的方法是以广告产品的购买者、使用者和消费者的心理特征、生活方式的特性为标准来确定。如果确定一种以上的目标视听众，就要明确指出相对于该广告媒体而言，目标视听众的重要程度。例如，广告策划者已确定该产品的目标视听众是公司白领职员，其中白领男士占 60%，白领女士占 40%。在选择广告媒体时，就要落实这一比例。

（2）媒体信息的目的。通过广告媒体向目标视听众传播有关企业或产品的信息的目的是什么呢？常见的媒体信息目的主要有以下几种：提高产品（或劳务）品牌的知晓度；促使消费者改变不利于本品牌产品的某种态度；向消费者介绍一种新产品；加强广告主的促销推广活动；提醒老顾客，以建立他们对该品牌的忠诚感；与一种新上市的产品展开竞争；鼓励该产品的推销人员。

（3）广告何时出现。媒体目的中应包括广告在特定媒体上出现的时间，常见的广告出现时间有以下几种：在产品销售旺季之前出现；在一年内平均出现，以顺应每月的产品销售；在企业开展促销活动时出现，以支援企业的产品推广活动；当竞争产品进行广告宣传时出现；在新产品上市前出现；当季节变化或节假日来临之际，在媒体上刊播广告。

（4）广告在何地出现。广告媒体开支的大小与产品销售额的高低、配销状况等密切相关，因此要确立在不同地区广告出现的先后顺序。在决定广告出现的地域时，要考虑以下问题：全国性、区域性与地方性的广告相互配合；人口密度；产品在不同地区的销售状况；产品销售种类的特性；各个地区市场上同类产品的竞争状况。

（5）应安排多少广告。企业的营销目的、媒体目的、市场地位与竞争压力、品牌的市场地位等都会影响广告宣传中所需要的到达率与平均频次的标准。表 12－3 是强调到达率和平均频次的情况。

表 12－3　　强调到达率和平均频次的情况

强调到达率的情况	新产品
	扩展中的类别
	副品牌（flaker brand）
	竞争力强的品牌的加盟
	广泛的目标市场
	不经常购买的产品

续表

强调平均频次的情况	竞争者强大时
	产品信息复杂时
	经常购买的产品
	品牌忠诚度低
	目标市场狭窄时
	消费者对品牌或类别抗拒时

12.3.3 广告媒体使用的策略

广告媒体使用策略是实现媒体目的的途径，用以说明媒体目的是如何实现的。广告媒体使用策略主要包括广告媒体地区上的分配策略和时间上的分配策略。

1. 地区上的分配策略

广告媒体使用的地区分配策略主要有三种类型：广告预算完全投入到全国性媒体上；全国性媒体与地方性媒体结合使用；只使用地方性媒体，或者在国内相当大的部分使用地方性媒体。为了正确地选择媒体地区分配策略，广告策划者要对品牌销售和产品类别销售的情况进行分析，常用的方法有如下几种。

（1）品牌发展指数法（brand development index）。品牌发展指数是指品牌在该地区的销售（消费者人数）占全部销售（消费者人数）的比例/该区人口占全部人口的比例×100，品牌发展指数是描述特定市场状况的一个指标，用来衡量一个品牌在区域市场的发展程度，常缩写为BDI。计算公式如下：

BDI =（某品牌区域销售量／某品牌全国销售量）／（区域人口数／全国人口数）×100

品牌发展指数反映了一个品牌在特定区域市场的销售水平是高于还是低于平均数，可用来帮助制定地区费用支出策略，保持企业在地区市场的优势，或者把劣势转为优势。

（2）品牌与类别对比法。品牌与类别对比法是将不同地区某品牌产品的销售趋势与该类产品的销售趋势进行比较，以确定广告媒体在地区上的使用情况的方法。通常，将不同的目标市场根据图 12 – 13 的标准进行分类，以决定是否在该地区进行广告宣传。

2. 时间上的分配策略

广告媒体使用的时间安排策略可以划分为长期安排策略和短期安排策略。

（1）长期安排策略。广告的长期安排策略是指广告策划者基于对市场的判断及产品的季节性特征而做出的时间周期为 1 年的广告安排。假如某产品销量的 70% 集中于 5 ~ 10 月的温暖月份，则广告策划者可有三种选择：一是随着季节的变化调整广告支出；二是按产品季节变化的相

品牌发展＼产品类别发展	低	高
高	品牌强但消费者花费低 增加的广告投入无效果 寻求增加类别购买频次	品牌销售与类别销售已达饱和 增加广告投入无效果 维护市场地位的广告投入 保持市场需求的广告投入
低	销售旺季限制广告 无销售潜力，品牌疲软 支援推广活动以避免配销损失	竞争激烈，品牌相对疲软 增加广告投入可能有效果 在销售旺季增加广告频次 寻求密集的广告推广活动

图 12－13　目标市场划分类别图

反方向来安排广告支出；三是全年平均使用广告预算。

与上述三种选择相适应，常用的确定广告媒体使用进度的方法有先多后少法、滚雪球式渐次加强法和水平支出法三种。

①先多后少法（big-early，little late method）。先多后少法是指先投入较多的广告媒体费用，在一个时期内展开强烈的广告攻势。当产品（或服务）在市场上有一定的知名度以后，再逐渐缩减广告媒体开支。

②滚雪球式渐次加强法（snow balling method）。滚雪球式渐次加强法是指在广告投入伊始，采用探测性的方法，先在某一特定市场范围内运用几种易于接近目标市场的媒体，将产品的特点逐一、渐次进行广告诉求，以加强消费者对某品牌产品市场竞争能力及其与同类产品中差异性有所了解。在深入了解目标消费者的消费需求之后，逐渐扩大广告媒体的发布范围，并且逐渐增多使用媒体的次数，使广告信息的影响范围越来越大，声势越来越大，直至产品随着需求量与日俱增，产品从单一品种生产发展到系列化产品生产，市场由国内市场扩展到国际市场。

③水平支出法（level-expenditure method）。采用这种方法选择广告媒体，每次广告活动所投入的广告费用都基本相同。例如，日常生活用品广告，除节假日可能增加一些费用，采用多种媒体展开广泛的广告活动外，一般在一定年度、季节内，每月用于某种媒体的广告费用基本不变，其广告传播信息的特点是只起“提醒”注意的作用。

（2）短期安排策略。短期安排策略是指将一组广告展露分配在一段时间内，以达到最大效果。短期安排必须考虑三个因素：一是购买者频率。它是指新的购买者在市场上出现的频率。该频率越高，则广告接触这些新顾客的次数就应更加连续。二是购买频率。它是指在一定时间内，一般购买者购买某产品的次数。购买频率越高，则广告也更加连续。三是遗忘率。它是指购买者忘记此品牌的速度。遗忘率越高，则广告就应更加连续。

广告策划者必须在连续性（continuous）广告、飞翔性（flight）广告、完全集中性（blitz）广告、脉冲性（pulse）广告之间做出选择。

①连续性广告。它是指在一定时间内均衡地安排广告展露时间的形态（见图 12－14）。

这种广告实施形态的优点是：能维持消费者的记忆；能包括整个购买周期；由于连续地展露广告，可以通过与媒体的协商优先在价格、广告时间或者版面上选择。

其缺点是：比其他广告实施计划费用高；可能出现广告过多的展露，且反复的暴露会引起消费者注意的降低；由于费用上的问题只利用有限的媒体。

这种广告策略常用于以下情况：产品扩展市场时；经常购买的产品；产品的消费者有明显的特征。

②飞翔性广告。它是指在一定时间内集中安排广告活动，过了一段时间以后不安排广告活动的广告实施形态（见图 12－14）。

这种形态的优点是：根据购买周期安排广告活动，所以能有效地利用广告费用；一定时间内集中广告，所以可以利用一个以上的媒体；竞争企业利用连续性广告实施形态时，在一定时间内增加自己企业的广告暴露。

其缺点是：由于过多的暴露，在广告活动期间也可能降低广告效果；在不安排广告活动期间，消费者的知晓度会下降；不安排广告活动期间，随着竞争企业的努力，也许会把竞争优势让给竞争企业。

③脉冲性广告（见图 12－14）。它是在一定期间内连续地安排广告活动，但根据广告量给予适当变化的广告实施形态。这种形态是结合连续性广告形态和飞翔性广告形态的长处而创造出来的。

它的优点是：既能维持消费者的记忆，又能提高广告效果；根据购买周期安排广告活动，可以直接引发消费者的购买；竞争企业采取连续性支出形态时，比竞争企业更增加广告的暴露。

其缺点是：不适合于季节性强的短期性产品；受竞争企业动向的影响；选择媒体以及广告时间或者版面有一定的困难。主张脉冲广告活动形态的策划者，认为通过这种形态消费者更全面地掌握信息，并且可节省广告费用。

④完全集中性广告活动形态（见图 12－14）。这种形态要求把广告预算集中用在一段时间内。这种形态的广告活动形态是飞翔形态的特殊情况。

它的优点是：在较短的时间内引起消费阿和的注意和关心；有助于提高消费者对成熟期产品的再知晓度。

其缺点是：不太适合于新产品，因为新产品刚上市的时候在一段时间内需要比较长的广告活动。

总之，广告实施策略中的各种广告实施形态都有利弊，我们必须要根据产品的特性、目标消费者的特性、市场的特点来选择合适的媒体策略。不存在所谓最优的广告实施形态，适合的就是最好的。

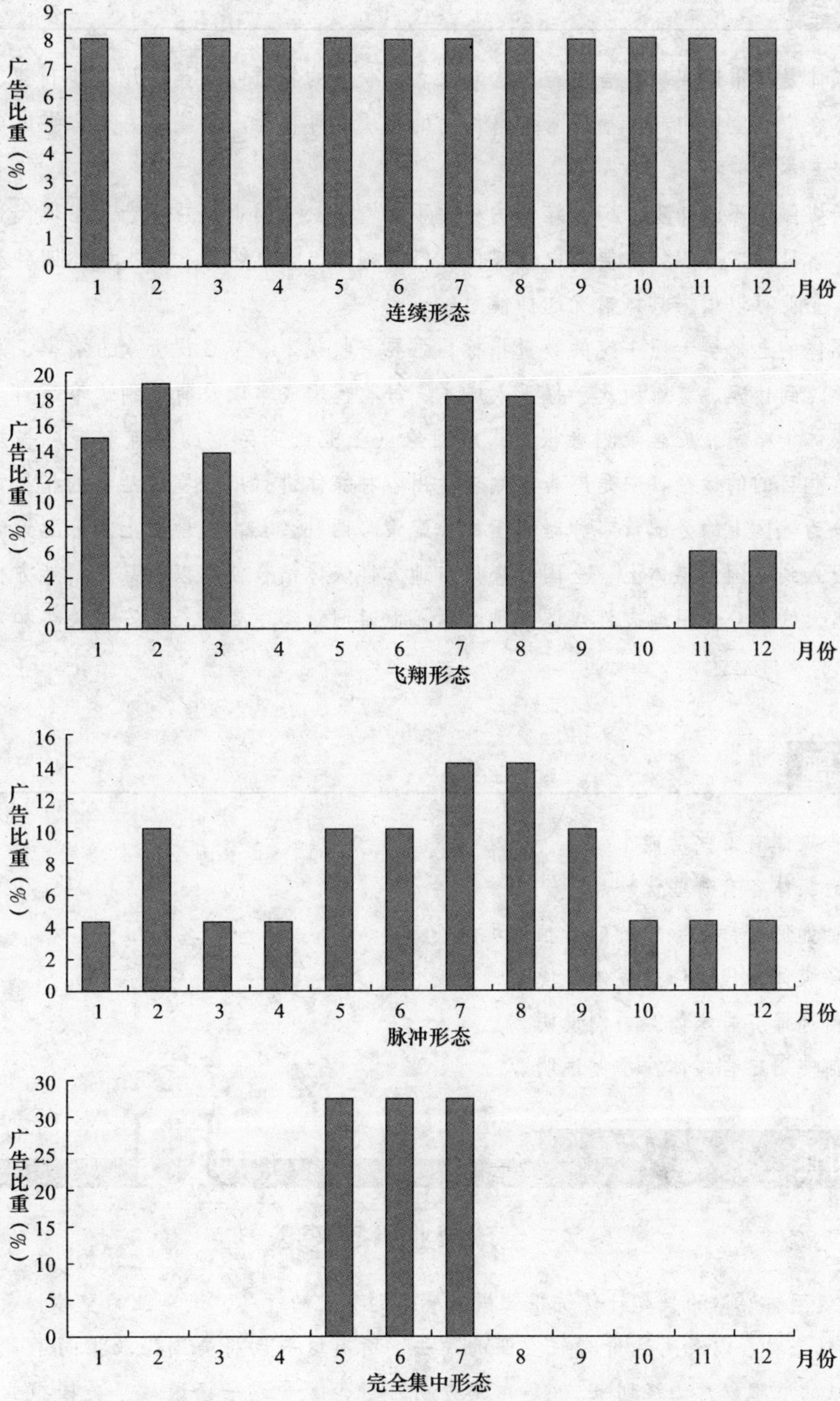

图12－14　广告实施形态

本章小结

广告媒体是指借以实现广告主与广告对象之间联系的物质或工具。凡是能刊载、播映、播放广告作品，在广告宣传中起传播广告信息作用的物质都可称为广告媒体。广告媒体要具有传递和服务这两个基本功能。

随着新媒体的不断涌现，广告媒体的种类不断增多，分类也日益复杂。在现代企业的广告策划活动中，常见的广告媒体主要有电视媒体、广播媒体、报纸媒体和杂志媒体四种。以上媒体各有优缺点，企业可以根据具体情况选择使用。

广告媒体的选择要参照一定的数量指标，主要有收视率、节目视听众占有率、总收听率、视听众暴露率、到达率、暴露频次、每千人成本、每收视率成本以及有效到达率等。

广告媒体策略是指广告策划者根据广告对象（企业或产品）的特点制定广告媒体目的，并确定实现这些目的的途径。它是广告策划者运用各种媒体进行广告宣传活动的指导方针。广告媒体的策略分为地区上的分配策略和时间上的分配策略两种。其中，地区上的分配策略主要有广告预算完全投入到全国性媒体上、全国性媒体与地方性媒体结合使用以及只使用地方性媒体，或者在国内相当大的部分使用地方性媒体三种类型。而时间策略主要有长期安排策略和短期安排策略两种。

思考题

1. 广告媒体有哪些功能？
2. 四大媒体各有哪些优缺点？
3. 你是如何看待电影中的广告植入现象？
4. 在多媒体时代，广告媒体环境有哪些变化？
5. 如何选择广告媒体？举例说明。
6. 如何使用广告媒体？举例说明。

案例讨论

全球报业寒冬来袭

如果说网络媒体的兴起让传统报业提前感受到冬天的气息，汽车业的整体性萧条、百货业并购、电信业整合以及高油价对航空业的冲击，所有这一切将美国报业推向了雪上加霜的境地。“报纸的艰难岁月已经到来。”华尔街分析师劳伦·费恩一语道破了美国报业正面临的前所未有的困境。

随着网络广告的快速发展，美国的报纸等平面媒体赖以生存的广告收入大减。高盛公司预计，2005年第三季度美国报业广告收入仅比2004年微幅增长1.7%，创两年来新低。

1. 发行量持续下降

美国发行量审计局（Audit Bureau of Circulations）于2005年5月2日公布了一项统计数字：截至2005年3月31日的6个月之中，全美发行量最大的前10家报纸的发行量平均下降了1.9%。美国报业协会（Newspaper Association of America）引用美国发行量审计局的数字说，在同一期间，814种报纸的日平均发行量下降了1.9%，643种报纸每周日的平均发行量则下降了2.5%。美国业界认为，下降加速的原因有两个，一是2003年开始实施的“拒绝电话推销”法案——美国报纸的新订户有60%是通过电话推销拉来的；二是最近关于夸大发行量的几桩丑闻，促使报纸的发行人对发行量的计算比以前更保守。

2. 读者阅读习惯改变

事实上，报纸发行量下降只是表面现象。最让我们担心的是，读者们尤其是年轻的读者们是否在逐渐抛弃报纸呢？答案令人感觉沉重。

报纸在吸引18~34岁人群方面早就有问题，在过去十年内，来自互联网的竞争改变了年轻人的阅读习惯。也许这种改变是永远的，它将导致这些年轻人在年老之后仍旧不喜欢阅读报纸。把年轻读者拉到报纸自己的新闻网站不是解决问题的办法，因为在线读者不会直接给印刷业带来广告。

另据芝加哥大学的调查，美国报纸读者的人数从20世纪60年代起就以每年1%的速度递减。在20世纪70年代，将近70%的美国人每天读报纸；到2000年，这一数字已经下降到40%。

3. 提升发行量：黔驴技穷

为了应对这种“寒流”，美国主流媒体纷纷采取一系列“不同寻常”的动作，来重振报纸风格以挽回整个行业的颓势。

首先是采取一系列传统手段，提高报纸发行量。

降价历来是提升发行量的不贰法宝。与此同时，报纸的出版人也在寻找电话推销和降价销售以外的促销手段。

为对付发行量下降，报纸业还引入了“总读者数”（readership）这个期刊业的术语。这本身是无可厚非的，毕竟，广告客户想知道的是谁会买他们的产品，因此，重要的是读者会不会看这份报纸，而不是读者是否出钱买了这份报纸。使用这个术语，美国报业协会得以把报纸网站的读者、本地新闻等报纸衍生的免费出版物的读者都计算在内，并声称“与其他传统媒体相比，报纸的总读者数在过去十年中相对稳定”。但是，引入这一术语本身，足以说明传统的招数已经黔驴技穷了。一方面，越来越多的年轻人对公共事务不感兴趣；另一方面，越来越多的年轻人转向了其他新闻来源：有线电视的新闻频道和互联网。

4. 版面改革：不得已而为之

为了挽回颓势，报业集团们除了在发行上采取一些新老招数，接着就是进行版面改革了。最近，《泰晤士报》、《华尔街日报》等报纸十多年来第一次改变自己的版面语言。版面改革的潮流主要是：小报化（瘦报）。

小报化并非毫无缺陷。广告商们仍有疑虑，认为在小报上发布广告有损自己的品牌形象，而且，由于广告尺寸缩小，他们认为广告价格应该下降10% ~15%。此外，缩为小报以后，很多空间被浪费在栏与栏之间、文章与文章之间的空白上。当然，仅仅改变报纸的尺寸，绝不是万应良药。今天的报纸，必须采取整套行动，才能在数字化的世界继续生存。

5. 免费报纸：全新经营模式

在视听传媒和互联网的左右夹攻之下，综合性日报已经疲于招架，而今又从正面杀出一个劲敌：免费日报。这几年，北欧的两家免费日报《地铁报》（瑞典）和《20分钟报》（挪威）成功地打入欧洲十几个国家，激起了轩然大波。许多传统日报的发行量因免费日报的出现而下降，英国一家地方报的发行量下降14%，意大利米兰一家报纸的销售减少了20%，有的报纸已经破产。为与之对抗，一些传统报刊开始创办自己的免费报，如德国的明星集团和法国马赛地区的《普罗旺斯报》都出版了免费日报，米兰的免费日报至少已有3家，《巴黎人报》也打算这样做，《法兰西西部报》则准备跟《20分钟报》联手。

6. 多媒体融合：未来趋势

从某种意义上来说，博客（Blog）、RSS（Really Simple Syndication）、播客（Prodcast）、IPTV这些新媒体形式，如果经过成熟发展期之后，都有可能把报纸彻底扔出历史舞台。对报纸从业者来说，新技术的发展和老读者的离去，都对报纸的未来造成了极大的压力。我们不能固守着自己的这块市场，闭着眼睛说报纸的未来不会像西方报业那样出现发行量和收入的滑坡。值得借鉴的是，同样面临压力的电视和广播行业正在寻求与新技术和新媒体的融合，希望不被老用户抛弃。而作为传统媒体中最传统的报纸，却不可为暂时的收入上升而坐以待毙。采取新的创新思维，积极与各种新技术和新媒体融合，才是我们走向复兴，甚至得以生存的唯一途径。

? 问题讨论

1. 报纸作为一种媒体与电视、杂志、网络相比有什么优势和劣势?
2. 为什么会出现免费报纸？现代报业的经营模式有何特点?
3. 结合本案例，谈谈你对于如何改变报业所面临困境的建议?

资料来源：《中国经营报》，2005年12月。

第 13 章

网络广告

本章导读

被誉为“第四媒体”的互联网的兴起与迅猛发展，为广告业提供了一种全新的媒介和一次全新的机遇。网络已经不仅仅是一个无限广阔的信息载体，对许多人来讲，它甚至已成为一种生存方式，一个与现实世界并存的“虚拟世界”。网络广告是网络营销中极其重要的一个领域，是最直观的电子商务活动，已成为因特网公司（网站）赢利模式中的一个亮点。本章主要讲述网络广告的概念与特点、网络广告的分类、网络广告的策划流程、网络广告的预算与效果评估以及我国网络广告的发展趋势等内容。

开篇案例 今麦郎试水网络广告的成功经验

2005 年 8 月，方便面行业中的高端品牌——今麦郎投入重金，高调试水网络广告宣传。“以传统媒体的广告宣传模式为主体，以新型媒体为重要补充。”这正是今麦郎对于广告媒体选择的理念。

电视、报纸、杂志被人们认为是传统媒体，这类媒体的特点在于到达率高、威信度高、目前已经普遍被企业所接受。但是，随着越来越多的企业开始注重广告宣传，形形色色的广告在不同媒体进行轰炸，这使得传统媒体的广告宣传效果大打折扣。

首先，众多表现形式雷同的广告使消费者对产品、品牌记忆混淆。无论是快速消费品还是耐用品，它们在产品上存在同质化趋势的同时，在广告的表现形式上同质化也很严重，诸多的帅哥靓女频频亮场，让人目不暇接却晕头转向。

其次，广告数量渐多，消费者产生反感。广告给消费者施加的是拉力，它能够拉动销售，但是“拉”多了消费者难免会腻烦，对于“填鸭式”的产品理念灌输，有谁会提得起兴趣呢？

再次，遥控的发明成为电视广告的天敌。遥控的发明使观众只需动动手指就切换了频道，绝大部分消费者对不感兴趣的广告会无情切掉。而报纸、杂志的广告版也会伴随着翻页速度的加快，被读者从脑海中删除。

那么，什么样的广告能够调动起消费者更多的兴趣呢？这种广告形式一定要新颖、有趣，更重要的是它应该让消费者参与进来，是推动销售而不仅仅是单纯地拉动销售。

今麦郎试水网络媒体广告，主要是要通过网络的多元化宣传方式，提升今麦郎品牌的美誉度。

今麦郎选择网络进行品牌提升的原因在于：

(1) 网络广告更具互动性，且互动性更强，消费者可以轻而易举地参与进来，而无须通过发短信、打电话等既繁琐又费钱的方式参与。

(2) 网民与今麦郎产品目标消费者基本相符，节约了宣传成本，降低无用宣传。今麦郎的目标消费者多数是工作繁忙的单身白领、在学校生活的大学生、出门在外的打工者，这些人的特点是生活节奏快、缺乏家人照顾，而绝大多数网民也是如此。

(3) 网络广告更具个性化。网络广告的宣传形式比传统媒体要灵活得多，企业可以根据自己的需要选择通栏广告、悬浮式广告等传统形式，也可以选择赞助冠名、特型式广告、专题发布等非常规模式。

品牌的宣传要结合消费者感兴趣的话题，单纯地说企业如何大、如何好，没有人会认真去听，只有找到消费者感兴趣的话题，再结合良好的宣传途径，才能使广告效果发挥得淋漓尽致。

今麦郎的网络广告与“世界大学生运动会”相结合，达到了很好的宣传效果。2005 年 7 月，今麦郎系列产品之一的今野拉面，被教育部中国大学生体育协会指定为“第 23 届世界大学生夏季运动会中国代表团专用方便面”。今麦郎选择了门户网站的体育频道，开办了“第 23 届世界大学生夏季运动会”专题，并将作为中国代表团专用方便面——今麦郎系列产品的相关介绍，作为花絮在专题中出现，形式活泼易于被网友接受。

此外，在宣传形式上，今麦郎选择了“传统广告形式 + 赞助冠名 + 特型式广告（流媒体）+ 网上投票（互动形式）+ 专题传播”的复合式广告宣传形式，有力地提升了今麦郎品牌的知名度和美誉度，同时也对今麦郎产品之一的今野拉面的“青春、健康、活力”的品牌内涵，进行了充分的渲染，让消费者在无形之中对品牌产生了好感。

资料来源：http://www.new54.com/scout/anli_jml.php。

13.1 网络广告的概念与特点

网络广告诞生于美国。1994 年 10 月 14 日，美国著名的 Wired 杂志推出了网络版的 Hotwired (www.hotwired.com)，其主页上开始有 AT&T 等 14 个客户的广告横幅。这是广告史上里程碑式的一个标志，同时也让网络开发商与服务商看到了一条光明的道路。继 Wired 之后，许多传媒媒体如美国的有线电视网 CNN、《华尔街日报》等，无论电视、广播，还是报纸、杂志，也都纷纷上网并设立自己的网站，将自己的资料搬上网络。在刊登信息、服务网浏览的同时，也在网络媒体上经营广告。自此以后，网络广告作为一种新型的营销手段逐渐成为网络媒体与广告界的热点，成为电子商务及全球互联网市场的重要组成部分。毋庸置疑，网络广告引导着互联网发展的新方向。

13.1.1 网络广告的概念

网络广告是广告的一种形式，英语一般叫做 Net AD（Internet Advertising）或 Web AD，是基于计算机、通信等多种网络技术和多媒体技术，通过一定的可交互和互动的方式，将广告主的信息传递给目标消费者的一种付费的双向营销传播活动。网络广告是一个全新的领域，其具体形式与应用仍在不断翻新，一般可分为广义和狭义两种。广义的网络广告是指企业在互联网上发布的一切信息，其形式包括 Web 主页、E-mail、BBS、新闻组、聊天室、网络传真等；狭义的网络广告就是通过计算机系统，在互联网上制作和发布的广告，即建立含广告内容的旗帜，用户可以通过点击，被带入广告主的 WWW 节点。

13.1.2 网络广告的类型

目前在 Internet 上播发的网络广告的类型有以下几种。

（1）按钮广告（Button）。按钮广告通常是一个链接着公司的主页或站点的公司标志（logo），一般面积较小（见图 13－1）。按钮广告的不足在于其被动性和有限性，它要求浏览者的主动点选，才能了解到有关企业或产品的更为详尽的信息。

图 13－1 按钮广告

（2）旗帜广告（Banner）。网络媒体在自己网站的页面（page）中分割出 23 厘米、316 厘米或 220 厘米的一个画面（视各媒体的版面规划而定）发布广告，因其像一面旗帜，故称为旗帜广告。旗帜广告允许客户用极简练的语言、图片介绍企业的产品或宣传企业形象（见图 13－2）。

旗帜广告分为非链接型和链接型两种。非链接型旗帜广告不与广告主的主页或网站相接；链接型旗帜广告与广告主的主页或网站相链接，浏览者可以点选，进而看到广告主想要传递的更详细信息。为了吸引更多的浏览者注意并点选，旗帜广告通常利用多种多样的艺术形式进行处理，如做成动画跳动效果，或做成霓虹灯的闪烁效果等。

（3）文字链接广告。文字链接广告大多是以文字的形式扩大企业或产品的知名度。这些文字的广告放在 Web 页上，整个网页都是广告内容，见图 13－3。

（4）移动式广告。移动式广告画面可大可小，它会在整个屏幕里有规律的移动，同时会闪烁出一些好看的颜色，具有干扰度低、吸引力强的特点。

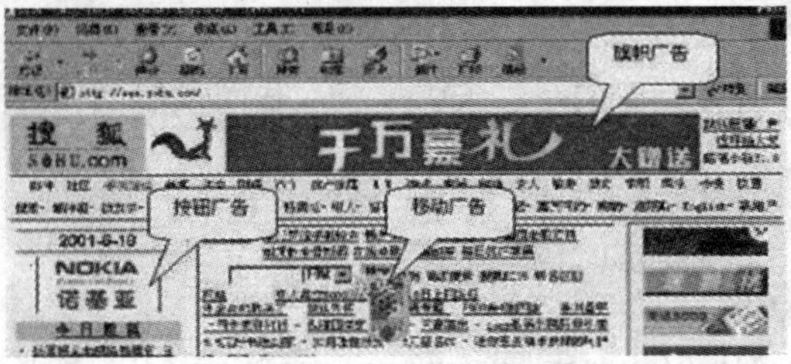

图 13-2 旗帜广告

图 13-3 文字链接广告

图 13-4 所示的是移动广告的一种形式。这也是目前非常流行的一种新型创意表现形式的广告，传统移动图标的点击率要比普通广告的点击率高。

（5）弹出窗口式广告。弹出窗口式广告是目前常用的一种广告形式。弹出窗口特别能吸引人们的注意力，一进入网站立刻会弹出一个窗口，广泛应用于品牌宣传、产品促销、招生或咨询等活动。见图 13-5。

图 13-4 浮动式广告

图 13-5 弹出窗口式广告

（6）网络视频广告。网视广告是目前流行的一种广告形式。可以直接将广告客户提供的电视广告转成网络格式，实现在线播放，视频广告与 flash 结合播放，具有良好的影音品质。见图 13-6。

（7）对联式广告。对联式广告是目前非常流行的一种广告形式，这种广告位于浏览页面中特别设置广告版位，以夹带方式呈现广告表现，冲击力强。见图 13-7。

图 13-6 网络视频广告

图 13-7 对联式广告

（8）主页型广告（Homepage）。企业将所要发布的信息内容分门别类制作成主页，置放在网络服务商的站点或企业自己建立的站点上。主页型广告可以详细地介绍企业的相关信息，如发展规划、主要产品与技术、产品订单、售后服务、战略联盟、年度经营报告、主要经营业绩、联系

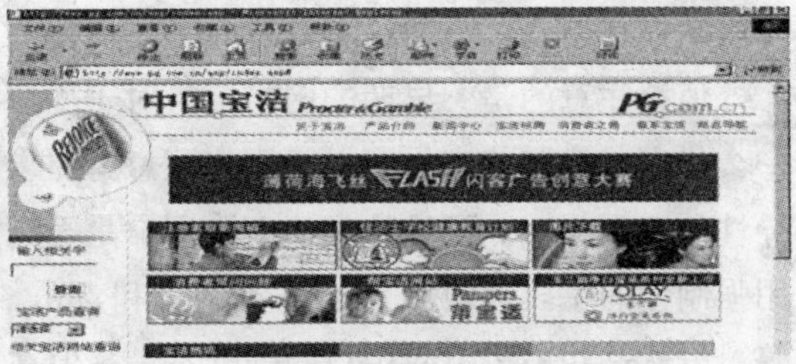

图 13－8　主页型广告

办法等，从而让用户全面地了解企业及企业的产品和服务。见图 13－8。

此外，网络广告的形式还有以下几种。

邮件列表广告（Direct Marketing），又名“直邮广告”，即利用网站电子刊物服务中的电子邮件列表，将广告加在每天读者所订阅的刊物中发放给相应的邮箱所属人。广告形式多样化，包括旗帜、按钮及文字广告等。

墙纸广告（Wallpaper），即把广告主所要表现的广告内容体现在墙纸上，并安排放在具有墙纸内容的网站上，以供感兴趣的人进行下载。

赞助式广告（Sponsorships），可分为内容赞助、节目赞助、节日赞助三种赞助形式。赞助式广告形式很多，广告主可根据自己所感兴趣的网站内容或网站节目进行赞助。

电子邮件广告（E-mail），即广告形式以旗帜广告为主，广告体现在拥有免费电子邮件服务的网站上，广告会出现在个人邮箱的主页上。

竞赛和推广广告（Contests & Promotions），即广告主可以与网站一起合办他们认为感兴趣的网上竞赛或网上推广活动。

我国网络广告的表现方式除了以上所述外，还有不少创新的形式。因传统网络广告的形式呆板，无法吸引网民的注意，因而新型网络广告便不断应运而生。如网上流媒体广告、网上声音广告、QQ 上线弹出广告、QQ 对话框网幅广告等，在文字、图片、音频乃至视频上的表现形式各具特色，已经表现出充分的生动性和多样性。

如今，诸如流媒体（streaming media，流媒体是一种使音频、视频和其他多媒体元素在 Internet 及无线网络上以实时的、无需下载等待的方式进行播放的技术）、VRML（Virtual Reality Modeling Language，即虚拟现实建模语言）等网络视频技术的发展，为网络广告技术的发展提供了技术上的保障，随着互联网技术的发展及宽带技术水平的提高，网络广告的表现形式也越来越丰富。

13.1.3　网络广告特点

网络广告是 Internet 问世以来广告业务在计算机领域新的拓展，随着互联网络的迅猛发展，网络广告已成为企业不可或缺的重要广告形式。它兼具传统广告的优点，又有传统媒体无法比拟的优势。具体而言，网络广告具有以下鲜明特点。

1. 非强迫性

传统广告具有一定的强迫性，无论是广播、电视还是报纸、杂志等公告，均要千方百计吸引受众的视觉和听觉，将有关信息强行灌输给广告受众。而网络广告属于按需广告，接受与否的主动权掌握在受众手里，这有效避免了受众注意力集中的无效性和被动性。

值得注意的是，早期的网络广告对于用户的无滋扰性也使其成为适应互联网环境营销手段的一个优点，但随着广告商对于用户注意力要求的扩张，网络广告逐渐发展为具有强制性和用户主导性的双重属性。虽然从理论上讲用户是否浏览和点击广告具有自主性，但越来越多的广告商采用强制性的手段迫使用户不得不浏览和点击，如弹出广告、全屏广告、插播式广告、漂浮广告等，虽然这些广告引起用户的强烈不满，但在客观效果上达到了增加浏览和点击的目的，因此为许多单纯追求短期可监测效果的广告客户所青睐，这也使得网络广告与传统广告一样具有强制性，而且表现手段越来越多，强制性越来越严重。目前对于网络广告所存在的强制性并没有形成统一的行业规范，更没有具有普遍约束性的法律法规，因此这种矛盾仍将继续存在下去①。

2. 实时性与交互性

网络广告的另一个突出优点是能按照需要及时变更广告内容，包括改错。而对于在传统媒体上发布的广告而言，一旦广告播（刊）出，广告就很难再变。例如，某促销商品价格发生了变化，如在互联网上更改广告信息可能瞬间就能完成，并且更改成本则可以忽略不计，这是传统广告无法比拟的。网络广告实时性的特点可以帮助企业做到广告变化与经营决策变化的同步性，从而有助于提升企业经营决策的灵活性。

网络广告是一种交互式的广告，查询起来非常方便。网络广告的载体基本上是多媒体、超文本格式文件，只要受众对某样产品感兴趣，仅需轻按鼠标就能由一般受众感兴趣的问题，一步一步深入到更多、更为详细、更为生动的信息，从而使消费者亲身“体验”产品、服务与品牌。

3. 广泛性

网络广告的广泛性表现在以下几方面。

（1）传播范围广，无时间地域限制。网络广告通过互联网可以把广告传播到互联网所覆盖的所有区域，受众可以在任何地点的互联网站上，在他们方便的任何时间内随意浏览广告，不受时空所限。

（2）内容详尽。传统广告由于受媒体的时间和版面的限制，其内容也必然受限；而网络广告则不存在上述问题，广告主可根据需要将广告做得十分详尽，以便广告受众进一步了解相关信息。

（3）形式多样。网络广告的表现形式包括动态影像、文字、声音、图像、表格、动画、三维空间、虚拟现实等，它们可以根据广告创意需要进行任意的组合创作，从而有助于最大限度地调动各种艺术表现手段，制作出形式多样、生动活泼且能够激发消费者购买欲望的广告。

4. 易统计性和可评估性

运用传统媒体发布广告，评价广告效果比较困难，很难准确地知道有多少人接受到所发布的

---

① 冯英健：《网络营销基础与实践》（第二版），清华大学出版社 2004 年版。

广告信息。而在互联网上发布的广告，可通过权威公正的访客流量统计系统，精确统计出每个客户的广告被多少个用户看过，以及这些用户浏览这些广告的时间分布、地理分布等，从而有助于广告主和广告商正确评估广告效果，审定广告投放策略。

5. 重复性和检索性

网络广告可以将文字、声音、画面完美地结合之后供用户主动检索，重复观看。

6. 视听效果的综合性

随着多媒体技术、网络技术及编程技术的提高，网络广告可以集文字、动画、全真图像、声音、三维空间、虚拟现实等于一体，创造出身临其境的感觉，既满足浏览者收集信息的需要，又提供了视觉、听觉的享受，增加了广告的吸引力。

7. 经济性

目前，在互联网上发布广告相对传统媒体而言便宜得多，相对于电台、电视、报刊、户外等媒体动辄成千上万的广告费，网络广告则具有价高的经济性。

8. 广告发布方式的多样性

传统广告发布主要是通过广告代理制实现的，即由广告主委托广告公司实施广告计划，广告媒介通过广告公司来承揽广告业务，广告公司同时作为广告客户的代理人和广告媒体的代理人提供双向的服务。而在网络上发布广告对广告主来说有更大的自主权，既可以自行发布，又可以通过广告代理商发布。

当然，与其他所有事物一样，网络广告也具有两面性。一方面是它无可比拟的优势，另外一方面是伴随网络广告的迅猛发展而引发的一些如色情传播、虚假广告等诸多问题。

阅读材料13－1　　我国网络广告存在的主要问题

1. 传播色情内容，污染文化环境

黄色内容充斥“第四媒体”，是一直都比较受关注的问题。在垃圾信息中，无论是垃圾邮件、强制性阅读信息还是垃圾短信，黄色信息的内容都占很大的比重。其中有很多还是打着“普及健康的性知识”和“促进社会人际交往”的旗号，明目张胆地传播色情信息。

2. 虚假广告让网络广告产生负面效应

网络广告的虚假与欺诈现象比较严重。广告数量的庞大性、范围的广泛性、内容的丰富性、形式的多样性和真假的难辨性，致使对广告的监管就很困难。虚假与欺诈现象非常普遍，消费者对之无可奈何。有调查表明，用户对网络广告的评价中，认为其最大的劣势就是可信度太低。这致使人们普遍不太信任网络广告，也是目前网络广告业深入发展的一个首要障碍。

3. 网络广告市场不规范

我国的现代广告业还很年轻，而网络广告更是新生事物，对于其管理和规范还不完善和成熟，各类广告法律法规都还不健全，处在不断改革和完善的过程中，特别是对于网络广告的条例法规还在摸索阶段。在这种环境下，不论是网络广告的价格机制还是行业内的竞争机制，都呈现出比较混乱的现象。网站为了争取更多的广告客户，不断地降低广告位价格。这种恶性竞争致使整个行业的经济停滞不前，甚至有的网站不惜亏本经营，也要从价格方面取得优势来吸引广告客户。

4. 对网络广告质量的检测缺乏一套行之有效的评估方法

至今，在我国还没有一家公认的机构能够对网络广告的效果提供量化的评估标准，还缺少一套行之有效的评估办法。对网络广告效果的评估基准主要是各网站提供的一些数据，而这些数据的准确性、公正性还有待商榷。这样，广告消费群体就对网络广告的可选用性产生了质疑。

资料来源：韩媛，http：//www. cnhubei. com/200412/ca635720. htm。

13.2 网络广告策划流程

网络广告策划是根据互联网的特征及网络人群的特征，从全局角度所展开的一种运筹和规划。其在本质上仍然属于广告策划的一种，因此，在实施过程中的环节与传统广告有很多相同的做法。具体可以将网络广告策划分成筹备阶段、设计制作阶段、测试评估阶段、实施阶段。

13.2.1 确定网络广告目标

确定网络广告目标的目的是通过信息沟通使消费者产生对品牌的认识、情感、态度和行为的变化，从而实现企业的营销目标。在公司的不同发展时期有不同的广告目标，比如说是形象广告还是产品广告。对于产品广告，在产品的不同发展阶段广告的目标可分为提供信息、说服购买和提醒使用等。

网络广告的目标主要有提高访问量、树立品牌意识和销售产品三个方面。其本质与传统广告目标并无不同，这里不再赘述。

13.2.2 确定网络广告的目标受众

目标受众（target audience）是指传播活动中特定媒介渠道或媒介内容的诉求对象。目标受众决定着传播渠道和传播活动形式和营销策略，同时又为传播内容提供方向和依据。由于网络消费者的年龄、社会阶层、收入水平、兴趣爱好、受教育程度、上网习惯等各不相同，只有广告的目标受众明确，才能科学、有效的选择网络广告发布渠道，从而使广告真正做到有的放矢。

13.2.3 选择网络广告发布渠道

企业发布网络广告的途径有多种，广告主可根据自身的需求，本着广告效应最大化的原则从中选择一种或几种。

1. 建立主页

建立自己的主页，对于大公司来说，是一种必然的趋势。主页不但树立了企业形象，也是宣传产品的良好工具。主页形式是公司在互联网进行广告宣传的主要形式。按照今后的发展趋势，一个公司的主页地址也会像公司的地址、名称、标志、电话、传真一样，是独有的，是公司的标识，将成为公司的无形资产。

2. 搜索引擎网站或内容网站

在互联网上有一些专门的用以查询检索服务的网络服务商的站点，如 Yahoo!、Excite 等。这些站点就如同电话黄页一样，按类别划分便于用户进行站点的查询。在其页面上，都会留出一定的位置给企业做广告。比如在 Excite 上，网络用户在“search”一栏中填入关键字“automobile（汽车）”，Excite 页面的中上部就会出现某汽车公司的广告图标。

广告主也可以选择网络内容服务商（ICP）与之合作。如搜狐、网易、新浪、凤凰网等，它们提供了大量的互联网用户感兴趣并需要的免费信息服务，包括新闻、评论、生活、财经等内容，因此，这些网站的访问量非常大，是网上最引人注目的站点。目前，这样的网站是网络广告发布的主要阵地，并且发布广告的形式多种多样。

3. 专类销售网

这是一种专类产品直接在互联网上进行销售的方式，现在有越来越多的这样的网络出现。以汽车之家网站为例，消费者只要在一张表中填上自己所需汽车的类型、价位、制造者、型号等信息，然后轻轻按一下 Search（搜索）键，计算机屏幕上就会马上出现完全满足你所需要的汽车的各种细节，当然还包括何处可以购买到此种汽车的信息（见图13－9）。另外，消费者考虑购买汽车时，很有可能首先通过此类网络进行查询，所以，对于汽车代理商和销售商来说，这是一种很有效的网络广告方式。汽车商只要在网上注册，他所销售的汽车细节就进入了网络的数据库中，也就很有可能被消费者查询到。

图 13－9　汽车之家网站主页

与汽车销售网类似，其他类别产品的代理商和销售商也可以连入相应的销售网络，从而无需付出太大的代价，就可以将公司的产品及时地呈现在世界各地的用户面前。

4. 免费的网络服务

在互联网上有许多免费的服务，很多用户都喜欢使用。由于互联网上广告内容繁多，即使公司建有自己的主页，也需要用户主动通过大量的搜索查询工作，才能看到广告的内容。而这些免费的网络服务就不同，它能帮助公司将广告主动送至使用该免费 E-mail 服务、又想查询此方面内容的用户手中。具体说来，此种方式有诸多特点。

（1）主动性强。所有的使用者都可以按照自己的喜好和兴趣选择订阅一些免费信息。一旦你选择订阅了有关的信息，就可以定期地收到所订阅的信息。当然，其中包含着广告的内容。不过用户既可以随时增加订阅，也可以随时修改或停止订阅信息内容。

（2）易于统计。每一个用户在第一次使用免费 E-mail 时，必须要详细地填写一张用户档案（Member Profile）。这就使得提供免费 E-mail 的服务商能详细地知道使用者的具体情况，若有公司利用免费 E-mail 做广告，免费 E-mail 服务商就会每月给你一份调查报告，告诉你在这个月中有多少用户看了你的广告，又有多少用户进一步了解了广告的内容（即按了广告的图标）。在每月报告中，免费 E-mail 服务商还会提供对你的产品或服务感兴趣的用户的具体情况的统计资料。

（3）针对性强。随着免费 E-mail 会员的进一步增加，广告主还可以根据使用者的特性（地域、年龄、性别、家庭收入、职业、受教育水平、兴趣爱好、婚姻状况等），有针对性地发布自己的广告。

5. 行业名录

一些网络服务提供者（ISP）或政府机构会将一些行业信息融入他们的主页中。如香港商业发展委员会（HongKong Trade Development Council）的主页中就融有汽车代理商、汽车配件商的名录，只要用户感兴趣，就可以直接通过链接，进入相应行业代理商或者配件商的主页上。

图 13－10　男人装电子杂志

6. 网上报纸或杂志

在互联网日益发展的今天，新闻界也不落人后，一些世界著名的报纸和杂志，如美国的《华尔街日报》、《商业周刊》，我国的《人民日报》、《文汇报》、《中国日报》等，纷纷将触角伸向了互联网，在互联网上建立自己的主页。而更有一些新兴的报纸与杂志，干脆脱离了传统的“纸”的媒体，完完全全地成为一种“网上报纸或杂志”（见图 13－10）。

可以预计，随着计算机的普及与网络的发展，网上报纸与杂志将如同今天的报纸与杂志一般，成为人们必不可少的生活伴侣。对于注重广告宣传的公司，在这些网上杂志或报纸上做广告也是一个较好的传播渠道。

7. 新闻组

新闻组也是一种常见的网络服务，它与公告牌相似，人人都可以订阅它，成为新闻组的一员。成员可以在其上阅读大量的公告，也可以发表自己的公告，或者回复他人的公告。新闻组是一种很好的讨论与分享信息的方式。对于一个公司来说，选择在与本公司产品相关的新闻组上发表自己的公告将是一种非常有效的、传播自己的广告信息的渠道。

8. 网络黄页

在 Internet 上有一些专门用以查询检索服务的网站，如 Yahoo！（见图 13－11）、Infoseek、Excite 等。这些站点就如同电话黄页一样，按类别划分，便于用户进行站点的查询。采用这种方法的好处，一是针对性强，查询过程都以关键字区分；二是醒目，处于页面的明显处，易于被查询者注意，是用户浏览的首选。

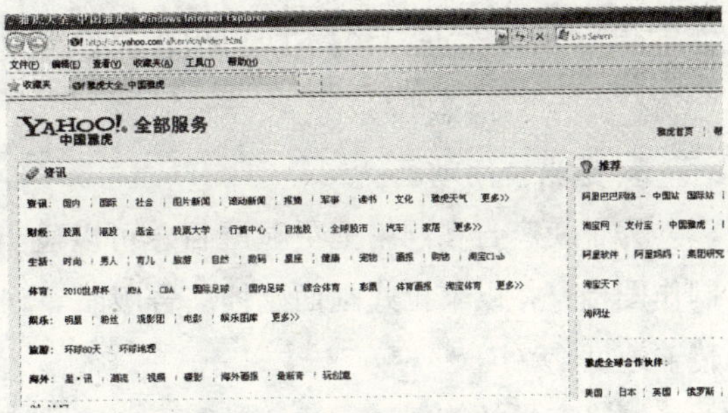

图 13－11 雅虎中文网站

13.2.4 进行网络广告创意

网络广告策划中极具魅力、体现水平的部分就是创意。它包括两个方面：一是内容、形式、视觉表现、广告诉求的创意；二是技术上的创意。网络广告的创意因素主要来自互联网本身，互联网是一个超媒介，它融合了其他媒介的特点。互联网因为不同的传播目的、传播对象，可以承载不同的广告创意，同时互联网是电脑科技和网络科技的结合，注定了这个媒介的高科技特性，也带来了更加多变的表现方法，为网络广告创意提供了更多的创意方向。在网络广告创意的过程中，要注意如下关键点。

1. 确定强而有力的概念

概念是一句对消费者说的话，向消费者传达的信息。根据统计，上网用户在一个网络广告版面上的注意力和耐心不会超过 5 秒钟。因此，一定要在短时间内吸引人潮进入目标网页，建立良好的品牌形象。

2. 传递简单易懂的信息

在网络上，强而清晰的文案比制作复杂的影音效果更能吸引网络用户点选。由于频宽的限制，图档过大的广告，传输速度过慢，往往使用户放弃。为了确保广告出现的速度能被用户接受，图档大小一般为 10KB～20KB。

3. 适度的曝光率

网络用户的一个基本特点是喜新厌旧，即点选率会随着广告上挂时间的增加而降低。因此，当某一广告的曝光率达到某种程度，出现下降倾向时，就必须考虑更换该广告。

4. 发展互动性

随着网络技术的研究和发展，未来网络广告必定朝着互动性方向发展。如能在网络广告上增加游戏活动功能，则点选率会大大提高。索尼在线的娱乐站 The Station@ sony. com 发布的凯洛格仪器公司的网络游戏广告，以一组面向儿童的游戏为特色，其中一个游戏参加后有机会赢得一盒爆米花。发布这则广告后，凯洛格主页的访问者增加了三倍，访问时间增加了两倍，该广告的浏览率高达14.5%。

5. 适当使用动画

为了使广告在网络上更显醒目，可以适当使用动态画面，采用GIF做动态呈现，或以Flash制作图档，并以下拉式画面延伸广告版面等。动画表现是为了强化概念，不要因图档过大而降低传输速度。

网络广告的策划还需注意对网页浏览链接的规划。旗帜的设计要有全盘思考，应该考虑目标群体的需求差异性、媒体的阅读者属性、广告预算大小及广告曝光时间长短。

与传统媒体广告的强迫性接受特质相比，网络媒体广告的许多形式是被动地等待被点击，并且网络广告的版面一般过小，限制了创意的发展空间。成功的网络广告策划需要突破这些限制，既要化被动为主动，同时又要突破版面的限制。下面介绍的几种新型的广告形式能够在一定程度上克服上述弊端。

（1）扩张式广告（Expanding AD）：鼠标只要移到旗帜上，广告就会自动扩张。

（2）互动游戏广告（Interactive Games）：在一段页面游戏开始、中间、结束的时候，广告都可随时出现。并且可以根据广告主的产品要求为之量身定做一个属于自己产品的互动游戏广告。

（3）动态传送广告（Dynamic Rotation Ad）：与固定版面广告相反，它是以轮换、随机的方式传送广告，可让受众在同一页面上看到不同的广告，同一广告可在整个网站内轮换，也可以根据关键词检索而出现。

网络广告要寻找能争取用户的武器，这就是创意。网络广告要吸引用户，它们应是生动的、能够抓住人的视线、邀请人们参与、有趣味的并且让人无法拒绝的。网络广告形成突破，必须依靠卓越的创意。如百事可乐网络广告就是优秀广告创意的产物。

该广告设计采用百事标准的蓝色为主色调，让人们第一眼就能识别出这就是百事。当用户打开网页时，iTouch广告即刻呈现在网页底边，对活动及产品信息进行长时间的、最大宽幅地展示，能很好地第一时间抓住浏览者的眼球。随着页面下移，广告丝毫没有抖动和闪屏现象。更值得一提的是，在广告中，用户可以利用电脑外部设备如麦克风、摄像头进行有趣互动。这个广告设计充分利用了网络广告能与用户进行互动这一特点，利用富媒体的广告形式来进行展示，恰到好处地契合了产品本身的特性，也赢得了用户的喜爱。

13.2.4 选择广告发布网站

选择广告发布网站有五个原则，即网站用户是否与广告目标受众一致、网站是否有足够的到站浏览人数、是否为话题流行的网站、网站广告计价是否合理、发布时段是否符合要求等。

对媒体属性的透彻了解是先决条件，应该优先考虑能提供较完整可信报表或广告管理软件的网站，最好是用量化的办法对网站媒体做出评估。对网站的评估从三个方面进行。

1. 提供的信息与服务

在提供的信息与服务方面，可分解为三个指标：网站内容，网络用户是网站的生命，而内容是吸引用户的关键；网站功能，如是否提供免费的电子邮件、搜索引擎、聊天室、游戏房等；服务项目，如网络广告专业知识的传播、网络营销策划等。

2. 媒体经营

在媒体经营方面，可分解为五个指标：广告营业额，即业绩越好，说明服务较好或广告效果较佳；经营团队，即团队实力坚强，网站有良好的发展前景；网站造势能力，即网站造势能力强，可以为广告主提供更多的“搭便车”的机会；个案执行经验，即个案经验丰富，较少犯错误；未来发展，即网站拟订有未来发展计划，保证合作的长期、有序。

3. 访客情况

在访客情况方面，主要考虑两个指标：日平均访问人次，即每日平均进站的人次越多，广告信息接触到受众的机会就越大；网站访客特点，即网站访客特点明确，可以提高广告的有效到达率。

除了以上三点之外，选择广告网站还应考虑如下两个因素。

(1) 网站的质量与技术力量以及由此决定的网站信誉。任何一个企业在从事网络广告时，都希望自己能找到一个较安全可靠的网站，否则，网站的破产倒闭也会殃及自己，这不仅浪费了广告费，而且有可能延误商机。

(2) 网站管理的水平。一个好的网站也会因为管理水平的更改与变换而导致衰落，比如某个网站的点击数在短时间内大幅下降，那么及时查清其原因以调整广告预算是非常必要的。

13.3 网络广告预算与效果评估

13.3.1 网络广告预算

广告投入是一项商业活动，对广告活动的费用开支计划的设计、安排及分配就是广告预算，它规定计划期内广告活动所需的金额以及在各项工作上的分配。作为一个广告主来说，他总是力求以最小化的成本去争取最大化的广告效果。

1. 明确网络广告预算的作用

在网络广告中，广告预算作为一种企业行为在本质上与传统广告是一致的。对广告主来说，广告预算为广告效果的检测提供了经济指标；广告成本及费用的规模决定了广告活动的范围及深度，提供了控制与监督广告活动的依据和原则；广告预算也是广告费用的最优配置，有助于广告经费的节省和每一项活动的顺利实施；广告成本及预算能提高广告投入的效率，对公司的整体运作、成本的降低具有举足轻重的作用。

2. 协调网络广告预算的影响因素

（1）成本因素。在一项广告预算的细则中，有些费用可以列入广告预算，最终进入产品成本，从产品销售价格中获取回报。一般来说，可进入产品成本的广告预算有：广告信息探寻费用；广告制作费用；管理及其他费用，包括设计费、绘制费、媒体费、广告机构的设施费及广告人员工资等。

（2）市场因素。影响广告预算的市场因素包括消费者、产品推广区域的特点以及竞争对手。就消费者而言，消费者始终是广告的直接对象，如果消费者对产品反应冷淡，则广告的投入会更大。并且，不同层次的消费者接受广告的成本是不同的，也就是说要说服或引诱他们所花的成本是不同的。如果消费者文化层次较高，接受新事物的能力较强，则这种投入会较小；相反，则要花更大的成本去打开这个市场。产品的地域不同也会有不同的投入，不同地域有不同的“挤入成本”，产品进入难度较大的，广告投入也较大。如果这种产品进入一个地区不受阻碍和消费者的抵制，那么广告投入也会大大降低。此外，地域的大小也会影响广告投入，地域大，则投入多。竞争者的水平及实力也会大大影响本企业的广告投入，如果竞争对手实力强大，产品有相当的影响力，则要与之较量，自己的广告投入会相应上升。当竞争对手突然改变广告策略及投入时，自己必然要做出调整。

（3）网络媒体因素。在网络广告中，网站规模、网站性质、网络普及率及范围也是影响广告投入的因素，这种媒体因素与传统广告有区别。一般说来，专业性的网络广告网站收费较高、效果较好，在其他网站附带做广告收费较专业网站低，但效果没有专业网站好。另外，网站规模的不同对广告费的要求也有区别，实力雄厚的网站收费较高，这种网站普及率和覆盖范围也较大。总之，网络广告投入的影响因素中，大多与传统广告相同，只是在媒体因素中表现出更多的不同。

（4）广告的主题及表现方式。在任何广告的预算中，都会考虑到广告的主题与表现方式的问题，从预算的角度来讲，对主题与表现方式从选择到确立是关键的。广告制作者会根据广告主提供的产品特点和前一阶段获得的信息制作出可供选择的几则广告，然后要求广告主进行选择。广告预算的作用就是解决如何选择的问题，国外有一套广告测评系统，可以对不同广告效果进行测评，在国内最好的方法是将这种广告在不同时间或同一时间分别播出，然后选择点击率高的进行全面播放。

3. 选择适宜的网络广告预算的编制方法

网络广告预算的编制方法有许多种，各有优点，也各有不足。目前世界上常用的方法有以下几种。

（1）期望行动制。这种预算方法是以购买者的实际购买行动为参照来确定广告费用。一般的做法是，先预期一个可能的购买量的范围，再乘以每一单位购买行动的广告费，取其平均值就得到广告预算结果。预期的购买人数一般参照同类商品以往年份的统计数字，每一单位的广告费用可根据商品及企业的目标来定。这种做法尤其适合于农产品、大众消费品、家用电器等这些有较稳定购买量的商品，它的购买数目较容易得到接近客观的数字。

(2) 产品跟踪制。这种预算方法通常只确定每一单位商品用多少广告费，再根据实际成交量来确定预算费用，常常使用的是以往的数据，具有时滞性。但好处是便于操作，具有一定的客观性。

(3) 阶段费用制。这是广告预算中最常用的方法之一，它一般以企业的营销目标为基础，以实际销售目标为依据，根据不同的营销目标来确定广告目标，然后根据不同的营销阶段来确定广告的战略，设计、制定出完整的广告计划，再运算其费用。一般说来，企业做广告有不同的目标，有降低未知率、提高知名度、让消费者理解自己的产品、建立消费者忠诚度、购买、依赖这六个逐渐加深的阶段。每一阶段广告的计划是不同的，因而预算也不相同。阶段费用制就是根据企业营销计划要达到的阶段或目标来制定广告预算表。在不同阶段，所需的广告方式、广告设计、广告地域以及具体的广告实施计划是不同的，当然广告的预算也就不同。这种方法对于推进新产品的上市力度、加大新产品的攻势有很严格的阶段战略，并且还能适应多变的市场，发现市场的需求及时调整广告的环节，因而这种方法被普遍采用。

(4) 参照对手制。这种方法主要预算标准来自同种产品同一市场上竞争者的广告预算，要达到与竞争者有相抗衡的目的，一般后来者的广告预算不会低于竞争者，广告在这里也成了进行市场竞争的工具之一。在制定预算时，要调查竞争者的广告实际预算情况，掌握其控制的市场范围。根据对手的广告总额与市场范围可以确定单位范围内的广告投入。这就是自己广告预算的直接基础，用这个数据乘以自己的市场占有范围就得到本企业的广告预算额。

(5) 市场风向制。这种广告预算法是依据商业环境的变化而制定预算计划的，在商业环境恶化时，一般采取加大广告力度，加大预算，这有助于乘机扩大市场。但这时打开市场往往要有较大的预算力度，并且效果要在商业环境改善后才能有所表现。在市场繁荣、产品销售好时，广告预算则可以适当减少。

(6) 比例提成制。这种预算方法是根据销售比例或赢利比例来制定广告预算。按销售额计算的方法是：确定一定的销售额基数，然后根据一定的广告投入比率计算出广告预算。这种方法简便易行，制定预算的过程也不复杂，有一定的科学性。

13.3.2 网络广告的效果评估

网络媒体具有较强的机动性和可调整性，一旦效果不佳，就应该进行调整，如更换旗帜、调整曝光次数、修正网页内容等，一般检测期为一周或10万次曝光。

对网络广告效果的评估，较准确的评价指标是曝光次数（impression）及广告点击率（Click Through Rate，CTR）。曝光次数是指有广告的页面被访问的次数，即广告管理软件的计数器上所统计的数字。点击率是指访客点击广告的次数占广告曝光次数的比率。

评估广告效果还要考虑事先设定的广告目的和目标，不同的目的将导致不同的结果。比如，当广告的目的是建立品牌形象时，点击率并不是主要的评价指标，优质的、有效的曝光次数才是评估的重点。

为了获得公正的网络广告效果评价，除了运用网站自身的广告管理软件和稽核工具外，还应使用第三方认证机构。许多传统的大广告主，如宝洁、英特尔、微软等，都愿意在经公正的数字稽核下，支付比传统媒体更高的价格来刊登网络广告。

13.4　我国网络广告的发展趋势

伴随着经济的高速发展、互联网的不断普及，我国的网络广告市场也经历了从无到有、由小到大、迅速发展的过程。网络已经成为我国最为重要的媒体之一，以网络为依托的网络广告迅猛发展是挡不住的潮流，未来我国的网络广告将呈现以下的发展趋势。

1. 网络广告费用将快速增长

网络广告具有较强的经济性，与报纸和电视相比，网络广告在单位面积（时间）的广告价格上极具竞争力。网络广告正在被越来越多的广告主和广告代理商所重视，随着网络技术的发展，新的网络广告形式不断出现，网络广告的效果不断增强，网民数量的不断增长等复合性因素都增强了广告主选择网络广告的信心，网络广告的费用将不断增长。

2. 网络广告的形式将会更加多样化

新技术层出不穷，如3G、3D、Java等。诺基亚的3G手机广告，以网络广告的宣传形式将手机推广到更大的市场，消费者可以直接在互联网上点击就能获取所需产品信息。而3D技术和JAVA技术的出现，使网络广告有了更立体的视觉冲击，使广告更生动、形象，从而促进消费者的购买欲望。现在，诸如流媒体、VRML等网络视频技术的发展，为网络广告技术的发展提供了技术上的保障，随着互联网技术的发展及宽带技术水平的提高，网络广告的表现形式也越来越丰富。

3. 网络广告将与传统广告整合传播

将电视广告和网络视频广告融合，即将网络视频广告作为电视广告的一部分，一前一后互为补充，寻求最佳的传播效果，也是未来网络广告的发展趋势之一。IT、汽车、消费电子等产业正在将更多经费投放到网络广告中，并与其他广告形式整合传播，这样的方式在未来将受到越来越多产业的青睐，以期产生联动效果。

4. 网络广告计价和效果评价将更加合理

随着互联网运作市场的不断成熟，目前网络广告中存在的一些问题将得到有效解决，尤其是技术方面的进步将使得广告效果测定更加科学，因而今后网络广告计价和效果评价将逐步趋于合理。

5. 网络广告市场监管将更加规范化

鉴于网络广告的迅猛发展以及由此带来的诸多法律纠纷，加大对网络广告市场的监管力度势在必行。对于目前网络广告中存在的一些问题，国家将会建立健全规范的网络广告法律体系来加以解决。另外，从网络广告经营单位的角度来考虑，为了自身的发展，这些企业的网络广告经营行为也必须更加自觉、规范。

总之，作为一种全新的广告形式，在我国经济发展强劲、市场需求多样化、互联网络迅猛发展、国家监管体制不断完善的背景下，网络广告相对于传统广告的优势将进一步得到体现，越来越多的广告商会接受和选择网络广告，越来越多的消费者会把浏览网页广告作为获得商品信息、进行商品购买决策的重要选择。

我国的网络广告业迅猛发展，今后将呈现网络广告收益不断增加、广告形式更加多样、广告计费更加合理等五大趋势。

本章小结

网络广告是基于计算机、通信等多种网络技术和多媒体技术，通过一定的可交互和互动的方式，将广告主的信息传递给目标消费者的一种付费的双向营销传播活动。

近年来，网络广告发展迅速，对传统媒体产生了强大的冲击，大有后来居上之势。与传统媒体比较起来，网络广告具有非强迫性、交互性、实时性、广泛性、易统计性和经济性等主要特征。网络广告在收费模式上有别于传统广告，而且收费模式比较多样化，有单一的方式，也有混合的方式。

实施网络广告战略应该循序渐进，切不可操之过急，同时应该注意解决好以下问题：第一，做好网络广告预算；第二，选择适宜的网络广告预算的编制方法。此外，为了更好地发挥网络广告的功能，还应该评估好网络广告效果。

思考题

1. 什么是网络广告？它有哪些特点？
2. 网络对传统媒体会产生哪些冲击与影响？
3. 网络广告的表现方式主要有哪几种？
4. 如何进行网络广告策划？
5. 网络广告的收费模式有哪几种？各有何特点？

6. 我国网络广告未来发展的趋势是什么？

7. 我国当前网络广告存在的主要问题是什么？该如何解决？

案例讨论

养生堂的网络广告策略

养生堂有限公司是近年来在中国崛起的生产和经营健康产品的现代化高科技的知名企业。公司总部设在浙江省杭州市，在26个省市、自治区设有分公司及各级市场部，开辟了多层次、广泛的营销渠道和网络，目前公司拥有下列子公司：海南养生堂药业有限公司、浙江千岛湖养生堂饮用水有限公司和杭州千岛湖养生堂饮用水有限公司、养生堂天然药物研究所有限公司。还下设食品、物资供应、广告和化妆品（筹）等子公司，在美国设有分公司。

养生堂有限公司现有员工1700余人，管理人员90%以上拥有高等学历，科研人员占有相当比例。公司聘请了一大批生物科学、中医药学、营养学等学科的专家、教授，组成强有力的科研队伍，对中西新药、营养保健品、基因工程药物以及饮用水等进行深度研究和开发。

作为较早的网络广告投放的传统企业，养生堂公司不断在探索传统企业如何与网络合作，并借助网络这个新兴媒体达到传统媒体所不能获得的广告效果的路子。分析养生堂与网络广告合作的案例，对传统产业如何与网络进行合作应有不少的借鉴作用。

养生堂公司近年来与网络这个新兴媒介的合作，可以概括出以下几个特点。

1. “触网”较早

养生堂第一次“触网”是1999年底，那时候，网络广告向来是IT产业及国外大公司的天下，国内的消费品很少涉足这一领域。而养生堂的农夫山泉和女性产品朵而，已开始了与网络公司的广告合作。

2. 把握热点

农夫山泉2000年的网络投放正是抓住了奥运会的契机，而它选择的合作媒体新浪网正是2000年悉尼奥运会中国官方合作网站，自然吸引了众多网络用户的眼球。

清嘴含片是养生堂在奥运会开幕那一天正式上市的休闲小食品，它的目标消费群年轻、追求时尚，容易接受新事物。无论是工作还是生活休闲，互联网对于这一消费群都是举足轻重的。因此，从清嘴含片一上市，除了传统媒体的广告投放外，网络广告成为清嘴含片广告策略和媒介组合中重要的一环。这一点对于传统产业的企业来说，怎样挖掘产品本身具有的时尚性，通过网络这一消费人群相对集中的媒体来传播是这些企业应该重视的。

网络广告形式多样，针对性强，这也是养生堂将网络广告作为传统广告有效补充的理由。

3. 持续合作，形式多样

由于国内经济发展的区域差异及观念的不同，号称第四媒体的网络还远远没有被传统产业所重视，领先一步的企业可能建立了自己的网站，但也只限于发布一下自己公司的信息，对产品在网络上的宣传还没有更多的关注。而养生堂与网络之间的合作是长期的，对网络的特点的理解也比较充分，因此在网络广告的运用上，每个产品、每个不同主题的活动都有针对性的特点。比如，朵而的主题活动——“在你最美的时候遇见谁”征文活动，养生堂在网络投放上即选择了女性网民点击率较高的娱乐频道、娱乐新闻；而因为清嘴含片的消费群大多为25岁以下的年轻人，养生堂在网络媒体选择上，FM365、OICQ等深受年轻人喜爱的网站成为其主要选择对象，广告的形式也丰富多样，迎合年轻人的趣味。

4. 合理的广告预算

网络广告在养生堂广告策略中占有一定的地位，但养生堂并没有盲目地将大部分的广告预算投入其间，它是养生堂整体广告策略的一部分，是电视、报纸等传统大众媒体的有效补充。

对于养生堂公司这种深谙各类媒体效果和广告投放技巧的传统企业，当有一天网络的影响力足以与传统媒体抗衡的时候，它肯定会在第一时间调整其广告策略和媒介费用预算。

? 问题讨论

1. 养生堂为何会钟情网络广告？
2. 什么样的产品适合做网络广告？

第 14 章

广告效果测定

本章导读

随着市场经济的不断发展，企业间的竞争日趋激烈。为了能在激烈的市场竞争中赢得一席之地，企业投入的广告费越来越多，广告主开始更加重视广告效果，因此测定广告效果已成为广告活动的重要组成部分。本章主要介绍广告测定概述、广告沟通效果测定、广告经济效果测定、广告社会效果测定等内容。通过本章学习，我们应能够掌握科学的广告效果测定的方法，并能够就广告的经济效果进行较为客观的分析。

开篇案例 **户外视频广告的效果之惑**

“我知道我的广告费浪费了一半，但却不知道是哪一半浪费了。”这是美国费城商人约翰·华纳梅克的一句名言，也是近一个世纪以来广告主们一直在问的问题。

据了解，目前广告公司和广告主通常采用的对户外视频广告的评估方法有两种：一是通过笼统的人流量评估，来估算每个媒体终端每天有多少人经过，人流的时段分布、年龄结构、性别分布等，在此基础上计算出千人成本；二是针对一些重要的广告，聘请第三方调查公司来进行广告刊播后的问卷调查，从而评估广告效果。

“但这种针对户外广告的调研方法，其科学性和客观性还是无法让广告主有信心。”尼尔森户外广告的研究人员表示。作为世界领先的第三方调查公司，尼尔森在2005年底发布了基于其卫星定位技术的户外广告受众研究报告，这项技术也是尼尔森作为与电视收视率调查等技术相对应的、针对户外广告的调查手段。

但也正是由于其使用的卫星定位技术，尼尔森的这套户外广告调查系统目前还未被引入中国。

沃尔夫咨询集团亚洲区总裁戴维·沃尔夫也曾发出警告，虽然广告主现在很热衷于投放户外的视频广告，但如果没有支持户外视频广告效果的硬数据，广告主不会一直这么踊跃。

但现在，对户外视频媒体广告效果的质疑还不仅仅是因为评估系统和工具的匮乏，当新生媒体形式随着时间的推移变得不那么“新鲜”的时候，还会是一个吸引眼球的“香馍馍”吗？

CTR 市场研究公司近几年关于楼宇视频广告效果的评估数据，也从一定程度上验证了这种担心。2003 年，当楼宇视频广告的 LCD 屏最初出现在市场上时，当年"受众会主动观看分众传媒的液晶广告"的比例高达 93%，但这一数据在 2005 年降至 64%，2006 年继续下滑到 44%。

而越来越多的户外视频媒体的出现，也在加速消耗受众对这一媒体形式的趣味和媒体本身的有效性。戴维·沃尔夫说，中国人每天要收到 300 条广告信息，一旦达到这个数量，人们就会善于滤除这些信息，我们所能容忍的广告数量几乎已经达到饱和状态。

资料来源：《第一财经日报》，2007 年 6 月 7 日。

14.1　广告效果测定概述

随着市场经济的发展，企业间的竞争日趋激烈，为了赢得有利的市场地位，企业不惜投入巨额的广告费用。这些广告费用的投入，能否为企业带来预期的收益，是广告主极为关心的事情。因此，测定广告效果，已成为现代广告活动的重要组成部分。本节主要介绍广告效果的含义、类型和特征；广告效果测定的意义与原则以及广告效果测定的类型和基本程序。通过对本节知识的学习，能够使我们对广告效果测定有一个比较清晰的认识，为进一步学习并掌握广告效果测定的方法奠定一定的基础。

14.1.1　广告效果的含义、类型和特征

1. 广告效果的含义

广告是指可确认的广告主为了促进交换，主要以付费的方式，通过各种媒体所进行的单向或双向的营销传播活动。从以上广告的定义中我们不难看出，其实广告是通过媒介传播出去的一种有说服力的信息，其目的就是影响传播受众，促使其购买企业的产品或接受企业提供的服务。由此可见，无论企业采取何种广告传播策略和形式，它的最终目的都是为了促进销售。但是，我们并不能以此来作为判定广告效果的唯一指标，因为广告所产生的效果是多方面的，促进销售只是其最终的表现。

抛弃单纯的唯销售效果论，广告效果可以定义为：广告指通过媒体传播之后所产生的影响，或者说媒体受众对广告效果的结果性反应。这种影响可以分为对媒体受众的心理（沟通）影响、对媒体受众社会观念的影响以及对广告产品销售的影响。

总之，广告效果并非是单一的经济效果，除此而外，它还包含着其他方面的内容。传播广告信息，会为企业带来某些经济利益，同时广告受众、社会环境、社会文化和社会道德也会受到一定的影响。广告的这种影响既可能产生经济效果，也可能产生心理和社会效果。广告效果可能是直接的，也可能是间接的。因此，我们对广告的效果必须有一个客观、全面的认识。

2. 广告效果的类型

从广义上讲，凡是在广告播出之后所产生的影响都可以称之为广告效果。这种影响不仅包括对企业的影响、对消费者的影响，而且还包含着对社会的影响。因此，广告的效果是广泛而又多元的。一般来说，我们可以从以下几个方面来对广告效果进行分类。

（1）根据涵盖内容和影响范围来划分。根据这一标准，可以将广告效果划分为经济效果、沟通效果（消费者心理效果）和社会效果。

广告的经济效果又称为销售效果，是指广告活动促进产品的销售或提供服务的增加，是对企业利润增值的贡献程度。广告主通过付费的形式，利用各种传播媒介把产品、服务以及观念等信息向目标受众传递，其最终目的就是通过广告活动来刺激消费者购买广告产品或接受服务，以促进销售。广告的经济效果是企业广告活动最基本、最重要的效果，是广告效果的核心效益，也是广告效果测定的主要内容。

沟通效果是指广告活动在消费者心理上的反应程度，表现为广告活动对消费者的认知和改变消费者心理方面的影响。广告活动能够激发消费者对广告产品的需求，唤起他们的购买欲望，使之产生购买动机，并培养其对广告产品的信任和偏好。广告的沟通效果与销售并无直接的关系，但它可以间接地促进销售。

广告的社会效果是指广告在社会伦理、道德、教育等精神文化方面的影响。广告的内容和表现手法都带有社会形态的烙印，因此，这种烙印必然会对广告受众产生影响。例如，广告所倡导的消费观念、道德规范、思想意识都会产生一定的社会影响。

（2）根据广告产生效果的时间来划分。根据这一标准，可以将广告效果分为即时效果、近期效果和长期效果。

即时效果是指广告作品发布后立即就能产生的效果。例如，一家酒店门口的招聘广告能够吸引大量的求职人员前去应聘。

近期效果是指广告发布后在较短时间内产生的效果。时间通常是一个月、一个季度，最多不超过一年。在此期间，广告主的广告商品（服务）的销售额出现增长，品牌知名度、美誉度等会有一定程度的提高。大多数广告都追求近期的广告效果，它是衡量一则广告活动成功与否的重要标志。

长期广告效果是指广告在目标受众心目中产生的长期影响。一般情况下，消费者在接收到广告信息后，并不会立即采取购买行动，而是把这些信息保存积累起来，只有在需要消费的时候这些广告信息才会被加以利用。因此，检验一则广告是否有效时，必须充分考虑到广告产生效果的时间因素，不能仅仅凭借广告的即时效果和近期效果来评价广告的优劣。

（3）根据广告产品所处的不同生命周期阶段来划分。根据这一标准，可以将广告效果划分为导入期效果、成长期效果、成熟期效果与衰退期效果。

（4）根据广告宣传活动的整体过程划分。据此标准，可以分为事前测定效果、事中测定效果与事后测定效果。这是一种最常用的划分方式，其目的是为了随时了解广告的具体效果，并根据效果的不同，不断调整和修改广告计划。

3. 广告效果的特征

广告效果是一个集合的概念，涉及诸多方面。广告效果具有与其他经济活动效果不同的特征，主要表现在以下几个方面。

（1）时间的滞后性。广告对媒体受众的影响程度由经济、文化、风俗、习惯等多种因素综合决定。有些媒体受众对广告的反应快一些，有的则慢一些。广告对目标受众的影响有的可能是连贯的、继起的，有的则可能是间断的、迟效的。一般来说，除非强迫消费者去阅读、收听或观看广告，人们对广告的认识是逐步的。广告对消费者的心理认知的影响以及诱导人们采取购买行动需要一定的时间。也就是说，广告的效果必须经过广告发布一段时间之后才能实现，我们称之为广告效果的时滞性。

事实上，广告是短暂的，即便是招牌广告，由于媒体受众的流动性，广告留下的影响也可能是片刻之间的。在这短暂的时间里，即使消费者的购买欲望被激起，也很难立即做出购买的决定。消费者往往要等到时机成熟时才购买广告产品。

时间的滞后性使广告宣传的效果不能很快、很明显地显示出来。因此，测定广告宣传的效果，首先要把握广告产生作用的周期，准确地确定效果发生的时间间隔，区别广告的即时性和迟效性。只有这样，才能准确地预测某次广告活动的效果。

（2）效果的积累性。广告宣传活动往往是反复进行的。某一次广告宣传由于其传输信息的偶然性与易失性，使得其效果很难立竿见影。因此，广告发布一般都是反复的，每一次广告发布都会在一定程度上加深消费者的印象，扩大消费者对广告产品的认知范围和认知强度。所以，某一时点的广告效果都是这一时点以前的多次广告宣传积累的结果。我们不能因为一则广告在发布一次之后未能促使消费者产生购买行为，就断定该广告无效。对某一次广告效果进行测定是不足取的。

媒体受众由于受多种因素的影响而没有产生购买行为，这段时间就是广告效果的积累期。针对广告效果的这一特性，广告主进行广告宣传时，应突出广告的诉求点，以鲜明的特色来打动消费者，使他们产生购买欲望，并最终达成交易行为。

阅读材料14－1　　广告重复的效果

广告重复刊播能够提高或巩固品牌的知名度，对此似乎没有人会产生怀疑。事实上，绝大多数的知名品牌或企业之所以知名，跟广告的频繁重复是分不开的。无论是名牌进口产品，如可口可乐饮料、松下电器、柯达胶卷、佳能复印机，还是知名的国内产品，如春兰空调、乐百氏奶、两面针牙膏，消费者都反复在电视或其他媒体上看过或听过。

心理学的研究也提供了大量的科学依据。例如，心理学家 D·潘达斯在 1970 年、1971 年的一系列试验研究中，向受试者呈现一些单词，并要求受试者出声复述。试验结果发现，所有单词的平均记忆成绩随着重复呈现次数的增加而提高，个别单词也由于受试者复述次数的提高而显示出较高的记忆水平。另一学者的研究也发现，只呈现一次的单词，受试者的回忆率为28%；呈现两次，回忆率提高到47%。

黄合水等人（1990）曾直接以电视广告为试验材料做研究并发现，受试者见过率在80%以上的广告，再认成绩显著地高于见过率在10%以下的广告。产品名称重复播讲三次或三次以上的广告，其再认成绩也明显地高于产品名称播讲不到三次的广告。

由此可见，如果要达到扩大品牌或企业知名度的目的，广告可以尽可能多、尽可能频繁地重复刊播。

（3）效果的复合性。广告效果的复合性具有两重含义。其一是，广告活动不过是企业营销体系的一个环节而已，决定产品销售业绩的因素很多，如产品开发策略、定价策略、渠道策略等；其二是，某一时期的广告效果也许是多种媒体广而告之的结果，鉴于不同的广告媒体具有不同的特点，广告主可以综合加以利用。在测定广告效果时，要分清影响广告效果或决定广告效果的主要因素，以确保测定的客观性与真实性。

（4）效果的间接性。广告效果的间接性主要表现在两个方面：一方面，受广告宣传影响的消费者在购买商品之后的使用或消费过程中，会对商品的质量和功能有一个全面的认识。如果商品质量好并且价格合理，消费者就会对该品牌商品产生信任感，就会重复购买。另一方面，对某一品牌商品产生信任感的消费者就会将该品牌推荐给亲朋好友，从而间接地扩大了广告效果。

（5）效果的层次性。广告效果具有层次性，既有经济效果、认知效果和社会效果之分，又有立即效果、近期效果和长期效果之别。只有将上述效果很好地综合考虑，才能有利于广告主产品的销售以及塑造良好的企业形象与品牌形象。广告策划者在开展广告宣传活动时，不能只顾眼前利益而发布虚假广告，更不能只要经济利益而不顾社会影响。

（6）效果的耗散性。广告是市场竞争的重要手段，广告的竞争性是指广告主向消费者推介产品以取代竞争者的产品。广告的竞争性强、影响力大，就能增强广告商品在消费者心目中的地位，并有助于树立企业良好的形象。如果仅仅将广告看做是向消费者传递信息的活动，而忽视竞争意识，在当今竞争激烈的市场环境下是很难实现广告目标的。同时，我们也应该看到，由于广告之间存在着竞争，同类产品的广告大战，必然会对彼此的广告效果产生负面的影响。例如，一位广告天才策划了一次非凡的广告活动，正当人们为之叫好之际，另一位广告天才也为竞争对手策划了同样优秀的广告活动，在同一时期与之相抗衡，以致前一位广告天才所策划的广告效果大打折扣，未能达到预期的效果。在这种情况下，我们能说第一位广告天才策划的广告活动不好吗？

了解了以上广告的六个特性，有助于我们更加准确地制定广告战略，以争取理想的广告效果；同时，也可以帮助我们树立科学的观念，掌握科学的方法，更加客观地测定广告的效果，保证广告活动持续有效地开展。

14.1.2　广告效果测定的意义和原则

1. 广告效果测定的意义

广告宣传是企业在现代市场上开展的重要促销活动之一。广告活动是企业的一种投资行为，它的产出状况直接关系着企业的命运，因此，对广告效果进行测定是一项非常重要的工作。但是，测定广告效果具有一定的难度，主要表现在五个方面：一是难以分离广告效果与其他因素所产生的效果；二是进行广告测定需要很多费用和时间，而企业一般没有这一方面的预算；三是广告制作者一般回避对广告活动结果的否定性评价；四是在“测定广告效果本身就阻碍广告制作”的认识下，企业不愿进行广告效果的测定；五是对测定方法的不同看法阻碍了广告效果的测定活动。

虽然有诸多阻碍因素的存在，但广告效果测定还是为越来越多的现代企业所重视。广告效果测定的意义主要有以下五点。

（1）广告效果测定是对整个广告活动经验的总结。广告效果是对整个广告活动的总结，是检验广告计划、广告活动合理与否的有效途径。在广告测定过程中，通过对广告结果与计划目标的对比，能够衡量广告的实现程度，并能够据此总结经验，吸取教训，为下一阶段的广告促销打下良好的基础。

（2）广告效果测定是广告主进行广告决策的依据。在某一时期广告活动结束之后，广告主必须客观地测定广告效果，检验广告目标与企业目标、目标市场、营销目标的吻合程度，以正确把握下一阶段的广告促销活动。如果对广告活动的成效心中无数，就会使广告主在经营决策方面盲目行动，误入歧途。

（3）促进企业改进广告的设计与制作。通过对广告效果的测定，企业可以了解消费者对广告作品的接受程度，鉴定广告主题是否突出，广告形象是否有艺术感染力，广告语言是否简洁、鲜明、生动，是否符合消费者的需求，是否收到良好的心理效果等。这些都为企业未来的广告活动提供了参考资料，并有助于企业改进广告的设计和制作，使广告宣传的内容和表现形式的结合日臻完美，从而使广告的诉求更加有力。

（4）促进整体营销目标与计划的实现。广告效果测定能够比较客观地确定广告活动所取得的效益，也可以找到除广告宣传因素外影响企业产品销售的原因，如产品的款式、包装、质量、价格等问题。企业可据此调整生产经营结构，开发产品，生产适销对路的产品，实现经营目标，取得良好的经济效益。

（5）增强企业的广告意识。对广告效果进行科学的评价、测定，可以摒弃单凭经验、感觉来主观评判广告效果的做法，可以使企业的广告活动规范化、严密化和精细化，从而制定可行的广告决策。同时，通过对广告效果的测定，可以使企业切实感受到广告所带来的各种收益，增强其运用广告发展企业的信心，促进企业与广告业的共同繁荣。

阅读材料14－2 汕头企业的广告意识

改革开放以来，汕头经济长足发展，许多企业取得了喜人的成绩。但是在数以百计的汕头工商企业中，出色的企业并不多，能够在国内、省内叫得响的品牌屈指可数。作为经济特区的汕头企业老板的广告意识明显地落后于广州、深圳、珠海及珠江三角洲其他城市，甚至落后于内陆省份，这不能不让人遗憾、汗颜和反思。

汕头工业经济主要分布在纺织服装、塑料玩具、食品、化工、医药等行业，这些行业的产品中，消费品占绝大多数，适合大众媒体做大手笔广告宣传，来树立品牌和企业形象。从整体上来看，汕企老板在产品广告投入上非常保守和小气，在中央电视台、省、地市级电视台、广播电台、各大报纸、杂志等媒体上，做广告宣传的汕货品牌寥若晨星，难觅倩影，汕货品牌广告宣传之少与生产经营厂家之多形成强烈反差。

百年商埠，汕头也有着悠久的经商历史。但是，汕头商业布局散乱，缺乏向外辐射的“大市场”功能和影响力。商业竞争手段落后而又雷同，促销手段单调而又缺少新颖性，营销方法内涵不足。商场内POP售点广告稀少，坐等客户现象比较普遍，在树立形象、营造氛围、变着“招数”、主动出击方面工夫不够。

汕头城市街头广告奇少，特别是灯箱广告少得让人难以置信。整个金砂路两侧，花灯林立，灯火通明，却似乎显得呆板和无聊。整个城市的街道、广场、桥梁很难见到是由产品品牌或企业名称命名的。与香港相比，则可发现差距之大，问题之严重。香港地区的广告是“抬头得见，低头也得见”，许多商店和公共场所的楼梯台阶的立面上，只要脚踩不着，统统用油漆彩绘上商业广告，走在香港地区的街上，不论远望近瞧，霓虹灯广告、路牌广告上下纵横交织成网，乘船搭车，海报广告、灯箱广告比比皆是，香港地区社会已是广告的海洋。可见，整个汕头城市道路户外（灯箱）广告空间资源白白地浪费。这些问题，首先直接反映了汕头城市规划、城建管理理念、管理手段滞后，其次反映了汕头广告行业力量弱小和工商界人士的广告意识淡薄。

在市场经济买方市场中，“酒香也怕巷子深”，在琳琅满目的商品中，不做广告的商品，难以让消费者识别和喜爱。不做广告的商品，如过眼烟云，在消费者心目中是没有吸引力和生命力的。广告神奇的魅力在于能够使产品迅速覆盖市场，抢占市场，抢占消费者心灵方寸之地，树立品牌形象，延长产品生命周期。不做广告，产品没有知名度，加重了销售人员的推销难度，增加了产品的销售费用，在成本上并不合算。深层的问题是，不做广告，不参与广告商战，犹如市场中的看客一样，难知市场动态、特点和趋势，难得市场制胜玄机。其实，成功的广告包装策划，涉及市场调查，包括消费需求、结构、模式、特点、习惯和偏好，产品的变化和改进，区域市场的特点、竞争力量对比，竞争对手的优势和弱点，等等。这些广告前期市场调查，有助于企业正确选择以何种产品在何时何地以何种形象定位进入市场。不做广告，不研究广告，企业则很难发现和解决这些问题，在产品的选择和营销上则常常处于盲目和被动地位。

http：//www.ydtz.com/NEWS/shownews.asp？id＝3816。

2. 广告效果测定应遵循的原则

为确保广告效果测定的科学、准确，在测定过程中必须遵循以下原则。

（1）针对性原则。针对性原则是指测定广告效果时必须有明确而具体的目标。例如，广告效果测定的内容是经济效果还是社会效果？是短期效果还是长期效果？短期效果中是企业的销售效果还是消费者心理效果？如果是心理效果，是测定态度效果还是认知效果？如果测定的是认知效果，是测定媒体受众对产品品牌的认知效果，还是对广告产品的功能特性的认知效果？等等。只有确定了具体的测定目标，才能选择相应的手段与方法，测定的结果也才能准确、可靠。

（2）可靠性原则。广告效果只有真实、可靠，才有助于企业进行决策，提高经济效益。在测定广告效果的过程中，要求抽取的调查样本有典型和代表意义；调查表的设计要合理，汇总分析的方法要科学、先进；考虑的影响因素要全面；测试要多次进行，反复验证。只有这样，才有可能取得可靠的测试结果。如果多次测试的结果都基本相同，说明该测试的可靠程度较高，否则此测试一定存在问题，有必要做进一步的研究。

（3）综合性原则。影响广告效果的因素多种多样，既有可控因素，也有不可控因素。可控因素是指广告主能够改变的，如广告预算、媒体的选择、广告刊播的时间、广告播放的频率等；不可控因素是指广告主无法控制的外部宏观因素，如国家有关法规的颁布、消费者的风俗习惯、目标市场的文化水平等。对于不可控因素，在测定广告效果时要充分预测它们对企业广告宣传活动的影响程度，做到心中有数。在测定广告效果时，除了要对影响因素进行综合性分析外，还要考虑到媒体使用的并列性以及广告播放时间的交叉性。只有这样，才能排除片面性的干扰，取得客观的测定效果。

（4）经常性原则。由于广告效果具有时间上的滞后性、效果的累积性、复合性以及间接性等特征，因此，企业不能抱有临时性或一次性测定的态度。本期的广告效果也许并不是本期广告宣传的结果，而是上期或者过去一段时间内企业广告促销活动的共同作用的结果。因此，在测定广告效果时必须坚持经常性原则，要定期或不定期地测定，同时还要进行科学的分析，从而得出客观的结论。

（5）简便易行原则。在制定广告效果测定计划时，必须坚持简便易行的原则。即在不影响测定要求和准确度的前提下，使测定方案不仅要在理论上可行，而且还要在实施中具有较强的可操作性。

（6）经济性原则。进行广告效果测定，所选取的样本数量、测定模式、地点、方法以及相关指标等，既要有利于测定工作的展开，同时又要从广告主的经济实力出发，考虑测定费用的额度，充分利用有限的资源为广告主多办事、办好事，否则就会成为广告主的一种负担或者是一种资源浪费。为此，企业要搞好广告效果测定的经济核算工作，用较少的成本投入取得较高的广告效果测定产出，以提高广告主的经济效益，增强广告主的经营实力。

阅读材料14－3 **关于广告效果的种种忧虑**

广告效果事关广告主的成败，更事关广告代理公司的声誉，谁也不能等闲视之；但令广告从业人员担心且不胜烦扰的因素真是太多了。简单列举一二：

其一，消费者和接触消费者的媒介都处于加速的变化中，令捕捉和影响消费者的难度不断增加。拿报刊来说，全国每年新增加的报刊就不下几百种。对于消费者来说，齐放的花朵越多越好，选择的余地越来越大！但对于商家而言，则意味着千人成本的增加。电视方面，中央一台一枝独秀的局面已被诸侯混战所代替。卫视台、地方台、有线台纷纷向“大饼”举刀，要求分一块份额，还有Internet也来凑热闹……所有商家共同的心声就是：“告诉我，到底哪种渠道最有效?!”

其二，即使让目标消费者看到广告，广告主依然犹豫：我的目的不只是让他们看到我的广告，我还想让他们来买我的产品。

其三，既然没有人会老老实实待在家里等待看广告，那么广告主和广告公司就得琢磨：到底会有多少人看到了我们的广告？在目标消费者群当中的到达率是多少？看过我们广告的人群中，有没有1/10的人可以记得我们的品牌？压根儿想不起来，那可就糟透啦！

资料来源：熊超群编著，《营销广告策划实务》，广东经济出版社2004年版，第171～172页。

14.1.3 广告效果测定的程序

广告效果测定的程序大体上可以划分为确定问题、收集有关资料、整理和分析资料、论证结果和撰写分析报告等过程。

1. 确定效果测定的具体问题

由于广告效果具有层次性的特点，因此测定研究问题不能漫无边际，而应事先决定研究的具体对象以及从哪些方面对该问题进行剖析。广告效果测定人员要把广告主宣传活动中存在的最关键和最迫切需要了解的效果问题作为测定重点，设立正式测定目标，选定测定课题。

广告效果测定课题的确定方法一般有两种：

(1) 归纳法。即了解广告主的广告促销现状，根据广告主的要求来确定分析的目标。

(2) 演绎法。其基本思想是根据广告主的发展目标来衡量企业广告促销的现状，即广告主发展目标—企业广告现状—企业广告效果测定课题。

2. 收集有关资料

这一阶段主要包括制定计划、组建调查研究组深入调查、搜集资料等内容。

(1) 制定计划。根据广告主与测定研究人员双方的洽谈协商，广告公司应该委派课题负责人，写出与实际情况相符的广告效果测定工作计划。该计划内容包括课题进行步骤、调查范围与内容、人员组织等。如果广告效果测定小组与广告主不存在隶属关系，就有必要签订有关协议。按照测定要求，双方应在协商的基础上就广告效果测定研究的目的、范围、内容、质量要求、完成时间、费用酬金、双方应承担的权利与责任等内容订立正式的广告效果测定调查研究合同。

（2）组建调查研究组深入调查。在确定广告效果测定课题并签订测定合同之后，测定研究部门应根据广告主所提课题的要求和测定调查研究人员的构成情况，综合考虑，组建测定研究组。测定研究组应该是由各类调查人员组成的优化组合群体，做到综合、专业测定人员相结合，高、中、低层次测定人员相结合，理论部门、实际部门专家相结合，老、中、青相结合。这种“多元化的人员”构成的测定研究组有利于理论与实际的统一，使课题分析比较全面，论证质量较高。在课题组的组建中，应选择好课题负责人，然后根据课题的要求分工负责、群策群力地进行课题研究，认认真真深入调查，才能产生高质量的测定结果。

（3）搜集有关资料。广告效果测定研究组成立后，要按照测定课题的要求搜集有关资料。企业外部资料主要有：与企业广告促销活动有联系的政策、法规、计划及部分统计资料；企业所在地的经济状况、市场供求变化状况、主要媒体状况、目标市场上消费者的媒体习惯以及竞争企业的广告促销状况。企业内部资料包括：企业近年来的销售、利润状况，广告预算状况；广告媒体选择情况等。

3. 整理和分析资料

整理和分析资料是通过对调查和其他方法所搜集的大量信息资料进行分类整理、综合分析和专题分析。资料归纳的基本方法有：按时间序列分类、按问题分类、按专题分类、按因素分类等。在分类整理资料的基础上进行初步分析，摘出可以用于广告效果测定的资料。

分析方法有综合分析和专题分析两类。综合分析是从企业的整体出发，综合分析企业的广告效果。例如，广告主的市场占有率分析、市场扩大率分析、企业知名度提高率分析等。专题分析是根据广告效果测定课题的要求，在对调查资料汇总之后，对广告效果的某一方面进行详尽的分析。

4. 论证分析结果

论证分析结果，即召开分析结果论证会。论证会应由广告效果测定研究组负责召开，邀请社会上有关专家、学者参加，广告主有关负责人出席，运用科学的方法，对广告效果测定结果进行全方位的评议和论证，使测定效果进一步科学合理。常用的论证评议方法如下。

（1）判断分析法。由测定研究组召集课题组成员，邀请专家和广告主主要负责人出席，对提供的分析结果进行研究和论证，然后由主持人集中起来，并根据参加讨论人员的身份、工作性质、发表意见的权威程度等因素确定一个综合权数，提出分析效果的改进意见。

（2）集体思考法。由测定研究组邀请专家、学者参加，对广告效果的结果进行讨论研究，发表独创性意见，尽量使会议参加者畅所欲言，集体修正，综合分析。

5. 撰写测定分析报告

广告策划者要对经过分析论证并征得广告主同意的分析结果，进行认真的文字加工，写成分析报告。企业广告效果测定分析报告的主要内容包括：绪言，主要阐明测定广告效果的背景、目的和意义；广告主概况，主要说明广告主的人、财、物等资源状况，广告主广告促销的规模、范围和方法等；广告效果测定的调查内容、范围与基本方法；广告效果测定的实际步骤；广告效果测定的具体结果；改善广告促销的具体意见。

14.1.4 广告效果测定的基本类型

根据不同的归纳方法，广告效果测定的类型可以分为多种。其中，常见的类型有事前、事中和事后测定；经济效果、沟通效果和社会效果测定等。下面就以上几种基本的测定类型做一下简单的介绍。

1. 事前测定、事中测定和事后测定

广告效果测定并非只是在广告发布之后才开始进行的，事实上，在广告发布之前和发布过程之中也需要进行效果测定。这是因为事先测定能够起到一定的预测作用，对于整个广告活动的实施有着非常重要的作用；而事中测定则可以检验广告计划的执行情况，以保证广告战略的正常实施。

事前测定是指在广告活动之前对广告的策划方案、表现效果及媒体效果进行评价，其主要目的在于提前发现广告作品和媒体组合中存在的问题，及时提出修改意见和方案，以确保广告正式发布后，能够产生最佳的传播效果。事前测定的对象主要有针对媒体情况的调查和针对作品效果的测验。媒体调查一般通过访问日记、访问电话或自动记录仪器等，对各个媒体的单位数、受众人数、社会声誉等情况进行事先调查研究；作品测验是对广告创意构想、文案创作的效果等采用多种方法进行测定，以便为最后定稿提供参考。

事中测定是指在广告活动实施期间随时了解受众反应，测试和验证广告策略是否符合实际的活动。通常采用市场实验法、回函测定法、分割测定法等方法对广告实施过程中的传播及营销效果进行检测测定。①

事后测定是指在整个广告活动结束后，有关方面对广告效果所进行的测定。广告效果的事后测定，是整个广告活动测定的最后阶段，是测定和检验广告活动的最终指标，是人们判断广告活动效益的根本依据。事后测定一般是由广告公司或广告主自己来进行的，现在许多专门的社会中介机构也介入了这一业务领域。事后测定是最常见、最普遍的广告测定活动。

2. 经济效果测定、心理效果测定和社会效果测定

根据广告效果的层次性来划分，广告效果测定可以分为经济效果测定、沟通效果测定和社会

---

① 李宝元编著：《广告学教程》，人民邮电出版社 2004 年版，第 321 页。

效果测定三种。

广告的经济效果测定的重点是，在投入一定广告费用及广告刊播之后，广告活动所引起的产品销售额与利润的变化情况。广告经济效果是广告主最为关心的问题，但由于广告效果的复杂性，从事销售效果测定，必须注意以下几个问题：①

（1）一个品牌销售量的增减，是由多方面因素综合决定的，广告只是其中一个因素。因此，测定广告销售效果时，必须从企业环境、市场环境全局出发做系统考虑，全面、科学地分析广告的影响。

（2）广告的效力有短期和长期两种表现，不可只是追求即时效应。

（3）广告的效力包括促销和延缓衰退等多方面的作用，在分析时，要具体对待。

（4）要根据测定目标，选择恰当的测定方法。

广告的沟通效果即心理效果，是指广告在消费者心理上引起反应的程度及其对促进购买的影响，包括知名、了解、信服，或知名、理解、喜爱、偏好、信服，或知名、了解、态度、认为合理或注意、兴趣、欲望等。在广告心理效果中，接触广告的人们的心理变化基本上是按“认知－接受－行动”这种发展模式，每一个层次的目的都可以作为广告沟通效果来测定。

广告的社会效果测定是指从社会道德、风俗习惯、语言文字、宗教信仰等方面对广告效果进行的综合考察和测定。广告的社会效果测定正日益受到人们的关注和重视。

14.2 广告经济效果测定

广告的经济效果是广告活动最佳效果的体现，它集中反映了企业在广告促销活动中的营销业绩。广告经济效果测定是衡量广告最终效果的关键环节。

14.2.1 广告经济效果测定的含义

广告经济效果测定，就是测定在投入一定广告费及广告刊播之后，所引起的产品销售额与利润的变化状况。

需要明确的是，“产品销售额与利润变化状况”包含两层含义：一是指一定时期的广告促销所导致的广告产品销售额，以及利润额的绝对增加量，这是一种最直观的衡量标准；二是指一定时期的广告促销活动所引起相对量的变化。它是广告投入与产出结果的比较，是一种更深入、更全面了解广告效果的指标。这种投入产出指标对提高企业经济效益有着重大的意义。它要求：

（1）每增加一个单位产品的销售额，要求广告投入最小，销售增加额最大。

（2）每增加一个单位的广告经济效益相对指标，要求企业（即广告主）获益最大。即经济效益的提高要与企业形象、品牌形象的成功塑造相结合。

---

① 王国全主编：《新广告学》，广东人民出版社 2002 年版，第 322 页。

（3）这种相对指标的提高，要有利于形成一个良好结构与良性循环。良好的结构是指企业内在的生产经营结构与市场需求趋势以及消费者偏好相适应，从而有利于企业开展促销活动；良性循环是指广告促销活动有利于企业调整生产经营结构，开发新产品，生产出适销对路的产品，这一循环成为企业发展的一种内在的自律机制。

14.2.2 广告经济效益测定的方法

广告的销售效果一般比沟通效果难以测定，销售除了受广告促销的影响外，还受其他因素的影响，诸如产品特色、价格、售后服务、购买难易程度以及竞争者的行动等。这些因素越少以及可控制的程度越高，广告对产品销售量的影响就越容易测定。

常用的测定广告经济效果的方法主要有以下几种。

1. 广告费用比率法

为测定每百元销售额所支付的广告费用，可以采用广告费用比率这一相对指标，它表明广告费支出与销售额之间的对比关系。其计算公式如下：

$$\text{广告费用率}=\frac{\text{本期广告费用总额}}{\text{本期广告后销售总额}}\times 100\%$$

广告费用率的倒数可以称为单位广告费用销售率，它表明每支出一单位的广告费用所能实现的销售额。计算公式为：

$$\text{单位广告费用销售率}=\frac{\text{本期广告销售总额}}{\text{本期广告后费用总额}}\times 100\%$$

2. 单位广告费用销售增加率法

单位广告费用销售增加率法的计算公式为：

$$\text{单位广告费用销售增加率}=\frac{\text{本期广告后的销售额本期广告前的销售额}}{\text{本期广告费用总额}}\times 100\%$$

3. 广告效果比率法

广告效果比率的计算公式如下：

$$\text{广告销售效果比率}=\frac{\text{本期销售额增长率}}{\text{本期广告费用增长率}}\times 100\%$$

$$\text{广告销售利润效果比率}=\frac{\text{本期销售利润增长率}}{\text{本期广告费用增长率}}\times 100\%$$

4. 费用利润率、单位费用利润率和单位费用利润增加额法

这是一种综合方法，具体的计算公式为：

$$\text{广告费用利润率}=\frac{\text{本期广告费和总额}}{\text{本期广告后利润总额}}\times 100\%$$

$$单位广告费用利润率 = \frac{本期广告后利润总额}{本期广告费用总额} \times 100\%$$

$$单位广告费用利润增加率 = \frac{本期广告后利润总额本期广告前利润总额}{本期广告费用总额} \times 100\%$$

5. 市场占有率法

市场占有率是指某品牌产品在一定时期、一定市场上的销售额占同类产品销售总额的比例。计算公式为：

$$市场占有率 = \frac{某品牌产品销售额}{同类产品销售总额} \times 100\%$$

$$市场占有率提高率 = \frac{单位广告费用销售额}{同类产品销售总额} \times 100\%$$

$$市场扩大率 = \frac{本期广告后的市场占有率}{本期广告前的市场占有率} \times 100\%$$

6. 市场占有率与声音占有率

这种方法主要用来评价广告开支是多还是少。声音占有率是指某品牌产品在某种媒体上，在一定时间内的广告费用占同行业同类产品广告费用总额的比例。假如以下公式成立：

广告费用占有率 = 声音占有率 = 注意占有率 = 市场占有率

换句话说，广告主广告费用占有率产生相应的媒体受众听见声音的占有率，并因此获得他们相应的注意占有率，从而最终决定他们的购买行为。美国广告专家派克 · 汉（Peck Hem）研究几种产品消费的若干年声音占有率与市场占有率之间的关系，发现老产品的这一比例为1∶1，新产品的比例为1.5～2.0∶1.0。广告有效率等于市场占有率与声音占有率之比。计算公式为：

$$广告有效率 = \frac{市场占有率}{声音占有率} \times 100\%$$

例如，A、B、C 三家公司在某段时间的广告费用、声音占有率、市场占有率的情况如表 14－1所示。

表 14－1　　A、B、C 三家公司的广告有效率

公司名称	广告开支（万元）	声音占有率（%）	市场占有率（%）	广告有效率（%）
A 公司	200	57.1	40.0	70
B 公司	100	28.6	28.6	100
C 公司	50	14.3	31.4	220

从表 14－1 可知，A 公司花费了整个行业广告开支总额 350 万美元中的 200 万美元，因而其声音占有率为 57.1%，但其市场占有率只有 40%，用声音占有率除市场占有率，得出广告有效率为 70%，这说明 A 公司广告开支不是过多就是分配不合理；B 公司花费了开支总额的 28.6%，并且有 28.6% 的市场占有率，结论是 B 公司的广告有效率为 100%；C 公司只花费了广告费用总

额的14.3%，然而得到31.4%的市场占有率，说明该公司的广告效果非常好，也许应该增加其广告费用，扩大其广告规模。

7. 盈亏临界点法

盈亏临界点法的关键是确定平均销售广告费用率，计算公式为：

$$平均销售广告费用率=\frac{广告费用额}{产品销售额}\times 100\%$$

用符号代入推导：

$$L=\frac{X+\triangle X}{C} \quad 即 L\times C=X+\triangle X$$

得出 $\triangle X=LC-X$

式中：X表示基期广告费用；$\triangle X$表示报告期广告费用增加额；C表示报告期产品销售额；L表示平均销售广告费用率。

如果计算结果$\triangle X>0$，说明广告费用使用合理，经济效果好；$\triangle X<0$，说明广告费用使用不合理，需要调整广告宣传策略，压缩广告预算规模。

8. 广告效果测定指数法

这种方法是假定其他因素对广告产品的销售没有影响，只有广告促销与产品销售有着密切的关系。具体做法如下：

广告刊播以后，广告策划者对部分媒体受众进行调查。调查的问题是：

- 是否看过某则广告？
- 是否购买了广告宣传中的产品？

假定调查结果如表14-2所示。

表14-2 某则广告调查结果

项　目	看过某则广告	未看过某则广告	合计人数
购买广告产品人数	a	b	a+b
未购买广告产品人数	c	d	c+d
合　计	a+c	b+d	N

表中：a为看过广告而购买广告产品的人数；b为未看过广告而购买广告产品的人数；c为看过广告而未购买广告产品的人数；d为未看过广告而又未购买广告产品的人数；n为被调查的总人数。

从表14-2中可以看出，即使在未看过广告的被调查者中，也有$b/(b+d)$的比例购买了广告产品。因此，要从看过广告而购买产品的a人中，减去因广告以外影响而购买广告产品的$(a+b)\ b/(b+d)$人，才能得出真正因为广告而唤起购买欲望的购买效果。用这人数除以被调查者总人数，所得的值就是广告效果指数（Advertising Effectiveness Index）。这个指数常用AEI来表示。其计算公式为：

$$AEI=\frac{1}{N}\ [a-\ (a+c)\ \ \times\frac{b}{b+d}]\ 1\times100\%$$

例如，某糖果生产企业为自己的同一系列产品进行过两次电视广告宣传，经过调查，获得以下有关资料（见表 14－3、14－4）。

表 14－3　　某糖果产品的第一次广告宣传　　单位：人

项　目	看过电视广告	未看过电视广告	合　计
购买广告产品	50	28	78
未购买广告产品	70	92	162
合 计	120	120	240

$$AEI_1=\frac{1}{240}\times\ [50-\ (50+70)\ \ \times\frac{28}{28+92}]\ \ \times100\%\ =9.17\%$$

表 14－4　　某糖果产品的第二次广告宣传　　单位：人

项　目	看过电视广告	未看过电视广告	合　计
购买广告产品	60	18	78
未购买广告产品	55	107	162
合 计	115	125	240

$$AEI_2=\frac{1}{240}\times\ [60-\ (60+55)\ \ \times\frac{18}{18+107}]\ \ =18.10\%$$

从两次计算结果可以看出，第一次广告效果指数为 9.17%，第二次广告效果指数为 18.10%，第二次比第一次提高了 8.93 个百分点。如果两次的广告媒体选择、播放时间、广告预算总额相等，那么就说明第二次广告策划明显好于第一次。因此，有必要对第一次广告策划进行策略性调整或修改。

14.3　广告沟通效果测定

广告的沟通效果即广告心理效果测定，目的是为了了解广告在知晓度、认知和偏好等方面的效果。

14.3.1　广告沟通效果测定的内容

1. 广告知晓度的测定

广告知晓度是指媒体受众通过多种媒体了解某则广告的比率和程度。广告知晓度的计算公式如下：

$$某则广告的知晓度=\frac{被调查者中知道该广告的人数}{被调查者总人数}\times 100\%$$

例如，广告公司发放对某则广告知晓度调查问卷 10 000 份，在 10 000 个媒体受众中，有 8000 人知晓该则广告，那么该广告的知晓度为 80%。在知晓该广告的 8000 位媒体受众中，如果有 3000 人对广告宣传的产品有较深的了解，那么该广告的了解度为 30%。具体情况如下：

$$该广告的知晓度=\frac{被调查者中知晓广告的人数}{被调查者总人数}\times 100\%=\frac{8000}{10000}\times 100\%=80\%$$

$$该广告的了解度=\frac{被调查者中知晓并了解广告的人数}{被调查者总人数}\times 100\%=\frac{3000}{10000}\times 100\%=30\%$$

当新产品上市时，广告宣传的目标只是为了告知媒体受众某品牌产品的存在。当产品处于成长期、成熟期或衰退期时，广告的诉求点则在于产品的功能及特性等方面信息的传输。广告知晓度和了解度正是用于测定不同阶段广告效果的有效指标和内容。

2. 广告回忆状况的测定

对广告回忆状况的测定，是指借助一定的方法评估媒体受众能够重述或复制出其所接触广告内容的一种方法。“回忆”常被用来确定消费者记忆广告的程度。对广告回忆的方法，主要有无辅助回忆和辅助回忆两种。

（1）无辅助回忆。无辅助回忆又称纯粹回忆，这种方法是指让媒体受众独立地对某些广告进行回忆，调查人员只如实记录回忆情况，不做任何提示。如问：“请您想想在过去几周中，有哪些品牌的方便面在电视上做了广告宣传?”

（2）辅助回忆。这种方法是调查人员在调查时，适当地给被调查者某种提示。例如，提示广告的商标、品牌色彩、标题或插图等。如问：“您记得最近看过或听过康师傅方便面的任何广告吗?”辅助回忆法询问的项目或内容越具体，获得的信息就越能鉴定媒体受众对广告了解程度的高低。

3. 偏好状况的测定

偏好是经济学研究的重要问题之一。它是指在一些竞争产品中，消费者较固定地购买某品牌产品的心理特征。美国著名经济学家乔治 · 斯蒂格勒曾说：“趣味偏好是在竞争中筛选出来的。不是随意给定的，它们必须面临一个连续竞争的严峻考验。”这也就是说，偏好在一定时期内是相对稳定的。通过突出感人的诉求点，培养消费者的品牌偏好，对广告主来说是非常重要的。因为偏好一旦形成，在较长时期内将会产生一系列的重复购买行为。

14.3.2 广告沟通效果测定的方法

广告沟通效果测定根据安排时间的不同可以分为事前测定、事中测定和事后测定。相应的，运用的方法也可以分为三种类型。

1. 事前测定

广告作品沟通效果事前测定的方法是：在广告作品尚未正式刊播之前，邀请有关广告专家和消费者团体进行现场观摩，审查广告作品存在的问题，或进行各种试验（在实验室运用各种仪器来测定人们的各种心理活动效应），以对广告作品可能获得的成效进行评价。根据测定的结果，及时调整广告促销策略，修正广告作品，突出广告的诉求点，提高广告的成功率。心理效果事前测定常用的具体方法主要有以下几种。

(1) 专家意见综合法。该方法是在广告文案设计完成之后，邀请有关广告专家、心理学家和营销专家进行评价，多方面、多层次地对广告文案及媒体组合方式产生的效果做出预测，然后综合所有专家的意见，作为预测效果的基础。运用此法时，事前要给专家提供一些必要的资料，包括设计的广告方案、广告产品的特点、广告主生产经营活动的现状及背景资料等。专家们通过独立思考，对广告设计方案提出自己的见解。

专家意见综合法是事前测定中比较简便的一种方法。但要注意所邀请的专家应能代表不同的广告创意趋势，以确保所提供意见的全面性和权威性。一般说来，聘请的专家人数以 10 ~ 15 人为宜，少了不能全面反映问题，多了则花费时间。

(2) 直接测试法。这种方法是把供选择的广告展露给一组消费者，并请他们对这些广告进行评比打分。广告评分标准见表 14 - 5。这种评比法用于评估消费者对广告的注意力、认知、情绪和行动等方面的强度。虽然这种测定广告实际效果的方法还不够完善，但一则广告如果得分较高，也可说明该广告是可能有效的。

(3) 组群测试法。这种方法是让一组消费者观看或收听一组广告，对时间不加限制，然后要求他们回忆所看到或听到的全部广告以及内容，广告策划者可给予帮助或不给帮助。他们的回忆水平表明广告的突出性以及信息被了解或记忆的程度。

在组群测试中，必须用完整的广告，以便能做出系统的评估。组群测试一次可以测试 5 ~ 10 则广告。在调查中，通常询问的问题主要有以下几个：

- 您对哪几则广告感兴趣?

表 14 - 5　　广告评分表

评分内容	评　分
本广告吸引读者注意力的能力如何?	(　　)
本广告使读者往下继续阅读的能力如何?	(　　)
本广告主要的信息或利益的鲜明度如何?	(　　)
本广告特有的诉求效能如何?	(　　)
本广告建议激起实际购买行动的强度如何?	(　　)

评分标准

差	中等	一般	好	优秀
0–20	20–40	40–60	60–80	80–100

注：表中每项得分为 0 ~ 20 分。

- 您喜欢哪一则广告？
- 这则广告宣传的是什么？您明白了吗？
- 您觉得广告中的文字和图案是否有需要改进的地方？
- 您看过广告后，给您最深刻的印象是什么？
- 看了广告后，您有没有产生进一步了解广告产品的兴趣，或者有近期购买产品的打算？

（4）仪器测试法。随着科学技术的进步，伴随人类心理效应变化而产生的生理变化测试仪，也在不断的创新与完善。在广告领域，作为一种辅助手段，借助仪器测试广告作品效果的做法也多了起来。

①视向测验法（Eye camera test）。人们的视线一般总是停留在关心与感兴趣的地方，越关心，越感兴趣，视线驻留时间就越长。视向测验器（Eye camera）是记录媒体受众观看广告文案各部分时的视线顺序以及驻留时间长短的一种仪器。根据测知的视线移动图和各部位注目时间长短的比例，可以预知：广告文案文字字体的易读性如何，从而适当安排文字的排列；视线顺序是否符合广告策划者的意图，有无被人忽视或不留意的部分，如果有，则要进行调整；广告画面中最突出或最吸引人的部分，是否符合设计者的意图，如果不符，应立即予以调整。

仪器测试法也有不少缺点：视线运动是根据眼球移动的，但不能确保视线运动与眼球移动完全一致。注目时间的长短，并不能完全说明消费者兴趣的大小；一目了然的事物，注视的时间自然短；费解的图文，往往要花费较多的时间去琢磨。测验费用高昂，并且不能保证被抽取的消费者都具有典型性、代表性。

②皮肤测试法。该法主要利用皮肤反射测验器（galvanic skin reflex）来测量媒体受众的心理感受。运用此法的理论根据是：人在受到诸如兴奋、感动、紧张等情绪起伏的冲击后，人体的出汗情况会随之发生变化，可测定其感受的波动。

皮肤测试法主要用于对电视广告效果的测定，其次是对广播广告的测定，根据测试的结果，大体上可以确知最能激起媒体受众情感起伏的地方，以此检查此处“高潮”是否符合广告策划者的意图。

皮肤测试法也有一定的缺点：每个人的内分泌的情况各不相同，情绪反映也有快有慢，因此必须事先加以测定，再根据实际反映情况进行修正，工作程序非常繁琐；情绪的波动，内心的冲动，每个人的情况各不相同。引起内心冲动的因素有的来自于音响，有的来自于画面色彩或表演等。情绪的波动，有的可能是积极的，有的则是消极的。因此，必须辅以其他的方法，进行全面的分析，才能得出正确的结果。

③瞬间显露测验法。这种方法是利用电源的不断刺激，在短时间内（1/2 秒或 1/10 秒内）呈现并测定广告各要素的注目程度。瞬间显露仪的种类有文度式、振子式、道奇式和哈佛式等，常用的是哈佛式。

这种方法的作用与用途是：测试印刷品广告中各要素的显眼程度；测试各种构图的位置效果，以决定标题、图样、文案、广告主名称的适当位置。利用实验与统计的方法，可将艺术效果计量化，并在某些情况下，可区分出艺术效果，以便在二者中有所调整和取舍。例如，标题的功能，一般应是既抢眼又悦耳，但悦耳应从属于抢眼。在两者不可兼得的情况下，艺术效果应服从广告效果的需要；测试文案的易读程度、品牌的识别程度，以使广告整体设计具有最佳效果，使人一目了然。

④记忆鼓测试法。记忆鼓是现代心理试验常用的一种仪器。在广告策划中，专用来研究在一定时间内，人们对广告作品的记忆程度。该方法是：被调查者在一定时间内，经由显示窗看完一则广告后，支持测试者立即用再确认法，测验被调查者对广告文案的记忆，从而评估出品牌名称、广告主名称、广告文案的主要内容等易于记忆的程度。

这种测试法所测结果使用价值的大小，与被测验者的精神状态和记忆力的强弱有直接的关系。而这两者又很难分辨。

⑤瞳孔计测试法。瞳孔在受到明亮光线的刺激时要缩小，在黑暗中要张大。对感兴趣的事物长时间的凝视，瞳孔亦愈张大。瞳孔计测验法就是根据这个道理，用有关设备将瞳孔伸缩情况记录下来，以测定瞳孔伸缩与媒体受众兴趣反映之间的关系。

这种方法多用于电视广告效果的测定。但对所取得的测试结果也不能过分相信，因为瞳孔放大这种生理反应到底掺杂着多少感性和心理方面的因素是难以确定的。而每个人不同的情感、心理作用的差异都是无法忽视的。

2. 事中测定

广告沟通效果的事中测定是在广告已开始刊播后进行的。事中测定可以直接了解媒体受众在日常生活中对广告的反应，得出的结论也更加准确可靠。但这种测定结果对进行中的广告宣传的目标与策略，一般很难进行修改。只能对具体方式、方法进行局部的调整和修补。常用的广告效果事中测定法有以下几种。

（1）市场试验法。先选定一两个试验地区刊播已设计好的广告，然后同时观察试验地区与尚未推出广告的地区，根据媒体受众的反映情况，比较试验区与一般地区之间的差异就可以对广告促销活动的心理效果做出测定。

美国史达氏公司（Starth）与盖洛普·鲁滨逊公司（Grllap&Robinson，G&R）是两家广泛运用出版物测试广告心理效果的公司。其做法是：先把测试的广告刊登在杂志上；广告登出后，便把杂志分发给消费者中的调查对象；随后公司同这些被调查者接触，并就杂志及其广告问题同他们谈话；回忆和认识的测试结果可用来确定广告效果。史达氏公司采用此法时制定了三种阅读评分标准：

①注意分，即声称以前在杂志上看过这则广告的人数在目标读者中所占的百分比。计算公式为：

$$\text{注意分}=\frac{\text{被调查中看过某则广告的人数}}{\text{被调查者总人数}}\times 100\%$$

②领悟和联想分，是指能正确地将广告作品与广告主对上号的人数在读者中所占的比例。计

算公式如下：

$$领悟和联想分=\frac{被调查者中能准备叙述广告内容的人数}{被调查者总人数}\times 100\%$$

③大部分阅读分，即声称读过广告文案一半以上的人数在读者中所占的比例。计算公式为：

$$大部分阅读者=\frac{被调查者中知晓广告大部分内容的人数}{被调查者总人数}\times 100\%$$

通过案例分析，我们可以归纳出 G&R 公司进行广告心理效果测试时的步骤为：首先，评估市场上各广告的表现；其次，分析整个广告策划活动及其策略的效果，并与该产品以前的广告宣传活动或者与其他相同产品的广告活动做比较；最后，针对同一类型产品或某一行业销售效果进行评估。

G&R 公司的测试人员每次抽选调查样本约 150 人（男女均有），年龄在 18 周岁以上，分布在美国各地。被调查者可以选择自己常看的杂志广告接受测试，他们必须看过最近四期（杂志广告）中的两期，但没有看过最新的一期。测试人员事先不告诉媒体受众测试的内容，同时要求被调查者不要在访问的当天阅读有关杂志。电话访问时，首先询问被调查者在某一杂志的所有广告中记得哪几则广告，以便确定这些广告的阅读率；媒体受众指出所记得的广告后，就可以问他们以下问题：

- 那几则广告是什么模样？内容是什么？
- 该广告的销售重点是什么？
- 您从该广告中获得了哪些信息？
- 当您读到该广告时，有何心理反应？
- 您看完该广告后，购买该产品的欲望是增加了还是减少了？
- 该广告中，什么因素影响您购买该品牌产品的欲望？
- 您最近购买此种产品的品牌是什么？

广告策划者通过将上述问题的答案汇总、整理、分析、综合以后，就可以衡量出该则广告的以下效果：吸引读者记住（或想起）某则广告的能力（Proved Name Registration，PNR）；媒体受众对该广告的心理反应，或对广告销售重点的了解程度（Idea communication）；广告说服媒体受众购买产品的能力（Rersuasion），即媒体受众看了该广告后，购买该产品的欲望，受影响的程度。

对电视、广播广告效果的事中测定，可以用以下三种方法：

其一，家中测试。将一个小型屏幕放映机安置在具有代表性的目标消费者家中，让这些消费者观看电视广告节目。这种方法可使被调查者的注意力集中，但人为地制造了一种勉强观看电视广告的环境。

其二，汽车拖车测试。为了更接近消费者做出决策的实际情况，可在市郊商业区安置汽车拖车，以作为临时的工作试验室进行试验。在此模拟的购买环境中，向消费者展示测试的产品并给他们选择一系列品牌的机会，然后请消费者观看一系列电视广告片，发给他们一些在郊区商业区购买商品的赠券。广告策划者根据收回赠券数量的多少，判断广告片对媒体受众购买行为的影响力。

其三，播放测试。这种测试是在普通的甚高频（VHF）电视或有线电视节目频道中进行的。广告策划者将被调查者召集在一起观看播放的节目，其中包括观看被测试的广告片。在广告播放后，广告策划者与被调查者接触，并向其提出问题，询问他们能够回忆起多少广告片中的内容。

（2）函询法。这种方法一般采用调查问卷的形式进行。函询法一般要给回函者一定报酬，以鼓励他们积极回函反馈信息。调查问卷通常以不记名的方式进行，要求调查者将自己的年龄、职业、文化层次、家庭住址、家庭年人均收入等基本情况填在问卷上。调查表中要尽可能详细地列置调查问题，以便对广告的心理效果进行测试。常见的调查问题如下：

- 您看过或听过有关某品牌产品的广告吗？
- 通过什么媒体您接触到某品牌产品的广告？
- 该广告的主要内容是什么？
- 您认为该广告有特色吗？
- 您认为该广告的构图如何？
- 您认为该广告的缺点是什么？
- 您经常购买什么品牌的产品？

……

3. 事后测定

广告沟通效果的事后测定虽然不能直接对已经完成的广告宣传进行修改或补充，却可以全面、准确地对已做的广告活动的效果进行评估。因此，心理效果事后测定的结论，一方面可以用来衡量本次广告促销活动的业绩；另一方面可以用来评价企业广告策划的得失，积累经验，总结教训，以指导以后的广告策划。

广告沟通效果的事后测定有两层含义：第一，一则广告刊播过程一结束，就立刻对其效果进行测定；第二，一则广告宣传活动结束后过一段时间，再对其心理效果进行测试。通常，效果测试与广告刊播结束之后的时间间隔主要由媒体的性质决定，同时也要考虑目标市场上消费者自身的特点。如果进行测定的时间过早，广告的时间滞后性效果尚没有充分发挥出来，得出的结论就不准确；如果测定的时间过晚，间隔时间太长，广告效果就可能淡化，得出的结论也有可能不准确。

广告沟通效果事后测定常用的方法主要有以下几种。

（1）要点打分法。该法是请被调查者就已刊播过的广告的重要方面进行打分，各项得分之和就是该广告的实际效果。打分的具体内容见表 14－6。

表 14－6 广告心理效果打分表

打分项目	打分的主要依据	该项满分	实际打分
吸引力	吸引注意力的程度（创意）	20	
认知性	对广告诉求重点的认识程度	20	
说服力	广告引起的兴趣如何	20	
	对广告产品的好感程度	10	
行动力	由广告引起的立即购买行为	20	
	由广告唤起的购买欲望	20	
传播力	由广告文案的创造性而引起的传播程度	20	
综合力	广告的媒体效果	20	

（2）雪林（Schwerin）测定法。雪林测定法是美国雪林调查公司（Schwerin Research Co.）根据节目分析法的原理，于1964年发明的测定广告心理效果的一种方法。该测定方法又分为节目效果测定法、广告效果测定法和基本电视广告测验法三种。

①节目效果测定法。即召集一定数量有代表性的观众到剧场，广告策划者说明测验的标准以后，请观众按照个人的意见对进行测验的广告表演节目评分定级。评分的级别通常是：a. 有趣；b. 一般；c. 枯燥无味。这种测验完毕之后，再请观众进一步说明喜欢或讨厌广告节目中的哪一部分，并阐明理由；或者征求观众对广告节目的意见、建议。广告策划者对节目改进的意见进行统计、汇总，以作为今后设计或制作广告节目的重要依据。

②广告效果测定法。广告效果测定法与节目效果测定法的内容基本相同，是通过邀请具有代表性的观众到剧场或摄影棚，欣赏进行测定的各种广告片。与节目效果测定法的不同之处是：在未看广告片之前，根据入场者持票号码，要求媒体受众选择自己喜欢的商品。这些选择的商品品牌中，既有将在广告片中播放的品牌，也有主要竞争对手的品牌。广告片播放完以后，请观众再一次做出选择，如果此次结果中所测验的广告商品品牌的选择度高，高出部分就是该广告片的心理效果。

测试完成后，通常将媒体受众所选择的商品赠送给他们。如果商品单位价值高，可以赠送给他们其他一些礼品。

③基本电视广告测验法。这种测验法的目的在于客观地评价和判断电视广告片的优劣，以及用标准化的程序测验电视广告的效果。基本电视广告测验的项目主要有：

- 趣味反应。利用集体反应测定机，测定媒体受众对每一广告画面感兴趣的程度。
- 回忆程度。运用自由回答法，请媒体受众回忆广告片中的产品品牌、广告主名称、画面内容以及标语、口号等。
- 理解程度。运用自由回答法，了解媒体受众对广告内容的领悟程度。
- 广告作品诊断。运用自由回答法，请媒体受众指出该广告片的特色，并提出修改意见。

• 效果评定。采用问卷的形式，测验本广告片留给媒体受众的一般印象，即广告片的一般心理效果。

• 购买欲望。请媒体受众说出有无购买广告产品的冲动或者欲望。

• 广告片的整体效果。请媒体受众对广告片做整体的评价。

这种测验法的优点是客观、全面，能真正反映媒体受众的心理活动状况，取得的资料可信度高；缺点是操作技术性强，成本费用大，具体推行起来有一定的局限性。

阅读材料14－4 广告效果测定的几种模式

1. DAGMAR 模式

1961 年，R. H. 科利提出了著名的达格玛模式，即“知名－了解（理解）－信服（好感））－行动”的商业传播四阶段说，达格玛即英文 DDAGMAR 的音译，为“defining advertising goals for measured advertising resultes”的缩写，中文意思是为能够衡量广告效果而确定广告目标。

达格玛模式要求在广告活动开始之前，先测定市场状况，以此作为评价的基准点，在广告活动实施开展中再定期反复实施同样测定，将所得结果与基准位点进行对比分析，其增减变化即是传播效果，将传播效果与目标进行对比，检查目标计划完成程度。达格玛模式以传播扩散理论为基础，以传播的说服效果为评定的中心，对广告管理和随时监控是非常有用的。

表12－7 **达格玛传播阶梯模式**

知　名	知悉品牌名称
了解（理解）	理解商品特色、功能
信服（好感）	确立选择品牌信念
行　动	索要说明、样本、访问经销店

达格玛评价模式在评价传播效果、测定消费者心理变化因素方面非常有效，同时，由于达格玛理论是围绕广告传播目标提出的，因此在实施目标管理上有着明显的优势。但达格玛理论是关于态度尺度的测定，这种测定需要有较好的心理学素质，要求有高超的问卷设计能力和调查技巧。由于该模式在实际操作中具有极好的可操作性，在广告效果评估中是一种切实可行的测定模式。达格玛不仅是测定广告传播效果的一种模式，而且是一种经营观念，一种测定广告传播效果的有效方法。

2. 莱维奇与斯坦纳的层级效果模式

罗伯特．J. 莱维奇和加里．A. 斯坦纳在 1961 年提出了“认知的（从知名到理解）－情绪上的（从喜到偏好）－意欲的（从信服到购买）”的“L&S 模式”。罗伯逊于 1971 年补充修订提出了“知名－了解－态度－认为合理－试用－采用”层级模式。

3. AIDAS模式

这一理论模式又称为广告因果理论或有效广告理论，是由美国广告顾问白德尔提出来的。他认为广告有效是广告有关因素共同作用的结果，而这种作用过程正是通过强有力的刺激，引起消费者注意，激发消费者购买欲望，最终发生购买行为，并从中得到满足的过程，广告的效果在于促使这一过程的顺利完成。

这一模式为：注意（attention）－兴趣（interest）－欲望（desire）－行动（action）－满足（satisfaction）。在AIDAS理论中，白德尔认为广告效果是由广告主体、广告活动、广告以外其他影响因素共同作用的结果，即：

广告效果＝广告主体×广告活动×其他外界影响因素

白德尔提供了一种评价广告效果的思维方式，但是这一模式不适合于实际操作，同时，他的模式对广告效果要素采取了乘法模式，这就意味着广告活动的最终效果是来自产品、广告活动以及广告本身之外因素共同协作的结果，任何一部门的不配合，都有可能使广告动力付诸东流，其中一项为零，广告效果也就为零。

14.4 广告社会效果测定

14.4.1 广告社会效果测定的内容

广告宣传的社会效果是指广告刊播以后对社会某些方面的影响。这种影响既包括正面的影响，也包括负面的影响。这种影响不同于广告的心理效果或经济效果，广告策划者无法用数量指标来衡量这种影响，只能依靠社会公众长期建立起来的价值观念对它进行评判。

我们认为，广告的社会效果应该体现在以下几个方面。

（1）是否有利于树立正确的价值观念。这涉及社会伦理道德、风俗习惯、宗教信仰等意识形态领域。近几年来，中国台湾的广告活动多以“新儒学”为策划内容，倡导一种合乎理性的家庭价值观念，对广大青少年来说，很有教育意义。

（2）是否有利于树立正确的消费观念。正确的消费观念是宏观经济健康发展的思想基础，也是确保正常经济秩序的基础。有一段时间，我国广告宣传倡导“超前消费”，认为“超前消费”可以刺激国民经济的发展，加快国民经济发展的速度。实践证明，“超前消费”只能带来较高的物价水平，扰乱正常的经济秩序。这种导向的广告宣传应该受到社会的谴责。中华民族具有节俭的美德，高储蓄可以为国民经济发展提供充足的资金，因为在宏观经济运行系统中，储蓄投资保持高储蓄能使市场供求处于“买方市场”的态势，为国民经济的健康发展提供良好的外部环境。

（3）是否有利于培育良好的社会风气。如是否有利于重视教育、爱护环境、节约使用资源、遵守公共秩序、遵纪守法等良好风气的培养。

14.4.2 社会效果的测定原则

广告策划者在测定广告宣传的社会效果时，应该遵循真实性原则和社会规范原则。

1. 真实性原则

真实性原则，即广告宣传的内容必须客观真实地反映商品的功能与特性，实事求是地向媒体受众传递有关广告产品或企业的信息。

广告传输的信息有单面信息和双面信息之分。单面信息是指只集中告知媒体受众有关广告产品的功能与优点，调动媒体受众的情绪，使他们产生购买欲望，但过分强调单面信息会使媒体受众产生逆反心理，有时甚至会产生怀疑。请看下面一则药品广告（节选）：

> ……“×××”含有特殊的管壁粘膜修复因子，可以保护气管，修复感染发炎引起的粘膜伤害，促进粘膜细胞再生。患者一般用药 5 天后，咳嗽明显减轻。7 天后，药物有效成分基本完全进入体内，且逐渐形成护原体，以阻止外邪入侵。10 天后，寒散阳通，病症明显得到抑制。一个疗程后，有效分子作用于病变位置，使得病灶得以顺利瓦解。一般轻症患者在用药 1 ~ 3 个疗程后即可痊愈，重病患者在用药 2 ~ 4 个疗程后，即可康复，且不再复发。
>
> ……根据广大医生和患者对品种繁多的治喘药物的临床药效反馈，我国研制开发的治疗哮喘病及其并发症的中成药新型强效“×××”，已具当今国际最新水平，其综合疗效大大超过了传统西药维持控制的治疗模式，步入根本治疗、整体恢复、标本兼治的最新境界。

虽然上则广告极尽所能地在宣传该药品的神奇功能，但一味单方面的信息描述，显然会使读者对此产生怀疑，从而影响广告的宣传效果。

双面信息是指既告诉媒体受众产品的优点，同时也告诉他们广告产品存在哪些缺点或不足，使媒体受众认真对待。这种广告信息诚实可信，常能赢得消费者好感。例如，电视播放了一则有关微创疗法治疗甲状腺节结的广告，广告不仅谈到了微创疗法的特点、原理和优点，同时也明确地告诉了患者该疗法的不足之处。该广告播出后，效果相当不错。随着消费者的不断成熟，一味地自吹自擂、“王婆卖瓜”式的广告会越来越遭到广大消费者的抵制。因此，广告宣传坚持使用双面信息，显然是一种明智之举。

2. 社会规范原则

广告策划者在测定某一广告的社会效果时，要以一定的社会规范为评判标准，来衡量广告的社会效果。如以法律规范、社会道德规范、语言规范、行为规范等作为衡量依据。

本章小结

广告效果是指通过广告媒体传播之后所产生的影响，它具有时间的滞后性、效果的积累性、复合性、间接性以及层次性等五大特征。

广告效果的测定具有重要的意义，主要表现在四个方面。在进行广告效果测定时，应遵循针对性、可靠性、综合性、经常性和经济性的原则。广告效果测定的五个基本步骤是：确定问题、收集资料、整理和分析资料、论证和分析结果、撰写测定分析报告。

本章的14.2、14.3和14.4三节，我们分别介绍了广告经济效果测定、广告沟通效果测定和广告社会效果测定的知识。在学习时，应该重点掌握广告效果测定的各种方法，并注意将这些理论方法应用到实践中去。

思考题

1. 广告效果有哪些特征?
2. 测定广告效果应遵循哪些原则?
3. 测定广告效果有哪些程序?
4. 广告沟通效果测定包括哪些内容?
5. 广告沟通效果测定有哪些方法?
6. 广告经济效果测定包括哪些内容?
7. 广告经济效果沟通有哪些方法?
8. 广告社会效果测定包括哪些内容?
9. 简述广告效果测定的三种模式。
10. 广告社会效果测定的原则是什么?

案例讨论

脑白金的广告和睡眠者效应

脑白金的广告曾经被很多的所谓广告业内人士评价为缺乏创意和美感的广告案例。但有趣的是，当年就靠着这在网上被传为“第一恶俗”的广告，脑白金创下了几十个亿的销售额。土广告打下大市场，不是用偶然性能解释的。我们从传播学的角度对其广告策略进行剖析，会从中得到一些新的启示。

凭借自己雄厚的资金，脑白金对受众进行狂轰滥炸，其覆盖率是少有其他广告能够相比的。据统计，春节高峰期脑白金广告在20多家电视台同时播出，平均每台每天要播出两分钟多，加起来一天大概播出 40 多分钟，脑白金的销量却从 1998 年至今一直是有增无减。从这一层面上来说，脑白金是一个成功的广告。国外消费行为学家 Anthory 的研究表明：过多地重复广告信息虽然引起受众的反感，却不影响受众对信息的记忆以及日后的商品购买行为，这些令人愉快或不愉快的一面将随时间的推移而不复存在，只有广告信息本身牢牢地保持在消费者记忆深处，这就是“睡眠者效应”。

耶鲁学派的研究提出的“睡眠者效应”（Sleeper Effect），即由于时间的间隔使人们容易忘记传播的来源，而只保留了对内容的模糊记忆。显然，此时内容倘若不来源于现实世界、实际生活，就不能感动受传者而容易被遗忘；相反，传播内容真实，有道理，即使人们忘记了其传播来源，同样也能以最终改变人们的态度而被大众接受。在信息的实际传播、流动过程中，媒介以传播内容取胜的例子并不少见。与这一短期条件制约效果相对照的是长效“睡眠者效应”。经过一段时间，由广告引发的情感反应会与产品名字发生分离，尽管名字还是被记住了。因此，一则通过不愉快的情绪而使人集中注意力的广告会产生记忆的效果。

观众有可能会认为广告制作者很愚蠢，竟用一种令人生厌的镜头或者令人不快的场景来做广告，可是日子一长，他们记住的将会是产品，而不是令人不快的反应。当你正在津津有味的收看电视剧，突然插播了一则广告，而且是几个卡通形象的老人在电视里扭来扭去，脑白金送礼广告那可爱的老头和老太太边舞边唱，一次一次地出现在电视的各个频道。毫无美感，甚至有点滑稽！你就在怒气冲冲的情绪状态中记住了这个产品的名字——“脑白金”。随着时间一天天过去，记忆渐渐的淡化，留在脑海中的只有产品的印象，而由广告引起的当时不愉快的情绪早已经被忘记了。

还有一项有用的成果是 60 年代晚期由罗伯特·再因茨发现的“反复曝光”效应。如我们已经知道的，再因茨发现，反复暴露在哪怕没有意义的符号面前，也会让观看到这些符号的人产生熟悉感和愉快的反应。广告公司的心理咨询顾问建议他们的客户说，产品品牌和标识简单的反复曝光，哪怕没有合理的解释和费时费力的辩论，也会使观看它的人产生动摇。许多广告机构测试过这种办法，并发现的确如此。在一场长时间的足球比赛或者网球比赛中反复不断地出现产品名称（当然还有男子气概或者性感的图像，阳光下开心的场景等等）会产生其效果。当球迷购买啤酒或者网球鞋时看到自己经常看见的名字，他们会自动产生不假思索的反应。美国营销学家米盖尔·L·雷也认为，某些产品，消费者没有获取其信息的动机或缺少分析产品信息的能力，在这种消费者低参与度的情况下，广告就能超越态度改变而直接诱发购买行为。

在一个购买周期之内广告与目标群体仅仅一次接触，在大多数情况下都很少或根本不会产生效果。既然一次接触通常是无效的，那么有效的媒体策划的中心目标就应该是加强接触频率而不是到达率。在一个品牌购买周期内，或者四周或八周的时期内接触频率超过三次以上时，接触频率的增长以递减的速度继续增加广告效果，但没有下降的证据。重复广告有着双重的作用。

1. 广告重复的积极作用

（1）消费者的购买习惯可以通过不断重复该商标商品的广告逐渐形成，只要该商品的特性能够满足消费者的需求

（2）在大众不太熟悉商品的场合下，比如一个新产品的出台，频率高的广告不仅强化大众对它的学习过程，而且高频率本身就可能成为该商标的一个优势指标

（3）对于著名的品牌，广告的重复作用主要是防御性的，即旨在巩固消费大众已经建立了的重复购买习惯，也就是认牌购买。

2. 广告重复的消极作用

（1）过度重复鉴于没有新内容而导致厌倦的产生。

（2）随着重复次数继续增加以至于把认知活动转移到其他的无关信息。其结果难以产生态度改变，甚至导致消极态度。

史玉柱说过一句话，一句比较经典的话。“中央电视台的很多广告，漂亮得让人记不住。”我们往往记住了一个广告很漂亮，但往往忘记这个广告是卖什么？相反的，我们都觉得脑白金的广告很俗，但都知道它是卖什么的。沉浸在艺术美感中的洋洋自得的广告艺术家们，他们是否忽略了基本的商业法则。他们不用对史玉柱顶礼膜拜，但要补上这一课。

用赛斯·高汀的观点看来，这也就是现代商业社会的素描——当市场上已经充斥了太多的类似的产品和营销手段时，想要脱颖而出，就要出现像“紫牛”一样的与众不同的东西（注：你见过紫色的牛吗？没有。这就对了。你经常见到黄色、黑白相间的牛，那些普普通通的事物已经不能吸引你的眼睛了。现在，有人说制造了紫色的牛，你肯定会好奇地看上一眼。人就是始终寻找新奇的动物。于是，在产品的市场推广理念里，别出心裁和独树一帜就是重要的思路了）。“因为这个世界已经发生了变化，人们能够选择的越来越多，而用来做选择的时间越来越少。”赛斯认为，企业通过传统广告能够争取到消费者注意力的可能性已经越来越小，唯有把以往用在制作、购买广告的高额成本投资在设计和制造“紫牛产品”上，才能做到与众不同，受到人们的青睐的是紫牛一样的创新和独一无二。

问题讨论

1. 脑白金的广告策略是什么？

2. 为什么脑白金的广告广受质疑却可以收到良好的销售效果？

资料来源：杨文京．中国营销传播网．2010 年 6 月 11 日。

第 15 章 广告管制

本章导读

广告活动和其他经济活动一样，要受到一定的约束、限制和控制。广告管制就是规定了广告活动必须遵守的行为规范、义务和权力。本章主要介绍广告管制的领域、我国广告管制的法规和机构、我国广告行政管制内容、我国广告自律、我国广告管制存在的问题以及今后的改善方向等。

开篇案例 **北京新兴医院违法广告事件**

伴随着全国数十家电视台和其他媒体铺天盖地的广告“轰炸”，有观众耳熟能详的影视明星“现身说法”，自称是国内专业治疗不孕不育“超级航母”的北京新兴医院作为“送子医院”被广为传播。

2004 年 8 月 2 日，新华社《瞭望东方周刊》一篇题为《北京新兴医院神话》的报道被各大网站转载。其中，《北京新兴医院靠巨额广告打造“包治百病”神话》一文，标题醒目，反响极大，“送子观音”遭到媒体空前质疑。

新兴医院调整前的网页称，“北京新兴医院是目前国内规模最大、医疗水平最高、技术力量最雄厚、服务质量最优、医疗设备最先进的中西医结合治疗男女不孕不育症的国际化专业医疗机构。

对所有男女不孕不育症患者都能进行精确诊断和有效治疗……已使国内外众多不孕不育症患者胞宫见喜，这标志着北京新兴医院在运用中西医结合治疗男女不孕不育症方面处于世界领先水平。北京新兴医院也被人们亲切地誉为‘送子医院’……实现了极高的治愈率，近年来医院已成功地治愈了数万例不孕不育症患者。”

遭到媒体质疑后，作为应对，北京新兴医院调整网页内容，“最”字消失。与此同时，北京新兴医院 2004 年 8 月 7 日下午在北京新兴宾馆举行新闻发布会。会上医院方指责“新兴事件”背后有竞争对手在推动，并表示将采取法律行动。该院院长朱明表示，我们从没说过能包治百病，我们医院的不孕不育的治愈率是 25%。关于虚假广告效益一说，新兴医院称：“我院从未做过包治百病广告。”不孕不育病治愈率大致统计结果是25%。该院表示，所刊登的电视等广告并不违法，广告里也并没有宣称“包治百病”。

处在争论漩涡中的新兴医院到底情况如何？2004年8月6日，记者来到了北京新兴医院。在海淀区的一个小胡同里，唐国强的巨幅广告十分醒目。当时正是中午，烈日炎炎，但新兴医院内仍然人声鼎沸，患者络绎不绝，大厅内的座椅上坐满了患者。一名来自江西的患者告诉记者，他8月1日就到了北京，2日那天挂到了4日的号做检查，6日才拿到药。

从早上10：30到下午13：30，记者共采访了五对夫妇。他们分别是来自黑龙江的李先生夫妇、河南周口的赵先生夫妇、浙江的章先生夫妇、江西的陈玉兰夫妇和云南的杨先生夫妇。他们均表示是“看了新兴医院的广告过来的”，并且特别提到了唐国强。来自云南的杨先生对记者说：“打开电视一看，什么台都在播。”来自浙江的章姓男患者说：“电视上说的还能有错吗？”记者问这些患者知道不知道新兴医院治愈率具体多高时，他们纷纷表示“不知道”。一名患者说：“应该很高吧，电视上说不都能治好吗，应该没错吧？”

采访中，有一对夫妇向记者透露，医生在开药前问了他们带了多少钱过来，并提醒他们“药还是开多一点的好”。江西的陈玉兰患者把医生开给他的药指给记者看：“医生问我带多少钱过来，我说不到5000元，挂号费、检查费共花了1000多元钱，还剩不到4000元，医生就给我开了3865元的药。”来自浙江的章先生告诉记者，医生给他开了12000元的药。他说：“当时医生问我带的是卡还是现金，要是卡的话，外面有自动取款机自已取出来。”云南的杨先生向记者抱怨说：“开药之前先问你带多少钱来，带多少钱就尽着钱开药，医生也不告诉你病情如何，只是鼓励你多吃药，药吃完了要再来做个检查再进行治疗。”杨先生还说：“挂个号要100元，检查费也要将近1000元，一个月的药要3000元，哪一个来的患者不都要花个万儿八千的。”

记者所采访的五对夫妇及观察到的若干人，他们拎的药袋子里都有“补肾养血颗粒”和一种粉末状的中药。一名女士告诉记者，这种粉末中药医生交代用白开水冲服。另一位自称“一喝中药就呕”的女士告诉记者：“这种粉末沏茶喝味道不错，不太苦。”

记者了解到，“补肾养血颗粒”每小盒149元，每大盒500多元。记者问这些患者，“你们的病都一样吗？怎么都开有‘补肾养血颗粒’？”一名患者说：“医生说‘补肾养血颗粒’男女都能吃。”来自云南的杨先生也对记者提出了对医院的质疑：“什么病都开一样的药，也不考虑我们的具体情况。”

记者采访将近结束时，三三两两的患者也正拎着大包大包的药走出医院大门。医院大门外有几个小贩专门向这些外地患者卖塑料编织袋装药。一个小贩得意地对记者说：“生意可好了，每天这样的编织袋我能卖出去300多个。”

资料来源：《市场报》，2004年8月13日，第五版。

15.1　广告管制的领域

1. 广告自由论和广告管制论

在论述广告管制（regulation）之前，需要考察两种不同的观点。一是广告自由论，一是广告管制论。持有广告自由论观点的人认为，广告法规是市场经济活动的基础——经营自由的必要条件。因为，广告作为一种经济行为和表现行为，具有双重性质，特别是作为表现行为的广告需要保障自由。实际上，广告是通过大众媒体向消费者传递信息的沟通活动，同时也是伴随高度创作努力的创意活动。所以，需要保障广告一定的自由。

另外，广告媒体特别是报社和电视台、电台的主要收入来源就是广告，所以对广告过多的干预，就是对媒体的干预。而持有广告管制论观点的人则认为，广告活动本质上是商业活动，是追求利润的一种工具。所以，广告活动与一般的创作活动或表现行为有根本的区别。随着经济的发展，广告的影响也在增大，在这种情况下，决不能忽视广告对社会的责任。因此，对广告的管制是不可避免的。也就是说，广告法规不仅要保障企业之间的公平竞争，也需要保护消费者的权益。

2. 广告管制的领域

广告管制是工商行政管理机构通过广告行业协会和社会监督组织，依照一定的广告管理法律、法规和有关政策规定，对广告行业和广告活动实施的监督、检查、控制和指导，以达到保护合法经营、取缔非法经营、查处违法广告、维护广告行业正常运行的目的。

由于不同国家在经济与社会发展方面存在着较大的差异性，因此，广告管制的方式或领域也是不同的。但一般来说，广告管制的最终目的是保护消费者权益。广告管制的领域包括以下四个方面（见图 15－1）。

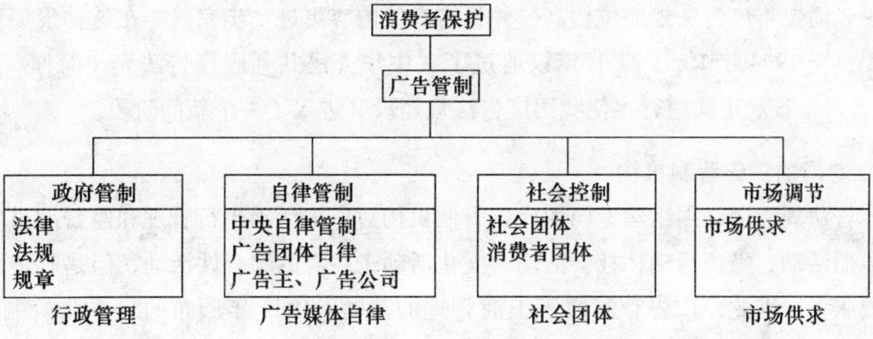

图 15－1　广告管制领域

（1）政府管制。政府管制也叫他律管制，包括法律管制和行政管制。法律管制包括各种法律、法规、规章。行政管制是以行政手段对广告活动所进行的管理、监督、审查等。

（2）自律管制。自律管制包括中央自律管制、广告团体管制和广告主、广告公司、广告媒体的自律管制。

（3）社会控制。社会控制包括市民团体或消费者团体对广告活动的监督。

（4）市场调节。市场调节是以广告市场的供需情况来调节广告活动。

15.2 我国广告管制的法规与机构

15.2.1 政府对广告实施管制的手段

1. 制定和颁布广告法规

政府对广告实施管制，首先要根据广告活动的特点和社会公共利益的要求，制定和颁布广告法规，使广告活动有法可依、有规可循，这是广告管制的首要任务。

广告管制是广告发展的必然要求，所以广告管制的发展程度与广告发展水平紧密联系在一起。我国的商品经济发展较晚，广告在近代的发展受到抑制，因而，广告管制业比较落后，广告法规的建设更是长期处于落后的水平。中华人民共和国成立以前，国民党政府的内政部曾颁布过一部广告法规。新中国成立以后，经济迅速发展，广告也发展较快，在当时商品经济发展较快的上海、重庆、天津、西安等城市，先后发布了地方性的广告管制法规。但是，由于后来我国全面推行计划经济，广告业从而停滞不前，甚至达到崩溃的局面。改革开放以后，我国广告业重新恢复和迅速发展。根据广告业恢复和发展的需要，1982 年，国务院颁布了我国第一部全国性广告法规《广告管制暂行条例》。后来，国务院于 1987 年发布了《广告管制条例》，使广告管制法制建设又进了一步。进入 20 世纪 90 年代，我国经济建设又进入了一个新的快速发展时期，广告更是发展迅速，需要将广告法规地位提高，并且将有关内容更进一步完善。在这种发展形势下，全国人大常委会于 1994 年 10 月 27 日审议通过了《中华人民共和国广告法》（简称《广告法》），从 1995 年 2 月 1 日起正式施行，使我国广告法规建设又进入了一个新的阶段。

2. 建立专门的广告管制机构

有了广告法规，还必须组建专门的广告管制机构对广告活动进行管理和监督。虽然广告活动是集信息传播活动、经济活动、社会活动、文化活动于一身的综合性活动，但是其最终目的还是为经济发展服务，因此，广告管制属于工商管理的范畴。1982 年颁布的《广告管制暂行条例》就从法律上规定，由各级工商行政管理部门代表政府对广告进行管理。《广告法》第一章第六条规定，“县级以上人民政府工商行政管理部门是广告监督管理机关”，这为广告管制机关确定了法律地位。

3. 对违法广告行为进行查处

广告管制机关的任务虽然有多个方面，但是，最重要的是要对违法广告行为进行查处，以维护广告正常秩序，使广告健康发展。所以，广告管制机关要根据广告法规赋予的权力，监督社会的广告活动，对出现的违法广告行为，按照广告法规和其他相关法规的规定予以处理。只有经常不断地对违法广告行为进行查处，才能净化广告运行环境。

图 15－2　写在派出所门口的违法小广告

查处违法广告行为，是保护消费者和社会公众利益的重要手段，同时，也是预防违法广告行为的发生、保护合法广告行为的重要措施，尤其要把查处虚假广告和违法经营广告作为重点。

阅读材料15－1　　**整治违法广告，远离“罚款思维”**

中国广告协会 2011 年第一次公开点评违法违规广告发布会于 2 月 18 日在京举行，公开点评了一些违法广告的典型案例。据国家工商总局广告司监督处披露，2010 年全年工商系统共查处各类广告违法案件 46889 件，罚没款 2.44 亿元。

所谓违法广告，就是触犯了国家相关法律的广告。这类广告，误导了消费者，危害消费者安全，污染视听环境，扰乱民众正常生活，为社会大众所深恶痛绝，理当得到有效整治，以至杜绝。

整治违法广告，罚款不应该成为优先选用的手段，因为在商人的眼里，他们并不缺少钱，而罚款只不过是他们从违法广告中获取利益的极小部分，当他们有利可图时，哪会在乎占获取利益极小部分的罚款？而对于违法广告的传播载体，只会让他们变本加厉，接受更多的违法广告以弥补罚款损失。

进一步说，在罚款成为一种执法手段时，“执法等于罚款”就不再是民间口口相传的打趣话，而是利益培植出的扭曲现实。不管我们承不承认，在很多执法实践中，“罚款”已经是创收的最好手段，甚至成为部门利益的“提款机”。至于罚款后的结果如何，比如那些违法广告还会不会冒出来坑害消费者，就另当别论了。

当前违法广告之所以屡禁不止，法定的执法措施操作性不强，以罚款代法律处罚恐怕是造成这种局面的主要原因。事实上，市场经济也是法制经济，维护市场经济秩序最有效的手段就是依靠法律。要知道，再有力度的经济处罚总归是经济处罚，是代替不了法律严惩的威慑力的。

因此，要使广告市场正本清源，让违法广告彻底消失于公众的视野，就不能只靠罚款，而应该建立严厉的打击和防范机制，运用法律手段规范广告市场。执法过于依赖罚款，带来的恶果必然是只能治“皮毛”而治不了“筋骨”。也就是说，靠罚款是杜绝不了违法广告的，并且还会放大“以罚代法”空间。

资料来源：张冰歌，《法制日报》，2011年3月23日。

15.2.2 广告法规

1. 广告法规的范围

广告法规是广告管制机关行使监督职能，对广告宣传、广告经营、广告发布等涉及广告的活动和行为实施管制的法律法规。广告法规规定所有从事广告活动的当事人，哪些行为是必须的，哪些行为是许可的，哪些行为是禁止的。它是广告管制机关依法管理、依法办事的依据，也是广告主、广告经营者和广告发布者从事合法广告活动的法律保障。

广告法规不是单指某一个具体的法律，而是所有有关的约束广告行为的法律规范的集合。它包括以下几个方面。

（1）宪法。宪法是国家的根本大法，具有最高的法律地位和法律效力，是制定其他法律、法规的依据，也是司法、执法的依据。公民、组织和政府的一切行为都必须符合宪法的要求，广告行为和广告管制也不例外。

（2）法律。法律是国家最高权力机关根据立法程序制定和颁布的规范性文件，在我国是专指全国人民代表大会以及人大常委会制定和颁布的规范性文件。例如，《刑法》、《合同法》、《商标法》、《广告法》等。法律是仅次于宪法的规范性文件。《中华人民共和国广告法》是专门规范广告行为的法律。此外，与广告管制相关的法律有：《中华人民共和国民法通则》、《中华人民共和国消费者权益保护法》、《中华人民共和国产品质量法》、《中华人民共和国食品卫生法》、《中华人民共和国反不正当竞争法》、《中华人民共和国经济合同法》、《中华人民共和国商标法》、《中华人民共和国烟草专卖法》、《中华人民共和国未成年人保护法》、《中华人民共和国环境保护法》等。

（3）行政法规。行政法规是国家行政管理机关为执行法律和履行职能，在其职权范围内，根据宪法和法律赋予的权限，所制定和颁布的规范性文件。在我国，国务院是制定和颁布行政法规的最高权力机关，有权根据宪法和法律规定行政措施，制定行政法规，颁布决定和命令。1982年的《广告管理暂行条例》和1987年的《广告管理条例》都是国务院制定和颁布的行政法规，还有《烟草专卖法实施条例》等。

（4）行政规章。行政规章是指国家工商行政管理局会同有关部、委、办、局联合制定的部门规章，目前有关广告管制的规章主要有：《广告管理条例实施细则》（1988），《关于实行〈广告业务远征〉制度的规定》（1990），《关于全国范围内实行广告业专用发票制度的通知》（1990），

《关于伪造、涂改、出租、出借、转让、出卖，或者擅自复制广告经营许可证行为处罚问题的规定》(1991)，《关于广告经营违法案件非法所得计算方法问题的通知》(1991)，《关于实行广告业务发布合同示范文本的通知》(1992)，《广告审查标准》(1993)，《药品广告审查办法》(1995)，《农药广告审查办法》(1995)，《兽药广告管制办法》(1995)，《医疗器械广告审查办法》(1995)，《药品广告管制办法》(1992)，《医疗器械广告管制办法》(1992)，《食品广告管制办法》(1993)，《化妆品广告管制办法》(1993)，《医疗广告管制办法》(1993)，《房地产广告发布暂行规定》(1997)，《印刷品广告管制暂行办法》(1997)，《关于加强海峡两岸广告交流管理的通知》(1994)，《关于加强融资广告管制的通知》(1993)，《关于进行广告代理制试点工作的若干规定》(1993)，《关于加快广告业发展的规划纲要》(1993)，《关于加强对各类奖券广告管制的通知》(1985)，《关于加强体育广告管制工作的通知》(1986)，《关于做好农药广告管制工作的通知》(1987)，《关于严禁刊播有关性生活产品广告的规定》(1989)，《关于报社、期刊社和出版社刊登、经营广告的几项规定》(1990)，《关于坚决制止非法使用党和政府领导人的名义、形象、言论进行广告宣传的通知》(1992)。

2. 《广告法》的内容

《广告法》共分六章四十九条。分别从总则、广告准则、广告活动、广告审查、法律责任、附则六个方面做了规定。

“总则”一章阐述了制定《广告法》的目的，界定了广告活动、广告主、广告经营者、广告发布者等基本概念，把真实、合法、诚实、守信、不得欺骗和误导消费者等作为从事广告活动的根本原则，并规定县级以上政府工商行政管理部门是广告管制机关。

“广告准则”一章则对广告内容和广告表现形式做了详细的规定，并对药品、医疗器械、农药、烟草、食品、酒类、化妆品等特殊广告的发布做了必要的限制。

“广告活动”一章对所有从事广告活动的当事人的资格、条件和必须遵守的义务做了详细的规定，并对需要禁止的广告活动做了界定。

阅读材料15－2　认证排名引火烧身

1999 年 10 月，美菱公司在《合肥日报》刊出广告，称本公司产品美菱冰箱首批通过了中国节能认证中心认证。广告还称：中国节能认证中心仅认证了三家企业，一是合肥美菱公司，二是河南新飞公司，三是合肥荣事达公司。美菱公司还将广告内容制成广告牌在合肥大商场广而告之。然而美菱公司擅自将三家企业排顺序的广告行为被合肥荣事达公司告上了法庭，荣事达公司认为美菱公司存在不正当的广告行为，对荣事达公司造成了恶劣的影响。

“广告的审查”一章对要求发布药品、医疗器械、农药、兽药等特殊广告的审查机关、审查程度等做了规定。

15.2.3 广告管制的行政机构

根据《广告法》的规定，县级以上政府工商行政管理部门是法定的广告管制机关，负责对所有广告活动实施监督和管理。

广告管制机关由国家工商行政管理总局，省、自治区、直辖市工商行政管理局，地区、市工商行政管理局，县工商行政管理局组成了一个网络，按照分级管理和属地原则对广告活动实施监督和管理。

所谓分级管理，就是按照广告活动的性质和设计的范围，由不同级别的工商管理部门实施管理。例如，对涉及国际、国家级的广告活动，如在我国境内举办的国际性运动会等的广告活动，需由国家工商行政管理部门监督管理或授权给有关省市工商行政管理部门监督管理；对一般性广告活动，则由所在地的工商行政管理部门监督管理。

所谓属地原则，即由广告发布地区的工商行政管理部门负责对当地的广告活动实施监督管理。如果发生违法广告行为，不论其广告主、广告经营者、广告发布者具体隶属关系在哪里，均由发布所在地的工商行政管理部门负责查处。

15.3 我国广告行政管制的主要内容

15.3.1 从事广告经营和广告发布活动的管制

1. 广告经营者的资格

《广告法》第二条规定：广告经营者“是指受委托提供广告设计、制作、代理服务的法人、其他经济组织或个人”。广告经营者可以是企业、经济组织或者个人。如各类广告公司、设计室、工作室、个体广告经营者等。

《广告法》第二十六条规定：“从事广告经营的，应当有必要的专业人员、制作设备，并依法办理公司或广告经营登记，方可从事广告活动。”即从事广告经营活动，必须具备资金、专业技术人员和专业制作设备等条件，符合企业登记中广告业登记的有关要求，经过工商行政部门审批登记，并发给经营证照之后才具合法资格。

不符合上述条件而从事广告经营活动的，即属非法经营。

2. 广告发布者的资格

《广告法》第二条规定：广告发布者“是指为广告主或者广告主委托的广告经营者发布广告的法人或者其他组织”。

《广告法》第二十六条规定：“广播电台、电视台、报刊出版单位的广告业务，应当由其专门从事广告业务的机构办理，并依法办理兼营广告的登记。”成立专门的广告机构，专门办理广告业务，是因为这些单位都是兼营广告业务的，而且都是社会影响很大的新闻媒介，其主要工作和业务范围并不是广告。

3. 广告经营者、广告发布者的责任和义务

（1）负责查验广告证明文件，核实广告内容。《广告法》第二十七条规定：“广告经营者、广告发布者依据法律、行政法规查验有关证明文件，核实广告内容。对内容不实或者证明文件不全的广告，广告经营者不得提供设计、制作、代理服务，广告发布者不得发布。”

（2）不得从事超出经营范围的广告业务。广告经营者、广告发布者在办理广告经营审批登记时，经由工商行政管理部门核定其可以从事广告营业业务的范围，广告经营者、广告发布者只可以从事其核定经营范围内的广告业务，不能超越其经营业务范围。

（3）不得在广告活动中进行不正当竞争。《广告法》第二十一条规定：“广告主、广告经营者、广告发布者不得在广告活动中进行任何形式的不正当竞争。”

（4）从事广告活动要订立书面合同。《广告法》第二十条规定：“广告主、广告经营者、广告发布者之间在广告活动中应当依法订立书面合同，明确各方的权利和义务。”

（5）建立、健全广告业务档案。《广告法》第二十九条规定：“广告经营者、广告发布者按照国家有关规定，建立、健全广告业务的承接登记、审核、档案管理制度。”

（6）收费公开，标准合理。《广告法》第二十九条规定：“广告收费应当合理、公开，收费标准和收费办法应当向物价和工商行政管理部门备案。广告经营者、广告发布者应当公布其收费标准和收费办法。”

（7）提供真实的资料和信息。《广告法》第三十条规定：“广告发布者向广告主、广告经营者提供的媒介覆盖率、收视率、发行量等资料应当真实。”当然，作为广告经营者，向广告主和广告发布者提供的资料也应当是真实的。

15.3.2　对广告主的管制

1. 广告主的资格

《广告法》第二条规定：广告主“是指为推销商品或者提供服务，自行或者委托他人设计、制作、发布广告的法人、其他经济组织或者个人”。

2. 广告主的责任和义务

（1）发布广告的内容应在自己的经营范围和国家许可的范围内。《广告法》第二十二条规定：“广告主自行或者委托他人设计、制作、发布广告，所推销的商品或者所提供的服务应当符合广告主的经营范围。”如果超出其经营范围进行经营，就属于违法经营，为其违法经营行为进行广告宣传，其行为当然也是违法广告行为。

此外，即使广告主在广告中所推销的商品或者服务属于自己经营范围以内，但是其广告宣传也应当在国家许可的范围内进行。例如，卷烟厂为其生产的香烟做广告，农药厂为其生产的农药做广告，虽然都在自己经营范围以内，但是国家对这些商品的广告宣传有若干限制，所以，必须在国家允许的范围内进行广告宣传。即使是一般商品，也要按照国家关于发布广告所应遵循的一般标准进行。

（2）必须提交真实、合法、有效的证明文件。《广告法》第二十四条规定：广告主自行或者委托他人设计、制作、发布广告，应当具有或者提供真实、合法、有效的下列证明文件。

①营业执照以及其他生产、经营资格的证明文件；

②质量检验机构对广告中有关商品质量内容出具的证明文件；

③确认广告真实性的其他证明文件。

依照本法第三十四条规定：发布广告需要经过有关行政主管部门审查的，还应当提供有关批准文件。

（3）必须委托具有合法资格的广告经营者和广告发布者。《广告法》第二十三条规定："广告主委托设计、制作、发布广告，应当委托具有合法经营资格的广告经营者、广告发布者。"否则就是违法广告行为。

15.3.3 广告审查制度

根据我国《广告法》，目前我国推行的广告审查制度表现在以下两个方面：一是事前审查，一是事后审查。

1. 事前审查

对于广告内容及其表现在发布前进行审查，是法律、法规为保证广告真实、合法而确定的一项重要法律制度和管理制度。广告事前审查分为两类：一类是国家有关行政主管部门进行审查，一类是广告经营者、广告发布者进行审查。

（1）国家有关行政主管部门的审查。《广告法》第三十四条规定："利用广播、电影、电视、报纸、期刊以及其他媒体发布药品、医疗器械、农药、兽药等商品的广告和法律、行政法规规定应当进行审查的其他广告，必须在发布前依照有关法律、行政法规由有关行政主管部门对广告内容进行审查；未经审查，不得发布。"

广告审查机关，就是指与以上规定中列举的待发布的特种广告的商品或服务有关的行政主管部门的简称。

除了《广告法》中所规定的四种商品必须由广告审查机关进行发布前审查外，其他法律、行政法规规定应当进行发布前审查的，必须由广告审查机关进行事前审查。目前还有社会力量办学的广告，也必须由教育行政部门进行事前审查。

（2）广告经营者、广告发布者的审查。《广告法》第二十七条规定："广告经营者、广告发布者依据法律、行政法规查验有关证明文件，核实广告内容。对内容不实或者证明文件不全的广告，广告经营者不得提供设计、制作、代理服务，广告发布者不得发布。"该条明确规定了广告经营者、广告发布者审查的范围、内容、方法及其相应的法律责任。

广告经营者和广告发布者是广告活动的两个主要行为主体，在广告内容的审查方面负有主要的责任和义务。广告经营者、广告发布者对广告内容进行事前审查的范围较广，凡其承办或发布的广告，无论是特种广告，还是一般广告，均要进行事前审查。

广告审查的范围包括：广告主的主体资格审查，即审查广告客户有无做某项内容广告的权力、能力和行为能力；广告的内容和表现形式是否违反广告法律、法规和其他法律、法规的规定；证明文件是否真实、合法、有效。

广告经营者、广告发布者未依法审查广告，要承担由此引起的法律责任，给用户、消费者及他人造成损害的，承担连带赔偿责任。广告证明承接机关审查不严或未经审查就出具证明的，要承担出具非法或虚假证明的法律责任。

为了加强对广告发布活动的管理，严格执行各类广告发布标准，国家工商管理局于 1996 年制定了《广告审查员管理办法》。根据法律和行政法规，广告经营者、广告发布者负有广告审查的法定义务，且这一义务具体由广告经营单位的广告审查员来实施。广告经营者、广告发布者设计、制作、代理、发布的广告，应当经过本单位广告审查员书面同意。

2. 事后审查

广告正式发布之后，为确保广告发布质量，维护社会经济秩序，保护消费者的合法权益，广告监督管理机关对广告内容进行监测和检查。

一般来说，监测的广告媒体是固定的，连续进行的。监测的范围是所有的广告。目前，有些地方已经成立了专门的广告监测机构，分担了广告监管机关的一部分事务性工作。而检查是非固定的，根据情况和需要检查某种形式或某种内容的广告。

另外，广告发布以后，消费者向工商管理部门举报，工商管理部门根据消费者的举报进行审查；或者上级部门提出有问题的广告，那么下属的工商管理部门就根据上级机关的要求进行审查。我国广告审查大部分是事后审查。

尽管我国有较为规范的广告审查制度和严厉的违法广告惩治体系，但违法广告现象屡禁不止，大有愈演愈烈之势。从传统的电视、报纸、广播、杂志四大媒体到新兴的网络媒体，违法广告的发布无处不在。当红明星，甚至令人敬仰的老艺术家也一个个粉墨登场，争相为违法广告代言。知名艺人侯耀华代言的十则医药广告竟然全部违法，网友戏称其为奇迹，侯耀华该去申请吉尼斯纪录了。

阅读材料15－3 违法广告何以猖狂

从街上走过，会有人悄无声息地塞给你几张花花绿绿的广告纸；骑摩托或自行车，总有人劫匪一般立于路中，异常准确而敏捷地飞射给你叠成“燕”式的广告页；回到家开门，首先映入眼帘的往往是见缝插“纸”的自制广告……这些广告主受利益的驱使（更没有顾及道德和良心的谴责），要么明目张胆地盗用他人刊号印刷“专刊”、“特刊”，要么干脆赤膊上阵，直接“创刊”，自行印制，四处发放。“广告”的内容五花八门，光怪陆离，尤以医药类为甚，尤以各类“强身”、“壮阳”、“回春”类为甚，夸大其词，信口雌黄，无中生有，极尽下流、无耻之能事，且在其上都还冠冕堂皇地印有某部长、某专家的溢美之词，印有某名人、某演员的切身感受，力求让读者和患者身临其境、怦然心动；更有胆大妄为之徒，公然打出制作各种假证件、制作各种假公章等违法、犯罪的广告。这些“广告”铺天盖地，具有受众面大、影响广泛、欺骗性强等特点，极具煽情和煽动性。

1993年，原国家工商行政管理局和卫生部联合发布《医疗广告管理办法》，规定医疗广告需经卫生行政部门出证后，方可发布；1995年2月1日，《中华人民共和国广告法》正式施行，对广告的内容和广告活动做出明确规定。此后，国家有关部门又陆续出台了一系列相关的法律、法规，逐渐建立、健全各项法规制度，以使有法可依。

然而，违法自制广告仍是未见有丝毫收敛，甚至大有愈演愈烈之势，误导了消费者，污染了精神文明建设，破坏了正常的广告市场及经济市场秩序，危害了广大人民群众的身心健康及生命安全，为社会稳定、国泰民安埋下了巨大的隐患。

诚然，为了打击违法广告、净化市场，各地有关部门也曾投入专门的人力、财力，相应做了大量的工作，可是，为什么非法广告至今仍然得以大张旗鼓、肆意而为？地点隐蔽呀，人员复杂呀，行踪诡秘呀……其实，根本就不需要花费多么大的力气去“围、追、堵、截”，为了联系到“客户”、招徕到“生意”，每张非法广告上都有醒目的电话号码、地址，以及联系人员等，只要我们的有关人员能够痛下决心、不徇私情、顺藤摸瓜地查下去，何愁不能把他们一个个地揪出来，进而连窝端掉、彻底铲除呢？

资料来源：关海山，山西新闻网。

15.4 我国广告行业自律

1. 广告行业自律的性质与特点

广告行业自律是指广告业者通过章程、准则、规范等进行自我约束和管理，使自己的行为更符合国家法律、社会道德和职业道德要求的一种制度。广告行业自律主要通过建立、实施广告行业规范来实现，行业规范的贯彻落实主要依靠行业自律组织进行。

广告行业规范是指广告行业组织、广告经营者和广告主履行制定的约束本行业或企业从事广告活动的广告公约和各种规章，隶属于广告职业道德范畴。

广告行业自律和行业规范作为广告业者遵守的规则，主要有以下特点：

（1）自愿性。遵守行业规范，实行行业规范，实行自律，是广告活动参与者完全自愿的行为，没有任何组织或个人的强制。他们一般是在自愿的基础上组成行业组织，制定组织章程和共同遵守的行为准则，目的是通过维护行业整体的利益来维护各自的利益。因此，行业自律主要是依靠参加者的信念及社会和行业同仁的舆论监督作用来实现。违反者，也主要依靠舆论的谴责予以惩戒。

（2）广泛性。广告业自律调整的范围比法律、法规调整的范围更加广泛。广告活动涉及面广且不断发展变化，广告法律、法规不可能把广告活动的方方面面都规定得十分具体。而行业规范可以做到这些，不仅在法律规范的范围内，而且在法律没有规范的地方也能发挥其自我约束的作用。因而，广告行业自律是限制广告法规所不能约束的某些行为的思想和道德武器。

（3）灵活性。广告法律、法规的制定、修改和废止要经过严格的法定程序，而规范等自律规章只要经过大多数参加人同意，即可进行修改、补充。

2. 我国广告行业组织与行业自律

（1）建立行业协会。行业自律首先要成立行业组织，通常都是以建立行业协会的形式出现。有了行业协会，才能开展活动，行业自律也才能从组织上得到落实。在我国广告界，自 1983 年 12 月就成立了“中国广告协会”，接受国家工商行政管理局的指导。其中包括了客户委员会、广告公司委员会、报纸委员会、电视委员会、广播委员会、公交委员会、铁路委员会、学术委员会等专业委员会，在各地还设有地方广告协会。

中国广告协会的职能是：在国家工商行政管理总局的领导下，承担着抓自律、促发展，指导、协调、服务、监督的基本职能。

中国广告协会的主要任务是：

- 制定行业自律规定，规范经营行为，开展争创文明先进单位活动，促进广告市场健康有序的发展。
- 开展企业资质评审活动，扶植优势企业发展，促进产业结构的优化调整。
- 抓好行业培训工作，确保从业人员的上岗资质，努力提高从业人员的业务素质，与教育部门联合共同进行广告专业大专班、本科班、研究生班的招生教学工作。
- 加强广告学术理论研究，积极开展中外广告学术理论交流，促进和引导中国广告思想理论的发展。
- 开展国际交流与合作，与世界各国广告协会建立联系，代表中国广告界参加世界广告组织和活动，组织中国广告界参加国际性的广告赛事。
- 开展广告发布前的咨询工作，为广告主、广告公司、媒介广告部提供法律援助。

• 开发信息资源，建立信息网络，为行业提供信息服务。

• 举办好中国广告节等会展活动，评选创意制作精良、广告效果好的优秀广告作品，推举新人，树立广告界的良好形象，促进广告业的发展。

• 积极参与广告业的立法立规工作，向政府有关部门反映会员单位的意见和要求，提出合理建议。

图 15－3　中国广告协会网站主页

• 办好现代广告杂志，及时传递行业管理信息，发布行业统计数据，促进广告思想理论的发展和经营秩序的规范。

此外，在外经贸界，有“中国对外经济贸易广告协会”。这些行业协会都制定了协会章程，其中，行业自律是最重要的内容。

（2）广告行业自律。行业自律必须要由成员共同制定自律规章，作为本行业协会成员共同遵守的规范，并对整个行业形成一种行业指引，使整个行业都能够按照自律规章办事。

中国广告协会先后制定和通过了《广告行业自律规则》、《广告行业岗位职务规范》（试行）、《广告活动道德规范》、《广告宣传文明自律规则》、《广告公平竞争自律守则》等自律规章。

15.5　社会对广告的监督

1. 社会监督的必要性

首先，社会监督是广告监管依靠社会和消费者主动参与的重要手段。由于广告的特殊性，广告监管已经并非只是关系广告行业的事，而是关系到全社会公共利益的大事，要求社会和公众共同关心和参与，社会监督就是社会和公众主动参与的重要手段。

其次，社会监督是广告监管公开化、透明化的具体体现。社会参与广告监管，对违法广告行为进行揭露，让全社会都认识到广告管制的重要性，社会各个层面都来关心广告，使广告管制公开化、透明化，不仅不会影响到国家对广告的管理，反而对广告的管理是一种促进和帮助。

2. 社会监督的主要途径

社会对广告进行监督的途径主要有以下三个方面。

（1）新闻媒体的舆论监督。对违法广告行为，通过新闻媒体的报道和揭露，使之公之于众，一方面可以为广告管制机关提供线索；另一方面，也可以使消费者了解真相，避免上当受骗；此外，也使这些违法广告行为的制造者受到舆论压力，迅速采取措施，改正错误。目前，国内已有新闻媒体计划开设“虚假违法广告曝光台”，此举措无疑会有力打击虚假违法广告的猖狂气焰。

新闻链接

青岛将在报纸开设“虚假违法广告曝光台”

2011 年 5 月 31 日，青岛市工商局召开新闻通报会，向与会的 20 多家新闻媒体宣布该局将在《青岛日报》开辟“虚假违法广告曝光台”专栏，及时向社会通报监测发现和立案查处的虚假违法广告案件，必要时将把违规的新闻媒体名字公布于众。

近年来，青岛有些媒体刊发的医药类虚假违法广告，肆意夸大疗效，利用专家和患者名义进行虚假宣传，不仅严重误导消费，损害群众身心健康，而且大大削弱了媒体的公信力，败坏了社会风气，损害了党和政府的形象，成为社会一大公害。部分人大代表和政协委员连续几年提出关于加强违法医药广告监管的建议和提案，很多市民也通过多种渠道反映相关诉求。

对此，青岛市工商局牵头建立了全市整治虚假违法广告部门联席会议制度，与 11 个成员单位联合制定整治实施方案，采取每月制发全市媒体广告监测通报，每季度发布查处虚假违法广告公告，对部分严重违法广告主体从严查处、责令停止发布广告等措施，不断加大整治打击力度。

进入 2011 年以来，青岛市政府更加重视媒体广告监管工作，对相关政协提案实行挂牌督办。4 月下旬以来，秦敏副市长先后组织召开了 3 次提案办理工作协调会，要求加大查处力度，强化行业自律。青岛市工商局作为此次专项整治工作的牵头部门，做了大量具体细致的工作：市局主要领导和分管领导多次与各媒体负责人进行约谈，提出指导规范意见和建议；以现场授课和网络视频方式组织举办了全市广告审查员培训班，指导各媒体和企业广告审查人员熟练掌握广告法律法规，提高辨别违法广告的能力和水平；坚持每天对报纸、广播、电视等媒体发布的医药类广告实行 24 小时监测，定期发布《广告监测通报》，对发现的涉嫌违法医药广告在第一时间向媒体下达行政告诫书，责令立即停止发布；对整治期间媒体违规发布的 52 起重点医药广告案件，抽调精干力量限时从严、从快依法查处；密切与相关职能部门配合，及时将广告监测和案件查办情况向相关部门通报，形成整治合力。相关部门也加大了工作力度：青岛市卫生局专门召开医疗机构医疗广告发布情况通报会，集中力量开展对违规发布医疗广告医疗机构的专项整治，对 21 家医疗机构下达责令改正意见书，对 6 家医疗机构给予警告，情节严重的将采取停业整顿和吊销诊疗科目的处罚；市食品药品监管局进一步加强广告监测，并报请省局批复，对擅自发布违法广告的 3 种药品采取暂停在全市销售的强制措施；青岛市文化市场行政执法局组织对各医疗机构和药店擅自出版印刷和散发的非法刊物和报型出版物进行了集中清理，同时对有关报刊出版单位实施审读，坚决查处医疗广告违法违规行为；市委宣传部专门召开新闻媒体负责人会议，严格规范广告刊播行为，并将治理媒体违规违法广告列入全市新闻战线“三项学习教育”活动的重点内容。各部门各司其职，齐抓共管，迅速遏制了违法医药广告发布行为。

在监管部门强化措施狠抓落实的同时，《青岛日报》报业集团率先行动，于 2011 年 5 月 9

日通过《青岛日报》、《青岛早报》、《青岛晚报》等媒体郑重向社会承诺，认真履行广告审查义务，从源头杜绝刊登违法医药广告；青岛市广播电视台于5月11日召开加强治理违法医药广告工作专题会议，在全台开展专项治理整顿；其他媒体也主动整改，停止发布了大量违法医药广告，使青岛市媒体广告市场迅速得到净化，收到了良好的社会效果。

青岛工商局有关人员告诉记者，“虚假违法广告曝光台”专栏的设立，将借助媒体的快速广泛传播渠道，向社会公众及时曝光各类虚假违法广告，有效解决大众广告信息不对称的问题，起到以正视听的效果，帮助市民及时了解到广告监管部门监测发现和依法查处的各类虚假违法广告情况，防止误导，理性消费，从而彻底清除不法商家的立足和生存空间。另一方面，“曝光台”专栏的设立，也有助于媒体广告行业的自律，起到相互监督的作用，进一步推进虚假违法广告整治工作不断走向深入，共同创造良好的城市宣传环境。

资料来源：张庆申等，法制网，2011年5月31日。

（2）社会团体的积极参与。对于违法广告行为的监督，一些社会团体的积极参与是必不可少的。因为这些社会团体成立的宗旨就是关注社会公众利益，保护公民的合法权益不被侵犯。在我国，对损害消费者利益的违法广告行为，消费者协会应义不容辞地给予消费者以关心和帮助；对损害到妇女和儿童合法权益的违法广告行为，妇联的参与是理所当然的；此外，残疾人联合会关注损害残疾人利益的违法广告行为；宗教界联合会关注损害宗教界合法权益的违法广告行为；等等。这些都是合理而且正当的社会监督行为。

阅读材料15-4 中国消费者协会

中国消费者协会于1984年12月经国务院批准成立，是对商品和服务进行社会监督的保护消费者合法权益的全国性社会团体。其经费由政府资助和社会赞助。

中国消费者协会的宗旨是，对商品和服务进行社会监督，保护消费者的合法权益，引导广大消费者合理、科学消费，促进社会主义市场经济健康发展。

法定职能

根据《中华人民共和国消费者权益保护法》，中国消费者协会及其指导下的各级协会履行以下七项职能：

（1）向消费者提供消费信息和咨询服务；

（2）参与有关行政部门对商品和服务的监督、检查；

（3）就有关消费者合法权益的问题，向有关行政部门反映、查询，提出建议；

（4）受理消费者的投诉，并对投诉事项进行调查、调解；

（5）投诉事项涉及商品和服务质量问题的，可以提请鉴定部门鉴定，鉴定部门应当告知鉴定结论；

(6) 就损害消费者合法权益的行为，支持受损害的消费者提起诉讼；

(7) 对损害消费者合法权益的行为，通过大众传播媒介予以揭露、批评。

组织机构

中国消费者协会的组织机构是理事会。理事由各政府有关部门、人民团体、新闻媒体、各省、自治区、直辖市及计划单列市消费者协会（委员会，下同）以及各有关方面的消费者代表协商推举产生。理事会全体会议每年召开一次。闭会期间，由常务理事会行使理事会职权。协会的日常工作由常设办事机构承担，秘书长、副秘书长专职管理，并向会长负责。

(3) 公民举报投诉。每个公民都有责任和义务对违反法律的行为进行揭露。同时，在公民个人的合法权益受到不法侵犯时，可以向政府主管部门反映和投诉，也可以通过法律途径提起法律诉讼。当公民发现某一广告行为违反法律法规或侵犯了自己的合法权益的时候，可以向广告管制机关举报和投诉，或者向司法机关提起法律诉讼，以保障社会公共利益和自己的合法权益不被侵犯。

15.6 我国广告管制的问题及今后改善方向

随着广告业的发展，我国的广告管制从不完善向完善发展，逐步形成我国特色的广告管制体系。我国已经实施《广告法》以及相关的法律，如《消费者权益保护法》、《反不正当竞争法》等，实施《广告管制条例》等行政法规和《广告审查标准》等行政规章。

特别是1995年2月1日开始实施《广告法》以来，工商行政管理部门做了大量工作，积累了有益的经验。政府行政管理局先后制定了广告管制行政规章及规范性文件30余件。一些地方制定了地方的广告法规和规章。广告监管的各个主要方面基本做到有法可依。针对社会和群众反映的突出问题，各地工商行政管理机关集中开展广告市场专项治理，有效遏制违法广告蔓延势头，维护了广告经营秩序。仅2010年全年工商系统共查处各类广告违法案件46889件，罚没款2.44亿元。在历年违法广告案件中，医药广告一直高居榜首。医药行业已成违法广告的“重灾区”。

知识链接 **常见的违法医药广告表现形式**

违法药品广告表现形式多种多样，它们通过各种各样的方法达到欺骗、诱导消费者购买其药品获取暴利的目的。

以下是违法药品广告常见的几种表现形式：

(1) 缺少药品生产批号、广告审查批准文号的广告或超出有效期的药品广告。广告审查批准文号为10位数，前6位为审查年份、月份，后4位代表药品广告序号。根据《药品管理法》第六十条规定：“未取得药品广告批准文号的，不得发布；”《药品广告审查办法》第十五条规定：“药品广告批准文号有效期为1年，到期作废。”东北虎药业股份有限公司制药分公司生产的“蛹虫草菌粉胶囊”，无广告批准文号；山西正元盛邦制药有限公司生产的“三宝胶囊”，使用过期广告批准文号。

（2）用绝对化的语言表示的药品广告。如含有“国家级新药”、“药之王”、“最高科学”、“最新技术”、“最先进治法”等以及含有“保险公司保险”、“无效退款”、“治愈率百分之百”等的广告。

（3）产品名称宣传不规范，使用科研机构、学术机构、医疗机构或专家、医师、患者名义或形象做证明和使用儿童名义或形象，以儿童为广告诉求对象的药品广告。青岛海尔药业有限公司生产的“海名威牌海麒舒肝胶囊”，该药品广告将产品名称宣传为“海名威”，并利用患者形象做证明；陕西东泰制药有限公司生产的“泌尿宁胶囊”，宣传为“金败毒”；山西正元盛邦制药有限公司生产的“三宝胶囊”，宣传为“耳通三宝”，并使用国家机关、科研单位以及利用患者形象做证明等。《药品管理法》第六十一条明确规定上述行为是不得有的行为。

（4）处方药在大众媒介发布广告。《药品管理法》第六十条第二款规定：处方药不得在大众传播媒介发布广告。而陕西东泰制药有限公司生产的“泌尿宁胶囊”、青岛海尔药业有限公司生产的“海名威牌海麒舒肝胶囊”、太极集团生产的“曲美”均为处方药，却在大众媒介发布广告。

（5）不科学表示功效的断言和保证。辽宁先臻制药有限公司生产的“清脑降压片”，其药品广告宣称：“……高压180左右患者，服药1个疗程，血压可以控制在130以下，3个疗程可停药；高压超过200的重病患者，最多服用4个疗程即可停药。停药后请您放心，你的血压不会再高了；”通化神龙药业股份有限公司生产的“脑心安胶囊”，该药品广告宣称：“心脏病七八年，吃了脑心安1盒就见效；总有效率达到98.9%。”《药品管理法》第六十一条第二款规定：“药品广告不得含有不科学的表示功效的断言或保证。”

（6）产品功能主治的宣传超出批准的内容。《药品管理法》第六十一条规定：“药品广告内容必须真实、合法，以国务院药品监督管理部门批准的说明书为准，不得含有虚假的内容。”而不少药品广告公然违反本条规定。如西安德天药业股份有限公司生产的“参龟固本酒”，其功能主治为“益气养血，健脾滋肾，祛湿活络”。广告宣称：“中华中医药学会推荐，五大疾病的绿色终结者；主治心脑血管、风湿性疾病、肾病、胃病、贫血；只需7天，夜

图15-4 参龟固本酒报纸广告

尿多现象得以消除，胃功能得到恢复。”

(7) 通过有奖销售、让利销售及馈赠、降价等形式进行宣传的药品广告。

(8) 通过直接显示疾病症状、病理和医疗诊断画面进行宣传的药品广告。

(9) 非药品宣传药品功效。属于保健用品的日本“一度明”，其在广告中宣称：日本著名眼科专家、代代木生物工程研究院首席科学家福田度明教授以此为核心技术，配合汉方中药，研制出新一代酶解珍珠技术的新型高科技眼贴，既疏通泪腺，增强眼部洁净功能；又快速激活“眼筛”，打通眼睛的内排毒通道，清除自由基和变异蛋白；还通过汉方中药成分改善眼部血液循环，增加供养，启动修复程序，使玻璃体、晶状体、视神经得到恢复，从而逆转病变，清目复明。“兰葛降酸茶”在其广告中称：“尿酸降了、痛风好了。”《药品管理法》第六十一条第三款规定：“非药品广告不得有涉及药品的宣传。”

(10) 药品广告内容中有明示或暗示服用药品能应付现代紧张生活的需要，或增强性功能内容的。

请看下面一则违法广告：

一次洗肾，强过十年补肾，原装进口，纯天然澳鲨宝胶囊，没有任何副作用，当天服用当天见效，海中霸王，成就人中强者，让男人精足力勃、威猛无比！

著名表演艺术家侯耀华鼎力推荐！

你或你身边的人是不是无数次的补肾补肾、壮阳壮阳，结果效果甚微！性能力总是随着岁月的增长每况愈下，唉！想想生活在现在的物质生活不断提高的今天，本可以好好享受生活，可就是那方面的事真是有心无力啊！不是感情出现危机就是怕家里红杏出墙，真是郁闷得很啊！

澳鲨宝改善你的生活质量，升华你的感情！性福生活，唾手可得！

(11) 国家明令禁止发布的药品广告，如防疫制品、试生产期的药品、麻醉药品、毒性药品、放射性药品、艾滋病药品、改善和治疗性功能障碍的药品、精神药品、计划生育用药、戒毒药品等。

但是，我国广告市场的发展及其环境的变化，使广告监管立法、执法工作面临着新的任务和要求，在广告管制方面还存在一些问题。这些问题都是前进中的问题，根据我国广告市场的发展和环境的变化，需要进一步完善我国广告管制体系。

15.6.1 存在的问题

1. 广告法律体系不完善

虽然我国已经颁布实施《广告法》，但是广告管制的内容比较多而复杂，所以《广告法》还有未涉及的方面。例如，依据《广告法》第二条界定，广告主要是指商业广告，而如何管理和界定公益广告、社会性广告呢？又如，《广告法》第十三条规定，“大众媒介不得以新闻报道形式发布广告”。但是，目前所谓的“软性广告”问题比较严重，不少媒体以新闻报道形式为企业发布广告。那么，如何界定广告和新闻的问题?

特别是涉及广告管制的相关法律不多，而《广告法》只规定一般原则，所以在广告管制中有漏洞。例如，《广告法》第四条规定：“广告不得含有虚假的内容，不得欺骗和误导消费者。”但是，如何界定虚假广告、欺骗广告、误导消费者的广告?

2. 广告审查制度不完善

广告管制的一个很重要的方面就是对广告的审查。我国现行的广告审查制度，虽然在一定程度上对广告内容是否符合法定的发布标准起到了把关作用，但是，受我国广告业发展水平和广告经营机制、管理机制等因素制约，而不可避免地存在一些问题。这些问题体现在以下几个方面。

（1）广告审查制度主要采取广告经营者、广告发布者自查的方式。这样广告发布的质量就基本取决于各广告经营者和发布者。随着广告业的发展，广告经营者、广告发布者对广告进行审查的弊端日益暴露；一是由于广告涉及面广，一些涉及技术、性能、质量等内容的广告难以进行实质性审查，这种审查的准确性难以保证；二是由于广告经营者、广告发布者集经营和审查于一身，容易导致他们受经济利益的驱动，对广告主的一些不合法要求一味迁就，放松广告审查的标准，审查的公正性难以保证；三是广告经营者、广告发布者对广告管制法规，相对于广告管制机关来说重视不够，运用生疏，加之广告经营单位发展数量增长迅速，熟悉广告管制法规的广告审查员比较匮乏，因此，广告审查的法律水准难以保障。

阅读材料15－5 投放广告内容违法，经营者和发布者均担责

2008年3月，北京市东城区人民法院对北京炎黄杏林广告有限公司诉某报社广告发布合同纠纷案做出一审判决。

我国《广告法》第二十七条规定：“广告经营者、广告发布者依据法律、行政法规查验有关证明文件，核实广告内容。对内容不实或者证明文件不全的广告，广告经营者不得提供设计、制作、代理服务，广告发布者不得发布。”本条法律的规定本来是用以督促广告经营者和广告发布者在各自的工作环节共同履行对拟发布广告的审查义务，以保护广大消费者的合法权益。然而，长久以来，一些广告发布者通过在与广告经营者签订合同时，设置免责条款的方式将因发布违法广告导致的行政责任转移给广告公司，广告公司认为，媒体这样做是不想履行审查义务，从而引起纠纷。

原告诉称，原告由于代理相关产品在北京本地媒体的广告发放，与被告下属的某报刊达成广告投放协议，并交付被告预付广告费294 000元。此后，被告从中扣除175 132元据为己有，并声称该笔扣款为代收罚款。原告认为，被告以代收罚款名义扣押该笔款项的行为没有法律依据，所以要求被告将其自行扣收的款项返还原告。

被告辩称，因原告投放的广告内容违法，2006年10月30日，北京市工商局东城分局向被

告出具了行政处罚决定书，认为被告发布的“富硒灵芝宝”保健食品广告存在违反《广告法》第十六条、第十九条规定的情形，属于发布治疗肿瘤特殊药品广告及在食品广告中使用与药品相混淆用语进行宣传的行为，责令被告停止发布，并没收广告费 43 783 元、罚款175 132元。被告确实扣除了原告所述款项，但是依照原、被告签订的合同第四条约定：原告须向被告交纳罚款保证金人民币 20 万元，就上述合作期间原告代理该客户在该报刊的广告投放，导致的任何责任均应由原告全部承担，如被告因此遭受任何经济损失，被告有权直接从上述保证金中扣除，如上述保证金不足弥补被告遭受的损失，原告还须向被告补齐差额。因此，被告扣除该笔款项的行为具有合同依据，故不同意返还。

法院经审理认为，根据《广告法》相关规定，原、被告分别作为广告经营者、广告发布者，均应当依据法律、行政法规查验有关证明文件，核实广告内容，对内容不实或者证明文件不全的广告，原告不得提供设计、制作、代理服务，被告不得发布。根据协议约定，合作期间原告代理客户在某报社的广告投放，被告因此遭受经济损失有权直接从保证金中扣除。但是，被告被处以行政罚款的原因是由于其广告发布行为违反了《广告法》相关规定，属于发布治疗肿瘤特殊药品广告及在食品广告中使用与药品相混淆用语进行宣传的行为。因此，被告在广告发布的环节产生的责任不属于原告按照协议应当承担责任的范围，其经济损失也不应包括在内。

另外，原告由于其广告投放行为违反了《广告法》相关规定，亦被处以相应的行政罚款，足以证明原告的广告投放行为与被告的广告发布行为系不同主体的不同行为，原、被告分别作为广告经营者、广告发布者，依法应当各自承担其不同违法行为所产生的相应法律责任。原告要求被告返还保证金175 132元，理由正当，法院予以支持。最后，法院判决被告返还原告保证金175 132元及相应利息。

（2）广告审查机关的事前审查存在很大局限性。这表现在两个方面：一是事前审查的商品范围存在局限性，目前仅限于药品、医疗器械、农药、兽药、社会力量办学五种商品和服务广告。而对社会反应较大、数量较多的房地产、保健食品、化妆品、医疗服务、金融等反面的广告，尚未纳入事前审查的范围；二是广告审查机关掌握广告法规有局限性，广告审查机关的审查人员对大量的广告法规缺乏了解和掌握，对广告中除专业技术外的其他内容的审查较为困难。

（3）广告审查委员会的事前审查已经停止。国家工商行政管理局在 1993 年下发《关于在部分城市进行广告代理制和广告发布前审查试点工作的意见》，尝试通过建立广告审查委员会来克服当时广告审查制度中经营与审查一体化的弊病。但由广告监督管理机关建立的广告审查机关，一开始就存在三个方面的缺陷：一是广告审查委员会的法律地位不明确，广告审查委员会的机构、性质和地位不明确，使实际工作的操作受到影响；二是广告审查委员会的法律责任不明确，广告审查委员会对广告审查通过的广告是否承担责任及承担什么样的责任，因其机构本身法律地位的不明确，也无从明确；三是其地位不超脱，集审查与执法于一体，影响公正执法。因此，广告审查委员会的工作已于1998年全面停止。

（4）广告业组织的事前咨询，因其采取自愿委托的原则，其适应范围受到一定限制；咨询服务的各方面之间是民事代理关系，所以咨询意见不具有行政的强制约束力。

（5）广告监督管理机关的广告审查以事后审查为主，监测、检查都是广告发布之后进行的，即使对违法广告做出了行政处罚，也只起到事后的教育、惩戒作用。而且受监管力量的限制，检查面较窄，使大量违禁、虚假广告不能得以及时查处。

3. 广告自律不强

广告自律是广告行业自律地对广告进行事前或事后的审查，制作公正的广告，从而正确引导消费者。所以广告自律也与以法律为依据的他律管制一样，在广告管制中起非常重要的作用。但是目前我国的广告自律起步较晚，还存在一些问题。我国的广告管制方式主要是以政府为主导的他律管制方式，而自律管制起的作用不大。

我国最大的广告行业协会——中国广告协会是国家工商行政管理局指导下的广告行业组织，所以，它还是没有完全摆脱行政隶属关系。虽然，中国广告协会已经颁布了《广告行业自律规则》、《广告公平竞争自律守则》等自律规章，但是其内容比较一般，没有详细地规定违反自律规则行为的控告或审查程序，甚至没有规定广告自律审查机构。所以，这些广告自律规则或守则主要具有宣言性的意义，而实践意义不大。

阅读材料15-5 《广告法》第三十条为什么执行难

《广告法》第三十条规定：广告发布者向广告主、广告经营者提供的媒介覆盖率、收视率、发行量等资料应该真实。但在目前蓬勃发展的中国广告业中，一股暗流正为激烈竞争的广告业市场蒙上一层阴影——隐瞒和夸大报刊真实发行量的现象已在相当一部分报社、杂志社严重存在：发行几千份的杂志居然声称自己的发行量有几万份；发行几万份的报纸更敢扬言发行有几十万份；发行几十万份的报纸就往往大言不惭地宣布自己的发行量已达到上百万份。而同一份报纸的发行量，不同的部门查询，往往有不同的答案：税务部门查询，就往少里报；广告主、广告经营者查询，就往多里报。

这种虚报发行量的现象虽然有可能暂时保全媒体领导的政绩，也有可能在短期内赢得一定的广告收入；但从长期看，无论是对受众、广告客户，还是对刊物自身来说，不能客观、真实、准确公布发行量害处颇大，它不仅严重损害了广告客户的利益，也严重损害了同业和竞争对手的利益，而且虚报发行量的行为一旦被发现、披露或戳穿，必将严重损害媒体自身的形象和声誉。

虽然虚报发行量的危害性十分严重，但作为广告业的监管机关——工商行政管理部门，面对这种违法行为，却往往无能为力，主要是因为：

（1）法律规定不完善，缺乏可操作性。尽管《广告法》第三十条规定：广告发布者向广告主、广告经营者提供的发行量资料应该真实。但是，却未同时规定提供发行量的途径、方式、方法，未制定相应的程序和规则，也未对违反法律、法规的行为制定相应的罚则。有禁则而无罚则，不能成为完善的法律，由此造成众多的媒体肆无忌惮地虚报发行量而不必担心受到有关部门的处罚。

(2) 各界人士对虚报发行量的行为的危害性认识不清。当一种商品“缺斤短两”时，人们往往会感到很气愤，而当媒体虚报发行量，有人却觉得无所谓。人们往往不把媒体视为一种商品，往往给它蒙上一层浓厚的政治色彩。人们没有认识到，这种行为对市场经济的破坏，最终受到利益损害的，还是广大消费者。

为了消除虚报发行量现象，笔者认为应从以下三个方面进行努力：

首先，完善法律法规，做到“有法可依”。这不仅要求制定切实可行的公布媒体发行量的规则，而且还要针对虚报发行量的违法行为，制定相应的处罚规定，给不法经营者以法律制裁，进行经济处罚，使其“得不偿失”。

其次，加快行业组织建设的步伐，积极推进行业自律。目前，中国广告协会和中国报业协会正在组建中国的 ABC——中国报业发行量认定委员会。它是由广告主、广告公司及媒体所组成的非营业性组织，通过严格的查证，提供付费发行量认证。但由于该组织是自律性质的非官方机构，能否有效运行，很大程度上取决于媒体经营者的自律意识，以及政府法治建设的完善程度等外部环境。

最后，重视独立第三方——媒体调查机构的作用，加强社会舆论监督。独立于广告主、广告经营者、媒体的媒介调查机构，必须是独立、公正、专业的调查机构，其通过科学调查得到的发行量等数据，才能公正、规范地为各界服务；同时，发行量等数据公开，接受社会监督。

资料来源：广文，《广告法第三十条为什么执行难》，《现代广告》，1999 年第 7 期，第 86 页。

15.6.2　借鉴外国广告管制经验，完善我国广告管制体系

那么，如何克服广告管制上存在的问题，从而使我国广告业健康迅速发展？我们可以借鉴一些发达国家在广告管制方面积累的经验。

1. 美国的广告管制

美国的广告管制基本上由政府管理和广告业的自律两大体系构成，此外消费者监督也起了重要作用。美国政府通过广告立法活动来加强对广告的管理。涉及广告管制的法规很多，其中最重要的是《联邦贸易委员会法》。该法规定了虚假广告的含义、法律责任、虚假广告的管理机关。该法第十五条规定，虚假广告是指在主要方面是欺骗性的广告；第十二条规定，任何个人、合伙人、公司传播或者导致传播虚假广告，都是非法的。该法第一条规定，虚假广告的管理机关是联邦委员会，该委员会的委员由总统任命，经参议院推荐及批准。对于虚假广告，该委员会可以发

出禁止令。美国涉及广告管制的法规还有：1906 年颁布的《食品与医药卫生法》、1911 年颁布的《印刷物广告法案》、1938 年颁布的《食品、药物和化学物品法》，以后的《不当包装与商标法》、《消费者信贷保护法》、《玩具安全法》等法规均对广告活动做了明确规定，并把不真实的欺骗性的广告列入禁止和制裁之列。

美国的广告业自律十分严格，广告业的自律受到广告界自身、消费者及政府的欢迎。有了广告行业自律组织的帮助和审查，广告业人员可以减少因违法而受到重罚的风险，消费者也有了一个不用诉诸法律就可以解决因虚假广告而受到损害的问题的地方，政府由此也减轻了负担。美国的广告业自律体系比较健全，政府通过行业组织审查广告、处理纠纷，收到了良好的效果。美国的行业自律体系包括全国广告业行业自律、地方广告业自律、行业协会自律。全国广告审查理事会是美国全国性的广告自律机构，下设两个广告管制部门，一个是全国广告部，另一个是广告审查委员会。全国广告部有权要求广告主修改广告或停止刊播广告。全国广告审查委员主要是在全国广告部调解无效的情况下，负责仲裁经过全国广告部调查和调解上诉的案件。如广告主对做出的裁决不服，则案件移交有关的政府机构处理。地方广告自律机构主要是各地的营业质量促进局。美国有很多的行业组织，一般来说，每个广告公司、广告主和媒介团体至少是一个行业协会的会员。协会成员必须遵守协会的规定。

总之，通过广告行业的自律，不仅提高了广告的信誉，维护了消费者的利益，还有力地促进了广告行业的健康发展。

2. 英国的广告管制

英国政府对广告的管理主要是制定法律。英国是世界上第一个通过广告法规来加强广告管制的国家，也是广告法规比较健全的国家之一。英国广告管制法律法规包括判例法和成文法两种，而以判例法为主。以成文法出现的法律法规大多散见于有关法律法规中，大约 40 多个法律法规中涉及限制、管理或影响广告的内容，比较重要的有《公平贸易法》、《儿童与青年法》、《食品和药物法》、《消费者保护法》、《版权法》、《诽谤法》、《商标法》、《独立广播电台法规》、《消费者信用法》等。

英国 1907 年颁布的《广告法》，是世界广告发展史上最早的比较完整的广告法。该法规规定禁止广告妨碍娱乐场所、公园、风景地段的自然美；1952 年，该法修订版规定凡影响乡村风景、公路、铁路、水道、公共场所及任何有历史价值的建筑物场所，均禁止广告；1972 年，又增加了禁止广告装饰车辆行驶街市等规定。

英国的广告标准局是英国广告业重要的自律组织。该组织由广告界出资，于 1962 年在广告时间法规委员会的基础上成立，并在 1974 年重新组建。广告标准局的局长是独立于广告界的人士，他有权指定 12 人组成的广告标准局理事会，12 人中的半数以上是来自广告界之外，与广告业无任何利益关系的人士。因此，英国广告标准局不属于纯粹性的自律机构。英国广告标准局的具体职责有两项：一是审查广告，二是受理申诉。

英国广告业自律组织还有电视广告研究联合委员会和发行量审计局，他们负责确定电视广告收费率和报刊发行量。英国其他的广告自律团体还包括：广告人联合会、广告商协会、独立电视公司协会、报纸出版者协会、期刊出版者协会等，他们分别对本专业的广告进行一定的管理。

3. 日本的广告管制

虽然日本尚未有一部专门性的广告法，但是各种有关的法律、条例、规约、标准等都对广告活动做了明确的规定，形成了一个庞大的广告法治网络。日本政府实施广告管制所涉及的法律主要有《民法》、《不正当竞争防治法》、《不当赠品及不当表示防治法》、《户外广告物法》、《消费者保护基本法》等。

日本的《民法》中第五百二十九条到第五百三十二条规定了广告主、广告代理公司及媒介三者之间的权力与义务，为调节广告法律关系确立了基本的法律规范。《不正当竞争防止法》制定于 1934 年，1975 年又进行了修改。该法从防止不正当竞争的角度对广告做了禁止性规定：一是在广告上对商品的质量、内容、制作方法、用途或数量做出令人误解的表示；二是在广告中对商品的原产地做虚假表示；三是在广告上做出可以使人错认为该商品是在出产、制造或加工地以外的地方出产、制作或加工的表示；四是陈述虚假事实，妨害有竞争关系的他人信用。

日本的广告行政执法机构为公正交易委员会，从 1972 年开始其行政权力逐步下放给地方公共团体的消费者关系部门。

日本广告业的自律是比较完善和严密的。日本广告业自律是在遵守各项法律基础上的自我限制，对推动日本广告业的健康快速发展起到了重要作用。

从 1947 年 2 月 17 日成立日本广告会（现名为东京广告会）至今，日本已成立了数十个广告协会团体，其中最有影响的是全日本广告纲领。它指定的《日本广告业协会伦理纲要》是日本广告行业自律的一个样板。该纲领提出：日本广告业要通过广告，承担起提供将生产和消费、需求和效果、社会和个人联结起来的生活信息的责任，发挥广告业的社会效益，为建设物质丰富的社会贡献力量。

日本广告业自律机构十分健全，分工细密，遍及广告业的各个部门和方面，包括日本新闻协会、日本杂志广告协会、全日本户外广告联合会、广告主协会、日本广告审查机构等。这些自律机构都制定了本行业广告活动应当遵守的规则。日本广告审查机构的主要任务是接受、处理、审查、指导有关广告的询问，协调消费者团体与政府主管机关之间的关系，在广告主、媒介、广告业各自律团体之间做联系、合作的行动等。

日本广告业自律的严谨、细致、全面、具体，还表现在除广告业的行业协会外，其他各行业协会也制定了本行业广告应当遵守的规则。

4. 韩国的广告管制

韩国也没有专门性的广告法，但是涉及广告限制及管理的法律法规有 180 多种，其中代表性的法律为 1980 年颁布的《反垄断及公正交易法》。韩国的有关广告的法律法规大致分为四种类型：一是有关商业交易的法律法规，如《商法》、《反垄断及公正交易法》、《不公正竞争防止法》、《商标法》等；二是有关广告媒体的法律法规，如《广播法》、《韩国放松广告公社法》、《综合有线广播法》、《定期刊物登记法》、《户外广告管制法》等；三是有关广告业务的法律法规，如《国民投票法》、《公演法》、《消费者保护法》、《产业设计包装法》、《电影法》等；四是有关限制广告行为及表现的法律法规，如《儿童福祉法》、《未成年人保护法》、《食品卫生法》、《公共卫生法》、《广播审查规定》、《印刷出版物广告审查规定》等。

韩国的主要广告行政执法机构为公正交易委员会和放送（广播）委员会。由放送委员会根据《广播法》事前审查电视广播广告。

韩国广告业的自律大致分为中央自律规则、广告团体自律规则、媒介自律规则。1991 年成立的韩国中央广告自律审查机构，其主要业务是广告的自律审查、审查或调解由广告引起的纠纷案或举报案、有关广告表现的咨询等。中央广告自律审查机构是由 12 个团体组成的，这些团体是韩国广告主协会、韩国新闻协会广告协会、韩国放送协会、韩国广告业协会、韩国广告公司协会、韩国杂志协会、韩国制约协会、韩国 CF 制作公司协会、韩国广告摄影家协会、韩国广告学会、韩国言论协会、韩国周刊新闻协会。另外，各广告团体也制定自律规则，如韩国广告协会的广告伦理纲领、韩国广告主协会的伦理纲领、韩国广告团体联合会的广告伦理纲领。韩国的各媒介也规定广告伦理纲领或广告刊载标准等自律规则。

从上述美国、英国、日本、韩国广告管制的考察中，我们可以看出，这些国家的广告法律法规比较全面、系统，广告业的自律体系也比较完善，具有较强的约束力。并且法律规则与自律规则相协调。我国可以借鉴国外的经验，改变现在完全由政府行政管理的现状，提高加强广告业的自律，以自律的方式来监管广告，增强广告协会的监管作用。特别是我国《广告法》以及其他法规，有些内容是原则性的，而没有规定具体的行为规范，这在具体管制过程中往往引起漏洞。

本章小结

广告管制的最终目的是为了保护消费者的权益，其管制领域主要包括政府管制、自律管制、社会控制和市场调节四个方面。根据《广告法》规定，县级以上政府工商行政管理部门是法定的广告管制机关，负责对所有广告活动实施监督和管理。

我国广告行政管制的主要内容有：对从事广告经营和广告发布活动的管制、对广告主的管制和广告审查制度。不过，行政管制仅是维护广告秩序、保护消费者权益的一种手段，此外，社会对广告的监督也是十分必要的。

我国的广告管制目前还存在着诸多问题，违法广告现象层出不穷，这里既有法制不健全、相关主管部门监管不力等问题，同时还有广告发布者、广告公司、媒介等缺乏自律有关。

本章最后一节论述了我国广告管制的问题及今后改善的方向，并介绍了一些发达国家广告管制的基本内容与特征。

思考题

1. 广告管制的领域包括哪些方面？
2. 我国广告管制的法规体系如何？
3. 我国广告行政管制的内容包括哪些方面？
4. 广告行业为什么需要自律？
5. 社会为什么对广告活动进行监督？
6. 目前我国广告管制存在的主要问题是什么？
7. 今后如何完善我国的广告管制？
8. 为什么医药广告违法事件屡禁不止？

案例讨论

拜迪蕾娜红酒木瓜靓汤广告

产品介绍

红酒木瓜靓汤由韩国庆熙大学女性生理研究院、韩国 BEAUT YLINE 精细化工株式会社联合研发。目前已在韩国、日本、新加坡、泰国等国家畅销 5 年之久，2009 年引进中国，并且大量投入生产。

红酒木瓜靓汤采用国际女子美体界公认最先进的乳房腺泡促进理论，结合欧洲最尖端的冷冻萃取技术深层修复、激活、供养，使乳房细胞二次发育，一次解决胸小、胸平、外扩、松弛下垂、弹性差、乳晕黑、皮肤粗糙的情况，让罩杯 A 升 D，双峰圆、挺、弹、跳、嫩重新变提丰满、坚挺。红酒木瓜靓汤与其他丰胸产品最大的不同就是，它在增大罩杯的同时，修复不完美胸型，同时加强全身皮肤的光泽和紧实度，无论是先天发育不良、还是后天胸型改变，只要 60 天就能从头靓到脚，身上的每一个部位都散发着诱惑气息。

红酒木瓜靓汤已经获批了韩国专利，在国内也严格按照国际 GMP、国家食品药品安全质量标准生产，并通过卫生部、国家质量监督管理局的检测认证，无重金属残留、无化学成分、无任何添加剂和防腐剂，100% 绿色安全。

产品功效

乳房丰满磁力大增，紧紧吸住男人眼

平坦的胸部鼓胀起来，衬衣的扣子总是扣不牢，罩杯从 A 换到了 D，老公的手掌都握不住了，不再是前胸后背一样平，紧身衣勾勒出动人的曲线。

弹翘挺拔曲线火辣，老公说手感超好

垂头丧气的乳房高耸，不穿胸罩，一样傲立胸前，以前松懈、下垂，现在变得结实有弹性，圆润饱满，摸着超有手感。

深V乳沟，惹得他眼飘飘、心痒痒

两胸高耸、集中，不再外扩了，一道深不见底的乳沟出现了，穿上吊带、低胸，戴上项链，你就是最性感的深U女郎。

乳头粉嫩，乳房白嫩又可爱，又性感

灰褐色、咖啡色、暗红色、黝黑的乳头、乳晕颜色开始变淡，像小女生一样的粉红色的，肉嘟嘟的，非常可爱，乳房肌肤变得白嫩细滑了。

作用机理

突破1：从乳房扁平根源入手，丰胸效果又快又好！

红酒木瓜靓汤的木瓜丰胸酵，能直达卵巢和乳腺细胞，调节卵巢功能，雌激素分泌更加旺盛，同时直接供给乳房细胞营养，使之从干瘪恢复到丰盈饱满的状态。

突破2：清除体内垃圾，兼顾丰胸、美乳嫩肤！

红酒木瓜靓汤中的红酒多酚成分具有清除体内垃圾、恢复皮肤年轻状的功能，98%女性喝过后表示：脸上的色斑淡了，全身的皮肤都变得更亮、更白，更有弹性，更水嫩了。

突破3：纯属天然，安全持久，决不反弹！

红酒木瓜靓汤所有原材料都来自无污染、原生态生产基地，既能保证绿色纯天然，而且经过人体测试，喝过后没有任何副作用，在经期也可以照常喝，停喝后也不会有反弹。

小胸女人的困惑

某公司招聘，总经理犹豫不决，A女北大硕士；B女社会资源丰富，最后经公司讨论表决，选胸大的，因为他们认为胸大的女生更自信，深受客户喜爱，与同事也能友好相处，还能提高公司形象。

跟女性朋友们出去，只能当陪衬她们的绿叶，在聚会上帅哥向她们蜂拥而来，自己却无人问津；身边的男孩子不但对自己没兴趣，还成为他们取笑的对象，渐渐的就被“剩下”了，心理越来越不平衡。男友越来越难交，每次听说有人结婚，就咒他们马上离婚。

无论你乳房有多坚挺，只要结婚、生育、哺乳后，乳房就会松弛下垂，以前穿上衣服胸前高高鼓起，深深的乳沟极其诱人；现在穿再好看的衣服，胸前还是软塌塌，挺不起来，女性的吸引力一下子降到了零。

都说要抓住男人的心就必须抓住男人的胃，但事实是男人对女人的要求也提高了，不仅要下得厨房还要上得厅堂，不说国貌天姿，至少也要胸大，要有在哥们面前吹嘘的资本，如果胸小，就算你菜做的再香，你也只能当个煮饭婆，不是他心底里热爱的妻。

消费者体验

我相信男人喜欢胸大的，因为就算你漂亮，等有一天他看习惯了，就会挑剔你的不是了，比如说胸小，就幻想摸大的是什么感觉，容易出轨！喝汤丰胸，大的好快呀！男人都是用下半身思考的动物，他们不会花时间去发掘一个女孩的内在美和气质，只会在乎瞬间的“感官美”，胸大绝对是抓住男人心的最利武器！

脸蛋再漂亮也只能远观，还是胸大的吃香，而且关上灯后再漂亮的脸蛋也看不到，只有胸才让人感觉到，大部分男人们都喜欢“双手捧定，一头扎进去”的感觉，所以平胸MM们赶快喝汤丰胸吧！

是大胸女自然的沟好看还是拼命挤出来的沟好看？赶快喝汤丰胸变D女吧？那走路一颤一颤的想不吸引你目光都没办法。

男人看女人第一眼大多是看胸部的，我喝汤丰胸变珠穆朗玛峰杯后，特别喜欢跟飞机场站在一起，珠穆朗玛峰当然离人的眼睛比较近，一下子就跳出来了。

我喝汤丰胸3个月，已经从B到D了，小时候隔壁的老奶奶就说：吃豆腐吃得烫，娶老婆娶得胖!!! 波大屁股大可以生儿子，而且，男人喜欢女人咪咪大就像女人喜欢男人个子高一个样。

流行热卖

在日本和韩国喝汤丰胸大行其道，已经取代了手术填充，无论是影坛明星，还是工薪阶层都爱上这种纯天然、最安全有效的红酒靓汤，在泰国、越南、新加坡等东南亚国家也掀起了喝汤丰胸的热潮，2000多家美体中心一致推荐红酒木瓜靓汤，去年的销售额已经达到丰胸类的第一名。

经美体中心售后数据反馈：超过八成试用者在3天内已能乳房变得有活力，一周后乳房逐渐增大，有明显的饱满感和坚实感，24天后乳房轮廓、形态美化，罩杯升级1－2CUP，总有效高达93.75%。

……

问题讨论

上述广告是否涉嫌违法？请说明理由。

第 *16* 章

广告与社会

本章导读

当今社会，消费者的价值观和生活方式越来越多元化。消费者对物质享受的追求、对提高生活品质的渴望以及对于改善环境的意愿比任何时候都要强烈。与此同时，消费者对广告的伦理性，进而对广告社会作用的批判呼声也日益增高。这也是与社会整体的变化相符的。广告在产业化、信息化和国际化的社会中的地位逐步提升，影响力日益增大。广告作为一个产业与经济和社会的发展有着不可分割的关系。本章主要介绍广告对经济、社会与文化的影响，广告对老年人消费者的影响，广告对儿童消费者的影响以及广告对女性消费者的影响等知识。通过本章学习，我们可以进一步加深对广告的全面理解和认识。

开篇案例　**夏士莲洗发水电视广告**

镜头一：一位风姿卓绝的中国姑娘穿着非常暴露的上衣，展示给旁边的一个外国男人看，这个男人只是瞟了一眼，继续看他的报纸，女性声音："他说这样没关系。"

镜头二：还是这位中国姑娘穿着长裙，裙子的中缝开得很高，露出性感的大腿，继续展示给那位外国男人看。这个男人还是不动声色。女性声音："他说这也没关系。"

镜头三：该女子原先的长发变成了又短又乱的短发。这次外国男人看到后勃然大怒，拍案而起："绝对不行。"

镜头四：女子恢复了原先的长发，经过处理以后油光发亮（画面上出现"夏士莲"的广告语）。

分析：如今，越来越多的美女模特出现在广告画面中，她们一个个姿色靓丽清新可人，因而吸引了无数受众的眼球。然而，众多广告中女主角的出现只是为了让男性欣赏。在本案例中，女性外表装束与身体"管理"必须得到男性的认可，这种"管理"的目的就是取悦于男性。有些广告甚至利用汉语的特点，大量使用露骨的性隐语，比如"一戴天娇"、"丰胸化吉"、"从小到大的关怀"、"做女人'挺'好"、"不要让男人一手掌握"等等。显然，这些广告均具有一定的性别歧视，此类广告大量涌现，值得我们整个社会反思。

16.1 广告对经济、社会和文化的影响

16.1.1 广告对经济的影响

关于广告对经济的影响，主要有两种观点。一种是市场力的观点（market power school），另一种是市场竞争力的观点（market competition school）。

从市场力的观点来看，广告作为劝说性沟通手段，降低消费者对价格的关心。根据这种观点，广告强调价格以外的产品的属性或特点，从而使产品与竞争产品相差别，引起消费者对产品的偏好（loyalty），进而降低消费者对价格的敏感程度。

相反，从市场竞争力的观点来看，广告向消费者提供有关价格方面的信息，这促使企业之间的竞争，从而降低产品价格，消除垄断支配的机会。

对于广告究竟如何影响经济这个问题，我们应从肯定和否定两个角度来辩证考虑。

从肯定的角度来看，广告向消费者提供有助于合理购买决策的有效信息，即广告向消费者提供产品或服务的信息。因而我们可以说，广告是连接生产者和消费者的桥梁。有了广告，消费者才能比较容易地获得有助于产品购买决策的信息，这将有助于消费者行使产品知情权。同时，由于广告诱导消费者积极消费，进而创造了大量的需求，给生产者带来规模经济效应，商家因此可以降低商品售价，消费者可以从中受益。此外，广告还有助于促进企业积极开发新产品，以迎合消费者新的需求。

从另一个角度来看，广告对经济的负面影响也不容忽视。首先，广告以劝说的方式诱导受众对其产品产生偏好，从而降低消费者对价格的敏感程度；并且广告费用包含在商品售价中，消费者要为广告费买单。其次，实力强大的企业往往占据了强势媒体的广告发布机会，大企业因此可以向消费者广泛宣传产品。而大部分中小企业因无力承担强势媒体昂贵的广告费用，导致它们向消费者传达广告信息的声音非常微弱。这使得中小企业更加难以与大企业展开公平竞争。

16.1.2 广告对社会的影响

在一般情况下，人们谈广告对社会的影响时，把其对象局限于商业性的产品或服务。其实，广告对社会的影响是比较广泛的，主要表现在：

（1）广告教育消费者。消费者可以通过广告获得有关产品方面的信息或知识。

（2）广告向消费者提供知晓权，消费者有权获得广告所提供的各种信息。

（3）广告具有社会化的功能。广告能把现代人的情感、态度、信念一般化，从而影响消费者的购买形态或生活方式。

但是，广告对社会也会有负面的影响，大体有两方面：一是广告误导消费者盲目地追求物质消费。广告不顾消费者的需要，强调产品的购买，结果引起社会资源的浪费。Morison 指出：“广

告促使人们的物质主义，从而使昨天的奢侈品变成今天的必需品。”二是有些广告还以虚伪、夸张的方式欺骗消费者，而这些不道德的广告会降低整个社会的伦理或道德水平。如备受争议的某一奢侈品广告，其广告寓意“一件性感的内衣，就能同毒品一样让人欲罢不能”（见图 16－1）。

图 16－1　备受争议的内衣广告

此外，对那些购买力相对较低的消费者来说，广告会助长消费者的阶层意识，甚至会加剧社会仇富心理。一些商家在广告诉求中极尽所能地炫富，刺激着普通百姓敏感的神经。例如，走在都市的大街上，随处可见巨大的地产广告牌，“至尊”、“豪宅”、“奢侈”、“顶级享受”的字眼不时映入我们的眼帘。这些广告宣传助长了社会浮嚣、奢华风气，有悖于时代精神。

下面是一组被网友戏称为 2010 年“雷死人”的房地产广告画面（见图 16－2～6－7）。这些地产广告，用语荒诞离奇，有拿名人开涮的，有巧用网络热语的，甚至连小三、二奶都成了开发商们卖房的噱头，让网友们都不禁大呼“雷人”。

图 16－2　美国总统奥巴马赫然出现在地产广告中

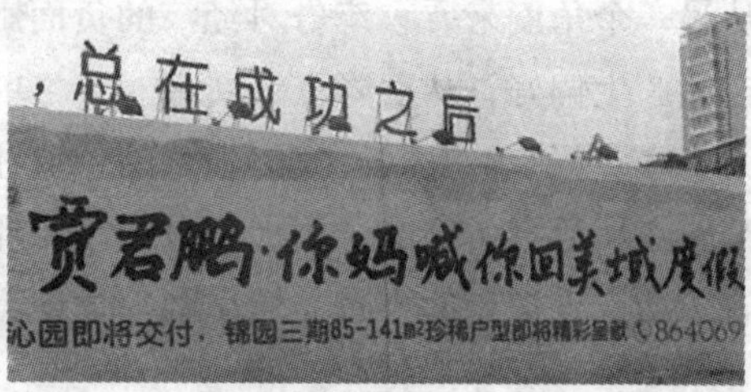

图 16－3　网络热语成了广告的标题

图 16－4　被网友称为最拽的地产广告

图 16－5　这个广告有让低收入者很“受伤”

图 16－6 地产广告语出惊人

图 16－7 “小三”也成为地产商招徕客户的噱头

16.1.3 广告对文化的影响

广告的主要的功能之一就是向消费者传达信息。处于不同的文化背景之中的消费者接受广告信息的方式是不同的。关于广告与文化之间关系的观点，概括起来，大致有以下四种（见表 16－1）。

表 16－1 广告与文化的相互作用类型

文化影响广告 / 广告影响文化	是	不是
是	相互作用型	文化创造型
不是	文化反映型	相互独立型

（1）广告影响文化、但文化不影响广告的文化创造型。这种观点认为，广告创造新的生活方式或价值观，使社会成员接受这些新的生活方式或价值观。也就是说，广告扩散产品所具有的文化意义，从而由少数个人或群体所具有的生活方式或价值观向更多的人或群体扩散。广告强调或宣传产品或服务的时候，自然地向消费者传递与产品相关的生活或文化上的特点。

（2）文化影响广告、但广告不影响文化的文化反映型。这种观点认为，广告如实地反映社会普遍存在的生活方式或价值观。从社会学、心理学的角度来看，消费者接受新的价值观或生活方式的时候会产生一些抵抗心理。但是，消费者容易接受与原有的价值观或生活方式相似的东西，所以，广告只反映现实。由此可以推论，广告所具有的问题归根到底在于社会的文化。

（3）广告不影响文化、文化也不影响广告的相互独立型。这种观点认为，广告与文化是互不作用的。从现实的角度来看，广告与文化互不作用的观点是站不住脚的。因此，在处理广告业务的过程中，不能只考虑广告效果，还要考虑广告的社会文化影响。

（4）广告影响文化、文化影响广告的相互作用型。这种观点认为，广告不仅反映原有的价值观或生活方式，而且根据强调或宣传产品的需要，部分地反映新的价值观或生活方式。并且在这种过程中，广告诱导消费者价值观或生活方式的变化，从而引起整个社会文化的变化。

本书也基本赞同广告与文化相互作用的观点。Robert Pelfrey 说，“艺术创造文化，文化创造艺术”，同样，广告创造文化，文化也创造广告。

但是，在广告与文化的关系上，有些学者认为，在大众媒体发达的今天，消费者经常暴露于广告，结果使一些在广告上出现的人物或对象被象征化了，而这些象征化就成为固定的观念(stereotyping)。例如，在广告上出现的女性被表现为贤妻良母的家庭主妇，这就给消费者这样的一个固定观念：已婚的女性就是做家务的家庭主妇。又如，一家洗衣机公司的广告中，有一位丈夫为妻子买了洗衣机，妻子接到洗衣机以后，就因为丈夫的关心和周到而感激流泪。这就把女性表现为依赖丈夫的人物，给消费者无意中形成以男性为主的固定观念。再如，在“金龙鱼色拉油”的电视广告中有这样一组画面，一边是厨房中妻子在烧饭做菜忙得不亦乐乎，另一边客厅中丈夫在悠闲地看报，儿子则在起劲地打电子游戏机。笑容满面的妻子从厨房中走出来，摆放好饭菜，招呼丈夫和儿子“开饭啰!”。丈夫与儿子边吃边夸：“老婆，你真行”，“妈妈，你做的菜真好吃。”镜头拉近，妻子脸上浮出幸福而得意的笑容：“全靠有了金龙鱼色拉油。”这则广告很有代表性，它向我们描述了当今中国社会一种典型的幸福家庭文化。女性的角色被定义为伺候丈夫和儿子的贤妻良母，女性的幸福来自丈夫与儿子对于她的厨艺的赞美，厨艺是衡量一个家庭主妇好坏的重要标准，男人主外，女人主内，男人的世界是工作与事业，而女人的世界则是家庭，女人是一个为了老公和孩子幸福而甘愿付出的家庭保姆。

16.2 广告与儿童

16.2.1 儿童消费者

随着我国国民生活水平的不断提升以及独生子女率的增加，儿童群体作为一个潜在收益巨大的市场概念，已越来越受到工商界的重视。在我国，由于特殊的历史原因，上一个生育高峰中所出生的一代人刚好到了养育下一代的年纪，因此，儿童的数量在这几年都保持较高的数字。这个25~45岁的群体年富力强，具有很强的经济能力；年轻时的生活条件不好，促使他们很愿意让子女过上舒适的生活；再加上国家政策限制只能生一个小孩，因此，儿童成了家庭的焦点。而以儿童为中心形成的新的消费者市场，具备很大的消费潜力。那么，如何界定儿童消费者呢？对此还没有明确的定义。不过一般以Piaget的儿童成长阶段划分，还可以根据学龄儿童划分（见表16-2)。从消费者年龄阶段来看，儿童消费者一般指12周岁以下的消费者。

表16-2　儿童发展阶段

Piaget	DDB Needham Chicago	中　国
0~2岁：感觉运动期	0~5岁：幼儿期与学龄前期	0~2岁：婴儿期
3~7岁：前操作期（preoperational)	6~12岁：学龄期（school age)	3~6岁：学龄前幼儿期
8~12岁：具体操作期	10~14岁：少年少女期（Teens)	7~12岁：小学期
12岁以后：形式操作期	14岁以后：青春期（Youth)	13岁以后：初中期

很多企业之所以把目光集中在儿童消费市场，主要基于以下几点原因。首先，儿童市场发展迅速，儿童实际消费的产品和服务越来越多；其次，在儿童时期所形成的一些消费习惯很难改掉，很多孩子长大成人以后仍然按原来的消费习惯生活。比如，小时候形成的对某一食品的味道的偏爱恐怕一辈子都不会变。所以，儿童消费者既是当前的消费者，也是未来的消费者。另外，儿童又会影响父母的购买决策。精明的商家正是看准了这一点，把很大一部分注意力及营销费用投入到儿童市场上面，才出现了如此多的儿童商品广告。

16.2.2 广告对儿童消费者的影响

由于儿童消费者还没有形成完整的、正确的价值观，他们对广告缺乏必要的判断能力，因此，儿童消费者很容易受到广告的负面影响。美国ACT（Action for Children's TV）通过对儿童广告进行调查以后，提出了广告对儿童有负面影响的结论。主要表现在：广告是引起儿童与父母之间冲突的主要原因；在儿童节目中出现的很多广告带有虚假或欺骗性；从食品营养学的角度来看，不少食品广告不符合要求。还有一些研究者指出，广告给心理上不成熟的儿童带来物质主义价值，甚至有些性诉求广告影响儿童身心的健康发展。另外，儿童消费者会无批判地接受外国的生活方式。

阅读材料16－1 **电视商业广告对儿童的影响**

电视是一种具有极强影响力的大众媒体，而电视广告又是其重要的组成部分。电视广告被称为是一门视听兼容的综合艺术，既有生动的图像、绚丽的色彩和朗朗上口的广告词，又有经典的对白解说、美妙的音乐，再加上一些剪辑的技巧，形成了电视广告的独特魅力。而这些魅力往往符合儿童的心理，使儿童成为广告的主要受众。

然而，一些商业广告却对儿童造成了许多负面影响。

1. 对儿童认知的误导

商业广告以追逐利润为终极目标，在广告词的设计方面也以吸引儿童为首要因素，所以我们经常会在视频广告上听到这样的广告词“妈妈，我要喝”、“今天你喝了么”……这样的广告词给儿童灌输了消费和攀比心理。许多广告以这样的方式告诉儿童，想要获得快乐就要去购买广告中所介绍的产品，使儿童形成消费主义至上的价值观念。

商业广告将3B原则发挥得淋漓尽致，其中女性又似乎成了所有广告的宠儿，减肥、酒类、家居广告都以女性为招徕。而广告中的女性多以性感、温柔等传统形象出现，这些也会使儿童对女性产生错误的认知，认为女性就应该是广告中所体现的形象。在金龙鱼的广告中，丈夫和儿子因为妈妈做了好菜而把金牌颁给了妈妈，这样的广告会对儿童造成这样一种心理暗示，女性主要形象就是母亲。

2. 对儿童语言的误导

在儿童社会化进程过程中，环境和教育起着重要的作用。儿童时期正处于身心迅速发展的时期，思维方式简单，缺乏判断力，特别容易受到影响和暗示。而商业广告正是抓住了儿童这一时期的特点，采用朗朗上口的广告语来吸引儿童的注意。孩童时期时学习语言的重要阶段，而现在的许多广告都在不断的篡改成语，使用并不规范，这些对于儿童在学习语言方面有很大程度的误导，如某消炎药的广告词“快治人口”、热水器广告词“随心所浴”等等。不仅如此，许多商业广告为追求效果，使用一些模糊、夸大甚至是低俗的词汇，这些都会对儿童造成不良的影响。

3. 误导儿童早熟

儿童正处于身心发展的阶段，他们应该享受他们年龄应该明白的道理。但是许多广告粗制滥造，有意无意地诱导儿童的早熟行为，在文章开头所举的两个例子就是最好的证明。儿童时期应该是享受快乐、健康成长的时期，过多的接触广告使许多儿童过早的进入消费、家、社会等角色，从而导致儿童的早熟。

资料来源：http：//blog. sina. com. cn/s/blog_ 4ba92fef0100aqa3. html。

考虑到儿童年龄特点，与报纸或其他印刷媒体广告比较，儿童更多地受电视广告的影响。有关电视广告影响儿童的研究也比较多。Piaget，Goldberg 和 Corn 从认知发达理论研究了广告对儿童的影响。

16.2.3 儿童信息处理过程

儿童信息处理过程可分为认识、注意、记忆、评价四个阶段。

第一阶段是认识（awareness）阶段。在这一阶段，大部分儿童分不清电视广告与实际情况。一些研究表明，6 岁以下的儿童不仅分不清广告内容与实际内容，而且也分不清节目内容与广告内容。所以，在电视广告与电视节目类似的时候，儿童就不能区别开来。

第二阶段是注意阶段（attention）。在一般情况下，儿童随着年龄的增加，对电视广告的兴趣注意下降。因为，3 ~5 岁的儿童比 5 ~8 岁的儿童更注意视觉上、听觉上的信息。也就是说，年龄越小的儿童以更加直观的、视觉的因素来收听广告，而理论或抽象的思维影响不大。

第三阶段是记忆（memory）阶段。这一阶段，儿童更能记忆有独创性的广告内容，从年龄来看，8 岁以前儿童的听觉记忆力强，9 岁以上的儿童视觉记忆力强，另外，10 ~12 岁的儿童有逻辑性地记忆电视上所看到的内容。

最后阶段是评价（evaluation）阶段，就是开始评价广告内容的真假或有用性。随着年龄的增加，儿童评价广告内容中有点虚假或夸张内容，这时儿童感觉到对广告的信任和逻辑判断之间的冲突。如果在广告上所感觉到的信任压倒逻辑性认识，儿童就感觉不到冲突，就向父母要求购买产品。

阅读资料16－1 广告与儿童心理

儿童阶段是一个人的认知结构开始形成的阶段。随着年龄的增长，儿童对广告的认识会发生很大的变化。从儿童对广告的注意程度来看，变化尤其明显。我们往往看到，比较大的孩子在广告出现时，就会停止看屏幕，转而开始吃零食、活动身体、聊天或上厕所。国外的一项观察发现，儿童年龄越大，对广告的注意程度就越低。2～7岁的孩子在广告播放时，其注意转移百分比是20%；8～10岁的则是30%；10～12岁的是40%。也就是说，幼儿园的小孩看电视时，还比较注意看广告，进了小学的儿童，可能就不大爱看广告了。

儿童对广告销售意图的理解，也同样随着年龄的增大而加深。幼儿园的儿童仅仅认为，广告是告诉人们怎么买东西，或者认为广告是为了好玩；甚至一部分较小的儿童根本就无法理解广告与节目的内容的区别，会以为广告也是节目的一部分。所以，幼儿园的小孩最热衷于学习广告里头的歌舞。小学低年级学生就已经知道，广告是想吸引别人买东西，并初步理解到厂家做广告是为了“卖更多的东西，得到更多的钱”。小学高年级的学生对广告的意图的理解已与大人没有什么两样，他们已经知道，广告是为了吸引消费者购买，从而提高厂家的利润，广告是厂家为了“赚更多的钱”而做的。

儿童越是理解广告销售意图，对广告的信任程度就会越低。在国外的另一项研究中，研究者询问儿童是否认为广告总是说真话。结果发现，5～7岁的儿童有35%左右的人认为广告总是说真话；8～10岁儿童有15%左右的人同意这种看法；10～12岁的儿童则仅有5%左右的人认同。与幼儿园相比，在小学阶段，儿童所接触的老师的教导能有效地促进儿童思考能力的提高，这使得儿童对广告有更清楚的认识，从而对广告的信任程度明显下降。

即使这样，广告对儿童的影响仍然是巨大的，否则乐百氏大概也不会在中央电视台每年投放1亿元以上的广告费，还重金聘请“小燕子”赵薇做广告代言人吧。

广告对儿童有三个方面的影响。

1. 引起儿童的直接购买行为

儿童的直接购买行为，不一定是立即发生的，这也是之所以说一些针对大人的商品的广告对儿童也会产生影响的原因之一。我们可以把广告引起的儿童的直接购买行为分为两种。

(1) 同年龄阶段发生的。由于生活水平的提高，现在父母大都愿意定期给孩子一些零花钱；而在我国，儿童在春节通常都可以拿到为数不少的压岁钱，具备了“财政来源”，这就构成了儿童购买行为的基础。现在，在一些超级市场、小商铺中，我们都不难看到那些小小的购物者的身影。而他们的购买，又往往与广告有着很大的关联。早在1954年，美国克罗格基金会就在一项调查中发现，儿童在超级市场中购物时，往往只选择那些在电视上做广告的品牌，在购买零食和饮料时更是如此。通常，儿童在选择他们所处的年龄阶段的一些生活用品的时候，都会有意选择在电视上做过广告的品牌。有时候，这种对品牌的认知甚至比大人还要强烈。

(2) 不同年龄阶段发生的。儿童在看完广告后的直接购买行为，也有可能是在不同年龄阶段乃至成年后才发生的。儿童的记忆能力其实是很强的，在看完广告后，广告所给出的信息就有可能形成一种态度以及倾向，留在儿童的脑子里，对儿童将来的某些购买行为发生影响。因此，某些主要针对大人的商品广告，也会影响到儿童。现代的厂商除了重视现有的市场外，也必须考虑到将来的市场的培育。如果能考虑到儿童的喜好，培养儿童对自己品牌的好感，使其从小建立对自己品牌的偏好，厂商就能长期收益。当然，必须是儿童知道将来自己有可能使用的商品，他们才有可能对其广告感兴趣。例如，儿童一般对化妆品广告很感兴趣，而对香烟广告则兴趣不大。

2. 引起儿童的请求购买行为

除了直接购买行为外，广告还能引起儿童的请求购买行为。儿童的购买能力毕竟有限，但儿童还可以影响他们的家人（包括父母和长辈）的购买行为。而且不难推测，请求购买的金额越低，越有可能被家人所接受。这种请求购买行为所涉及的商品可以是儿童自身使用的，如玩具、食品、衣服；也可以是家人或家庭所使用的，例如家用电器等。儿童向父母提出的购物要求的多少与儿童看电视的时间有关。美国在1977年的一项报告中，在圣诞节期间看电视的时间多的儿童，提出的购买玩具和零食的要求明显高于看电视少的，而圣诞节期间正是玩具与食品广告最多的时间。不过，随着年龄增长，儿童的请求购物行为会逐渐减少，这既是因为长大了，“懂事”了；也是因为其直接购买的能力增强（一般而言，父母会随着孩子长大而给予更多的零用钱），请求购买的范围有所减小。儿童的请求购买行为受广告影响最明显的时期是在幼儿园阶段，在小学阶段，这种影响就会随着年龄的增加而减少。

3. 引起儿童的反社会行为

广告引起了儿童的购买欲望，更由此引发了一些反社会行为。我们有时也会在商店里看到这样一种情形：小孩吵着要购买某件商品，而父母却不愿意，结果小孩就在那里又哭又吵，甚至一屁股坐在地上不起来；结果难堪的父母要么又打又骂把小孩拖走，要么就只好同意购买，以换回“小皇帝”的欢笑。广告能够引起儿童较强的购买欲望，一旦这种欲望得不到满足，就会产生挫折感，愤怒、失望、冲突就会马上发生，令父母难堪。研究表明，父母拒绝孩子的购物要求，从而引发孩子与父母之间的冲突和争论的概率是65%。另外，儿童是一个极善于模仿的群体，模仿广告中的人物行为是儿童所热衷的行为。而广告为了销售的需要，往往在有意无意之间，会以在日常生活中不可能发生的情节来吸引观众，儿童对此的模仿就会产生一些不好的社会后果。

儿童的心理与大人显然是不同的，要做一个好的针对儿童的广告，不能不对儿童尽力有所认识。除此之外，往往儿童商品的购买者又不一定是儿童本身，而是其成年的家人。因此，在做儿童广告时，既要从儿童的心理出发，又要考虑家长，还必须具备一定的社会责任感。儿童广告对象是未成年人，他们的世界观和认识能力都正在形成之中，厂商不能只图赢利，而不顾广告可能对儿童产生的不良影响。

资料来源：罗健凯，《广告与儿童心理》，《现代广告》2000年第6期，第20~21页。

16.3　广告与老年人消费者

16.3.1　老年人消费者

目前，世界上不论是发达国家还是发展中国家，老龄人口都在不断增加。特别是在西方发达国家，老年人口的增长比例比其他任何一个年龄组都高。

我国社会的老龄化也在加速，根据第六次全国人口普查数据（2010），全国60岁及以上老年人口达17 765万人，占总人口的13.26%，其中65岁及以上人口11 883万人，占总人口的8.9%。到2025年65岁以上的老年人将达1.85亿，2050年65岁以上的老人将达2.84亿之多。随着老龄人口的增加，这些老年人消费者将形成新的消费者层——“银色市场（silver market）”。银色市场将是一个巨大的市场，由于老年人的生活水平、趣味、爱好、生活方式的特殊性，这个市场也具有其独特的特点。

老年人消费者所具有的特点表现在两个方面：一是随着年龄的增加，体力或精神上的活动减退，从而在信息处理方面与其他消费者层具有不同的特点；二是老年人重新参与社会活动，从而在新的外部环境或心理因素下引起新的生活方式和价值观的变化，这就使老年人具有新的消费态度和行为特点。

阅读资料16-2　传统理论对老年消费者消费行为特征的表述

传统理论对于老年消费者的研究通常基于如下假设。认为老年人习惯性消费既是几十年生活惯性的继续，又是对新生活方式较少了解和难以接受的反映。人到老年以后，其行为表现往往是：怀旧和沿袭旧俗的心态大于对新事物的学习和接受。其生理和心理基础在于：老年人学习能力的适应能力下降，而几十年生活方式的积累所形成的个人意识中的丰厚沉积构成了新事物难以冲破的思维屏障。同时，身体机能的老化使老年人对过去的远期记忆深刻，而对当前的近期记忆弱化。因此，在消费生活中，延续几十年形成的生活习惯，就成为老年人普遍的消费特征。传统理论对老年人的生理特征的分析是合理的，但老年人的有些心理特征，特别是消费行为特征，已经发生了变化。

基于上述假设，传统理论对老年消费者的消费行为特征的表述可以概括为以下几点。

1. 心理惯性强，对商品、品牌的忠诚度高

老年人在长期的消费生活中形成了比较稳定的态度倾向和习惯化的行为方式，它主要表现在日常生活中的购买方式、使用方法、商品认知（或品牌认知）等方面。老年消费者对商标品牌的偏爱一旦形成，就很难轻易改变。他们大多是老字号、老商店的忠实顾客，是传统品牌、传统商品的忠实购买者。他们往往对传统产品情有独钟。

2. 价格敏感度高，对商品的要求是物美价廉

老年消费者对商品的普遍要求是物美价廉。认为“勤俭节约”是一种美德，穿衣服要“新三年，旧三年，缝缝补补又三年”，吃饭要“粗茶淡饭”。在这种节俭传统的影响下，老年人购物，一方面注意价格，择廉选购（虽然许多老年人很难做到价比三家）；另一方面是要求实惠。从一般的消费心态看，年轻人花钱买靓丽、买时尚，老年人花钱买实用、买传统。

3. 注重实际，追求方便实用

老年消费者心理稳定程度高，注重实际，较少幻想。购买动机以方便实用为主，在购买过程中，要求商家提供方便、良好的购物环境和服务。消费中求方便是老年人生理变化促成消费生活变化的自然走向；方便性消费是生理变化的必然结果，它一般表现为对购买和消费两个方面求方便的要求。由于精力、体力随人的年龄增加而不断下降，即使生活情趣很高的老年人，对购买时的路途奔波、商品挑选的繁琐或者商场中人流的拥挤，也大多会感到心有余而力不足。在使用中，对那些有使用要求或需要阅读说明后再使用的商品，特别是对有些家用电器商品的各种开关、按键等，老年人大多感到不方便和反感。一项非正式调查表明，除少数文化程度较高的老年人外，大多数老年人对现在商品包装上的各种文字说明均不阅读，只是根据个人原有的生活经验或由子女代为说明后才使用，这种求方便心态也是老年消费者容易成为假冒伪劣商品受害者的重要原因之一。

4. 补偿性消费特征

补偿性消费是一种纯粹的心理性消费，它是一种心理不平衡的自我修饰。在生活消费中表现为，人们将现代消费水平与过去消费进行比较，比较的结果大多是对过去生活某些方面感到遗憾和不满足，而当家庭或个人生活水平较高且时间充裕时，对过去遗憾和不满足的补偿往往会成为他们的消费追求。这部分消费者基本上属于老年人，因为，在生活中追忆往事是老年人的心理特征，而向往和憧憬未来是青年人的心理特征。同时，由于子女成人独立后，老年人的经济负担减轻了，他们会试图补偿过去因条件限制未能实现的消费愿望。他们在美容美发、穿着打扮、营养食品、健身娱乐、旅游观光等消费方面有着较强烈的消费兴趣。

资料来源：应斌，http：//www. marketingfront. org/infoview/Article_ 61. html。

16.3.2 老年人消费者的消费者行为

一般来看，消费者行为受到各种因素的影响。要了解消费者行为，不仅要理解购买或消费行为，而且还要分析购买行为以前的搜寻信息、方案评价的信息处理过程。所以，消费者购买决策过程一般包括认识问题、搜寻信息、方案评价、购买行为、购买后行为这五个阶段，而各阶段都受到信息处理过程和环境、心理因素的影响。下面根据这一消费者购买决策过程分析一下老年消费者购买决策过程。

1. 认识问题阶段

消费者的需求是在实际状况与期望状况不一致时产生的。对老年人消费者来说，实际经济状况与家庭养老能力就影响对产品的需求。老年人购买产品的一个主要理由是晚年生活得健康、丰富、舒适，而老年人的生活方式不同，购买行为也不同。到底老年人消费者有哪些需求？目前在国内这方面的研究还很少，我们有必要研究老年人消费者的需求问题。

2. 搜寻信息阶段

消费者在做出购买决策过程中，认识产品，搜寻相关信息。搜寻信息有两种，一是搜寻记忆里的经验或者知识的内部搜寻；二是通过访问商店、打听周围人、收看广告等方式搜寻外部信息的外部搜寻。从搜寻信息角度来看，老年人消费者具有以下特点。首先，老年人消费者生活经验丰富，从而对已经购买的产品持有非常丰富的知识，但是对新产品或者一些革新产品的知识相对缺乏一些。其次，老年人消费者在处理信息过程中学习或回忆的效率比较低，所以在内部搜寻信息方面与一般消费者有所不同。再次，老年人消费者在外部信息搜寻过程中主要搜寻来自电视、广播、报纸等媒体和周围人（家属、亲戚等）的信息。

3. 产品方案的评价

老年人消费者由于对产品使用的经验和知识以及经济环境、家属关系、生活方式、价值观等的不同，在产品方案的评价过程中表现出不同的特点。一些研究表明，老年人消费者进行产品方案评价时更多地利用通过人际关系而获得的经验、通过媒体所获得信息、通过比较而得到的价格信息。特别是老年人消费者对大众媒体的利用程度直接影响对产品的认识或态度，所以利用大众媒体的老年人消费者更多地选择广告中宣传的产品。从这些结果中可以看出，老年人的生活方式以及休闲活动影响他们对产品方案的评价。

4. 购买行为阶段

消费者决定方案以后，就是说，决定购买产品以后，就要考虑在哪里购买的问题。为正确地把握这个问题，有必要把握消费者的购买动机。因为购买动机不同，消费者的购买场所也不同。从老年人消费者的生活方式来看，他们一般善于节约或计划购买。所以，他们一般选择降价处理的商店。当然，由于经济环境以及生活方式、爱好不同，老年人消费者选择的购买场所也不同。为正确地理解老年人消费者的购买过程，有必要从社会经济和人口统计特点以及生活方式角度研究他们的购买过程。

5. 购买后评价阶段

购买后评价行为是指消费者购买产品以后，评价消费过程以及消费结果的行为。也就是说，购买以后评价满意程度和再购买决策的过程。老年人消费者购买以后对不满意的评价会受到一定的限制。因为，第一，体力活动以及心理活动能力的减退，从而缺乏判断不公平的知识，第二，从社会环境的角度来看，生活活动范围的限制以及市场结构的特点，有不满，也不公开行为。一些研究表明，有不满经验的老年人消费者，把不满归因于自己，归因于购买场所，而不采取向有关部门投诉或向周围人口传等公开的不满行为。

16.3.3 广告与老年人消费者

国外的一些研究结果表明，老年人对在广告上的老年人形象表示不满。因为，在广告上往往把老年人表现为听力不太好、爱管闲事、保守、喜欢过时产品的消费者，甚至还表现为把安眠药视为必需品的痛苦的消费者。其实，老年人人生经验非常丰富，他们愿意成为年青一代的好助手，办事认真，不依赖于家属，愿意自立地度过晚年。所以，企业针对老年人做广告时，要把握老年人消费者的需求或愿望，注意老年的新的形象。

16.4 广告与女性消费者

16.4.1 女性消费者

女性往往能给她所经过的环境涂上一笔浓重的性别色彩。只要是存在生活商品消费者的环境，总是难以摆脱女性的影响力。放眼周围，不管是商场摆设的琳琅满目的商品，还是各个媒体集中轰炸的信息，体现在商业操作中的女性意识无处不在。所以，女性就成为商业操作过程中被关注的焦点。

随着社会与经济的发展，女性的社会地位和职业化程度不断提高，而且女性消费者还有自己独特的消费行为特点。据中国人民大学舆论研究所的调查表明①，我国城市女性消费者有以下消费行为特点。

（1）影响女性消费者选择消费或接受服务的外部因素，以亲朋好友的口碑和推荐为最大，广告的作用仅占16.4%。调查表明，女性消费者选择消费或服务时，营业员或导购员的推销作用最小，只能影响5.7%的女性消费者；广告的作用居中，影响18.4%的女性消费者；相对而言，家人和亲朋好友的口碑和推荐最为有效，31.1%的女性消费者在选择消费或接受服务时受到亲朋好友的强烈影响。

（2）绝大多数女性消费者的消费计划不强，易受诱惑而发生随机性消费行为。调查表明，近3/4的女性属于花钱粗放型的消费者，其中13.7%的属于“花钱很不仔细”的消费者，57.1%的女性消费者属于“花钱不太仔细”的消费者。这种调查结果表明，大部分女性消费者购买产品的时候更重视感性或情感。

（3）女性消费者重视品牌和外形款式，这是一种女性消费的倾向。调查结果显示，26.6%的女性消费者“几乎总是愿意多花点钱买自己喜欢的那种商品”，54.3%的女性消费者表示“大多

---

① 喻国明：《城市女性消费模式调查报告》，载于《现代广告》2000年第1期。

数情况下愿意多花点钱买自己喜欢的那种商品”。

（4）张扬个性的含蓄型炫耀，构成了我国城市女性消费者的基本消费动机。调查表明，大多数女性消费者的第一位消费动机是对个性化的追求。73.1%的女性表示，自己在买东西时“每次都会”（25.5%）或“经常会”（47.9%）考虑“所购买的东西是否可以显示出自己与众不同的品位”；其次是出于一种含蓄型的炫耀——54.8%的女性表示自己在买东西时“每次都会”（12.3%）或“经常会”（42.5%）考虑“所买的东西是否让人看了会称赞或羡慕自己”。

16.4.2 广告与女性消费者

传统社会中的女性形象是家庭主妇，而今天，女性作为消费者的地位也在各个方面发生了变化，社会各方面的变化改变了女性消费者在家庭中的位置和社会的地位，女性已经不再是他人购买商品的代理人。另外，女性的社会职业化的提高，女性自己消费也逐步个性化。与这样的社会方式相适应，以女性为主体的广告逐步增多。美国某一广告制作人指出，除了卫生用品、化妆品等几种特殊商品外，性别的概念将不复存在。因此，未来的广告，更需要树立女性的新形象。

但是，以现代的开放的形象代替对传统女性的印象时可能会引发许多问题，由于20～60岁各年龄段的女性形象是多样的，因此，表现各年龄段女性形象的广告当然更有效。另外，女性形象到底迎合哪些商品、哪些品牌、哪些消费者层，这些都要具体分析。因此，在广告中选择男女哪一方，在选择哪种形象等问题是广告主较棘手的问题。在广告中选择女性形象时，塑造传统女性的形象，还是塑造现代女性的形象？这些都取决于目标市场特点、广告目标等因素的影响。但是，有一点必须肯定的是，在广告里把女性表现为被动的、男权框架之下的性对象的形象，那就是时代的错误表现。特别是，一个女性被贬抑的世界不是一个完美的世界。无论其物质文明多么发达，它在精神层面存在着重大缺陷。社会中的两性不平等发展，无论对于女性、男性，还是他们所处的世界，都不能说是完全健康的发展。媒介广告作为强有力的手段，对于彰显女性独立人格与尊严、创造能力、多元化的发展状况，担负有重要责任。

阅读材料16－3 对广告中歧视女性形象的文化思考

在这里值得我们关注的是，广告正愈来愈多地传递出对女性不公正的认识和评价。由这种不公正折射出社会中的男权意识形态依然实力庞大，仍作为一种文化力量影响着媒介广告的制作。

目前，在我国媒介广告中，女性的形象、位置、角色较明显地显露出性别歧视的倾向，主要表现在以下两个方面。

1. 男权意识宰制下的对女性的种种限定

最为明显的是角色的限定。广告中的女性角色多限定为家庭妇女；若是职业女性，则更多限定在文教卫、秘书等形象中。典型的例子是，暖意融融的家中，丈夫惬意而舒适地坐在沙中，满面微笑的妻子身着家居服饰，系着围裙，端上热气腾腾的饮品，丈夫满意地接过来，美美地品上一口，转头微笑地看着依旧弯腰弓身的妻子……女性在家庭中服侍丈夫的形象在这里得到了明显的表现和强化。据统计，出现在家庭中的女性有26.8%在做家务，而男性则只有5.3%。角色的定型随之而来的是生存空间的限定。据调查，广告中的女性出现最多的场所是家庭，说明女性生存的空间更多地被限制于封闭的家庭中。女性和男性的关系则限定为温柔、依顺、小鸟依人，没有独立主张，积极附和，接受男性指导、帮助。女性的价值更是遭到严格限定：青春、美丽、娇人为唯一标准。这些标准均从男性的审美角度出发。在某些广告的强化之下，女性的价值似乎在于积极取悦于男性，而女性自我独立的价值实现受到了漠视。

与上述限定相应的是媒介广告对女性劳动创造的漠视。女性的社会作用、社会形象未能得到充分展示与肯定。据调查，我国广告中表现的男性科技工作者是女性的两倍，而现实中是1.21倍。将女性限定于家庭，否定其社会作用；将男性限定于社会，不鼓励其承担家庭责任，这种女性角色的限定也同时限定、抑制男性的全面发展。

2. 男性审视之下的将女性性对象化的倾向

女性脸部、手部特写，娇嫩肌肤的展示，如瀑黑发的飘荡，胸部的若隐若现，腰肌的夸张凸显都极力展示女性外形美；并时常伴有女性自我陶醉的神态或挑逗的目光。凡此种种，一览无遗地显示出：男性是进行性欣赏、把玩的主体，女性则为观赏的性对象。在与女性本没有直接关系的广告中，如酒、饮料、食品、汽车……的推销中，频频展示美女风姿，媚人笑靥，明显以女性作为“刺激点”，用以招徕。或者以女性特质暗示商品特质，用女性烘托商品价值，商品价值渗透女性主体，女性被附加上商品性格，被“物化”。由此，女性的被贬低可见一斑。

高夫曼（Erving Goffman）曾揭示广告中女性形象特质：“女性的社会关系即等于家庭关系，而家庭结构以男性权力为核心，女性的地位等同于小孩，从属于男人所有，而且她的身体与言行举止皆表现为男人的性玩物。”史密斯也指出广告信息出奇的相似：“女人的位置在家里，女人依赖于男人，女人不会做独立而重要的决定；女人鲜少以职业角色呈现，女人视自己、且被他人视为性玩物。”

审视中国媒介广告，出于社会制度的原因，性别歧视没有西方那么强烈、明显，但仍在一定程度上体现了上述特征。

带有性别歧视性质的广告会滋长社会中男权至上的文化心理，会强化女性对自身的不正确认识以及自卑心理，会使青少年、儿童在幼小心灵上打上两性关系刻板印象的烙印，会使整个社会依旧处于一种男性对女性的压抑状态。

媒介应清醒地认识到自身意识地加强其文化负载、传递功能，更有意识地加强其文化功能的正面效应，而非相反。

资料来源：陆敏，《对广告中歧视女性形象的文化思考》，载于《国际广告》1999年第12期，第9~10页。

本章小结

人们关于广告对经济、社会及文化的影响的争议一直都在继续。我们应该从正反两个方面均衡地考虑广告的影响，才能有助于真正地理解广告的功能。

广告对儿童消费者有着较大的影响。美国国际广告协会主张企业具有销售产品的权利，并强调儿童广告至少在五个方面发挥着重要的作用。但持反对意见的美国 CAT 协会则认为广告对儿童有着负面的影响。

近年来，我国老年消费者人数不断增加，如今我国已经进入了老龄化社会，因此，研究广告对老年消费者的影响具有非常重要的意义。在本节中，我们主要论述了老年消费者的界定、老年消费者的行为等内容。

本章最后一节我们重点论述了广告对女性消费者的影响，并就广告中出现的不尊重女性的现象进行了较为深入的阐述。

思考题

1. 广告对经济、社会和文化各有哪些影响?

2. 儿童消费有何特征?

3. 广告对女性消费者有哪些影响?

4. 比较说明男性消费者和女性消费者的差异。

5. 有家制鞋公司正准备推出老年人穿的高级运动鞋。如果你是这家公司的广告部负责人，那么以何种形式制作广告？主要利用哪些媒体？其理由是什么？

6. 有家食品公司开发了 4 ~ 6 岁儿童饮料。如果你是广告咨询人员，那么为这家公司提出哪些内容的广告策划方案?

7. 某家电公司准备重新制作洗衣机广告。原来的广告内容大致为，丈夫拿到奖金以后，为妻子购买全自动洗衣机作为礼物。现在这家公司的市场营销部决定把目标市场从家庭主妇转为职业女性，并把制作广告内容的任务交给了广告部经理。如果你是这家公司的广告部经理，那么怎样完成这项任务?

8. 你对广告中歧视女性形象的现象有何看法?

案例讨论

色情广告漫天飞　你不“瞎想”都不行

打开电视，翻开报纸，商品广告无处不在，让人避之不及。以前商家总是采用明星效应的方式，让大量影视明星、体育明星做广告主角。但后来商家发现，观众看明星做的广告经常是记住了明星，却对广告宣传的商品印象不深刻。

于是，各路商家另辟蹊径，制作与“性”相关的广告，因为不论观众是商界名流还是小商小贩，不论是高级知识分子还是平常小百姓，他们生活不同，追求也不同，但性是他们共同所需求的，不受任何身份的影响，最容易引起共鸣，也最容易被人记住。正因为商家考虑到了这一点，他们才打了一个又一个与色情擦边的球。

例如，“劲浪”牌口香糖的电视广告：先是一位表情慵懒、衣着性感的外国美女依偎在床上，挑逗地对着观众说：“我觉得还不够耶！”再是一位英俊的外国男士一边发动着摩托车一边说：“我希望我能更有力！”然后是一间酒吧里，一位娇滴滴的女子温情脉脉地看着身边一男士说：“更有劲，我会更喜欢！”最后，“劲浪”牌口香糖突然出现，画外音高喊着：“……让你感觉就像一浪接一浪！”

这则广告刚在电视上亮相，就引起电视观众以及网友的争议，有人说这个广告太淫秽，太露骨。有网友说：“露骨？没觉得，对于性，没有什么人讨厌，当然除了心理障碍。人生不有三欲吗，说的就是体验高潮的感觉，广告巧妙地抓住了每一个正常人的正常需求，并用不伤大雅但还不是很高明的手法表现了自己的广告，虽不至达到‘一石激起千层浪’的效果，但印象还是非常深刻”。也有的网友认为，“性暗示应该说是广告的一种发展趋势，一个品牌就是想办法让消费者留下深刻印象，起码他们做到了，很多人还就是喜欢这样的广告”。尽管对这个广告争议很多，有人喜欢，有人讨厌，但这个广告的画面和配音剪接的确十分暧昧，终因大多数观众的强烈反对，被迫把性挑逗的部分删除。

类似的广告还有很多，“婷美”内衣倪虹洁版的广告，女主角穿着“婷美”内衣，露出半个丰满胸脯弯着腰，风情万种地冲你笑，再加上摄影师对胸脯的特写镜头，性感十足。“清嘴”口香糖虽然没有什么刺激的画面，但这个品牌名称已经是此地无银三百两了。朗琴园开盘的时候，在报纸上刊登了一个“开盘”的巨幅广告，一条拉链拉开的牛仔裤正好露出一条小花纹的女士内裤，意为开盘，让读者不“瞎想”都不行。

无独有偶，曾一则位于北京地铁内的“恒基千百千商城”的开业广告被撤，原因是该广告的创意有些“新奇”：画面中一名性感女模特，胸前纽扣崩开，露出了性感的胸部的一部分，旁边配以“开了”的广告语，由于这个广告摆在地铁有碍首都精神文明，带有性暗示，因此被全部撤掉。

广告本来是一种商业的促销手段，为的是让顾客能记住这个商品。同时，广告也是一种艺术形式，有着很高的审美价值。它的表现形式也在不断变化与进步，由平面到多媒体经历了一个漫长的发展过程，但无论怎么发展，也不能走在色情的边缘，因为广告也是一种大众媒体，它对社会风气有间接的引导作用。至于国外的那些艳情广告之所以能成功，除与广告发布环境有关外，就在于能将艳情广告处理得很得当，在画面上讲求一种美感，而不是一种恶俗表现，同时能将广告中的人物形象与品牌的个性进行结合，真正体现了品牌的魅力。

因此，国内的广告商再做性感广告时，有关专家提醒，在表现上应把握一个合适的度，首先广告不应仅仅将画面作为吸引人们注意的一个手段，而应借助形象及主题体现整体品牌或企业的个性形象，形成风格。其次是广告所传达的信息要真实、单一、清晰，在主题及画面的处理上要能保持一致性，有夸张，但不要过分渲染。第三是在利用女性及倡导女权主义作为广告内容表现时，不应赤裸地把女性的色情作为吸引消费者注意的手段，而是要保证画面与主题的协调性，不能超过了受众所能接受的“度”，避免过犹不及。

问题讨论

1. 为什么商家总是对色情广告情有独钟？
2. 性暗示广告是否等同于色情广告？
3. 在国内做性感广告时应注意哪些？

资料来源：千龙网。

第 17 章

企业广告与其他广告

本章导读

随着经济与社会的发展，企业之间的竞争越来越激烈。在竞争激烈的市场环境中要生存和发展，不能单靠产品的优势，还要靠企业的形象。因为在产品质量越来越类似的情况下，消费者就根据对企业所持有的整体的印象即企业形象来购买产品。而树立企业形象的一个很重要的手段就是企业广告。另外，随着经济与科技的发展，随着广告行业本身的发展，不断地出现新媒体，广告传递信息的方式、内容也不断变化，从而使广告不断地向新媒体、新形式、新内容延伸。但是，无论广告向何方延伸，广告的最终目的还是销售或树立品牌形象。本章介绍企业广告、公益广告以及其他形式的广告。

开篇案例 红塔集团“山高人为峰”企业形象广告

作为“中国第一”的烟草企业集团，红塔集团旗下有着众多的知名品牌，是消费者心中中国香烟的代表。在竞争环境日益激烈、媒体环境日趋严重的今天，红塔集团需要一个企业形象平台来为众多产品提供形象支持。由此，“山高人为峰”企业形象广告横空出世，其所传达的“超越”和“进取”精神，正是红塔集团从一个小型的地方性烟草厂到“中国第一”的跨国烟草集团的发展历程的真实传递，也是大到国家民族，小到企业和个人在成长历程中所必有的精神之路。真正的高峰永远都只在心里，唯有超越自我，才能成就未来。

图 17－1 红塔集团“山高人为峰”企业形象广告

在具体“山高人为峰”主题电视广告片的创作执行中，把“超越”作为视觉表达的第一个概念，再配合“山”的视觉感受，攀登者的形象就跃然眼前。而真正的超越从来都不是轻易达成的，困难越大，战胜困难之后的超越越震撼人心。在广告拍摄过程中，将攀登者置身于风雪漫天的雪山严酷环境之中，用快节奏的处理方法来表达力量，同时强化团队精神。音乐上考虑用大鼓在开篇打出雄浑的气势，在中间用圆号奏响昂扬的旋律，来配合“超越”的精神。

以电视广告为重点的“山高人为峰”红塔集团企业形象广告一经发布，立刻在全国甚至全球范围内，造成了极大的震撼。红塔集团极具生命张力的企业形象深入人心，企业的美誉度得到空前的强化。

资料来源：http：//hi. baidu. com/dqgg/blog/item/5b4ea2fef8a836335d60082f. html。

17.1　企业广告

17.1.1　企业广告定义与种类

在产品同质化严重、广告诉求雷同的时代，如何才能让你的产品具备与众不同的品牌个性，如何才能让消费者对你的产品死心塌地，企业广告给了我们答案。

与企业广告相对的是产品广告，它们的区别在于广告客体（或广告对象）不同。产品广告的目的是宣传产品的具体的属性等，力求得到直接和即时的销售效果，以及在消费者心目中酝酿良好的产品形象。所谓企业广告（institutional or corporate advertising），是企业向社会表明企业理念、方针、目标、规模以及对社会的贡献等社会态度，从而寻求消费者的理解并赢得好感的广告。企业广告并不诉求消费者的直接反应，其目的是提高企业的声誉或者名声，从而在消费者心目中形成良好的企业形象。所以企业广告又叫企业形象广告（corporative image advertising）。

在欧美发达国家的广告中，大约17%～20%是企业广告。近年来，国内一些大企业开始重视企业广告，如海尔集团的“中国造”广告、中国银行的企业形象广告、海信的专家广告等。但国内大部分企业对企业广告缺乏认识，绝大多数广告还是产品广告。而且采取广告策略或进行广告筹划时没有明确的广告理论为指导，做产品广告时唯恐消费者不认识企业名称，担心消费者不知道产品，所以广告创意和表现方式雷同，甚至以“新闻报道式”的非常单纯的方式来宣传产品，从而没有起到预期的广告效果。

1. 企业广告的出现

现代意义的企业广告最早出现在美国。20 世纪 20 年代末和 30 年代初在美国发生空前的经济危机，一些大公司的垄断引起人们的反企业情绪，政府也采取一系列的反垄断政策或措施，并对大公司加强管制和监督。在这种环境下，企业为适应环境的变化和改变人们对企业的认识，便开始做企业广告。

日本在 20 世纪 60 年代开始出现企业广告。二战以后，日本经济飞速发展，但企业大量地排放产业废物，污染相当严重，这引起了人们对环境保护的重视。企业为适应人们对环境保护的要求，在做产品广告的同时开始做企业广告。

目前，我国正处于经济持续高速发展的时期，不仅企业本身，而且企业所处的环境都发生了很大的变化。企业在变化莫测的环境中，要求生存和发展，就要在社会公众心目中树立良好的企业形象。例如，我国的环境污染比较严重，而主要环境污染源还是企业，并且现在人们的环保意识逐步提高，所以为改变人们对企业的认识，就有必要做企业广告。除了这些原因以外，还有很多因素促使企业重视企业广告。

（1）企业在竞争激烈的环境中不能单靠一个部门或一种产品来生存和发展下去。随着企业的发展，企业规模越来越大，经营的品种也越来越多。在这样的情况下，当然需要做每个产品的广告，同时做企业广告，从而提高企业整体形象，其效果会比企业的部门或产品广告效果好。

（2）随着科学技术的发展，产品间的质量差距越来越小。企业对产品成本的控制和企业之间的价格竞争也毕竟有限，所以，消费者几乎感觉不到产品间的质量差距，加上价格也相差不大。在这种情况下，消费者必然根据企业的总的形象去购买产品。

（3）随着科学技术的发展，产品的市场寿命期也越来越短，特别是家电、电脑等电子产品的市场寿命期更短。如果在每次推出新款式或新品种时都要做广告，那就会引起消费者认知上的混乱，并引起对企业的不信任感。所以，即使要做新产品的广告，但也要不间断地做企业广告，从而使消费者不仅对产品而且对企业产生好感。

（4）在企业经营的品种较多的情况下，企业需要推行统一的企业识别（CI，Corporate Identity）战略。就是说企业做产品广告需要统一的主线，需要反映企业的整体性。为此企业制定企业识别计划（Corporate Identity Program），而这一计划就是主要通过企业广告来推行。

（5）企业根据市场环境的变化以及企业自身发展的要求，有时需要变更企业名称或原有的品牌。这时企业有必要做企业定位广告，在消费者心目中形成新的形象。

（6）随着经济的发展，广告总量也越来越多，但消费者接触广告特别是处理广告信息的能力是有限的，在这种情况下产品广告内容单一、创意简单、诉求相同，就容易引起广告混淆（advertising confusion）现象。就是说，消费者分不清哪个产品是哪个广告的产品，消费者看的是A企业的广告，但实际购买的是B企业的产品，这样企业做的广告实际上帮助了竞争企业。要脱离这种广告混淆现象，企业要么做创意独特的产品广告，要么做企业广告，从而使消费者区别认识企业。

2. 企业广告类型

目前在国外比较流行的企业广告类型如下。

（1）通过广告对社会关注的热门话题表明企业的明确看法或主张，这种广告叫做论点广告（issue advertising）。与一般广告不同，论点广告提出能够引起社会话题的内容。例如，一家化工企业根据社会公众对环保问题的关心，就提出对环保问题的看法或主张，甚至对本企业活动不利的一些社会活动提出看法或者主张。例如，一家卷烟厂就吸烟的有害性提出企业的看法或者主张。论点广告的目标受众不仅是消费者，而且也是媒体、竞争者、政府部门等。

（2）向各种国际会议、体育比赛以及特别电视节目、特殊社会运动提供赞助的赞助广告

(sponsorship advertising)。例如，2008 年奥运会在北京举行，众多的中国企业纷纷加入了奥运赞助商的队伍中去，奥运赛场也演变成了商业竞技的大舞台（见图 17－2～17－4）。

图 17－2　海尔成为北京奥运会白色家电赞助商

图 17－3　青岛啤酒成为北京奥运会啤酒赞助商之一

图 17－4　搜狐成为北京奥运会互联网内容服务赞助商

（3）宣传企业目标、理念、标准等，从而使社会公众对企业产生友好态度的企业实体告知广告。

（4）针对目标受众宣传企业的产品策略或者服务策略，从而引起社会公众对企业良好形象的产品促销广告。例如，银行的服务策略是最大限度地满足客户的需要或者帮助客户解决问题，那么在广告中强调客户面临的具体问题或者需要，从而使客户认识银行才是客户真正的好帮手。

（5）宣传企业成果或者企业参加社会公共活动，从而得到社会公众对企业的友好态度的社会公共服务广告。

除了上述企业广告以外，还有环境保护广告、介绍企业历史和现状的广告、CI 广告、企业统一品牌广告、企业定位广告（positioning advertising）、企业招聘广告等。

17.1.2　企业广告的作用

尽管企业广告并不直接引起受众对产品的反应，但是企业广告依然具有十分重要的作用。下面我们从企业外部与企业内部两个角度来进行分析。

1. 从企业外部来看企业广告的作用

（1）通过企业广告向社会表明企业的战略、职能、目标、理念，这是一种企业对消费者或公众的承诺，而这种承诺既是对企业的鞭策，也是一种企业发展的外部动力。

（2）通过企业广告宣传企业对社会发展和社会公共事业的贡献，从而使消费者心中产生对企业的好感。

（3）通过企业广告改变社会投资者对企业的认识和态度，从而吸引更多的投资者向企业注资，有利于企业的融资工作。

（4）通过企业广告让更多的人知道企业是发挥个人才能的场所，从而吸引更多的优秀社会人才。

2. 从企业内部来看企业广告的作用

（1）通过企业广告使企业内部的全体人员了解和认识企业发展的目标、理念等，从而增强企业内部人员的凝聚力。

（2）通过企业广告向社会公开表明企业理念、目标、经营方针，这不仅是企业对社会的一种承诺，而且也有助于企业内部职工的自我约束，从而使企业内部职工以向社会高度负责的态度，做好自己承担的工作。

总之，企业形象是企业本身不可替代的无形资产，而企业广告又是塑造企业形象的一条捷径。所以，我国企业应重视企业广告。

3. 企业广告的缺点

（1）测定企业广告效果难度大。因为企业广告的目的就是提高企业整体的形象，但企业形象的提高受很多因素的影响和制约。

（2）有可能诱导公众偏向于大公司的意见。做企业广告不仅需要大量的资金投入，而且不像产品广告那样效果明显。

由于受经费所限以及对广告即时效果的追求，在一般情况下，中小企业不愿做企业广告。做企业广告的以大企业居多，这就有可能诱导公众偏向于大公司的意见。所以，有些学者批判企业广告不利于企业之间的合理的公平竞争。

17.1.3 企业广告策略

正如前面所提到的那样，企业形象的感受者是公众，而就一个企业来说，它面临着众多不同的公众，这些不同的公众对同一个企业往往有不同的要求和期望。那么，企业针对这些不同的公众，应采取哪些企业广告沟通策略呢？与企业的营销策略相对应，企业广告的策略主要有以下三种。

1. 企业广告的差异策略

企业针对不同层次公众的特点，经过细分若干个目标公众群体以后，根据不同层次的公众群体的特点采取不同的企业广告沟通策略。这种策略一般传递比较强烈的企业形象内容。

2. 企业广告的无差异策略

企业广告的无差异策略是指企业把所有公众（消费者）作为相同的诉求对象进行广告活动的策略。当企业认为公众对其的认识或看法大致类似时，会采取企业无差异沟通策略。采取这种策略时，企业向公众传递的企业形象内容比较一致。我国的海尔企业形象广告——“中国造”就属于这种类型的企业广告策略。

3. 企业广告的集中策略

采取这种策略时，企业考虑自身所处的环境以及内部情况，选择特定的公众群体作为广告沟通对象，试图在公众中取得最大的广告效果。一般规模不大的中小企业，或者刚进入市场不久的企业采取这种广告沟通策略比较合适。

17.2 公益广告

17.2.1 公益广告的定义与特点

公益广告（Public Interest Advertising 或 Public Service Advertising）是指为实现公共利益而实施的广告。公益广告一般是非商业性的，其内容为传播公益观念，其目的为以倡导或警示等方式把有关社会公共利益或社会公众关心的信息传递给社会公众。公益广告的广告主一般是政府的有关机构及社会有关团体，还有企业及广告经营单位。广告代理公司或制作公司只应收创作公益广告的成本费。广告媒体也无偿提供公益广告发布时空，免费刊播。

与一般的商业性广告相比，公益广告有以下特征。

首先是公益性。公益广告的最显著特征是公益性而非商业性，公益广告应是纯粹的“公益服务广告”，其中不应含有任何商业目的。公益广告虽然也是在从事一种诱导性传播，但是其广告信息均围绕公众利益，而不是广告主利益。

其次是义务性。公益广告内容与广告主商业利益无直接关系，但还要投资制作，体现出投资者对社会公益事业的责任和义务感。

第三是社会性。公益广告的主题及公益广告所产生的效益带有显著的社会性。公益广告的主题内容存在深厚的社会基础，取材于老百姓的日常生活，再通过广告以鲜明的立场、健康的方式实现正确导向，解决的是与百姓息息相关的社会问题。请看下面一张节约用水的公益广告（见图17-5）。

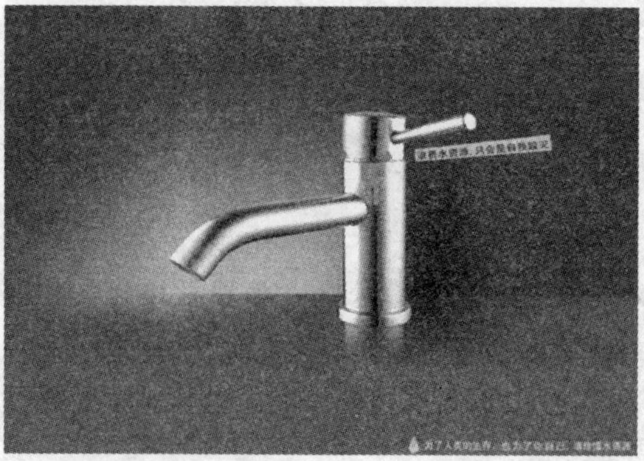

图 17－5　节约用水公益广告（文案：浪费水资源，只会自取毁灭）

第四是大众性。公益广告的诉求对象是最广泛的社会公众，是面向全体社会公众的信息传播。公益广告从性质上讲是公众服务类广告，从内容上讲是社会性题材广告，从目标上讲是宣传教育类广告，这一切都确定了公益广告具有最大的受众面。

第五是教育性。公益广告以广告的表现手法和独特的艺术魅力，对社会公众产生教育目的，负有教育使命。

公益广告寓宣传教育于情理之中，以倡导、鼓励、规劝、警醒甚至批评等方式引起受众的共鸣，从而达到一般教育所不及的社会效应。下图为一张令人震撼的公益公告图片，其警示我们驾驶时拨打电话是一件多么可怕的事情。虽然没有血腥的画面，但足以让我们感到触目惊心（见图 17－6、17－7）。

图 17－6　交通安全公益广告（1）

图 17－7 交通安全公益广告（2）

17.2.2　我国的公益广告

改革开放以后，随着现代意义的商业性广告的恢复和迅速发展，随着物质文明和精神文明建设的需要，我国带有公益性质的公益活动在人们的自发意识下不断组织起来。多年来，政府有关部门根据自身工作职责和经费情况，进行了各种各样的公益性宣传活动，例如，以优生优育、晚婚晚育、防止交通事故、绿化造林、预防火灾、保护环境、治理污染、保护珍禽异兽、宣传爱国卫生运动等。这些公益宣传活动的方法和手段主要是街头招贴，设立广告牌，向有关单位和个人散发宣传单等。同时，有些也在大众媒体如广播、电视、报纸上等进行知识性的宣传性的公益活动。但是，我国媒体参与的现代意义公益广告活动是 20 世纪 80 年代中期开始的。1984 年 7 月 5 日，由《北京日报》、《经济日报》、《工人日报》、《北京晚报》、八达岭特区办事处等单位联合主办了“爱我中华、修我长城”的公益广告活动。1986 年贵阳市政府和贵阳电视台合作创作了题为“节约用水”的电视公益广告。1987 年 10 月 26 日中央电视台广告部开设“广而告之”公益广告的专题栏目，这是我国第一个电视公益广告栏目。从此以后，我国公益广告活动全面展开，除了电视媒介的公益广告之外，报纸、户外等媒介也陆续展开了公益广告活动。特别是从 1996 年开始由国家工商管理局等政府部门连续组织了公益广告活动。1996 年公益广告月（9 月 1 日～10 月 1 日）活动的主题为“中华号风尚”；1997 年公益广告活动的主题为“自强创辉煌”；1998 年的公益广告活动，以服务中央工作大局为中心，引导人们关注解决社会热点问题；1999 年的公益广告活动在中央精神文明指导委员会办公室的指导下，紧密配合党和政府的中心工作，进行了题材广泛、主题突出的宣传活动；2000 年中央精神文明建设指导委员会和国家工商行政管理局决定共同组织开展以“树立新风尚，迈向新世纪”为主题的公益广告活动。

随着我国公益广告活动的发展，政府也就从宏观上管理公益广告活动。1997 年 8 月中共中央宣传部、国家工商行政管理局、广播电影电视部、新闻出版署发布“关于做好公益广告宣传的通知”。

我国公益广告从自发组织到政府组织，有了较快的发展。特别是近几年政府组织的公益广告活动充分发挥了公益广告在社会教育、精神文明建设等方面的积极作用，成绩卓著有目共睹。然而，我国公益广告活动发展过程中还有一些需要进一步探讨或改进的问题。

（1）没有专门的公益广告机构。从国外的情况来看，由专门的公益广告机构或团体来组织公益广告活动。如美国的广告公司协会（American Advertising Council）、日本的公共广告机构（Japan Advertising Council）、韩国的公益广告协会。从主题的选择到制作、刊播都是由这些公益广告机构来决定的。而我国还没有像美国或日本那样的机构，到目前为止是由国家工商行政管理局以行政色彩手段来组织公益广告活动。

（2）公益广告资金来源不明朗。公益广告与商业广告一样，从制作到刊播均需要费用支持。从国外情况来看，公益广告资金来源都是很明确的。例如，美国的公益广告资金来源是公共协会会员单位的会费和赞助费；日本的公益广告资金来源是公共广告机构会员单位的会费；韩国的公益广告的资金来源是韩国放送广告公社的公益资金。而由于我国公益广告活动的主要组织者是国家工商行政管理局，政府支持的公益广告资金来源有限，所以不得不依靠企业的财力支持。但是有些企业支持公益广告时也提出一些附加要求，如展示其品牌、产品或服务。有的创作者也挖空心思把企业、商业要素嵌在公益广告中展现。这就严重影响公益广告非赢利性这一最基本的特征。

（3）在公益广告创作中重形式、轻主题。公益广告的最终目的是提高社会公众的公共意识。

在我国经济迅速发展的情况下，社会公众的公共意识也成了社会问题，如环境保护问题、节约资源问题、增强交通安全意识等，公益广告的题材广泛。从国外的情况来看，公益广告主题是在广泛收集社会各部门提供的题材（或调查结果）的基础上由专门的机构（如主题选定委员会）选择的。但是我国公益广告活动的主题主要是由国家行政管理局等政府机构选定，所以选择主题的渠道比较狭窄。而且，各个媒介或相关的公益广告创作机构为完成主题而创作公益广告，结果往往在创作中多重视形式，甚至有“先形式后主题”的倾向，即创作时先寻找表现独特的形式，然后再看与什么主题能吻合。因此，有些表现独特的公益广告其诉求于倡导并不很明确，使公益广告说服乏力。

根据这些问题，我国要发展公益广告，有必要考虑建立中国的 AC。国外的公益广告运作制度见表 17－1。

表 17－1　　国外的公益广告运作制度

区　分	美　国	日　本	韩　国
出现年份	1942	1971	1981
主管团体	民间团体	民间团体	政府机构与民间团体
负责机构	广告协会（AC）	公共广告机构	韩国放送广告公社 公益广告协会
主题的选定	政府机构、民间团体：从政府和非赢利团体接受 400 个以上的公益广告，由 AC 理事会选定	民间团体：通过调查结果，由主题选定委员会选定	政府机构：接受公益广告主题选定调查机构的主题选定请求以后由公益广告协会决定
资金来源	会员费、赞助费	会员费	公益资金
制作费	免费	优惠	付费
广告发布费	免费	优惠	电视广播免费、报纸优惠、杂志免费或付费
参与团体	政府、产业界、广告界、民间团体、媒体	民间团体、广告界、媒体	政府、有关民间团体、广告公司、媒体

资料来源：李斗熙，《广告论》（韩文），博英社 1999 年版，第 484 页。

17.3　其他广告

17.3.1　商务广告

商务广告（business advertising）是指以从事商务活动的人为对象而做的广告。以消费者为对象的广告一般利用电视、广播、报纸、杂志等大众媒体，而商务广告则利用专业性的商务杂志、书籍、宣传品等。商务广告大致分为产业广告、交易广告、专业人员广告、农业广告。

（1）产业广告（industrial advertising）：是以工业用品（industrial products）购买者或影响工业用品购买活动的人为对象而做的广告。在这里，工业用品包括原材料、半成品以及用于制作机械、设备等的产品或服务；还包括用于商务活动的产品或服务，如办公用品、电脑、办公桌以及为商务活动而提供的服务。这些产业广告一般刊登在相关的专业杂志上。

（2）交易广告（trade advertising）：为说服批发商等中间商而做的广告。制作企业为更多地销售最终消费品，需要说服批发商等中间商。交易广告的最终目的在于通过原有销售渠道或者开拓新的销售渠道来销售更多的最终消费品。交易广告所利用的媒体一般有直送邮件和相关的专业杂志。特别是批发商或零售商经常阅读的杂志或报纸。有时为引起中间商的注意而利用电视、报纸等大众媒体。

（3）专业人员广告（professional advertising）：以教师、建筑师、大夫、会计师等专业人员为对象而做的广告。专业人员广告与交易广告有类似的方面，但是由于广告对象是专业人员，所以他们又向最终消费者销售产品，就是说，专业人员向自己的顾客劝说购买产品。例如，建筑设计师向建筑施工单位建议使用具体品牌的产品，大夫开处方时向患者建议到某某药房购买某某药。专业人员广告媒体可以是各种专业杂志。

（4）农业广告（agricultural advertising）：以农用产品购买者为对象而进行的广告。农用产品购买者一般既是生产者又是消费者。农民一般相信具体的有实际效果的说服。所以农业广告应展示某某农用产品（如肥料、饲料等）如何增加产量或提高收入等内容的证明。这些说服性的广告可以激活农民的购买动机。农业广告市场规模比较小。

17.3.2　零售广告

零售广告（retail advertising）是指零售企业所做一系列广告，也叫地方广告（local advertising）。因为地方广告中零售广告比较多。零售广告与制造企业的全国性广告（national advertising）有区别：其一，零售广告的广告主一般是地方的零售企业，所以，零售企业根据本地区消费者的需求特点做广告。相反，全国性广告一般针对全国消费者传递标准化的信息。其二，零售企业一般同时做几个品牌甚至竞争企业品牌的广告，而制造企业在全国范围内只做本企业品牌的广告。其三，由于零售企业资金有限，常用合作广告（cooperative advertising，Co-op Advertising）方式。

合作广告是指制造企业为零售企业支持全部或部分广告费的广告。合作广告是制造企业支持或协同零售企业的广告，制造企业支持或协同零售企业时，主要提供广告活动计划、广告文案以及其他相关的资料或设备，或者支持全部或部分的广告费。

制造企业支持零售企业的合作广告也叫做垂直式的合作广告（vertical cp-op advertising）。除了垂直式合作广告以外，还有水平式合作广告（horizontal co-op advertising）和原材料生产者合作广告（ingredient producer co-op ad.）。水平式合作广告是地方的几家零售商共同筹集资金做的广告。原材料生产者合作广告是原材料生产企业支持使用本企业原材料的制造企业的广告。

零售广告的一个目的就是提高顾客对零售商店的忠诚度（store-loyalty）。因此，零售企业有必要采取一系列的手段或措施来满足顾客的需求，例如，配备更多的产品、提高销售信用、改善购物环境、提高营业员的服务质量等。零售广告的另一个特点是树立独特的零售商店形象。一般来看，广告的目的是提高品牌的形象，而零售广告就强调引导广告受众在特定零售商店购买产品。

17.3.3 全信息广告（Informercial）

Informercial 是 information 和 commercial 的结合词，在这里翻译成"全信息广告"，类似于目前我国的电视购物广告，是指比较详细地传递产品或服务信息的商业性广告。其时间一般是 2 分钟以上，甚至长达 30 分钟，时间长，能够详细地介绍产品或服务。与一般的商业广告相比，全信息广告具有以下特点。

（1）有利于消费者的家中购物（home shopping）。因为现代生活节奏加快，人们的购物时间是有限的。受众可以在家里通过全信息广告获得相关产品的较详细的信息，并且全信息广告一般与直销（direct-sale）直接联系，所以使受众的购买动机直接发展为购买态度或行为，广告效果较好。但是目前在我国，以电视购物广告为主要形式的全信息广告还存在着很多的问题，消费者对电视购物广告的信任度极低（见图 17－8）。当然，问题的存在并非是这种广告形式本身所造成的，广告监管不力才是问题的根源。

图 17－8 公众对电视购物信任度极低

（2）与一般电视广告相比，其制作费用低。因为电波广告一般制作费用较高，而全信息广告一般利用有线电视频道，而且传递信息也不需要高水平的创意表现。

（3）传递详细的产品或服务信息。全信息广告时间一般在 2～30 分钟，并且由受众熟悉的模特说明产品的特点与长处，所以能够传递产品购买处、优惠价等具体产品信息。

（4）通过全信息广告的销售，能够缩短从生产到销售的资金渠道，从而加快企业资金的周转。

（5）向受众提供没有负担的购物机会。

（6）广告主可以获得通过全信息广告购买产品的消费者资料，从而有利于对顾客的长期管理。

虽然全信息广告不受时间或形式的限制，但是它降低制作广告的创意水平，引起广告效果消耗现象（wearout effect）。因此，全信息广告的成功在于如何在长时间内传递大量信息的同时，引起消费者的关心或兴趣。

17.3.4 绿色广告

绿色广告（green advertising）是以环境为内容的广告。绿色广告主可以是企业、社会公共机关等，目标受众是消费者或企业等。绿色广告的目的是以消费者为对象宣传企业的环境保护战略或措施，从而形成企业的绿色形象，提高企业的绿色产品竞争力，确保企业的长期生存和发展。

从社会责任的角度来看，绿色广告有以下功能：①绿色广告强调环境问题或环保的重要性，所以具有教育消费者、提高消费者环保意识的功能。②绿色广告促使企业生产环保型产品，促使企业绿色经营。③绿色广告不仅促进绿色产品销售，而且被用于社会营销（societal marketing）或生态营销（ecological marketing）。

绿色广告策略（green advertising strategy）的表现大致有以下四方面。

（1）污染对策型。以预防生产工程上的大气污染、水质污染、土壤污染等和无公害、自然分解、垃圾合理化处理（垃圾发生的最小化及垃圾处理的合理化）等为题材的表现策略。有关垃圾处理装置、分解性塑料、噪音或震动的防止设备、无公害洗涤剂、低公害汽车、有机农产品等广告就采取这种类型的广告表现策略。

（2）节约型。以节约能源、再生用品为题材的广告表现策略。有关节电节水、太阳能系统（solar system）、保护森林事业、各种再生用品的广告就采取这种类型的广告表现策略。

（3）创造、保护型。以环境安全、环保新素材的开发、自然保护等为题材的广告表现策略，有关无烟燃料、绿色能源、城市美化工程等广告就采取这种类型的广告表现策略。

（4）信息型。以提供健康信息、绿色信息等为题材的广告表现策略。有关环境教育咨询、环境影响评价、环保专家培养等方面的广告就采取这种类型的广告表现策略。

本章小结

本章首先介绍企业广告。在市场竞争越来越激烈的环境下，企业不仅要直接宣传产品，而且也有必要树立企业形象。企业广告是企业树立企业形象的重要手段。所谓企业广告，是企业向社会表明企业理念、方针、目标、规模以及对社会的贡献等社会态度，从而寻求消费者的理解并赢得好感的广告。

公益广告是指为实现公共利益而实施的广告。公益广告一般是非商业性的，其内容为传播公益观念，其目的为以倡导或警示等方式把有关社会公共利益或社会公众关心的信息传递给社会公众。

随着新媒体的不断出现，广告传递信息的方式、内容也不断变化，从而使广告不断地向新媒体、新形式、新内容延伸。但是无论广告向何方延伸，广告的最终目的还是销售或树立品牌形象。本章还介绍了商务广告、零售广告、全信息广告、绿色广告。

思考题

1. 什么是企业广告？企业广告有几种类型？
2. 为什么需要做企业广告？企业广告有哪些作用？
3. 企业广告策略有哪些方面？
4. 什么是公益广告？公益广告有哪些特点？
5. 如何发展我国公益广告？请谈谈你的看法。
6. 商务广告一般包括哪些广告？选择商务广告和一般广告各一幅，然后比较一下它们的创意表现方式。
7. 零售广告的目标是什么？为什么零售广告一般采取合作广告形式？
8. 根据全信息广告的特点，论述在我国发展全信息广告的可能性。
9. 请叙述绿色广告对企业经营的影响，并分析我国绿色广告的成功案例。

案例讨论

电视剧《乡村爱情4》中的植入广告

植入广告案例1：汇源老总朱新礼串场角色

品牌：汇源果汁

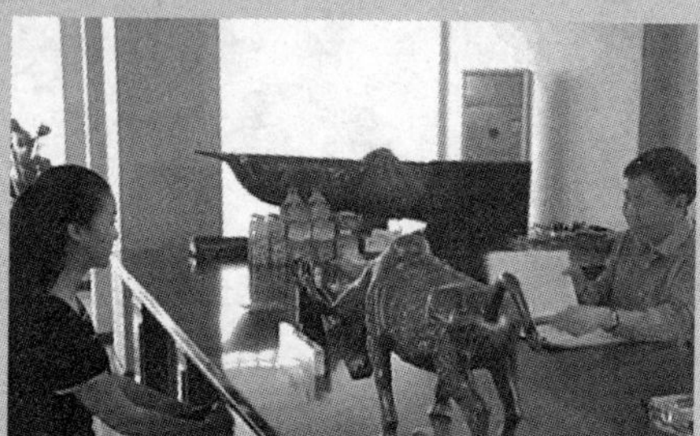

第九集中特别花费了50秒，将场景设在汇源老总办公室里，汇源公司采购经理黄亚萍递交上谢永强在象牙山村建汇源分厂的报告，坐在她对面的领导建议在象牙山一带建立水果加工分厂要注意三方面细节，并指示需要经过调查后把报告写详细些，而这个领导正是汇源集团的董事长朱新礼。

植入广告案例2：主角总是坐雪佛兰车

品牌：雪佛兰汽车

从前三部到现在的第四部，象牙山整个村子只用雪佛兰这一种品牌私家车：刘一水用的是雪佛兰“景程”、王小蒙用的是雪佛兰“新赛欧”、刘大脑袋用的是雪佛兰“科帕奇”，无论是黄亚萍还是王兵用的车依旧是雪佛兰，就连长贵当上水利站站长后，千方百计弄到的车也是雪佛兰。在电视剧中，主人公总喜欢坐在车上打电话，或者镜头总喜欢拍摄汽车正面徐徐开来，再或者是奔驰而去的背影，令观众很无奈。

植入广告案例 3：拖拉机也要装导航仪

品牌：赛格导航

第五集中黄亚萍的车没油了，由谢永强载她到机场，途中黄亚萍接到一通电话被告知自己的汽车被撞了。为了引出赛格导航，演员没少装疯卖傻。通过谢永强好奇地询问黄亚萍如何得知车被撞而引出赛格导航。紧接着，谢永强赶往撞车现场和警察的对话也显得相当拖沓，就像专为介绍赛格导航而设置的片段，不仅安排警察说：“什么卫星定位？打开来看看。”还特意让刘能转头对旁边的老徐说：“这玩意儿挺好啊。啥时候你拖拉机也安一个。”

植入广告案例 4：蒙牛奶已陪伴四场乡村爱情

品牌：蒙牛

谢大脚的超市布满了蒙牛的影子。比如谢大脚超市外部大广告牌上挂着大大的蒙牛红枣酸奶，超市内部柜台、冰箱，凡是能安插上蒙牛奶品的都放上，凡是能拍上的镜头一个不拉。在第四集中谢大脚和王云喝奶的镜头前前后后超过了 30 秒，甚至谢大脚转身去冰箱取蒙牛奶也全程给足镜头。

植入广告案例 5：“最权威”成全剧最囧植入

品牌：辽宁九州不孕不育医院

在第十四集中刘能带着刘英到医院检查能不能生孩子，忐忑不安的刘能在等候室看到一名男性拿着化验单出来，这名男性的妻子马上问：“老公，怎么样？”男子垂头丧气地说：“得治啊。”妻子安慰道：“没事，九州医院最权威，咱能治好，不着急，慢慢治。”说着两夫妻肩并肩，手挽手一起离开了。

植入广告案例 6：又见直接念广告词

品牌：美的电器

在第十五集中黄亚萍到美的卖场，接近 10 秒钟的

一个长镜头将美的冰箱扫了个遍，随后黄亚萍又叫来服务员说想给妈妈买台冰箱，让服务员帮忙介绍下产品。服务员连想都没想紧接着说："这款冰箱正适合你们家使用，而且特别适合老人，这款属于咱家美的凡帝罗新款冰箱，多门，多温渠，而且冷冻室特别大。"

讨论：《乡村爱情4》植入广告算不算过分？

《乡村爱情4》因为植入广告太多没能上央视一直被媒体和大众关注；但《乡村爱情4》在北京卫视播出后，有关其植入广告的争议反而不如《乡村爱情3》。《乡村4》的植入广告较之前三部，已经低调很多了，也跟剧情结合得更为合理，那么《乡村爱情4》植入广告算不算过分呢？

问题讨论

1. 电视剧中植入广告应该注意哪些方面？
2. 请对上述6则植入广告案例进行分析。

资料来源：http：//blog. sina. com. cn/s/blog_ 49836db7010176tk. htm，有删改。

附 录 一

中华人民共和国广告法

（1994 年 10 月 27 日八届人大十次会议通过）

第一章 总 则

第一条 为了规范广告活动，促进广告业的健康发展，保护消费者的合法权益，维护社会经济秩序，发挥广告在社会主义市场经济中的积极作用，制定本法。

第二条 广告主、广告经营者、广告发布者在中华人民共和国境内从事广告活动，应当遵守本法。

本法所称广告，是指商品经营者或者服务提供者承担费用，通过一定媒介和形式直接或者间接地介绍自己所推销的商品或者所提供的服务的商业广告。

本法所称广告主，是指为推销商品或者提供服务，自行或者委托他人设计、制作、发布广告的法人，其他经济组织或者个人。

本法所称广告经营者，是指受委托提供广告设计、制作、代理服务的法人，其他经济组织或者个人。

本法所称广告发布者，是指为广告主或广告主委托的广告经营者发布广告的法人或者其他经济组织。

第三条 广告应当真实、合法、符合社会主义精神文明建设的要求。

第四条 广告不得含有虚假的内容，不得欺骗和误导消费者。

第五条 广告主、广告经营者、广告发布者从事广告活动，应当遵守法律、行政法规，遵循公平、诚实信用的原则。

第六条 县级以上人民政府工商行政管理部门是广告监督管理机关。

第二章 广告准则

第七条 广告内容应当有利于人民的身心健康，促进商品和服务质量的提高，保护消费者的合法权益，遵守社会公德和职业道德，维护国家的尊严和利益。

广告不得有下列情形：

（一）使用中华人民共和国国旗、国徽、国歌；

（二）使用国家机关和国家机关工作人员的名义；

（三）使用国家级、最高级、最佳等用语；

（四）妨碍社会安定和危害人身、财产安全，损害社会公共利益；

（五）妨碍社会公共秩序和违背社会良好风尚；

（六）含有淫秽、迷信、恐怖、暴力、丑恶的内容；

（七）含有民族、种族、宗教、性别歧视的内容；

（八）妨碍环境和自然资源保护；

（九）法律、行政法规规定禁止的其他情形。

第八条 广告不得损害未成年人和残疾人的身心健康。

九条 广告中对商品的性能、产地、用途、质量、价格、生产者、有效期限、允诺或者对服务的内容、形式、质量、价格、允诺有表示的，应当清楚、明白。

广告中表明推销商品、提供服务附带赠送礼品的，应当标明赠送的品种和数量。

第十条 广告使用数据、统计资料、调查结果、文摘、引用语，应当真实、准确，并表明出处。

第十一条 广告中涉及专利产品或者专利方法的，应当标明专利号和专利种类。未取得专利权的，不得在广告中谎称取得专利权。

禁止使用未授予专利权的专利申请和已经终止、撤销、无效的专利做广告。

第十二条 广告不得贬低其他生产经营者的商品或者服务。

第十三条 广告应当具有可识别性，能够使消费者辨明其为广告。

大众传播媒介不得以新闻报道形式发布广告，通过大众传播媒介发布的广告应当有广告标记，与其他非广告信息相区别，不得使消费者产生误解。

第十四条 药品、医疗器械广告不得有下列内容：

（一）含有不科学的表示功效的断言或者保证的；

（二）说明治愈率或者有效率的；

（三）与其他药品、医疗器械的功效和安全性比较的；

（四）利用医药科研单位、学术机构、医疗机械或者专家、医生、患者的名义和形象作证明的；

（五）法律、行政法规规定禁止的其他内容。

第十五条 药品广告的内容必须以国务院卫生行政部门或者省、自治区、直辖市卫生行政部门批准的说明书为准。

国家规定的应当在医生指导下使用的治疗性药品广告中，必须注明“按医生处方购买和使用。”

第十六条 麻醉药品、精神药品、毒性药品、放射性药品等特殊药品，不得做广告。

第十七条 农药广告不得有下列内容：

（一）使用无毒、无害等表明安全性的绝对化断言的；

（二）含有不科学的表示功效的断言或者保证的；

（三）含有违反农药安全使用规程的文字、语言或者画面的；

（四）法律、行政法规规定禁止的其他内容。

第十八条 禁止利用广播、电影、电视、报纸、期刊发布烟草广告。

禁止在各类等候室、影剧院、会议厅堂、体育比赛场馆等公共场所设置烟草广告。

烟草广告中必须标明“吸烟有害健康”。

第十九条食品、酒类、化妆品广告的内容必须符合卫生许可的事项，并不得使用医疗用语或者易与药品混淆的用语。

第三章 广告活动

第二十条 广告主、广告经营者、广告发布者之间在广告活动中应当依法订立书面合同，明确各方的权利和义务。

第二十一条 广告主、广告经营者、广告发布者不得在广告活动中进行任何形式的不正当竞争。

第二十二条 广告主自行或者委托他人设计、制作、发布广告，所推销的商品或者所提供的服务应当符合广告主的经营范围。

第二十三条 广告主委托设计、制作、发布广告，应当委托具有合法经营资格的广告经营者、广告发布者。

第二十四条 广告主自行或者委托他人设计、制作、发布广告，应当具有或者提供真实、合法、有效的下列证明文件；

（一）营业执照以及其他生产、经营资格的证明文件；

（二）质量检验机构对广告中有关商品质量内容出具的证明文件；

（三）确认广告内容真实性的其他证明文件。

依照本法第三十四条的规定，发布广告需要经有关行政主管部门审查的，还应当提供有关批准文件。

第二十五条 广告主或者广告经营者在广告中使用他人名字、形象的，应当事先取得他人的书面同意；使用无民事行为能力人、限制民事行为能力人的名义、形象的，应当事先取得其监护人的书面同意。

第二十六条　从事广告经营的，应当具有必要的专业技术人员，制作设备，并依法注册公司或者广告经营登记，方可从事广告活动。

广播电台、电视台、报刊出版单位的广告业务，应当由其专门从事广告业务的机构办理，并依法办理兼营广告的登记。

第二十七条　广告经营者、广告发布者依据法律、行政法规查验有关证明文件，核实广告内容。对内容不实或者证明文件不全的广告，广告经营者不得提供设计、制作、代理服务，广告发布者不得发布。

第二十八条　广告经营者、广告发布者按照国家有关规定，建立、健全广告业务的承接登记、审核、档案管理制度。

第二十九条　广告收费应当合理、公开，收费标准和收费办法应当向物价和工商行政管理部门备案。

广告经营者、广告发布者应当颁其收费标准和收费办法。

第三十条　广告发布者向广告主、广告经营者提供的媒介覆盖率、收视率、发行量等资料应当真实。

第三十一条　法律、行政法规规定禁止生产、销售的商品或者提供的服务，以及禁止发布广告的 商品或者服务，不得设计、制作、发布广告。

第三十二条　有下列情形之一的，不得设置户外广告：

（一）利用交通安全设施、交通标志的；

（二）影响市政公共设施、交通安全设施、交通标志使用的；

（三）碍生产或者人民生活，损害市容市貌的；

（四）国家机关，文物保护单位和名胜风景点的建筑控制地带；

（五）当地县级以上地方人民政府禁止设置户外广告的区域。

第三十三条　户外广告的设置规划和管理办法，由当地县级以上地方人民政府组织广告监督管理、城市建设、环境保护、公安等有关部门制定。

第四章　广告的审查

第三十四条　利用广播、电影、电视、报纸、期刊以及其他媒介发布药品、医疗器械、农药、兽药等商品的广告和法律、行政法规规定应当进行审查的其他广告，必须在发布前依照有关法律、行政法规由有关行政主管部门（以下简称广告审查机关）对广告内容进行审查；未经审查，不得发布。

第三十五条 广告主申请广告审查，应当依照法律、行政法规向广告审查机关提交有关证明文件。广告审查机关应当依照法律、行政法规作出审查决定。

第三十六条 任何单位和个人不得伪造、变造或者转让广告审查决定文件。

第五章 法律责任

第三十七条 违反本法规定，利用广告对商品或者服务作虚假宣传的，由广告监督在责令广告主停止发布、并以等额广告费用在相应范围内公开更正消除影响。并处广告费用一倍以上五倍以下的罚款；对负有责任的广告经营者、广告发布者没收广告费用，广告费用一倍以上五倍以下的罚款；情节严重的；依法停止其广告业务。构成犯罪的，依法追究刑事责任。

第三十八条 违反本法规定，发布虚假广告，欺骗和误导消费者，使购买商品或者接受服务的消费者的合法权益受到损害，由广告主依法承担民事责任；广告经营者、广告发布者明知或者应知广告虚假仍设计、制作、发布的，应当依法承担连带责任。

广告经营者、广告发布者不能提供广告主的真实名称、地址，应当承担全部民事责任。

社会团体或者其他组织，在虚假广告中向消费者推荐商品或者服务，使消费者的合法权益受到损 害的，应当依法承担连带责任。

第三十九条 发布广告违反本法第七条第二款规定的，由广告监督管理机关责令负有责任的广告主、广告经营者、广告发布者停止发布、公开更正，没收广告费用，并处广告费用一倍以上五倍以下 的罚款；情节严重的，依法停止其广告业务。构成犯罪的，依法追究刑事责任。

第四十条 发布广告违反本法第九条至第十二条规定的，由广告监督管理机关责令负有责任的广告主、广告经营者、广告发布者停止发布、公开更正，没收广告费用，可以并处广告费用一倍以上五倍以下的罚款。

发布广告违反本法第十三条规定的，由广告监督管理机关责令广告发布者改正，处以一千元以上一万元以下的罚款。

第四十一条 违反本法第十四条至第十七条、第十九条规定，发布药品、医疗器械、农药、食品、酒类、化妆品广告的，或者违反本法第三十一条规定发布广告的，广告监督管理机关责令负有责任的广告主、广告经营者、广告发布者改正或者停止发布，没收广告费用，可以并处以广告费用一倍以上五倍以下的罚款；情节严重的，依法停止其广告业务。

第四十二条 违反本法第十八条的规定，利用广播、电影、电视、报纸、期刊发布烟草广告的，由广告监督管理机关责令负有责任的广告主、广告经营者、广告发布者停止发布，没收广告费用，可以并处广告费用一倍以上五倍以下的罚款。

第四十三条 违反本法第三十四条的规定，未经广告审查机关审查批准，发布广告的，由广告监督机关令负有责任的广告主、广告经营者、广告发布者停止发布，没收广告费用，并处广告费用一倍以上五倍以下的罚款。

第四十四条 广告主提供虚假证明文件的，由广告监督管理机关处以一万以上十万以下的罚款。

伪造、变造或者转让广告审查决定文件的，由广告监督管理机关没收违法所得，并处一万元以一万元以上十万元以下的罚款。构成犯罪的，依法追究刑事责任。

第四十五条　广告审查机关对违法的广告内容作出审查批准决定的，对直接负责的主管人员和其他接责任人员，由其所在单位、上级机关、行政监察部门依法给予行政处分。

第四十六条　广告监督管理机关和广告审查机关的工作人员玩忽职守、滥用职权、徇私舞弊的，给予行政处分。构成犯罪的，依法追究刑事责任。

第四十七条　广告主、广告经营者、广告发布者违反本法规定，有下列侵权行为之一的，依法承 担民事责任：

（一）在广告中损未成年人或者残疾人的身心健康的；

（二）假冒他人专利的；

（三）贬低其他生产经营者的商品或者服务的；

（四）广告中未经同意使用他人名义、形象的；

（五）其他侵犯他人合法民事权益的。

第四十八条　当事人对行政处罚决定不服的，可以在接到处罚通知之日起十五日内向作出处罚决定的机关的上一级机关申请复议；当事人也可以在接到处罚通知之日十五日内直接向人民法院起诉。

复议机关应当在接到复议申请之日起六十日内作出复议决定。当事人对复议决定不服的，可以在接到复议决定之日起十五日内向人民法院起诉。复议机关逾期不作出复议决定的，当事人可以在复议期满之日起十五日内向人民法院起诉。

当事人逾期不申请复议也不向人民法院起诉，又不履行处罚决定的，作出处罚决定的机关可以申请人民法院强制执行。

第六章　附　则

第四十九条　本法自1995年2月1日起施行。本法施行前制定的欺骗广告的法律、法规的内容与本 法常委会相抵触的，以本法为准。

附 录 二

药品广告审查标准

为了保证药品广告的真实、合法、科学，制定本标准。

一、发布药品广告，应当遵守《中华人民共和国广告法》、《中华人民共和国药品管理法》及有关药品监督管理的规定，符合国家广告监督管理机关制定的《药品广告审查办法》规定的程序。

二、下列药品不得发布广告：

（一）麻醉药品、精神药品、毒性药品、放射性药品；

（二）治疗肿瘤、艾滋病，改善和治疗性功能障碍的药品，计划生育用药，防疫制品；

（三）《中华人民共和国药品管理法》规定的假药、劣药；

（四）戒毒药品以及国务院卫生行政部门认定的特殊药品；

（五）未经卫生行政部门批准生产的药品和试生产的药品；

（六）卫生行政部门明令禁止销售、使用的药品和医疗单位配制的制剂；

（七）除中药饮片外，未取得注册商标的药品。

三、药品广告内容应当以国务院卫生行政部门或者省、自治区、直辖市场卫生行政部门批准的说明书为准，不得任意扩大范围。

四、药品广告中不得含有不科学地表示功效的断言或者保证。如“疗效最佳”、“药到病除”、“根治”、“安全预防”、“安全无副作用”等。

药品广告不得贬低同类产品，不得与其他药品进行功效和安全性对比，不得进行药品使用前后的比较。

五、药品广告中不得含有“最新技术”、“最高科学”、“最先进制法”、“药之王”、“国家级新药”等绝对化的语言和表示；不得含有违反科学规律，明示或者暗示包治百病，适合所有症状等内容。

六、药品广告中不得含有治愈率、有效率及获奖的内容。

七、药品广告中不得含有利用医药科研单位、学术机构、医疗机构或者专家、医生、患者的名义、形象作证明的内容。

八、药品广告不得使用儿童的名义和形象，不得以儿童为广告诉求对象。

九、药品广告不得含有直接显示疾病症状、病理和医疗诊断的画面，不得令人感到已患某种疾病症状、病理和医疗诊断的画面，不得令人感到已患某种疾病，不得使人误解不使用该药品会患某种疾病或者加重病情，不得直接或者间接怂恿任意、过量使用药品。

十、药品广告中不得含有“无效退款”、“保险公司保险”等承诺。

十一、药品广告中不得声称或者暗示服务该药能应付现代紧张生活需要，标明或者暗示能增强性功能。

十二、药品商品名称不得单独进行广告宣传。广告宣传需使用商品名称的，必须同时使用药品的通用名称。

十三、国家规定应当在医生指导下使用的治疗性药品的广告中，必须标明“按医生处方购买和使用”。

十四、药品广告审查批准文号应当列为广告内容同时发布。

十五、违反本标准的药品广告，广告经营者不得设计、制作，广告发布者不得发布。

参考文献

[1] 李宝元．广告学教程．北京：人民邮电出版社，2010
[2] 江波．广告与消费心理学．广州：广州暨南大学出版社，2010
[3] 崔晓文．广告学概论．北京：清华大学出版社，2009
[4] 维尔斯等著．桂世河，王长征译．广告学：原理与实务．北京：中国人民大学出版社，2009
[5] 苗杰．现代广告学．北京：中国人民大学出版社，2008
[6] 陈培爱．中外广告史教程．北京：中央广播电视大学出版社，2007
[7] 袁安府．现代广告学导论．杭州：浙江大学出版社，2007
[8] 何佳讯．广告案例教程．上海：复旦大学出版社，2006
[9] 汪涛．广告学通论．北京：北京大学出版社，2004
[10] 周鸿铎．广告策划．北京：中国财政经济出版社，2000
[11] 魏超等．网络广告．石家庄：河北人民出版社，2000
[12] 严学军，汪涛主编．广告策划与管理．北京：高等教育出版社，2000
[13] 迈克尔·R·所罗门著．张莹等译．消费者行为．北京：经济科学出版社，1999
[14] 杨中芳．广告的心理原理．北京：中国轻工业出版社，1999
[15] 张大镇，吕蓉．现代广告管理．上海：复旦大学出版社，1999
[16] 杨建华．广告学原理．广州：暨南大学出版社，1999
[17] 高萍．公益广告初探．北京：中国商业出版社，1999
[18] 樊志育．广告效果研究．北京：中国友谊出版社，1998
[19] 韩顺平，宗永建．现代广告学．成都：电子科学出版社，1998
[20] 黄合水．广告心理学．北京：东方出版社，1998
[21] 王健．广告创意．北京：中国建筑工业出版社，1998
[22] 傅汉章，邝铁军．广告学．广州：广东高等教育出版社，1997
[23] 成伯清，李林艳．消费心理．南京：南京大学出版社，1996

[24] Aaker, David A., Rajeev Batra, and John G. Myers (2004), "Advertising Management", Perntice Hall, Englewood Cliffs, New Jersey

[25] Aaker, David A. and Donale E. Bruzzone (1981), "Viewer Perceptions of Prime-Time Television Advertising," Journal of Advertising Research, (October)

[26] Aarker, David A., Douglas M. Stayman, and Michael R. Hagerty (1986), "Warmth in Advertising: Measurement, Impact and Sequence Effects," Journal of Consumer Research, Vol. 12 (March)

[27] Abeele, Piet Vanden and Douglas L. Maclachlan (1994), "Process Tracing of Emotional Responses to TV Ads: Revisiting the Warmth Monitor," Journal of Consumer Research, Vol. 20 (March)

[28] Antil, John "Conceptualization and Operalionalization of Involvement," In Thomas Kinnear, ed., Advances In Consumer Research II, Provo, UT: Association for Consumer Research

[29] BrumerII, Gordon C. (1990), "Music, Mood and Marketing," Journal of Marketing, (October)

[30] Burke, Marian Chapman and Julie A. Edell (1989), "The Impact of Feelings on Ad-Based Affect and Cognition," Journal of Marketing Research, Vol. 26

[31] Celsi, Richard L., and Jerry C. Olson (1988), "The Role of Involvement in Attention and Comprehension Processes," Journal of Consumer Research, Vol. 15 (September)

[32] Courtland L. Bovee and Willianm F. Arens (2002), "Contemporary Advertising," 8th ed. Illinois, Richard D. Irwin

[33] Dunn, S. Watson and Arnold M. Barban (1986), "Advertising: Its Role in Modern Marketing," 6th ed. New York, Dryden Press

[34] Frazer, C. F. (1983), "Creative Strategy: A Management Perspective," Journal of Advertising, Vol. 12

[35] Gorn, Gerald J. (1982), "The Effects of Music In Advertising on Choice Behavior: A Classical Conditioning Approach," Journal of Marketing, Vol. 16 (Dec.)

[36] Homer, Pamela M. (1990), "The Mediating Role of Attitude Toward the Ad: Some Additional Evidence," Journal of Marketing Research, Vol. 27 (February)

[37] Wright, John S., Daniel S. Warter and Sherilyn K. Zeisler (1982), " Advertising," 5th ed., New York, McGraw-Hill

[38] Krugman, Herbert E. (1965), "The Impact of Television Advertising: Learning Without Involvement," Public Opinion Quarterly, Vol. 29 (Fall)

[39] Laskey, Henry A., Ellen Day and Melvin Crask (1989), "Typology of Main Message Strategies for Television Commercials," Journal of Advertising, Vol. 18

[40] Mackenzie, Scott B., Richard J. Lutz and George E. Belch (1986), "The of Attitude the Ad as a Mediator or Advertising Effectiveness: A Test of Competing Explanations," Journal of Marketing Research, Vol. 23 (May)

[41] Mackenzie, Lutz and Belch (1986), "The of Attitude the Ad as a Mediator or Advertising Effectiveness: A Test of Competing Explanations," Journal of Marketing, Vol. 23 (May)

[42] Mitchell, A. A. and J. C. Olson (1981), "Are Product Attribute Beliefs the only Mediator of Advertising Affection Brand Attitude?" Journal of Consumer Research, Vol. 22 (sep.)

[43] Osgood, C. E. and P. H. Tannenbaum (1955), "The Principle of Congruity in Prediction of Attitude Change," Psychological Review. Vol. 62

[44] Petty, Richard E., John T. Cacioppo and David Schumann (1983), "Central and Peripheral Routes to Advertising Effectiveness: The Moderating Role of Involvement," Journal of Consumer Research, Vol. 10 (September)

[45] Ralph S. Alexander and the Committee on Definitions (1963), " Marketing Definitions", AMA, Chicago

[46] Resnik, Alan and Bruce L. Stern (1977), "An Analysis of Information Content inTelevision Advertising", Journal of Marketing, Vol. 41 (January)

[47] Resnik, Alan, Bruce L. Stern and Edward Grubb (1977), "Information Content in TV Advertising: A Further Analysis," B. A. Greengerg and D. M. Bellenger (eds.), "Contemporary Marketing Thought," Chicago: American Marketing Association

[48] Rogers, Ronald W., "A Revised Theory of Protection Motivation (1983)," In J. Cacioppo and R. Petty, eds., Social Psychophysiology, New York, NY: Guilford

[49] Rossiter, John R. and Larry Percy (1987), "Advertising & Promotion Management," McGraw-Hill, Inc

[50] Schlinger, Mary Jane (1996), " A Profile of Resoponses to Commercials," Journal of Advertising Research, Vol. 19 (Fevruary)

[51] Shaver, Kelly G. (1975), "An Introduction to Attribution Processes", Winthrop Publishers, Inc. Cambidge, Massachusetts

[52] Tanner, Hunt and Epprihgt (2001), "The Protection Motivation Model: A Normative Model of Appeals", Journal of Marketing, Vol. 55

[53] Vaughn, Richard (1980), "How Advertising Works: A Planning Model", Journal of Advertising Research, Vol. 20, No. 5 (October)

[54] Vaughn, Richard (1986), "How Advertising Works: A Planning Model Revisited", Journal of Advertising Research, Vol. 26

[55] Zandpour, Fred, Cypress Chang, and Joelle Catalano (2002), "Stores, Symbols, and Straighy Talk: Comparative Analysis of French, Taiwanese, and U. S. TV Commercials," Journal of Advertising Research, (Jan/Fev)

[56] 入券俊雄. 企业 Image 战略. 东京：产能大学出版部，1984